法学学科新发展丛书
New Development of Legal Studies

中国法律史学的新发展

1958—2008

中国社会科学院法学研究所
法制史研究室编

New Development of Legal Studies

中国社会科学出版社

图书在版编目（CIP）数据

中国法律史学的新发展/中国社会科学院法学所法制史研究室编.
—北京：中国社会科学出版社，2008.10
（法学学科新发展丛书）
ISBN 978 - 7 - 5004 - 7366 - 4

Ⅰ. 中…　Ⅱ. 中…　Ⅲ. 法制史 - 研究 - 中国 - 现代　Ⅳ. D929.7

中国版本图书馆 CIP 数据核字（2008）第 171537 号

出版策划　任　明
责任编辑　王半牧
责任校对　曲　宁
封面设计　杨　蕾
技术编辑　李　建

出版发行　中国社会科学出版社
社　　址　北京鼓楼西大街甲 158 号　　邮　编　100720
电　　话　010 - 84029450（邮购）
网　　址　http://www.csspw.cn
经　　销　新华书店
印　　刷　北京奥隆印刷厂　　　　　　　装　订　广增装订厂
版　　次　2008 年 10 月第 1 版　　　　　印　次　2008 年 10 月第 1 次印刷
开　　本　710×980　1/16
印　　张　23.75　　　　　　　　　　　　插　页　2
字　　数　410 千字
定　　价　38.00 元

总　序

　　景山东麓，红楼旧址。五四精神，源远流长。

　　中国社会科学院法学研究所位于新文化运动发源地——北京大学地质馆旧址。在这所饱经沧桑的小院里，法学研究所迎来了她的五十华诞。

　　法学研究所成立于 1958 年，时属中国科学院哲学社会科学学部，1978年改属中国社会科学院。五十年来、尤其是进入改革开放新时期以来，法学研究所高度重视法学基础理论研究，倡导法学研究与中国民主法治建设实践紧密结合，积极参与国家的立法、执法、司法和法律监督等决策研究，服务国家政治经济社会发展大局。改革开放初期，法学研究所发起或参与探讨法律面前人人平等、法的阶级性与社会性、人治与法治、人权与公民权、无罪推定、法律体系协调发展等重要法学理论问题，为推动解放思想、拨乱反正发挥了重要作用。20 世纪 90 年代以后，伴随改革开放与现代化建设的步伐，法学研究所率先开展人权理论与对策研究，积极参与国际人权斗争和人权对话，为中国人权事业的发展作出了重要贡献；积极参与我国社会主义市场经济法治建设，弘扬法治精神和依法治国的理念，为把依法治国正式确立为党领导人民治国理政的基本方略，作出了重要理论贡献。进入新世纪以来，法学研究所根据中国民主法治建设的新形势和新特点，按照中国社会科学院的新定位和新要求，愈加重视中国特色社会主义民主自由人权问题的基本理论研究，愈加重视全面落实依法治国基本方略、加快建设社会主义法治国家的战略研究，愈加重视在新的起点上推进社会主义法治全面协调科学发展的重大理论与实践问题研究，愈加重视对中国法治国情的实证调查和理论研究，愈加重视马克思主义法学和中国法学学科新发展的相关问题研究……

　　五十年弹指一挥间。在这不平凡的五十年里，法学所人秉持正直精邃理念，弘扬民主法治精神，推动法学创新发展，为新中国的法治建设和法学繁荣作出了应有贡献。

　　法学研究所的五十年，见证了中国法学研究事业的繁荣与发展；法学研究所的五十年，见证了中国特色社会主义民主法治建设的进步与完善；法学研究所的五十年，见证了中国改革开放与现代化建设事业的成就与辉煌。

今天的法学研究所，拥有多元互补的学术背景、宽容和谐的学术氛围、兼收并蓄的学术传统、正直精邃的学术追求、老中青梯次配备的学术队伍。在这里，老一辈学者老骥伏枥，桑榆非晚，把舵导航；中年一代学者中流砥柱，立足前沿，引领理论发展；青年一代学者后生可畏，崭露头角，蓄势待发。所有的这一切，为的是追求理论创新、学术繁荣，为的是推动法治发展、社会进步，为的是实现公平正义、人民福祉。

在新的历史起点上，我们解放思想，高扬改革开放的大旗，更要关注世界法学发展的新问题、新学说和新趋势，更要总结当代中国法学的新成就、新观点和新发展，更要深入研究具有全局性、前瞻性和战略性的法治课题，更要致力于构建中国特色社会主义法学理论创新体系。

为纪念中国社会科学院法学研究所建所五十周年，纪念中国改革开放三十周年，我们汇全所之智、聚众人之力而成的这套法学学科新发展丛书，或选取部门法学基础理论视角，或切入法治热点难点问题，将我们对法学理论和法治建设的新观察、新分析和新思考，呈现给学界，呈现给世人，呈现给社会，并借此体现法学所人的襟怀与器识，反映法学所人的抱负与宏愿。

五十风雨劲，法苑耕耘勤。正直精邃在，前景必胜今。

中国社会科学院法学研究所所长李林 谨识

二〇〇八年九月

前　　言

　　本书是按照中国社会科学院法学研究所关于纪念建所 50 周年的安排编写的，目的是希望通过对中国法律史学科研究情况的梳理介绍，展现本学科近年来的发展，为学界同人进行中国法律史研究提供便利。

　　按照学术界一般的学科划分，法律史学由中国法制史、中国法律思想史、外国法制史、西方法律思想史四个子学科组成。由于我们人力有限，难以对四个子学科的研究情况都进行梳理，故本书的内容只涵盖中国法律史的两个学科，未包括外国法律史部分。为了能够较好地反映中国法律史研究的新情况和新趋势，本书的内容以 1996 年以后本学科的发展为限，对于以前的情况只是在需要追述时略予涉及。在内容安排上，尽可能将这一时期中国法律史研究中出现的主要成果予以系统介绍，以便展现本学科发展的全貌。为减少撰写这类著述时容易出现的失真，对所列成果采取以客观介绍为主的原则，一般不多加评论。

　　我们的愿望是通过本书的编写，为学术界提供一本在综述的基础上较为全面地反映中国法律史学科近十余年来的发展状况和发展趋势的作品。由于时间紧促及编者自身条件的限制，编写中存在着一些不尽如人意之处，有些应介绍的重要成果可能被遗漏，已查到的成果也难以做到篇篇都仔细阅读。在对本学科研究状况的概括分析和对重要成果的评论方面，也存在着很多不足。凡此种种，都有待学界同人进一步批评指正。我们热切地希望法史学界能有更高水平的同类成果出现，以使本书能起到抛砖引玉的作用。

　　本书由十余人集体完成，具体分工如下。

第一章　杨一凡、徐立志、高旭晨、高汉成

第二章　袁翔珠

第三章　柴松霞

第四章　张　群、谢全发

第五章　高旭晨

第六章　尤韶华

第七章　尤韶华、张　群

第八章　张　群、袁翔珠、谢　晶

第九章　高旭晨、李　琳、张道强

第十章　张　群、张兰兰、尤欣欣

全书由杨一凡、徐立志、苏亦工、高旭晨、高汉成统稿。

编　者

2008 年 7 月

目　　录

第一章　总述

一、本学科近十年发展概要

在中国法律史学学术发展史上，近十年是法史研究成果最为丰硕、建树最多的时期，也是法史学者重新审视中国法律发展史、推动这门学科走向科学的重要转折时期。

以现代法学观点研究中国法律史始于清末，从那时起至今已有百年之久。经过几代学者的辛勤耕耘，法律史学逐渐成为一门独立的学科，并在20世纪80年代初以后出现了持续多年的繁荣。近十年来，法史学界在前人研究的基础上，围绕"如何科学地认识中国法律史"这一重大命题进行了大胆的探索，逐步走出了长期禁锢人们思想的许多认识上的误区，把法史研究提升到一个新的水平。有的学者赞誉法史学界正在扎扎实实地进行着一场学科的革命，应当说这一评价并非是言过其实。

1. 走出认识上的误区，重新认识中国法律发展史

如何科学地认识中国法律发展史，推动法律史走向科学，是当代法律史学者面临的重大命题。20世纪60年代末到1995年间，一些学者已为此进行过探索。1969年出版的陈顾远撰《中国文化与中国法系》①一书，在论述中华法文化的基本精神时，首次对传统的"民刑不分"说提出质疑。1979年，中国法律史学会首届会议经过充分的讨论，把法律思想和法律制度确定为中国法律史学的研究对象和范围，使这门学科从当时的国家政治制度史与法律制度史混合编纂的状况下分离出来，重新恢复了它作为独立学科的地位。1981年，杨一凡在《明初重典考》②一书中，就如何"创建法史学科的科学体系"写了一篇《后记》，针对前人"以律为主"即以刑为主阐述中国法律史的问题，主张"在研究方法上，也要从传统的模式或框框中解放出来"，"把律与其他法律形式结合研究，把刑、行政、经济诸方面的

---

① 陈顾远：《中国文化与中国法系》，台北三民书局1969年版。
② 《明初重典考》为杨一凡硕士论文，写于1981年。该书由湖南人民出版社1984年出版。

法律结合起来研究"。1984 年,张晋藩在《再论中华法系的若干问题》① 一文中,提出了封建法律体系是"诸法并用,民刑有分"的观点。1985 年,张晋藩在《论中国古代民法研究中的几个问题》② 一文中,就中国古代民事立法的发展阶段和时代特征发表了见解。1989 年,在首届"中国法律史国际学术讨论会"上,一些学者就关系到法史发展全局的重大问题进行了探讨,如吴建璠撰《清代律学的总结》③ 一文,认为传统的"律学衰败"说存在偏颇;杨一凡、曲英杰撰《明代〈问刑条例〉研究》④ 一文,对传统的"以例破律"说加以驳正。1993 年,叶孝信在为《中国民法史》写的"绪论"⑤ 中,对当时法制史教材仍沿用的"诸法合体,民刑不分"说提出反驳。这些都表明,对于如何科学地认识中国法律发展史的问题,已为不少学者所关注。

自 1996 年至今十多年来,学界就如何科学地认识中国法律发展史进行了更为全面和深入的探讨。中国法律史学会 1999 年、2000 年年会,都以法史研究的"新思维、新方法"为中心议题展开了讨论。2002 年 2 月 1 日出版的《社会科学报》,开辟"中国法律史研究反拨"专栏,发表了四位学者的文章,⑥ 就法史传统研究模式的缺陷、误区和转折时期的使命等发表了新的见解。在此之后几年中,我国学界陆续发表了《法史学科体系探讨之我见——兼谈与此相关的几个理论问题》⑦、《中华法系研究中的一个重大误区——"诸法合体、民刑不分说"质疑》⑧、《中华法系"以刑为主"特点质疑》⑨、

---

① 张晋藩:《再论中华法系的若干问题》,《中国政法大学学报》1984 年第 2 期。

② 张晋藩:《论中国古代民法研究中的几个问题》,《政法论坛》1985 年第 5 期。

③ 吴建璠:《清代律学的总结》,收入杨一凡主编《中国法律史国际学术讨论会论文集》,陕西人民出版社 1990 年版。

④ 杨一凡、曲英杰:《明代〈问刑条例〉的研究》,收入《中国法律史国际学术讨论会论文集》,陕西人民出版社 1990 年版。

⑤ 叶孝信主编:《中国民法史》卷首"绪论",上海人民出版社 1993 年版。

⑥ 2002 年 2 月 1 日出版的《社会科学报》发表的四位学者的文章是:倪正茂:《法律史不是阶级压迫史》;杨一凡:《传统研究模式亟待修正》;徐忠明:《重构中国法律史研究语境》;陈晓枫:《寻找新的价值评价标准》。

⑦ 杨一凡:《法史学科体系探讨之我见——兼谈与此相关的几个理论问题》,《法治论丛》2002 年第 5 期。

⑧ 杨一凡:《中华法系研究中的一个重大误区——"诸法合体、民刑不分说"质疑》,《中国社会科学》2002 年第 6 期。

⑨ 艾永明:《中华法系"以刑为主"特点质疑》,收入倪正茂主编《法史思辩——2002 年中国法律史年会论文集》,法律出版社 2004 年版。

《再论唐代律令格式的性质问题——"律令格式皆刑法说"质疑》①、《关于"古代中国有无民法"问题的再思考》②、《重新认识中国法律史》③、《明清例辩析》④、《律例关系考辩》⑤ 等一系列论文,对传统的"诸法合体"说、"民刑不分"说、"以刑为主"说、"以例破律"说及否认古代法律的社会功能的观点进行了批驳。杨一凡撰《中国律学文献序》⑥、马韶青的博士论文《明代注释律学研究》在阐述律学发展史的同时,进一步反驳了"律学衰败"说,杨一凡、徐立志撰《历代判例判牍·序》⑦ 和刘笃才撰《中国古代判例考》⑧,阐述了判例与中华法律体系的关系,并对古代判例研究中的若干不实之论提出质疑。2005 年出版的法律硕士专业学位研究生通用教材《新编中国法制史》⑨,吸收了近年来关于重新认识中国法律史的研究成果,对教材的内容和体例进行了改革。该书采取法制通史与专题史相结合的编纂体例,新增加了《科学地认识中国法制史》、《中国传统法律的形式》两章,并设专章分别对古代的行政法律制度、刑事法律制度、经济法律制度、民事法律制度、司法制度进行阐述。在阐述法制通史过程中,针对长期流传的"唐以后古代法制停滞"论,用较多的篇幅阐述了唐以后中国传统法律的发展及其在近代的转型,比较全面地揭示了中国古代法制的面貌。

在这场关于如何科学地认识中国法律发展史的探讨中,学者们提出了许多新的观点,其中关系到学科建设全局的重要见解有下述几个方面。

（1）正视法史传统研究模式的缺陷,变革研究思维和研究方法

有的学者剖析了法史传统研究模式的缺陷,指出这些缺陷主要表现在:一是忽视了中国传统法制和法律文化"精华与糟粕并存,但毕竟精华大于

---

① 李玉生:《再论唐代律令格式的性质问题——"律令格式皆刑法"说质疑》,《法律史论集》第 5 卷,法律出版社 2003 年版。

② 俞江:《关于"古代中国有无民法"问题的再思考》,《现代法学》2001 年第 6 期。

③ 杨一凡:《重新认识中国法律史》,中国社会科学院法学研究所编《法学研究所卷》,方志出版社 2007 年版。

④ 王侃、吕丽:《明清例辩析》,《法学研究》1996 年第 2 期。

⑤ 苏亦工:《律例关系考辩》,收入《中国法制史考证》甲编第 7 册,中国社会科学出版社 2003 年版。

⑥ 杨一凡:《中国律学文献序》,收入《中国律学文献》第 1 辑第 1 册,黑龙江人民出版社 2004 年版。

⑦ 杨一凡、徐立志:《历代判例判牍·序》,收入《历代判例判牍》第 1 册,中国社会科学出版社 2005 年版。

⑧ 刘笃才:《中国古代判例考》,《中国社会科学》2007 年第 4 期。

⑨ 杨一凡主编:《新编中国法制史》,社会科学文献出版社 2005 年版。

糟粕"这一基本史实，把法史研究变成了对古代法制的批判，似乎传统法制只有消极意义，而无积极因素可言，从而把一部中华法制文明发展史演变成封建糟粕史。二是混淆古今法制的概念、内容及产生的历史条件的差别，以现代西方法治理念为坐标评析古代法制，从而矮化了中国传统法制及法律文化在世界文明发展史中的地位和作用。三是忽视了中华法系"多种法律形式并存，朝廷立法与地方立法并存"的客观史实，局限于国家立法研究而不及地方法制研究，按照"以刑为主"的模式描绘古代法制，在许多方面用刑律编纂史替代了中国法律史。四是把丰富多彩的中国法律史简单化，比较注重法在维护皇权方面的职能，忽视法的经济和社会管理职能，这就把具有多种功能法律的发展史演化成了统治阶级的工具史。五是法律思想与法律制度、立法与司法割裂研究，未能全面地揭示中国古代法制实施的真相。六是对一些多代相承的基本法律制度和被封建王朝奉为立法、司法指导原则的法律思想在不同历史时期发生的变化，尚未通过深入的剖析予以揭示，以静态的法律史替代了动态的法律史。

通过反思传统研究模式的缺陷，不少学者认为，要科学地认识和阐述中国法律发展史，必须变革研究思维和研究方法，即：必须摒弃急功近利、主观臆断的浮躁学风，树立严谨扎实、实事求是的治学态度；必须克服轻视史料、"以论代史"的倾向，坚持"论从史出"、"史论结合"的研究方法；必须正确对待和评价传统法律文化，区分其精华与糟粕，积极揭示传统法律文化的优秀成分；必须正确理解"古为今用"的方针，实用主义是对"古为今用"的反动，只有科学的结论才能真正发挥"以史为鉴"的作用。

（2）质疑"诸法合体"、"以刑为主"、"民刑不分"说，正确认识中国古代法律体系

一些论文指出，要科学地阐述中国法律发展史，必须摒弃"以刑为主"、"诸法合体"、"民刑不分"的传统成说，以实事求是的精神，全面和正确地认识中国古代法律体系。在中国古代法律体系中，律与令、例等各种法律形式并存，朝廷立法与地方立法并存，行政、经济、刑事、民事、军事、文化教育、对外关系等诸方面的法律并存，成文法与判例并存，它们共同组成了一个完整的法律体系。律典是国家的刑法典，只是诸多法律中的一种，其内容是有关危害国家和社会基本制度以及侵犯他人人身、财产犯罪行为进行刑事处罚的规定。就历代颁行的法律的数量而言，70%以上属于行政类立法，包括律典在内的刑事法律只占立法总数的一小部分。从编纂体例来说，少数律典、令典和重大典章制度文献多采取综合性编纂体例，而绝大多

数法律是以单行法的形式颁布的。明清两代对《会典》、《律典》及一些行政、刑事、军事等方面的法律文献，采用了"以官职为纲"即吏、户、礼、兵、刑、工六部分类的编纂方法，不能因为律典以六部分类就误认为它是各类刑事和非刑事法律的汇编。因此，以"诸法合体"、"以刑为主"表述古代法律体系是不科学的。另外，历代还以条例、则例、事例、榜例、规约、告示等多种法律形式，颁布了很多包括婚姻、继承、债权、债务等在内的民间事务管理方面的法律，民事诉讼的管辖、诉讼程序和案件审理，与刑事诉讼也不尽完全相同，把古代法律制度不加分析地概括为"民刑不分"，也是欠妥当的。

（3）质疑"唐以后古代法制停滞"论和"律学衰败"说，正确阐述古代后期法制和律学的发展

所谓"唐以后古代律学和传统法制处于停滞、衰败阶段，没有多少发展"的观点，曾在学界长期流传。近年来，一些学者在其著述中，对这一成说予以辩驳。认为中国古代律学和传统法制是与中华文明的发展进程交融在一起前进的。社会在发展，律学和法制也在不断完善，这是中国历史上律学和法制发展的基本规律。并指出，隋唐以后，随着社会经济和国家管理职能的发展，行政、刑事法律制度进一步完善，经济法律制度多有创新，地方和民族立法进入了成熟阶段。其立法数量之多，内容之丰富，都远远超过了前代。宋、元、明、清时期，古代律学不断有所发展，私家注律空前兴盛，仅明清两代的律注文献和其他律学著作就达数百种。经几代学者的不断开拓，律学的各分支学科逐渐形成，在注释律学、应用律学、比较律学、律学史、古律辑佚和考证者方面，都取得了令人瞩目的成就。明代创立的律例关系理论为清代所沿袭，对明清两代例的体系的建立发挥了指导作用。"明刑弼教"思想的广泛应用，成为明初重典之治和清代大兴文字狱的思想武器。所有这些，都证明传统的唐以后"律学衰败"说、"法制停滞"论是不能成立的。

（4）厘正"以例破律"说和例的研究中的不实之论，正确评价例的历史作用

以往在古代例的研究方面存在的主要问题，一是局限于刑例研究而忽视有关行政、经济、民事、军事、教育等方面例的探讨；二是受传统的"以例破律"、"以例坏法"观点的影响，贬低例的历史作用；三是对例的表述望文生义的问题比较突出，甚至把案例作为判例进行论述。近年来发表的有关研究宋例、明代条列及明清律例关系方面的一些论文，以凿确的史实证

明，虽然古代某一历史时期在例的运用上曾出现过事例浩瀚、前例与后例内
容冲突的弊端，但这种问题大多发生在制例经验尚不成熟时期，且大多局限
于事例的制定方面。总体而言，例对于完善古代的法律体系，对于保障统治
者在律典稳定不变的情况下适时立法，对于全面完善国家的行政、经济、军
事和文化教育法律制度，都发挥了重大的作用。例在刑事法律领域内作用主
要是"以例补律"、"以例辅律"。例与律、令是中国古代的三个基本法律形
式之一，在健全国家法制方面有举足轻重的地位。

针对以往判例研究中一些望文生义的论断，如混淆案例、判例、判牍三
者的界限，认为秦代的"廷行事"属于判例等，一些学者也撰文驳正。还
有一些学者就如何正确认识明清两代的律例关系，发表了很好的见解。所有
这些，都有助于人们正确认识古代例的本来面貌和历史作用。

（5）按照实事求是的认识论，准确地表述中国传统法制的基本特征

传统观点对古代法制基本特征的论述各种各样，概括起来无非是"礼
法结合"、"诸法合体，民刑不分"、"以刑为主"、"义务本位"、"家族主
义"、"司法与行政合一"这几点。近年来，有些学者指出，传统观点对于
古代法律制度特征的概括，是从揭示其黑暗面的角度作出的，尚有失错或偏
颇之处，应当按照实事求是的认识论重新探讨。"以刑为主"、"诸法合体，
民刑不分"这类表述，不符合历史实际，应当摒弃。唐、明、清等代都设
有专主司法审判和复核的刑部、大理寺等机构，以"司法行政合一"概括
古代法制的特征也欠妥当。传统观点关于"礼法结合"、"家族主义"是中
国古代法制的特征提法应当说是成立的，问题是在论述这些特征时，往往局
限于对其消极方面的揭示和批判，没有对当时形成这种特色的原因及其历史
作用给予恰当的分析，也没有对其中发挥过积极作用的部分，如慎刑、恤刑
精神等给予必要的论述。传统观点在论述"义务本位"这一特征时，把它
作为"民主"、"权利本位"的对立物加以批判。其实，用"义务本位"表
述中国传统法制的特征似不够全面，也不能明确地界定它与其他法系中
"义务本位"的区别。中国古代法律中的义务同古代埃及、印度法律中的义
务有所不同，后者系个人对君主、奴隶对奴隶主的单方面义务，是一种片面
的义务。中国古代法律规定的义务是社会各阶层人员之间相互之间的义务，
还包含着属于社会义务、国家义务的内容。社会成员在对他人、社会、国家
履行义务的同时，也接受他人、社会、国家对自己的义务，具有"义务互
负"的性质。因此，不能因为古代法律中未有"民主"、"权利"的字样，
就不加分析地全面否定。有的学者指出，在表述中国古代法制的特征时，应

当尊重历史，按照古代法制的本来面貌进行表述，并把中国古代法制的特征概述为五点：一是礼法结合，一准乎礼；二是以民为本，抑强扶弱；三是家族主义，家国一体；四是天下本位，义务互负；五是追求和谐，注重调解。

此外，一些学者还就如何认识和阐述历史上法律的功能、发展规律和司法制度等进行了探讨，基本观点是：①历史上的各种类型的法律，因其内容不同，发挥着不同的功能。这些法律共同发挥着维护统治集团的权益、维护社会秩序、实行社会经济生活管理、协调社会各阶层人们的相互关系和权益等各种功能，因而具有阶级性和社会性两种属性。不能简单地把古代法律功能都说成是君主专制的工具，进而全面否定法制的积极功能。②纵观两千多年的中国法律发展史，从总体上说，"因时变革，不断发展、完善"是法律制度演进的主旋律；古代法制的发展是同社会的发展相适应的，在历史上主要发挥的是积极作用。不能因古代法制存在这样那样的弊端，就把它描绘得漆黑一团。③我国古代司法制度是前人在长期的实践中逐步建立的，是若干代人的智慧的产物。虽然其中的一些司法制度不符合现代法治的精神，但在当时的条件下却有其存在的合理性，我们在研究这类制度时，必须结合时代条件作出有分析的、合当的评价。那种用"一任刑罚"概括古代司法审判的状况，不加区分地把历朝司法都描绘为君主专横、官吏任意用法、冤狱泛滥，这种论断缺乏历史根据。

随着学术探讨的不断深化，愈来愈多的学者对中国古代法律体系、法制发展的进程和面貌有了更为全面、深入的了解，并注意运用实事求是的认识论重新审视中国法律发展史，从而把法史研究的水平向前推动了一大步。以法律通史研究的情况为例。近十年来，我国学界出版的法律通史著作、教材数百部。在这些著述中，影响较大的是《中国法制通史》[①]、《中国法律思想通史》[②] 两部多卷本著作。令人欣喜的是，很多学者摒弃非科学的传统思维模式，在全面考察中国古代法制和传统法律文化的基础上，对法律通史的若干专题进行了研究，已出版的论述中国行政法史、经济法史、民法史等方面的专著达数十部。阅读这些法律通史著作，人们不难发现，随着时间的推移，学界受"诸法合体"、"以刑为主"、"以例破律"等传统成说的影响就越少，学术成果的研究深度和科学性也逐步提高。实践证明，实事求是是法

---

① 张晋藩主编：《中国法制通史》（10 册），法律出版社 1999 年版。

② 李光灿、张国华主编：《中国法律思想通史》（4 册，11 卷），山西人民出版社 1998—2001 年分册出版。

史研究的必须遵循的治学原则。只有坚持运用全面而不是片面的、辩证而不是行而上学的思想方法论研究中国法律史，才能不断地提高学术水平，推动这门学科走向科学。

2. 发扬注重史料、扎实治学的优良学风，法律文献整理和法史考证取得重大进展

史料是法史研究的基础。发扬严谨治学的学风，坚持注重史料、"论从史出"的研究方法，是我国学界治史的优良传统。然而，在"文化大革命"中，"四人帮"为篡党夺权，歪曲历史，大搞影射史学，为己所用，使这一优良传统荡然无存。在新的历史时期，由于我们对恢复优良学风的问题有所忽视，加之科研机制方面存在的问题，急功近利的浮躁学风一直未得到很好的纠正。这一不良学风在法史研究领域的表现是：轻史料、重编书；不注重基本史料的研究，凭主观臆想妄下论断。有的论述某一法律制度的作品，洋洋万言，却对这方面的基本法律不甚了解或知之甚少；许多著述内容大同小异，却未见引用新的史料；个别著述对所研究对象的基本内涵尚不清晰，竟自成一书；有的著述引用史料断章取义，所创新的结论与史实失之千里；有的文献整理成果竟然把官职或写序之人当成作者，醒目地印在封面之上；有的著述所引史料，错误百出。对此，一些治学严谨的学者曾给予严肃的批评，如王侃撰《关于法制史教材中的一些史料史实问题的商榷》① 一文就对法制史教材中的 25 个错误观点予以驳正。最近，有的学者发表文章，指出一部法史著作中引文不确和错字有数百处之多。这种不良学风虽然发生在少数学者身上，但其造成的影响不仅使其本人的成果成为文化垃圾，而且误导了后人。

近年来，法史学界较之以往的一个重大进步，就是人们通过深刻的反思，愈来愈多的学者就法史研究必须注重史料这一点形成了共识。一些学者撰文指出，法史研究必须注重学术观点的创新，也必须贯彻"古为今用"的方针，但这种创新和"古为今用"，又必须以历史事实为依据。只有注重法律文献的挖掘和整理，才能为法史研究奠定坚实的史料基础；只有坚持"论从史出"、"史论结合"的研究方法，研究的成果才能经得起历史的考验，才能正确地总结历史的经验，以史为鉴，古为今用。

---

① 王侃：《关于法制史教材中一些史料史实问题的商榷》，见《中国法制史考证》乙编第 4 册，中国社会科学出版社 2003 年版。

　　为了给法史研究提供丰富的基础资料，很多学者参加了法律文献的整理，并取得了重大成果。据不完全统计，1996 年以来，我国学界出版的法律古籍整理成果上百部，收入文献 500 余种，计 5000 余万字。这十年中法律古籍整理成果的数量，超过了新中国成立后前四十余年的总和。

　　近年来出版的一些法律古籍成果，其内容涉及历朝颁布的法律法令、地方法律、判例案牍、律学文献、法学文集等各个方面。其中，文献规模较大或有较大影响的代表忄成果有：《中国珍稀法律典籍续编》、《张家山汉墓竹简》所载《二年律令》和《奏谳书》、《天一阁藏明钞本天圣令校正》、《元代台宪文献汇编》、《中国监察制度文献辑要》《中国古代地方法律文献》甲编、《古代榜文告示汇存》、《古代乡约及乡治法律文献十种》、《历代判例判牍》、《刑案汇览》、《中国律学丛刊》、《中国律学文献》、《沈家本未刻书集纂》、《近代法学文丛》以及《中国历代民族法律典籍》、《田藏契约文书粹编》、《清代条约全集》等。①

　　法律文献的整理成果，开阔了学者的视野，也极大地拓宽了法史研究领域。上百种珍稀法律的整理，使人们更能全面地了解古代法律的面貌。地方法律、民间规约是法史研究的薄弱环节，这方面文献的出版，不仅有助于我们全面认识古代的法律体系，而且对研究古代地方法制特别是民间事务管理法律制度有重要的史料价值。历代判例判牍整理成果，为正确地阐述古代司法制度提供了宝贵的实证资料。古代律学丛书和近代法学丛书的出版，有助于人们了解历史上律学的发展和近代法学的创新，无论是对于科学地阐述中国法律思想史还是近代法学学说，都有重要的意义。少数民族法制文献、民事法律文献的整理成果，为研究中国民族法制史、民事法律制度奠定了坚实的史料基础。

　　法律文献的整理成果，不仅为学界提出了许多新的研究命题，而且也使人们重新审视已有的研究结论是否正确。比如，现已发现的数百万字的少数民族部落时期的规约，引起了我们对法律起源的思考；现存的大量的宋、元、明、清时期的乡规民约，使我们感到有必要讨论所谓"民间法"的表述是否科学；丰富的民间事务管理法律制度资料，向人们提出了对我国民事法律如何界定和科学表述的问题；数量浩瀚的判例、案牍资料，证明关于秦代的"廷行事"、清代的"成案"属于判例性质的论断缺乏事实根据。历史

---

　　①　关于本段所列举文献整理成果的作者、出版单位和时间，详见本书第 1 章的《法律文献的整理与研究》部分。

上众多的例的法律文献，以及新发现的元代的"分例"、明代的榜例资料，使我们意识到需要重新探讨古代例的法律形式和例的体系。以往著述中认为失传的一些重要法律的发现，也向学界提出了修正原来研究结论的问题。法律文献整理的成果在许多方面对传统观点提出了挑战，催促学界为追求真知继续求索。

为推动法律史学走向科学，许多学者在注重法律文献整理的同时，对法史研究中的一些重大疑义进行了扎实的考证。近十年来，我国学界法史考证成果累累，无论是著述的数量，还是考证的问题之多，都是多年来未有的。在这些成果中，国家和中国社会科学院重点项目《中国法制史考证》①是一部公认的代表作。该书甲编运用上千种文献资料，对中国古代法制史的100多个重大或存有疑义、争论的问题进行了专题考证，提出了作者的独立见解，受到国内外学界的普遍肯定。该书2007年获第六届中国社会科学院优秀科研成果一等奖。《中国法制史考证》乙编、丙编收入中国和日本学者考证法制史的重要论文162篇，这些论文大多是近十年内写成的，代表了当代法史研究的最高水平。此外，我国学者在古代律学、法律制度、稀见法律文献、历史上的重大事件等方面都发表了不少考证论文，其中不少作品有重要的学术突破。

法律文献整理和法史考证的成果，大多是作者历时多年才完成的。在完成这些成果的过程中所体现的严谨治学的学风，使我们感到，当代学者必定能够完成建立科学的中国法律史学学科体系的历史使命。

3. 不断扩展研究领域，法律通史、断代史和部门法史成果累累

中国法律史学是一门具有一定开放性的学科，很早就出现了随着学科的发展而研究领域逐渐扩大的趋势。近十年来这种趋势有明显的发展，学科面貌发生了很大变化。

（1）通史和断代史的研究领域逐步扩大

中国法律史的通史研究在很长时间内被局限在比较狭窄的范围内，法制史以研究国家立法和相应的制度为主，国家立法中以历代朝廷颁布的律典为主要研究对象；法律思想史则基本是研究思想界和政界人物的思想和思想流派。从20世纪80年代开始，通史研究的范围逐渐扩大。近十年来，随着本学科整体研究水平的提高，研究视野进一步拓宽。在中国法制史研究方面，关于律典以外其他形式的国家立法、国家立法中的地方法、以非官方立法形

---

① 杨一凡主编：《中国法制史考证》（15册），中国社会科学出版社2003年版。

式存在的其他法，以及民族法、法律的实施和实际运行等问题的考察分析已成为通史研究不可或缺的内容。张晋藩主编的大型通史著述《中国法制通史》① 就具有"研究范围空前广阔"这一显著特点。② 法律思想史的研究也突破了原有的框架，关于中国法哲学史的研究，民间大众法律观念和法律意识的研究，以及关于士大夫阶层的整体思想和司法官员的共同思想的研究等也进入了通史研究的范畴。

　　在断代史研究方面，几乎各个断代都有新的研究专题被开发出来。在先秦法史研究中，有关于早期"判例法"及早期监狱制度的研究，兵家法思想研究，利用郭店楚简等出土资料所进行的研究等。秦汉法律史研究中，有关于秦代契约法、家族法的研究，秦汉判例的研究，汉代户律研究，契约文书研究，汉代民事程序研究，秦汉法制比较研究，以及利用尹湾汉墓资料及张家山汉简开展的研究等。魏晋南北朝法律史研究中，有关于三国法制的专门研究，晋令研究，以及北朝法制的系统研究，对三国两晋南北朝法制资料的研究等。在隋唐法律史研究中，有隋律与佛教关系的研究；唐代判牍研究，工商与对外贸易法律研究，契约与侵权研究，民事诉讼研究，县级司法权研究，唐律所体现的礼教及伦理法思想研究，吐蕃法研究，以及利用敦煌与吐鲁番文书所进行的研究等。宋辽金元西夏法律史研究中，有关于宋代例、令、格、式的研究，民事契约研究，招投标及版权保护制度研究，民事诉讼研究，民间诉讼研究，官商法律研究，士大夫整体法制观念研究，司法中所体现的法思想研究；以及元代蒙古习惯法研究，刑事案件中的民事赔偿制度研究，婚姻制度研究，乡村诉讼比较研究；西夏《天盛律令》研究等。明清法律史研究中，有明代民事判牍研究，商事法研究，地方审判制度研究，宗教法律制度研究，充军制度研究，利用徽州档案所进行的关于民间纠纷及解决机制的研究，明代法思想发展问题研究，以及明清律典与条例研究，清代成案与判例的研究，清代习惯法研究，清代法律语言研究，港澳涉外司法制度研究等。近代法律史研究中，有法律移植问题研究，南京国民政府法律制度的研究，近代法律教育研究，宪政思潮研究，香港法制史研究等。

　　特别是关于当代法制史，以前几乎无人问津，近年来通过法史学界的努力开拓，在不到十年的时间里，先后出版了杨一凡主编的《中华人民共和

① 张晋藩主编 《中国法制通史》，法律出版社 1998 年版。
② 刘广安等编著：《中国法制史学的发展》，中国政法大学出版社 2007 年版，第 31 页。

国法制史》①、韩延龙、徐立志等主编的《中华人民共和国法制通史》②、蔡
定剑著《历史与变革——新中国法制建设的历程》③、郭成伟主编的《新中
国法制建设 50 年》④、韩大元主编的《新中国宪法发展史》⑤、张希坡编著
的《中华人民共和国刑法史》⑥、何勤华等主编的《中华人民共和国民法
史》⑦ 等多部著作，此外还有一些论文发表，从而建立了一个新的断代史研
究领域，填补了法史研究中的一项重大空白。

（2）部门法史和司法制度史的研究范围进一步扩展

中国法律史学科很早就出现了部门法史的研究，但在很长时期内，由于
在材料的挖掘及对有关问题的认识上缺乏足够的积累，这方面的研究主要限
于刑法史、诉讼法史、宪法史等部分领域。关于民商法史，仅 20 世纪 40 年
代末杨鸿烈撰有 200 余万字的著作稿《中国民商法沿革史》。⑧ 直到 20 世纪
80 年代以后，法史学界关于部门法史的研究才重新活跃起来，行政法史和
经济法史方面的著述也陆续出现。

近十年来部门法史的研究有很大发展，特别是民商法史的研究，出现了
突破原来的框架向更广阔的领域延伸的趋势。

首先是改变了原来民法史研究主要限于通史性研究的状况，断代研究取
得了突破性进展，先后出版了《元代民事法律制度研究》⑨、《明代民事判牍
研究》⑩、《清代民法综论》⑪、《清代的法律、社会与文化：民法的表达与实
践》⑫、《中国近代民法法典化研究》⑬ 等专著，并有大量涉及断代民商法研
究的论文发表。其次是关于民事各侧面及分支领域的研究大量增加，除以往
人们关注较多的婚姻法史继续有新的研究成果出现外，关于中国历史上的财
产法、民事法中的立嗣问题、知识产权、民事理念及民法理论等都有人进行

---

① 杨一凡主编：《中华人民共和国法制史》，黑龙江人民出版社 1996 年版。

② 韩延龙、徐立志等主编：《中华人民共和国法制通史》，中共中央党校出版社 1998 年版。

③ 蔡定剑：《历史与变革——新中国法制建设的历程》，中国政法大学出版社 1999 年版。

④ 郭成伟主编：《新中国法制建设 50 年》，江苏人民出版社 1999 年版。

⑤ 韩大元主编：《新中国宪法发展史》，河北人民出版社 2000 年版。

⑥ 张希坡编著：《中华人民共和国刑法史》，中国公安大学出版社 1998 年版。

⑦ 何勤华等主编：《中华人民共和国民法史》，复旦大学出版社 1999 年版。

⑧ 该书稿保存在中国社会科学院法学研究所图书馆。

⑨ 胡兴东：《元代民事法律制度研究》，中国社会科学出版社 2007 年版。

⑩ 童光正：《明代民事判牍研究》，广西师范大学出版社 1999 年版。

⑪ 张晋藩：《清代民法综论》，中国政法大学出版社 1998 年版。

⑫ 黄宗智：《清代的法律、社会与文化：民法的表达与实践》，上海书店出版社 2003 年版。

⑬ 张生：《中国近代民法法典化研究》，中国政法大学出版社 2004 年版。

专门研究，出现了《中国财产法史稿》①、《中国传统民法理念与规范》②、《民初立嗣问题的法律与裁判》③、《近代中国民法学中的私权理论》④、《中国版权史纲》⑤ 等大量著述。再次是突破了以往以历史上的国家立法为主要对象的研究框架，以其他形式存在的民事法也进入了法史学界的研究视野。特别是关于民事习惯与习惯法的研究有明显的发展，出版了《清代习惯法：社会与国家》⑥、《民初民法中的民事习惯与习惯法》⑦ 等专著，并有许多论文发表。

其他部门法史的研究也有类似情况，关于宪法史、刑法史、行政法史的断代研究有所增加，出版了《新中国宪法发展史》⑧、《宋代刑法史》⑨、《明代行政法》⑩ 等。

关于中国历史上的司法制度，以往的研究主要分散在通史研究中，近年来专门研究逐渐增多，有的属于对中国历史上司法制度的系统研究，如《中国司法制度史》⑪、《中国审判制度史》⑫；有的则是关于某一朝代的司法制度的研究，特别是关于明代司法制度，出版了多部专著，如《明代中央司法审判制度》⑬、《明代司法初考》⑭、《明代司法续考》⑮ 等。在近代司法制度研究方面也有新的突破，关于近代司法独立问题的研究、清末新审判机构的研究等都体现了这一领域研究范围的扩展。

（3）制度史和思想史之外的新领域迅速发展

在很长时间内，中国法律史学科主要由中国法制史和中国法律思想史构成，法史研究基本局限在这两门专史范围内。从 1989 年开始，这种框架逐

---

① 郭建：《中国财产法史稿》，中国政法大学出版社 2005 年版。
② 梁凤荣：《中国传统民法理念与规范》，郑州大学出版社 2003 年版。
③ 卢敬仪：《民初立嗣问题的法律与裁判》，台湾五南图书出版公司 2006 年版。
④ 俞江：《近代中国民法学中的私权理论》，北京大学出版社 2003 年版。
⑤ 张玉敏、李雨峰：《中国版权史纲》，《科技与法律》2004 年第 1 期。
⑥ 梁治平：《清代习惯法：社会与国家》，中国政法大学出版社 1996 年版。
⑦ 李卫东：《民初民法中的民事习惯与习惯法》，中国社会科学出版社 2005 年版。
⑧ 韩大元主编：《新中国宪法发展史》，河北人民出版社 2000 年版。
⑨ 周密：《宋代刑法史》，法律出版社 2002 年版。
⑩ 陈国平：《明代行政法》，法律出版社 1998 年版。
⑪ 张晋藩主编：《中国司法制度史》，人民法院出版社 2004 年版。
⑫ 程维荣：《中国审判制度史》，上海教育出版社 2001 年版。
⑬ 那思陆：《明代中央司法审判制度》，北京大学出版社 2004 年版。
⑭ 尤韶华：《明代司法初考》，厦门大学出版社 1998 年版。
⑮ 尤韶华：《明代司法续考》，中国人事出版社 2005 年版。

渐被打破，于两门专史之外出现了中国法文化等新的研究领域。近年来这种趋势进一步发展，又有一些新领域得到开发，其中最值得关注的是关于中国古代律学和中国法学史的研究。

20 世纪 90 年代中期以前，法律史学界关于中国古代律学只有零星的文章发表，关于中国法学史的研究则几乎处于空白状态。近十年来这两个领域的研究有很大发展。在律学研究方面，不仅有《律学考》[①] 等专著及关于明、清两代律学的论文发表，而且出现了对律学文献的系统整理，已出版的《中国律学文献》第一、二、三、四辑[②]，是这方面的典型成果。此外，律学方面的选题还出现在近几年的博士论文中。律学研究已从个别学者的零星探讨发展成为一个独立的领域。法学史研究方面的情况也大体如此，对中国历史上的法学进行系统研究的专著已经出版。[③] 此外还有关于中国近代法学的专门研究，在《20 世纪的中国法学》[④] 等著述中，除对近代法学进行一般考察分析外，还出现了关于近代法律语言的特别研究。在法学文献的整理方面，出版了汇集近代法学著作的大型丛书"20 世纪中华法学文丛"[⑤]，另有一部《汉语法学文丛》[⑥]，也收集刊印了一些近代法学著作。所有这些，都说明中国法学史已作为一个专门领域出现在法史研究中。

近年来两门专史以外的研究领域的发展，还体现在先前已经出现的某些领域研究内容和研究范围的扩大上。法文化研究方面所出现的关于中国法文化的哲学基础的研究，刑法文化、诉讼文化的研究，中国法文化对西方的影响的研究，中国法文化与法制现代转型的关系的研究，以及关于法文化研究范式的探讨等，都是近十几年新增加的研究专题。法史文献方面关于司法文献及地方法文献的整理研究也具有拓宽该领域研究范围的意义。

总之，近十年是法史学科继续快速扩展的时期，这种状况在本学科的各层面及各组成部分上都有不同程度的体现。经过这一时期的发展，本学科可以涵盖的研究领域大部分都已出现，以后扩展速度有可能变缓，而学科恢复以来迅速增加的各研究领域，则需要经过长期扎实的发展，才有可能成为本学科的有机组成部分。

---

① 何勤华：《律学考》，商务印书馆 2004 年版。

② 杨一凡编，《中国律学文献》，黑龙江人民出版社 2004、2005、2006、2007 年版。

③ 何勤华主编：《中国法学史》，法律出版社 2000 年版。

④ 李贵连主编：《20 世纪的中国法学》，北京大学出版社 1998 年版。

⑤ "20 世纪中华法学文丛"中国政法大学出版社 1998—2000 年版。

⑥ 《汉语法学文丛》清华大学出版社 2005 年版。

4. 法文化研究受到普遍重视，学术水平有了较大提升

20 世纪 80 年代末以前，对于中国大陆学者来说，法文化还是一个很新鲜的名词，① 尚未进入研究的视野。从 1989 年起，一些学者开始对法律文化进行探索。1989 年至 1990 年间，先后发表了《中国近代以来法律文化发展考察》②、《五四运动与中国法律文化》③、《中国传统法律文化评估》④ 等 4 篇论文。1991 年至 1994 年间，法文化研究引起学界的关注，除发表了一些论文外，还先后出版了《寻求自然秩序中的和谐：中国传统法律文化研究》⑤、《中西法律文化比较研究》⑥、《情理法与中国人：中国传统法律文化探微》⑦、《中国法律文化研究》⑧、《中国法文化散论》⑨、《中国传统法律文化》⑩、《中西法文化通论》⑪、《中西近代法文化冲突》⑫ 等 10 多部著作。这些学术成果所作的探讨，为开拓传统法律文化和比较法文化的研究发挥了架桥铺路的作用。

近十年来，法文化研究愈来愈受到学界的重视，发表了数百篇论文，出版了近百部专著，无论是成果的数量还是研究的深度，都取得了新的重大突破。法律文化已经成为法律史研究的重要领域，有些大学还增设了博士生传统法律文化研究方向，一些研究成果被翻译为外文在国外出版。所有这些，都显示了法文化研究的良好发展现状和光明的发展前景。

在中国传统法文化研究方面，探讨的领域得到广阔的开拓。阅读近十年来发表的这类成果可知，其研究内容比较广泛，重点涉及的是 7 个领域。其

---

① 1989 年以前，国内外学界也发表过一些从中国文化的角度研究法史的论文，出版过几部这类著作，如我国台湾地区"司法行政部"于 1956 年 3 月出版了王伯琦《近代法律思潮与中国固有文化》、台湾三民书局于 1959 年 4 月出版了陈顾远《中国文化与中国法系》等。但是，这一时期，法文化的概念还未被学界所认同，也未成为学界关注的研究领域。

② 潘大松：《中国近代以来法律文化发展考察》，《社会科学研究》1989 年第 2 期。

③ 杨一凡、乔丛启：《五四运动与中国法律文化》，《法学研究》1989 年第 3 期。

④ 张国华：《中国传统法律文化评估》，《中国法律史国际学术讨论会论文集》，陕西人民出版社 1990 版。

⑤ 梁治平：《寻求自然秩序中的和谐：中国传统法律文化研究》，上海人民出版社 1991 年版。

⑥ 张中秋：《中西法律文化比较研究》，南京大学出版社 1991 年版。

⑦ 范忠信等：《情理法与中国人：中国传统法律文化探微》，中国人民大学出版社 1992 年版。

⑧ 陈晓枫主编：《中国法律文化研究》，河南人民出版社 1993 年版。

⑨ 张培田：《中国法文化散论》，中国政法大学出版社 1993 年版。

⑩ 武树臣等：《中国传统法律文化》，北京大学出版社 1994 年版。

⑪ 何勤华等：《中西法文化通论》，复旦大学出版社 1994 年版。

⑫ 张培田：《中西近代法文化冲突》，中国广播电视出版社 1994 年版。

一,中华法文化的概念、形成、基本特质、演变及传统法律意识、法律观的探讨。其二,礼与法和儒家法律文化的探讨。已发表的论文和出版的著作中,有一半以上成果的研究对象基本是上述两个领域。其三,断代法文化的探讨。这方面的著作有:《元代法文化研究》①、《清代的法律社会与文化:民法的表达与实践》② 等。其四,传统司法、诉讼、刑法文化研究探讨。这方面的著作有:《酷刑文化》③、《中国讼师文化——古代律师现象解读》④等,研究讼师文化的论文也较多。其五,民族法文化、宗教与法文化关系的探讨。这方面的著作有:《民族法律文化散论》⑤、《藏族传统法律文化研究》⑥ 等,研究宗教与法文化关系的论文达数十篇。其六,乡土社会法文化的探讨。这一领域是近年来法史研究的热点之一,有多篇论文问世。其七,传统法文化的现代化转型探讨。这方面的著作有:《走向二十一世纪的中国法文化》⑦、《清末民初法文化流变》⑧ 等。此外,一些学者还从各种角度对历史上的法文化进行了专题研究,如程维荣著《道家与中国法文化》⑨、何柏生著《数学精神与法文化》⑩ 等。

已发表的探讨传统法文化的著作和论文,提出了很多新的见解,比如,有的学者从公法与司法的角度进行探索,认为中国传统法文化是一种官方主导的公法文化。有的学者探讨了中国古代法律文化与宗教的关系,认为佛教文化已融入传统法律文化之中。古代宗教具有包容性与和谐性,正是受这种包容性、和谐性的影响,使传统法文化富有浓厚的和谐精神。有的学者从个案入手对中国传统法律文化进行研究,认为大量的司法个案材料显示,古代中国的司法官员对于纠纷及其处理样式的认知模式是十分独特的:他们是以建立或者恢复一种稳定、和谐的人际关系和社会关系为着眼点来看待和解决现实的纠纷问题的。还有一些学者把法文化的研究范围拓展到香港、澳门、台湾及地区法文化领域,如苏亦工的《中法西用——中国传统法律文化及

---

① 吴海航:《元代法文化研究》,北京师范大学出版社 2000 年版。
② 黄宗智:《清代的法律社会与文化:民法的表达与实践》,上海书店出版社 2001 年版。
③ 尚雪鸿:《酷刑文化》,内蒙古人民出版社 2006 年版。
④ 党江舟:《中国讼师文化——古代律师现象解读》,北京大学出版社 2005 年版。
⑤ 吴大华:《民族法律文化散论》,民族出版社 2004 年版。
⑥ 杨士宏:《藏族传统法律文化研究》,甘肃出版社 2004 年版。
⑦ 陈鹏生等主编:《走向二十一世纪的中国法文化》,上海社会科学院出版社 2002 年版。
⑧ 贾国发:《清末民初法文化流变》,东北师范大学出版社 2003 年版。
⑨ 程维荣:《道家与中国法文化》,上海交通大学出版社 2000 年版。
⑩ 何柏生:《数学精神与法文化》,上海人民出版社 2005 年版。

习惯在香港》①、三华山的《河北士族礼法传统与北学渊源》② 等著述，对促进地方法律文化研究发挥了推动作用。

　　随着法文化研究的深入，学者们不再满足于对中国传统法律文化进行表面性的回顾与描述，也不再满足于对传统法律文化进行浅层次上的分析和归纳。他们通过更深入的思考、有理性的批评，深刻解读、研究传统法律文化的特质和发展规律，从中找寻可以古为今用的合理因素，以使其成为构建法律新文化的必要资源。比如，倪正茂的《法哲学经纬》③、范忠信的《中国传统法律文化的哲学基础》④、俞荣根的《儒家的法哲学》⑤ 等，就对传统法文化进行了哲学层面的研究，对古代法哲学的内容和特色进行了深入的阐述。有学者认为，中国传统法文化的哲学基础可以概括为人文主义，它支配着中国数千年来法律实践活动与思维活动的方向与进程。有的学者从小农经济对中华法传统的影响入手进行研究，认为小农经济是中国传统社会的主导性经济形态，深深地影响了中国政治法律传统。中国古代的基本政治构思及体制结构、国家的民事性法律规范、国家的行政及有关规范，无不体现了以小农经济为基础的国家法律制度、法律文化的风格。有的学者通过分析古代法律文化中"仁"、"义"、"礼" 等基本价值要素，认为中国传统法律文化以"仁"、"德"为基本内涵，以"礼"、"法"为外延构筑了整个社会秩序和社会生活的行为规范体系。有学者认为，在中华法文化体系中，"和谐"之道一以贯之。家礼与国法藉此所蕴涵的自身和谐、社会秩序构成与自然社会转化系统相和谐的创制理念，具有超时空的价值，在人类自身和与自然关系紧张的今天尤有意义。有的学者以中国传统法文化的三个重要组成部分——中国古代刑法文化、中国古代民法文化、中国古代诉讼法文化——为框架，对"天人合一"、"亲亲尊尊"、"讼累"等中国传统法律文化的典型现象和具有代表性的内容进行了诠释。在我国学者探讨传统法文化的成果中，还有很多好的见解。因本书还将列专篇介绍，这里不再赘述。

　　在比较法文化研究方面，也取得了不少有重要学术价值的成果。近十年来，愈来愈多的学者注重中国法文化与外国法文化的比较研究。除了发表了

　　① 苏亦工：《中法西用——中国传统法律文化及习惯在香港》，社会科学文献出版社2002年版。
　　② 王华山：《河北士族礼法传统与北学渊源》，《文史哲》2003年第3期。
　　③ 倪正茂：《法哲学经纬》，上海社会科学院出版社1996年版。
　　④ 范忠信：《中国传统法律文化的哲学基础》，《现代法学》1999年第2期。
　　⑤ 俞荣根：《儒家的法哲学》，《清华法学》2003年第1期。

大量的论文外，还出版了《中西法文化比较研究》①、《中西法文化的暗和与差异》②、《中西法律文化比较》③ 等多部著作。这些成果提出的不少观点甚有见地。有的学者认为，在东方传统文化中，伊斯兰文化、印度文化和儒家文化是三大支柱。在古代东方，法律改革并不是一项共同的事业。只有到了近现代，东方各国无一例外地受到西方列强的冲击，东方法律文化亦受到全新的西方法律文化的挑战。于是，东方各文化圈有了共同的事业：学习、接受西方法律文化，改革传统法律文化。有学者通过对中日韩三国民法现代化道路之比较，以民法典为焦点比较这三国民法理念和现代化道路的异同。有的学者以较翔实的史料评析了古代朝鲜成文法典《经济六典》和《经国大典》，着重阐述了以汉字为核心的儒学文化对朝鲜司法文化的巨大影响，为进一步探索中朝两国的文化史提供了依据。进行中西法律文化比较的成果还有很多，如《中西法律文化比较论纲》④、《中西传统诉讼文化比较初论》⑤、《中西传统法律价值评价标准的差异及启示》⑥、《中西法文化之差异》⑦、《试论古代法与传统法的关系——兼析中西法传统在近现代演变中的差异》⑧ 等论文，都围绕各自研究的命题提出了新的见解。

5. 破除学术禁区，近现代法律史研究空前繁荣

中国法律史学近十年来的一个重大进展，是近现代法律史研究成为学界研究的热点，出现了空前的繁荣。20 世纪 90 年代末前的一段很长的时间内，中国近现代法律史研究主要集中在革命根据地法制、民初法制、警察制度等领域，其他方面成果较少，许多重要的领域和重大课题无人问津。近年来，我国法史学者特别是一批中青年学者，解放思想，破除学术禁区，以新的研究思维和方法，对近现代法律史进行了多方面的开拓研究，获得了可喜的收获。

---

① 张中秋：《中西法文化比较研究》，南京大学出版社 1999 年版。
② 范忠信：《中西法文化的暗和与差异》，中国政法大学出版社 2001 年版。
③ 崔永东：《中西法律文化比较》，北京大学出版社 2004 年版。
④ 张中秋：《中西法律文化比较论纲》，收入陈鹏生主编《走向二十一世纪的中国法文化》论文集，中国政法大学出版社 2002 年版。
⑤ 宋英辉、吴卫军：《中西传统诉讼文化比较初论》，《诉讼法学研究》2002 年第 1 期。
⑥ 杨超：《中西传统法律价值评价标准的差异及启示》，《上海大学学报》（社科版）2002 年第 2 期。
⑦ 杨炜：《中西法文化之差异》，《当代法学》2003 年第 9 期。
⑧ 曾宪义、马小红：《试论古代法与传统法的关系——兼析中西法传统在近现代演变中的差异》，《中国法学》2005 年第 4 期。

　　近年来的近现代法律史研究，无论是作品的数量之多，还是涉及的研究领域之广，都是过去无法比拟的。1996 年至 2007 年间，已发表的论文超过 3000 篇，著作超过百部。这期间完成的博士和硕士论文，有 40% 以上是以近现代法律史为选题的。我们查阅了近十年来完成的博士、硕士论文 1180 篇，其中博士论文 375 篇，硕士论文 805 篇。在这些论文中，探讨近现代法律史的博士论文 163 篇，硕士论文 352 篇。① 近代法制与现代法制有着直接的传承关系，近现代法律史的研究成果对于当代中国的法制建设有现实的借鉴意义。许多青年学者正是抱着"探索学问，服务当代法制建设"的志向，把中国近现代法律史确定为专业研究方向。

　　这一时期法史学界举办的学术会议，也多是以近现代法律史为主题。1998 年 11 月，中国社会科学院《法学研究》编辑部与南京师范大学法制现代化研究中心联合举办的"20 世纪中国法学与法制现代化"学术研讨会，就 20 世纪中国法学的理论基点、科学定位、发展目标及其与法制现代化的关系等进行了探讨。2002 年 11 月，中国人民大学法律文化研究中心举办了"中国近代法制学术研讨会"，就中国近代法制建设的发展进程、部门法的产生与发展、法制与法学教育等进行了研讨。中国法律史学会 2003 年学术年会，就法律传统与现代法律变革等问题展开了热烈的讨论。中国法律史学会 2004 年学术年会，围绕近代法律思想、近代宪政思潮、近代民商事立法及刑事与司法制度变革等进行了研讨。2008 年 6 月，中国社会科学院青年人文社会科学研究中心、中国法律史学会东方法律文化分会、北京大学近代法研究中心在北京联合举办了"中国近代社会与法制变迁"学术研讨会，就法制变迁中的传承与创新、多元化与法律现代化、西学东渐与近代法律变迁等问题进行了研讨。

　　统观近年来中国近现代法律史的研究成果，命题各种各样，内容极其丰富，涉及法律制度、法律思想和法文化的诸多方面，下面仅就这一时期取得的新的学术进展予以介绍。

　　其一，近代法史研究突破原来的僵化模式，出现了多元发展的局面。

　　在中国近代法律史研究领域，曾长期存在着一种以意识形态统摄学术研究的僵化模式，其基本特点是以"社会形态论"和阶级斗争学说为唯一的

---

　　① 关于近十年来以中国近现代法律史为选题的博士、硕士论文的篇数，是据我们搜集到的论文目录统计的。这个数字不一定精确，但不会有较大出入。这类论文的实际篇数只能比我们统计的数字要多。

指导理论，把中国近代的法律制度和法律思想简单地归结为"半殖民地半封建法"和"代表大地主大资产阶级利益"，用抽象的理论判断代替具体的学术研究。从 20 世纪 80 年代末开始，这种研究模式的支配地位逐渐被打破，出现了在注重史料的基础上用不同的理论和方法对近代法史进行多样化探讨的趋势。首先是在原有的研究框架之外，出现了用"法律近代化"或"现代化"来表述中国近代的法律变化和法律发展的新的思维方法。较早从这一角度研究中国近代法律史的成果有李贵连的《沈家本与中国法律现代化》①、《中国法律近代化简论》②、《晚清法律改革与中国法律现代化》③、《孙中山与中国法律近代化》④ 等。近年来这方面的成果大量增加，其中既有专门研究中国法律近代化的论著，如张晋藩的《中国法律的传统与与近代转型》⑤、夏锦文的《社会变迁与法律发展》⑥ 等，也有从近代化的视角进行通史性研究或从其他角度研究而产生的成果，用法律近代化来概括中国近代的法律变迁和法律发展已成为近代法史研究的主流趋势。其次是长期盛行的用理论判断代替具体研究的做法被大多数学者所抛弃，一些传统的学术研究方法和新近从海外引进的方法得到了恢复和应用。特别是在运用历史研究的方法对有关事实进行梳理考订，用现代法学理论对中国近代法进行考察分析，用"法律—社会"等新的研究范式进行有关研究等方面，取得了许多成就。李贵连的《沈家本评传》⑦、王人博的《中国近代的宪政思潮》⑧、张生的《中国近代民法法典化研究》⑨、张德美的《探索与抉择——晚清法律移植研究》⑩、韩秀桃的《司法独立与近代中国》⑪、李启成的《晚清各级审判厅研究》⑫、高汉成的《签注视野下的大清刑律草案研究》⑬、李卫东的

---

① 李贵连：《沈家本与中国法律现代化》，光明日报出版社 1989 年版。
② 李贵连：《中国法律近代化简论》，《比较法研究》1991 年第 2 期。
③ 李贵连：《晚清法律改革与中国法律现代化》，1993 年在香港城市大学讲演，后刊于《中国研究》第 6 期。
④ 李贵连：《孙中山与中国法律近代化》，《中外法学》1993 年第 2 期。
⑤ 张晋藩：《中国法律的传统与近代转型》，法律出版社 1997 年版。
⑥ 夏锦文：《社会变迁与法律发展》，南京师范大学出版社 1997 年版。
⑦ 李贵连：《沈家本评传》，法律出版社 2000 年版。
⑧ 王人博：《中国近代的宪政思潮》，法律出版社 2003 年版。
⑨ 张生：《中国近代民法法典化研究》，中国政法大学出版社 2004 年版。
⑩ 张德美：《探索与抉择——晚清法律移植研究》，清华大学出版社 2003 年版。
⑪ 韩秀桃：《司法独立与近代中国》，清华大学出版社 2003 年版。
⑫ 李启成：《晚清各级审判厅研究》，北京大学出版社 2004 年版。
⑬ 高汉成：《签注视野下的大清刑律草案研究》，中国社会科学出版社 2007 年版。

《民初民法中的民事习惯与习惯法》①、俞江的《近代中国民法学中的私权理论》②、李学智的《民国初年的法治思潮与法治建设》③等，都是用这些方法进行研究而取得的突破性成果。在对清末"礼法之争"等一些专门问题的探讨中，各种纯学术的方法也得到了普遍应用。研究模式和研究方法的转变极大地改变了中国近代法律史的研究状况，带来了空前的学术繁荣。

其二，破除思想禁区，民国法制研究获得新的进展。

新中国成立之初，曾开展了批判国民党《六法全书》和肃清旧法统流毒的政治斗争。此后数十年间，中华民国法制一直被视为革命法制的对立物，也成为学术研究不可触及的禁区。过去发表的为数不多的研究民国法制的论文，基本上都局限于探讨孙中山主政时期的民国初期的法制。进入改革开放的新的历史时期以来，不少学者提出应重视中华民国法制的研究，认为绕过民国法制，很难揭示传统法律、法律文化的现代转型和中国法制近代化的进程，也无法全面地阐述中国近代法制史的面貌。近年来，一批中青年学者运用历史唯物主义观点，按照"不能割断历史"和实事求是的治学原则，从多个层面对中华民国法制进行探讨，发表了数百篇论文。这些论文的内容涉及《六法全书》评介、法律移植、民商事立法、司法制度、行政监察制度、少数民族法律制度、警察制度、律师制度、地方自治制度等多个方面。多数论文既比较客观地阐述了民国时期的行政、经济、刑事、民事、教育等方面的法律制度以及法制变革的实际情况，也有分析地指出了当时立法、司法、执法诸方面存在的弊端，较好地总结了其法制建设的经验和教训。一些博士、硕士论文也对民国法制进行了较为深入的探讨，其中博士论文主要有：徐家力的《民国律师制度源流研究》、王立艳的《民国西藏法制研究》、李倩的《民国时期契约制度研究》、何增光的《民国监督制度研究》、王新宇的《民国时期婚姻法近代化研究》、杨正鸣的《民国时期恐怖活动与反恐法律制度研究》等。虽然研究民国法律制度的论文还相对较少，出版的研究这一领域的专著也不多，但是，近年来的研究成果，无疑为今后更进一步地深入探讨民国法制开了一个好头。

其三，在开拓中华人民共和国法律史研究方面成绩斐然。

中华人民共和国法律史由于和现实政治联系较为紧密，在很长时间内，

---

① 李卫东：《民初民法中的民事习惯与习惯法》，中国社会科学出版社2005年版。
② 俞江：《近代中国民法学中的私权理论》，北京大学出版社2003年版。
③ 李学智：《民国初年的法治思潮与法治建设》，中国社会科学出版社2004年版。

被认为是法史研究中不可轻易涉足的领域。20 世纪 90 年代以前，除了官方
文件中关于新中国成立后几十年的法制建设有一些政治性总结和评价外，学
术界只有为数很少的介绍性成果出版。近十几年来，随着法史学界某些思想
观念的转变和研究视野的扩展，这一领域的研究逐渐受到学者们的重视，学
术成果大量增加。在法律制度史研究方面，出版了 10 余部专著，发表了上
百篇论文。其中既有系统研究新中国法制史的通史性著作，也有关于宪法和
刑事、民事等部门法发展的专史性著述，还有对近年出现的法制变革进行总
结和反思的论著，内容涉及新中国成立以来的宪法、刑法、民法、婚姻法、
司法制度、重大事件、前苏联法对中国法的影响等。在一些贯通古今的专史
性著作中，也有不少论述新中国法制史的内容。在法律思想研究方面，也有
专著出版，并有大量的文章发表。特别是研究中国共产党和国家领导人毛泽
东、刘少奇、周恩来、邓小平、陈云、董必武、谢觉哉、彭真等人的法律思
想和法律主张的成果颇多，散见于各种报刊的文章达数百篇。虽然其中多数
为一般宣传介绍性文章，但学术性成果也时有所见，如几篇研究董必武法律
思想和新中国成立后的法律思潮的论文，就甚有见地。总之，经过法史学界
十余年的开拓，中华人民共和国法律史已成为一个受到普遍关注的研究领
域。尽管这一领域的研究还比较薄弱，在有些问题上思想禁锢还未完全消
除，但与过去相比已大大地前进了一步，也为以后的新中国法律史研究奠定
了良好的基础。

其四，若干专题研究取得重大学术突破。

近年来，不少学者很重视法史的专题研究，这类成果大多有一定的研究
深度。近现代法史专题研究的成果，除晚清修律、民初法制研究这类著述较
多外，主要是以下几个方面。一是宪政制度研究进一步深化。已发表的这类
著作、论文较多，如殷啸虎的《近代中国宪政史》①、徐祥民的《中国宪政
史》② 等十多部著作，较为系统地探讨了近代中国制宪与行宪的历史。一些
学者还从不同视角考察了近代的宪政运动，已出版的著作有：《中国近代的
宪政思潮》③、《近代中国的议会与宪政》④、《中国苏维埃宪政研究》⑤ 等。
二是民商法学和民商事法律制度研究有重要突破。朱勇主编的《中国民法

---

① 殷啸虎：《近代中国宪政史》，上海人民出版社 1997 年版。
② 徐祥民：《中国宪政史》，青岛海洋大学出版社 2002 年版。
③ 王人博：《中国近代的宪政思潮》，法律出版社 2003 年版。
④ 李建新、李锦顺：《近代中国的议会与宪政》，甘肃人民出版社 2005 年版。
⑤ 谢一彪：《中国苏维埃宪政研究》，中央文献出版社 2002 年版。

近代化研究》一书，围绕传统民法文化、近代法学、民事判例、物权法的近代化、民国时期的契约法与中国民法近代化的关系展开论述，对中国民法在近代演变的主要特征和进化途径作了较为详细的剖析。① 一些论文还就近代民商法学、民商法草案、民法法典化的进程、民事诉讼制度的改革、物权法的发展局势、商事仲裁制度的演变等进行了专题探讨。三是撰写了不少研究近代经济法律制度方面的论文，提出了作者的见解。陈耀华认为清末经济立法的主要原因是清末新政的推行以及一些官僚期望通过改革消除清王朝的统治危机。② 范继忠分析了北洋时期于 1913 到 1915 年间制定的大批经济法规，认为这些法规是我国法制近代化历程承前启后的过渡。③ 四是比较深入地考察了近代的法学和法学教育。此类研究成果较多，其中一些成果有重要的学术价值，如李贵连主编的《二十世纪的中国法学》④、王健著《中国近代的法学教育》⑤ 等。五是发表了数量可观的研究近现代政治家和法律人物的法律思想的成果。据不完全统计，这类成果有 600 余篇，其中研究孙中山、沈家本、毛泽东、邓小平法律思想的成果均各在 50 篇以上。在研究张之洞、康有为、梁启超、严复、伍廷芳、胡适等及其法律思想方面，也出现了一些有较高学术水准的成果。

二、学科体系和研究方法

在中国法律史学科近十年的发展中，学科体系和研究方法作为对本学科的整体发展有较大影响的两个方面，有关情况发生了很大变化。一方面，随着学术研究的深入和研究领域的扩大，出现了突破原来的体系框架而向新体系演化的趋势；另一方面，研究方法也在此前已经打破单一僵化状态的基础上进一步向多样化发展。与此同时，法史学界的学者对本学科的体系和方法的探讨也出现了新的局面，法律史学的体系和方法已成为引起普遍关注的热点问题。曾有四次全国性的会议对这方面的问题加以讨论，十年间所发表的这方面的文章有 50 余篇。尽管从总体上看，无论是在学科体系还是在研究方法方面，都还没有出现能在本学科引起强烈震撼的历史性突破，但所取得

---

① 朱勇主编：《中国民法近代化研究》，中国政法大学出版社 2006 年版。

② 陈耀华：《清末经济法规的影响及其局限》，《玉林师专学报》1998 年第 4 期。

③ 范继忠：《北洋时期首次经济立法述略》，《河北师范大学学报》（哲社版）2000 年第 3 期。

④ 李贵连主编：《二十世纪的中国法学》，北京大学出版社 1998 年版。

⑤ 王健：《中国近代的法学教育》，中国政法大学出版社 2001 年版。

的成就已从一个侧面较为充分地体现并促进了本学科的发展。

（一）学科体系

学术界关于中国法律史学科的研究范围和体系构成，很早就存在着不同的认识和主张。早期的学者如杨鸿烈等人多主张以中国历史上的法律及法律思想为研究对象，而不把其他的典章制度纳入本学科的研究范围。杨氏还主张法律思想史的研究以历史上对法律的制定发展有影响的思想和学说为限。而陈顾远则采取广义的法制概念，将历史上的各种典章制度都纳入到法史学的研究范畴。因而在 20 世纪三四十年代，法史学领域存在着由不同学者所建立的不同的体系。

从 20 世纪 40 年代末开始，随着社会环境的变化以及学术领域个性化研究的消失，出现了学科体系单一化的趋势。法律史学科的研究对象和体系构成都以苏联的模式为标准，以马克思主义关于国家与法的理论为基础，将法律和其他国家制度都作为法史学的研究对象，学科名称也相应地改为"中国国家与法（法权）的历史"，而法律思想史则被归并到政治思想史中。

70 年代末法律史学界恢复学术活动后，又重新建立了以历史上的"法"与"法思想"为研究对象、以法制史和法律思想史为基本组成部分的学科体系。在 1979 年举行的中国法律史学会成立大会上，与会者经过反复讨论，最后确定本学科的研究范围为历史上的法律制度与法律思想，不包括政治制度和政治思想，同时将中国法律史包含的两门学科分别定名为"中国法制史"和"中国法律思想史"。

这种体系形成后，其基本框架一直延续下来，而且在很长时间内是中国法律史学领域唯一成型的学科体系。

近年来随着法史学科的发展，出现了突破这种体系框架并产生其他不同体系的趋势。早在 20 世纪 80 年代，中国法律史学科就出现了研究范围逐渐扩大的现象，先后产生了历史上的法文化研究、民族法律史研究等新研究领域。近十几年来关于新领域和原来相对薄弱领域的研究有很大发展，在中国法文化、断代法律史、部门法律史、民族法律史、法律文献学、中外法制史比较等方面都取得了很大的成就。其中有的领域如中国法文化史研究，已经出现了发展成为独立于法制史和法律思想史之外的子学科的趋势，而有的领域则正在成为中国法制史和中国法律思想史下面新的分支。因而近年来中国法律史学的学科体系已经发生了实质性的变化，体系构成和原来有很大不同，只是由于新出现的研究领域多数还没达到成熟状态，还没有发展到足以使具有清晰完整的结构形态的新体系脱壳而出的程度。

由于学科的发展已经使得体系问题逐渐凸显出来，因而近几年法史学界关于学科体系问题的探讨明显增多。在中国法律史学会2000年和2002年两次年会上，都曾进行过专门讨论，此外还有一些探讨这个问题的论述发表。讨论中主要涉及两个问题。

（1）关于学科体系的调整或创新

有的学者认为，目前中国法律史学科还没有形成一个科学的学科体系，主张通过长期的努力来完成这一艰巨任务。杨一凡在《法史学科体系之探讨》① 一文中认为，建立科学的中国法律史学体系是一项长期而艰巨的任务，为了为本学科体系的建立奠定坚实的基础，应召开几次"中国法律史学学科体系研讨会"，就这一问题进行广泛的讨论，并不断开拓新的研究领域，加强对法史研究的一些薄弱领域如法律文献学、律学、各类法律文化学、各部门法史、司法制度、判例判牍、乡规民约、民族法史、地方法史和中外法史比较等领域的研究，加强断代法律通史的研究。

夏锦文在《研究范式的转换与中国法律史学科的性质和体系》② 一文中提出，传统的中国法律史学的学科特点在于体系庞杂而缺乏有机联系，应秉承清末民初史学家开创的优良传统，坚持"科际整合"的现代理念，重新考量并建立中国法律史学科的体系。他认为中国法律史学的宏观体系应由法律文化史、"大历史"观指导下的法律专门史、法律社会史、比较法律史、法制现代化五部分组成。

还有人认为，法史学科已经由一个单一学科发展成为一个"学科群"，可以根据已经出现和已经萌芽的子学科的情况，勾画出它的整体结构。黄震在《中国法律史学的学科结构与学科制度》③ 一文中提出，可将中国法律史学科分为三个层次的亚学科群：其一，基础层面亚学科群，包括法律史学概论、法律史观、法律史学认识论、法律史学方法论、法律史学史等；其二，技术层面亚学科群，包括法律史史料学（或文献学）、法律史考据学、法律史叙事学、法律史解释学、法律史编撰学、法律史评论学、法律史分期学、

① 杨一凡：《法史学科体系之探讨》，载陈鹏生等主编：《走向二十一世纪的中国法文化》，上海社会科学院出版社2002年版。

② 夏锦文：《研究范式的转换与中国法律史学科的性质和体系》，载倪正茂主编：《法史思辨》，法律出版社2004年版。

③ 黄震：《中国法律史学的学科结构与学科制度》，载倪正茂主编：《法史思辨》，法律出版社2004年版。

法律史分类学等；其三，应用层面亚学科群，包括法律思想史、法律制度史、法律社会史、法律文化史、法律教育史、法律人才史、各历史阶段（朝代）法律史、各民族法律史、各部门法律史等。

与上述主张相联系，还有一些学者就如何加强新领域的研究进行了探讨。韩秀桃以《中国法律史学史——一个学科史问题的透视》为题，就如何开展学科史的研究提出了自己的看法。① 张仁善在《中国法律社会史的理论视野》② 中，以加强对法律社会史的研究为宗旨，对"法律社会史"的定义、研究视野、研究方法等进行了论述。范忠信在《中国"封建"法制史研究论纲》③ 中提出，应对长期被忽视的"封邦建国"意义上的"封建"法制进行研究，并对开展该领域研究所涉及的主要问题，如"封建"制的含义、"封建"制在历史上的延续、"封建"法制的内容、研究"封建"法制的意义等作了探讨。

（2）关于法制史和法律思想史的分与合

对于中国法律史学科分为中国法制史和中国法律思想史，法史学界以前就有人提出异议。④ 近年由于关于本学科的体系、方法等讨论得较多，这个问题再次引起一些学者的关注。论者大多主张将法制史和法律思想史结合起来进行研究，认为将法律史分为法制史与思想史的做法，割裂了制度与思想间的内在联系，造成了法史学科的"两张皮"现象，不利于学术研究的深入发展。其中有的是从研究方法的角度提出这种看法，如积极倡导"结合研究"的杨一凡就是在谈论法律史研究的方法时提出这种主张的，持同样看法的崔永东也是把法律制度与法律思想相结合作为解决方法问题的思路之一。⑤ 也有学者是出于关于学科结构方面的考虑。侯欣一在谈到这个问题时说："学科分得过细是我们以往的通病。过去人们将思想史和制度史分开，研究就无法深入进去。"⑥ 王强认为，"两张皮"现象是学科体系上存在的问

①　韩秀桃：《中国法律史学史——一个学科史问题的透视》，载倪正茂主编：《法史思辨》，法律出版社 2004 年版。

②　张仁善：《中国法律社会史的理论视野》，载汪汉卿等主编：《继承与创新——中国法律史学的世纪回顾与展望》，法律出版社 2001 年版。

③　范忠信：《中国"封建"法制史研究论纲》，《中国法学》2003 年第 6 期。

④　张国华在 1991 年出版的《中国法律思想史新编》中就曾指出这种二分法所存在的问题。见该书"前言"第 1 页。

⑤　见《法律史论集》第四卷，法律出版社 2002 年版，第 659—661 页。

⑥　同上书，第 660 页。

题，这种状况不改变，中国法史学科建设很难有新突破、新局面。① 夏锦文认为，新的学科调整，将法律制度史与法律思想史合并为法律史，给法律史研究带来了新的契机。②

法史学界不仅出现了将制度史和思想史贯通融合的主张，而且已经有人进行了这方面的尝试，高校法学教育中，已出现了将法制史和思想史合为一门课的做法，并编写出了相应的教材。

对于这种主张和做法，法律史学界有人提出不同意见。刘新、杨晓青在《中国法律思想史学科的对象与体系》③ 中认为，中国法律思想史与中国法制史是两门不同的学科，两者各有各的研究对象，把它们结合在一起进行研究未尝不可，但它不能取代中国法律思想史，也不能取代中国法制史。金敏则在《关于中国法律史学科体系、结构与特征的几点看法》④ 中提出，学术研究是相对私人的事，法制史与思想史是分是合，研究者可根据自己的情况自由选择。但作为学校开设的课程，因其具有"公共"性，学术界应有一个基本的共识。基于以下理由，高等院校的法律教育中，仍应以中国法律制度史与中国法律思想史为两门独立开设的课程。①两门课程有其不同的研究对象；②有不同的特征；③国外关于罗马法有"罗马法史"和"罗马法学史"，可以参照；④保留中国法律思想史，有利于对学生进行文化熏陶；⑤此前高校教育中"合"的尝试不够成功；⑥两门课作为独立课程，不排斥教授过程中必要的"合"。他的这种按学术研究和高校教学两个不同领域分别对学科体系问题进行思考的主张，为进一步探讨这个问题提供了一个新的思路。

（二）研究方法

现代法律史学在中国已有上百年的历史，很早就形成了与其学科属性相适应的研究方法。但在 20 世纪中期以后，由于出现了意识形态对学术的统治，这些方法大多被作为旧时代的"糟粕"而抛弃，社会形态论和阶级分

---

① 见倪正茂主编：《法史思辨》，法律出版社 2004 年版，第 38 页。

② 见汪汉卿等主编：《继承与创新——中国法律史学的世纪回顾与展望》，法律出版社 2001 年版，第 36 页。

③ 刘新、杨晓青：《中国法律思想史学科的对象与体系》，载倪正茂主编：《法史思辨》，法律出版社 2004 年版。

④ 金敏：《关于中国法律史学科体系、结构与特征的几点看法》，载倪正茂主编：《法史思辨》，法律出版社 2004 年版。

析法几乎成了法史学科唯一可以使用的理论和方法。因而七十年代末学术"解冻"以后，如何恢复和重建本学科学术研究的方法，便成了摆在法史学界的学人面前的一项重要任务。最近十年是法史学界探索方法问题的高峰时期，无论是在对各种方法的开发应用上，还是在对方法问题的探讨上，都出现了近半个世纪以来最繁荣的局面。

1. 研究方法多样化

法史学科自 20 世纪 80 年代开始就逐渐改变了原来研究方法单一僵化的状况，出现了多样化发展的趋势。近十年来，这种趋势进一步发展，不仅本学科在历史上形成的各种方法普遍得到恢复使用，来自海外和其他学科的一些新方法也越来越多地被尝试应用在法史研究中。综观本学科所出现和使用的研究方法，较为常见者不下十余种，大致可分为三类。

（1）从过去直接沿用下来的方法

①历史唯物主义的方法，包括从"经济基础"和"上层建筑"角度研究法律的方法、按社会形态的划分研究法律史的方法、阶级分析的方法等。近年来这类方法虽已不再具有独一无二的地位，但在法史研究中仍经常被使用，特别是高等院校的教材中，这种理论和方法的痕迹时有所见，有些研究性的著述也把历史唯物主义作为基本的分析工具，它对本学科的发展仍有一定的影响。

②历史叙事法。这是历史学科常用的方法，很早就被法史学者所借用。通过对史料的梳理分析将历史上的法律事实叙述出来，是进行深入研究的基础和前提，因此这种方法在法史研究中被普遍应用。

（2）在历史上曾经中断后又恢复的方法

这类方法数量较多，是近十年法史学科的研究方法中最主要的部分。

①考证的方法。这是中国法史学科形成时从古代沿用下来的方法，20世纪六七十年代学术遭到严重破坏时曾被废弃。法史学科恢复学术活动后，鉴于以往因轻视史料和史实考订而造成历史研究空洞化和随意化的教训，法史学界开始逐渐重视在事实研究上有明显优势的考证方法，近年来考证已成为事实研究方面被应用得最多的方法之一。这方面最有代表性的成果，是杨一凡主编的大型著述《中国法制史考证》。① 书中所收海内外中国法制史方面的考证性研究成果中，有许多是近十几年间完成的，从中可以看出这种方法已被越来越多地应用到法史研究中。

②用西方现代法学理论和概念体系来描述和分析中国历史上的法律事实

---

① 杨一凡主编：《中国法制史考证》，中国社会科学出版社 2003 年版。

的方法。这种方法出现于 20 世纪初本学科形成时期，是 20 世纪上半叶法史研究的基本方法。后在中国大陆被长期抛弃，到 20 世纪 80 年代又开始被法史学界恢复使用。近年随着中国法学界知识体系与话语系统的西方化，这种方法被应用得越来越普遍。特别是在中国法制史研究领域，除有些考证性研究因不涉及理论和概念而不受这种方法影响，以及个别研究者坚持用古代概念表述古代法律制度外，绝大多数学者都在使用这种方法。这方面的著述可以说是俯拾皆是，从对历史上法律门类的划分到对各种法律制度的描述及学理上的分析解释，使用的基本都是来自西方的特别是大陆法国家的理论与概念，对中国法律史学的研究及学科发展产生了极为重要的影响。

③社会学角度的或法律与社会相结合的研究方法。这种方法 20 世纪四十年代就已出现，20 世纪 80 年代后，伴随着瞿同祖先生用这种方法研究写成的《中国法律与中国社会》一书的流行，在法史学界再次引起关注。近十几年来，法史学界对这种方法的应用有逐渐增多的趋势，特别是年轻学者所发表的论著，许多都采用了这种方法。其中有的结合社会变迁进行法律转型的研究，如张仁善的《礼、法、社会——清代法律转型与社会变迁》[1]；有的则是侧重于研究社会生活中实际存在的法，如李卫东的《民初民法中的民事习惯与习惯法》[2] 即是如此。

④中外比较的方法。这种方法也有很长的历史，20 世纪 20 年代就出现了一些进行中外法制史比较的著作。尽管后来比较法已逐渐发展成一门学科，但在法史领域，比较研究仍主要是一种方法。法史学界用比较的方法进行研究的著述较为罕见，如苏亦工的《中法西用——中国法律传统及习惯在香港》[3] 就是一部采取中外比较的方法而完成的力作。

⑤法律制度与法律思想结合研究的方法。对于这种方法，本学科早期的学者曾进行过一些尝试，并取得了相应的成果。近十几年来，将制度与思想结合起来研究，已成为法律史学界带有普遍性的主张。许多学者在研究中都运用这种方法，张晋藩总主编的《中国法制通史》[4] 就具有这一特点。"《通史》打破了以往重制度、少人物、少思想的做法，融法律制度、法律人物、法律思想于一体"，[5] 是进行结合研究的有代表性的大型作品。

---

① 张仁善：《礼、法、社会——清代法律转型与社会变迁》，天津古籍出版社 2001 年版。
② 李卫东：《民初民法中的民事习惯与习惯法》，中国社会科学出版社 2005 年版。
③ 苏亦工：《中法西用——中国法律传统及习惯在香港》，社会科学文献出版社 2002 年版。
④ 张晋藩主编：《中国法制通史》，法律出版社 1998 年版。
⑤ 刘广安等编著：《中国法制史学的发展》，中国政法大学出版社 2007 年版，第 36 页。

（3）从海外引进和从其他学科借鉴过来的新方法

①文化角度的研究方法。文化研究在国外有很长的历史，20 世纪 80 年代中国开始出现文化研究热，几十年来法律史学界在这方面进行了很多探讨。在中国法文化向学科方向发展的同时，文化角度的研究作为一种方法依然存在，中国法制史和中国法律思想史领域的许多研究成果，都含有文化分析的内容。

②类型学的方法。由马克斯·韦伯所建立的按"类型"对社会制度或文化进行分析的方法，在 20 世纪上半叶就已进入中国学术界，近年来经过一些学者的再次引进和刻意应用，已成为在中国学术界有较大影响的方法。法史学界关于中国法文化的研究中对这种方法应用得较多，其中梁治平的《寻求自然秩序中的和谐——中国传统法律文化研究》① 和张中秋的《中西法律文化比较研究》② 是较有代表性的两部著作。也有学者用这种方法进行中国传统法律的分析，如徐忠明的《从类型角度谈中国法律史叙述：一个导论》③ 就是如此。

③人类学角度的研究方法。从人类学角度进行社会问题的研究，是一种较为特别的方法，近年已有学者将这种方法用于中国法律史领域，张冠梓的《论法的成长——来自中国南方山地法律民族志的诠释》④ 是这方面的代表作。

④利用文学作品中的材料进行研究的方法。这种方法 20 世纪 70 年代末在史学界就有人使用。法史学界对这种方法的运用要稍晚一些，90 年代以后才有相应的成果问世。徐忠明所发表的《从明清小说看中国人的诉讼观念》⑤、《包公杂剧与元代法律文化的初步研究》⑥、《〈金瓶梅〉反映的明代经济法制释论》⑦、《错斩崔宁：一个法律社会学之解释》⑧ 等系列论文，是运用这种方法的典型

---

① 梁治平：《寻求自然秩序中的和谐——中国传统法律文化研究》，上海人民出版社 1991 年版，中国政法大学出版社 1997 年修订版、2002 年修订版。

② 张中秋：《中西法律文化比较研究》，南京大学出版社 1991 年第 1 版，1999 年第 2 版；中国政法大学出版社 2006 年再版。

③ 徐忠明：《从类型角度谈中国法律史叙述：一个导论》，载倪正茂主编：《法史思辨》，法律出版社 2004 年版。

④ 张冠梓：《论法的成长——来自中国南方山地法律民族志的诠释》，社会科学文献出版社 2000 年版。

⑤ 徐忠明：《从明清小说看中国人的诉讼观念》，《中山大学学报》（社会科学版）1996 年第 4 期。

⑥ 徐忠明：《包公杂剧与元代法律文化的初步研究》，《南京大学法律评论》1996 年秋季号、1997 年春季号。

⑦ 徐忠明：《〈金瓶梅〉反映的明代经济法制释论》，《南京大学法律评论》1997 年秋季号。

⑧ 徐忠明：《错斩崔宁：一个法律社会学之解释》，载《中国传统法律文化与现代法治》，重庆出版社 2000 年版。

作品。

总之，近年来法史研究领域出现的方法很多，其中有的已成为研究者经常使用的基本方法，而有的则还处在尝试摸索阶段。值得注意的是，在实际研究中，许多学者往往是"诸法并用"，根据需要同时使用多种方法，因而研究方法多样化的状态在个体研究中也有所体现。

2. 法史学界对本学科研究方法的探讨

近十年来，法史学界关于本学科的研究方法进行了较为广泛且有一定深度的探讨，其内容大致包括三方面。

（1）对以往的研究方法进行回顾和反思

在法史学科的发展史上，曾出现过许多种不同的研究方法。在探讨本学科研究方法的过程中，法史学界的学者对历史上出现的方法进行了较为系统的梳理分析。其中有的采取归类的方式，将以往出现的研究方法归纳为若干种类；有的则使用历史叙述的方式，按学科的发展脉络考察各阶段研究方法的情况。

王志强的《略论本世纪上半叶中国法制史的研究方法》[①]，将20世纪上半叶中国法制史研究中出现的方法归纳为两大类。一类是由梁启超、杨鸿烈等所建立的用西方的法学理论和概念体系来表述和解释中国历史上的法律事实的方法；另一类是由梁启超、杨鸿烈、陈顾远、瞿同祖等人所阐发和应用的从其他学科借鉴过来的方法，其中包括从史学界借鉴过来的对历史脉络和因果关系进行系统研究的方法，利用考古史料进行研究的方法，疑古派用批判的态度考察古史材料的方法，史料派对史料进行整理考订的方法，以及在借鉴社会学的基础上形成的将法律与社会结合起来进行研究的方法和历史比较的方法等。作者认为，这些方法的形成是西学东渐的结果，同时也受中国传统学术风格的影响。

刘广安的《二十世纪中国法律史学论纲》[②]，在对20世纪法律史学的发展进行梳理时，按历史脉络对各阶段出现的研究方法进行了简要的考察。文中指出，在传统法律史学向现代法律史学转变阶段，沈家本在其研究中就已突破了中国传统学术的范畴，开始吸收西方近代法学的某些观念和研究方

---

① 王志强：《略论本世纪上半叶中国法制史的研究方法》，载李贵连主编：《二十世纪的中国法学》，北京大学出版社1998年版。

② 刘广安：《二十世纪中国法律史学论纲》，载李贵连主编：《二十世纪的中国法学》，北京大学出版社1998年版。

法，因而其眼界和见地都超过前人。在现代法律史学奠基阶段，杨鸿烈探索总结出了对历史上的法律进行外部研究和内部研究相结合的方法、纵向研究和横向研究相结合的方法、历史的方法和比较的方法，以及将历代法律及著作的原理和规则加以考核注释的方法、问题研究与时代研究相结合的方法、对历代法思想按学派研究的方法等。在 40 年代以后的发展时期，又出现了社会学角度和历史唯物主义角度的研究方法。

　　其他如饶鑫贤的《20 世纪之中国法律思想史学研究及其发展蠡测》①，韩秀桃的《20 世纪上半叶中国法律史学的创建与发展》②，王志强的《二十世纪的中国法律思想史学》③ 等，也按学科的发展对各时期出现的研究方法进行了论述。

　　在对历史上的研究方法进行反思方面，本学科的学者讨论得比较多的是关于用社会形态和阶级斗争的理论进行法史研究的问题。多数学者认为，问题不在于这种方法本身，而在于在 20 世纪中期以后的几十年里，这种方法被赋予了一种独一无二的具有排他性质的绝对支配地位。

　　刘广安指出，运用历史唯物主义研究中国法律史取得了一系列成果，但也出现了任意宰割法律史资料，对中国法制历史的进程作单线化的简单解释等问题。④ 萧光辉认为，很长一个时期里将西方的一些重要方法都视为非马克思主义而加以排斥，结果造成研究方法的呆板与单一，严重妨碍了学科的建设与发展。不否认马克思主义阶级分析的方法可以作为方法论，问题在于阶级分析是否具有普适性，是否法史研究中的任何一个方面都必须用阶级分析的方法。⑤

　　也有学者认为，阶级斗争的理论把复杂的历史简单化，把历史上的矛盾扩大化，不符合历史发展的事实。⑥

　　（2）关于本学科研究方法的更新

　　法律史学界普遍认为，经过多年的探索和调整，本学科的科研究方法已

---

　　① 饶鑫贤：《20 世纪之中国法律思想史学研究及其发展蠡测》，载《法律史论集》第一卷，法律出版社 1999 年版。

　　② 韩秀桃：《20 世纪上半叶中国法律史学的创建与发展》，载汪汉卿等主编：《继承与创新——中国法律史学的世纪回顾与展望》，法律出版社 2001 年版。

　　③ 王志强：《二十世纪的中国法律思想史学》，《中外法学》1999 年第 5 期。

　　④ 见上引《二十世纪中国法律史学论纲》。

　　⑤ 萧光辉：《法律史研究中的方法论问题》，载汪汉卿等主编：《继承与创新——中国法律史学的世纪回顾与展望》，法律出版社 2001 年版。

　　⑥ 高积顺、张东化：《阶级论对中国法律史学的影响——一种法律史学研究方法的检讨》，载汪汉卿等主编：《继承与创新——中国法律史学的世纪回顾与展望》，法律出版社 2001 年版。

大为改观，出现了多样化的局面，但也存在着许多问题，需要更新发展。

刘海年、马小红在《五十年来的中国法制史研究》① 中认为，多年来法史学界对各种研究方法的尝试使用使学术视角不断开阔，有利于学科的健康发展，但过于热衷于采用新研究方法也给学术发展带来了消极影响。与海外相比，中国大陆地区的法制史的研究，在理论与方法方面还不够成熟，并有些浮躁。由于在五六十年代形成的单一研究模式与后来陡然增多的各种理论、方法之间缺少一和稳定的过渡，至今尚未形成一种学界普遍认可的基本的研究方法。因此，目前需要加强学科基本理论与方法的建设，而不是猎奇式地进行"新方法"的尝试。

而苏亦工在《法律史学研究方法问题商榷》② 一文中则认为，法史学科方法上的主要问题，是片面向历史学靠拢，热衷于研究史料、考订史实的方法，忽视了专史研究"专"的特点，出现了法学界的法律史学者被史学界同化的趋势。因此法史研究应注重探索与本学科性质相适应的介于法学和史学之间的研究方法。

刘广安在《中国法史学基础问题反思》③ 中也提出了类似的看法，认为中国法律史学作为具有法学和史学二重属性的交叉学科，其主要内容、研究目的和基本方法应当是法学的，但多年来法学的法制史研究并未取得主流地位。应当认真学习杰出的法史学家的著作和研究方法，"从法学的视点做出分析和构设概念，并加以体系化的叙述"，使中国法制史学这一特殊的法学学科真正能够有助于法学全体的深化和拓展。

关于如何改进和更新本学科的研究方法，学者们从不同的角度提出了各自的主张。杨一凡认为，法史研究应做到"四个结合"，即把律典与各种形式的法律结合研究，立法与司法结合研究，法律制度史与法律思想史结合研究，法律及法思想与社会政治、经济、文化诸背景结合研究。进行法律史研究，应是在充分占有史料的基础上，采取全方位、多层次的综合考察的方法。④ 艾永明、方潇认为，除传统的阶级分析、价值分析、法条研究、考证等方法外，应尝试一些新方法，如案件档案研究、经济学角度的研究、社会

---

① 刘海年、马小红：《五十年来的中国法制史研究》，《法律史论集》第 3 卷，法律出版社2001 年版。

② 苏亦工：《法律史学研究方法问题商榷》，《北方工业大学学报》1997 年第 4 期。

③ 刘广安：《中国法史学基础问题反思》，《政法论坛》2006 年第 1 期。

④ 见陈鹏生等主编：《走向二十一世纪的中国法文化》，上海社会科学院出版社2002 年版，第630 页。

学角度的研究、语镜论、使用文学作品材料的研究、历史事件研究等。① 夏锦文提出，应注重法史学方法与法理学方法的结合、法历史学方法与法社会学方法的结合、静态描述方法与动态解释方法的结合、个别考察方法与比较分析方法的结合。② 徐祥民认为，应改变中国法制史研究中的某些思维定式，在关于战国以前法律制度的研究中使用法人类学的方法。③ 刘广安认为，法史研究可以引进社会学、经济学等学科的研究方法，但不能以此代替法学研究方法的主导地位。④

总体上看，意见比较散乱，所形成的共识较为有限。

（3）对几种研究方法的探讨

近年来法史学界关于研究中使用西方现代法学原理和概念体系的问题讨论得较多，除个别学者认为中国法律史研究不应采取这种方法外，⑤ 论者大多对这种方法持肯定态度，同时对存在的问题也进行了考察分析。

刘广安认为，运用现代法学知识去分析中国传统社会的法史材料，是中国现代法史学研究方法形成和发展的主要标志，这种视角的选择和法学研究方法的运用是形成和坚持中国法史学独立学科品格的主要路径。但长期以来，用部门法的理论分析评论中国的传统法史材料，使中国传统法史问题带上了过分浓厚的现代色彩，增加了准确认识传统法史问题的难度。特别是简单地从现代部门法体系出发，随意选择分割传统法典内容和法律体系，使传统法律体系的整体性和历史性受到了破坏，导致了许多认识上的主观性和结论的片面性。因此，用现代法学知识去分析古代法律问题时，要尊重古人的法律观念，尊重古代法律体系和法律传统的整体性，不能随意将今人的法律观念强加于古人，也不能抓住片断史料随意发挥。⑥ 李贵连、王志强认为，

---

① 艾永明、方潇：《关于 21 世纪中国法律史研究的几点思考》，载汪汉卿等主编：《继承与创新——中国法律史学的世纪回顾与展望》，法律出版社 2001 年版。

② 夏锦文：《21 世纪中国法律史学研究的基本思路》，载汪汉卿等主编：《继承与创新——中国法律史学的世纪回顾与展望》，法律出版社 2001 年版。

③ 徐祥民：《对中国古代法制研究中几个思维定式的反思》，《中国社会科学》2002 年第 1 期。

④ 刘广安：《中国法史学基础问题反思》，《政法论坛》2006 年第 1 期。

⑤ 如陈剩勇在《法、礼、刑的属性——对中国"法律"史研究方法论的一个反思》中认为，用西方的知识体系来考察分析评价中国的传统法律，如同在中国医学史的研究中强行以西医学的理论模式来解构中医学的知识体系，其结果势必是削足适履，曲解中国的历史和传统，使我们对研究对象的认识更加模糊，并导致现今国人对传统和国情的误解。见《浙江社会科学》2002 年第 5、6 期。

⑥ 刘广安：《中国法史学基础问题反思》，《政法论坛》2006 年第 1 期。

这种方法将西方的概念体系作为普世性的话语，致使法史研究出现了"学者们孜孜以求地以本土的史料论据来填补'普世'的法律体系在中国的材料性空白"的现象。由于这类方法所取得的成果在许多领域都缺乏积累而又过于"与时俱进"，使得传统考据方法因具有稳定学术价值而受重视，法律史学的著述更多地被以史料学的标准进行评价，从而造成了法史学科更像史学的一个分支，而其理论贡献则较为模糊的状况。[①] 刘笃才认为，从杨鸿烈开始的中国法制史写作，基本方法是以西方法律的模式概念范畴分析归纳剪裁中国历史资料，有不少断章取义生搬硬套牵强附会之处。[②] 徐忠明认为，用西方的法律分类模式、法律术语乃至历史编撰方法来进行中国历史上固有制度的研究，存在着任意套用及解释混乱的现象。但问题似乎不在于是否应当采取这种方法，而在于这些研究缺乏必要的反思意识，忽略了中西法律制度之间存在的基本差异。[③]

　　这些分析都指出了法史学科在应用这种方法时出现的问题，但如何解决这些问题，尚未找到一种理想的办法。

　　本学科的学者还对其他一些研究方法进行了探讨。

　　徐忠明在《关于中国法律史研究的几点省思》[④] 中，对考证的方法和历史解释的方法作了较有深度的分析。认为考证对于历史研究、历史诠释是一项基础性的工作，对于史料的辨析、史料的整理，具有不可或缺的重要价值。但这种方法主要适合于对具体名物制度、时地等进行历史重构，只拘泥于考证，容易"只见树木不见树林"。而且考证学家所追求的客观性、真实性与确定性，就终极意义而言，也是实现不了的。解释作为历史研究的另一种方法，其应用范围要更大一些。史学家采取的描述性的方法，其实也是一种解释方法。解释主要应用于对历史的"根源世界"和"意义世界"的研究，这两个层次的研究比仅仅求证"史实"更有意义。

　　陈景良则对曾在历史上有重大影响、近年在法史学界又较为流行的韦伯

　　① 李贵连、王志强：《中国法律史研究的反思与法律多元的视角》，载黄源盛主编：《法史学的传承、方法与趋向》，台湾"中国法制史学会"2004年版。

　　② 刘笃才：《关于中国法制史研究的几个问题》，载汪汉卿等主编：《继承与创新——中国法律史学的世纪回顾与展望》，法律出版社2001年版。

　　③ 徐忠明：《试说中国古代法律制度研究范式之转变》，载《北京大学法律评论》（2001）第四卷第1辑。

　　④ 徐忠明：《关于中国法律史研究的几点省思》，载汪汉卿等主编：《继承与创新——中国法律史学的世纪回顾与展望》，法律出版社2001年版。

的"类型学"方法进行了深刻的反思。所撰《反思法律史研究中的类型学方法——中国法律史研究的另一种思路》[1]，在考察"类型学"方法的来源及特点的基础上，就其偏颇之处作了较有见地的分析。他认为，"类型学"方法之所以流行，是因为这种方法可以把中国数千年"礼治"秩序下的法文化形态约化为一种不变的理念类型，为认识中国法律传统的特征提供了一种不可多得的工具。但这种方法是在西方文化框架内产生的，韦伯没有直接阅读中国的古籍，他的立足点在于论述西方法律的正当性及其展开过程，无法体悟中国文化的内在奥妙及中国人特有的法律智慧。他的类型学方法和受这种方法影响的中国学人都把中国古代法的特征浓缩在不变的基本形态之中，极容易忽视法所具有的鲜活个性及在历史上的变化。用这种方法研究中国法律史上的问题，所得出的认识有时很难与历史事实吻合。

任强在《中国传统法律思想的研究范式——以先秦儒家的礼法思想为例》[2] 一文中，对中国法律思想史的研究方法作了别具一格的探讨。该文以"事实判断"和"价值判断"为哲学基础，运用理想类型的方法，提出了研究先秦礼法思想的两种进路，即"还原—解释"与"推展—原创"。前者把思想当做"事实"来陈述，用于研究事实领域的问题，强调"原貌与理由"；后者以接受思想家的价值取向为前提，主要用于研究解决价值领域的问题，强调"体验与创造"。文中对这两种进路所包含的方法及其相互关系进行了带有哲学意味的分析，为探讨法史研究的方法问题提供了一种新的视角。

三、法律文献的整理与研究

近十年来，我国学界在法律文献的整理与研究方面成绩斐然。据初步统计，已出版法律古籍整理成果上百部，收入文献 500 余种，计 5000 余万字，还发表了一批有较高水准的文献考证和版本研究著述。法律古籍整理成果的数量超过了新中国成立后前 40 余年的总和，开拓了许多新的学术领域，法律珍本、地方法律、判例案牍、律学文献、民间规约的挖掘和整理取得了突破

[1] 陈景良：《反思法律史研究中的类型学方法——中国法律史研究的另一种思路》，载倪正茂主编：《法史思辨》，法律出版社 2004 年版。
[2] 任强：《中国传统法律思想的研究范式——以先秦儒家的礼法思想为例》，载汪汉卿等主编：《继承与创新——中国法律史学的世纪回顾与展望》，法律出版社 2001 年版。

性进展。令人欣喜的是，在这些成果的推动下，人们逐渐走出了中国古代法制"以律为主"即以刑律为主的误区，长期存在的"重写书、轻史料"、"以论代史"的治学方法和学风也有所改变，法史研究正在一步步地走向科学。

（一）历代朝廷颁布的法律法令

在继续进行历朝颁布的法律法令整理的同时，注重稀见法律典籍的挖掘，是近年来法律古籍整理的突出特色。在传世典章、法律整理方面，出版了李希泌主编《唐大诏令集补编》①，民族出版社影印《大唐开元礼》②，薛梅卿点校《宋刑统》③，王晓欣点校《宪台通纪》④，方龄贵校注《通制条格校注》⑤，郭成伟点校《大元通制条格》⑥，中国广播电视出版社影印《大元圣政国朝典章》⑦，怀效锋点校《大明律》⑧，张荣铮等点校《钦定理藩院则例》⑨，王世襄主编《清代匠作则例》⑩ 和蒲坚编著《中国古代法制丛钞》⑪ 等。在稀见法律典籍挖掘和整理方面，收入文献数量较多或影响较大的成果有：《中国珍稀法律典籍续编》⑫、《张家山汉墓竹简》⑬ 所载《二年律令》和《奏谳书》、《天一阁藏明钞本天圣令校正》⑭、《元代台宪文书汇编》⑮、《中国监察制度文献辑要》⑯ 五书。

1. 《中国珍稀法律典籍续编》（10 册）

杨一凡、田涛主编，500 余万字。该书是全国古籍整理重点项目，"十

---

① 李希泌主编：《唐大诏令集补编》（2 册），上海古籍出版社 2003 年版。

② 《大唐开元礼》（影印本），民族出版社 2000 年版。

③ （宋）窦仪等撰、薛梅卿点校：《宋刑统》，法律出版社 1999 年版。

④ （元）赵承禧等撰、王晓欣点校：《宪台通纪》，浙江古籍出版社 2002 年版。

⑤ 方龄贵校注：《通制条格校注》，中华书局 2001 年版。

⑥ 郭成伟点校：《大元通制条格》，法律出版社 2000 年版。

⑦ 《大元圣政国朝典章》（3 册，影印本），中国广播电视出版社 1998 年版。

⑧ 怀效锋点校：《大明律》，法律出版社 1999 年版。

⑨ 张荣铮等点校：《钦定理藩院则例》，天津古籍出版社 1998 年版。

⑩ 王世襄主编：《清代匠作则例》（2 册，影印本），大象出版社 2000 年版。

⑪ 蒲坚编著：《中国古代法制丛钞》（4 册），光明日报出版社 2001 年版。

⑫ 杨一凡、田涛主编：《中国珍稀法律典籍续编》（10 册，整理点校本），黑龙江人民出版社 2002 年版。

⑬ 张家山二七四号汉墓竹简整理小组整理：《张家山汉墓竹简》，文物出版社 2001 年版。

⑭ 天一阁博物馆、中国社会科学院历史研究所天圣令整理课题组校证：《天一阁藏明钞本天圣令校正》（2 册），中华书局 2006 年版。

⑮ 洪金富校点：《元代台宪文书汇编》，台湾"中央研究院"历史语言研究所 2003 年版。

⑯ 杨一凡编：《中国监察制度文献辑要》（6 册，影印本），红旗出版社 2007 年版。

五"国家重点图书出版规划项目，中国社会科学院重点项目。收入散失于我国内地、我国台湾省和海内外各地稀见的中国法律典籍 57 种，少数民族地方法规、乡规民约、司法文书 700 余件。第一、二册收入宋代法律文献两种，元代法律文献一种。《庆元条法事类》是宋代的一部综合性法律汇编，包括了刑事、民事、行政、经济等方面的立法，两宋典章制度多赖其记载，得以保存。《吏部条法》是南宋颁行的一部行政类法律，内容是关于官吏任用和管理方面的规定。第三、四册收入明代法律文献 12 种。其中：《诸司职掌》是明代最重要的职制方面的立法；《洪武礼制》、《孝慈录》、《礼仪定式》、《稽古定制》、《节行事例》是礼仪类法律规范，《学校格式》是学校教育类立法，《军政条例类考》是明初至嘉靖一百余年中重要的军政、军事条例的汇纂，《嘉靖事例》是嘉靖朝各类经济立法的汇编；《律解辩疑》是现见的明代最早的律注文献，《洪武永乐榜文》是现见的明代记载榜文较多的文献。第五、六、七、八册收入清代法律文献 16 种。其中有：顺治元年榜文、《大清律附》、《乾隆朝山东宪规》、《新疆则例说略》、《科场条例》、《刺字条款》、《赦典章程》、《唐明清三律汇编》，以及《钦定八旗则例》、《旗抄各部通行条例》、《钦定宫中现行则例》、《钦定王公处分则例》、《钦定宗室觉罗律例》等宫廷内部法规。第九、十册收录的是稀见的少数民族法律文献。其中第九册收入中国古代、近代的少数民族法典、法规 26 种，这些文献中有相当一部分是关于少数民族氏族部落时期的行为规范的规定；第十册辑录了少数民族地方法规和乡规民约。《续编》所辑文献，史料稀见，它的出版在许多方面填补了我国的馆藏空白。《续编》是继刘海年、杨一凡主编的《中国珍稀法律典籍集成》（14 册，900 余万字，科学出版社 1994 年版）出版后，我国法律古籍整理的又一重大成果。该书 2004 年获第五届中国社会科学院优秀科研成果二等奖。

2.《张家山汉墓竹简》所载《二年律令》、《奏谳书》

该书是"九五"国家重点图书出版规划项目，由张家山二四七号汉墓竹简整理小组整理。收入 1983 年从湖北省江陵县张家山二四七号汉墓出土的 8 种简书的图版及释文、注释，其中《二年律令》和《奏谳书》为法律文献。《二年律令》共有竹简 526 枚，简文含 27 种律和 1 种令，它是西汉吕后二年（公元前 186 年）施行的法律。简文包括了汉律的主要部分，内容涉及西汉社会、政治、军事、经济、地理等方面。《二年律令》的发现及整理成果，不仅使秦、汉律的比较研究成为可能，而且是系统研究汉、唐律的关系及其对中国古代法律影响的最直接资料。《奏谳书》共有竹简 228 枚，内容是议罪案例的汇编，包括春秋至西汉时期的 22 个案例。不少案例是完整的司法文书，是当时司法诉讼程序和文书格式的具体纪录，从中可以了解到秦、汉法律的实施情况。

3.《天一阁藏明钞本天圣令校正》（2 册）

天一阁博物馆、中国社会科学院历史研究所天圣令整理课题组校证。收入《天圣令》影印件、整理者点校的校录本和复原后的清本，书后附唐令复原研究论文 12 篇。此文献是北宋仁宗天圣七年《天圣令》的残篇。原书 4 册，30 卷，现存 1 册、10 卷，分为《田令》、《赋役令》、《仓库令》、《厩牧令》、《关市令》、《捕亡令》、《医疾令》、《假宁令》、《狱官令》、《营缮令》、《丧葬令》、《杂令》12 篇，计 293 条令文。其各篇后附未行用的唐开元令 221 条令文，两者合计共有令文 514 条。因《天圣令》基本上是参照唐令制定的，课题组参据《唐令拾遗》、《唐令拾遗补》和有关史料，初步将其中的 269 条复原为唐令，只有 24 条未能复原。加上各篇后附的《唐令》221 条，共计有《唐令》490 条，近 4 万字，约为《唐令》原文 1500 余条的三分之一。其中《田令》、《赋役令》、《捕亡令》基本上全部复原，其余各篇多数仅有两三条尚未复原。阅读此书，可以使我们比较完整地看到《唐令》后 10 卷 12 篇的全貌。该书令文主要记载了有关经济管理的法令，也记载了一些司法审判制度方面的法令，它对于研究唐宋经济法律制度、司法制度和进行中、日法律比较研究，都有重要的史料价值。

4. 台宪文献

以御史台为主体的监察制度是传统法律制度的重要组成部分，它承担着整顿吏治、纠劾贪暴、严肃法纪、端正朝纲和对各级衙门、官吏实行监察的功能，发挥着强化古代国家的自我调适的作用。我国学界过去也有一些研究监察制度的著作问世，但因作者阅读的资料不够充分，影响了研究的深度。近年来，《元代台宪文书汇编》和《中国监察制度文献辑要》两书的出版，为这一领域的研究提供了不少新的资料。

《元代台宪文书汇编》，洪金富点校。该书依资料性质分为三类编纂，收入文献 12 种。其中：第一类 4 种，收入《台宪通纪》、《台宪通纪续集》、《南台备要》及《元典章》中有关御史台部分，内容皆为中台及南台的相关公文，是有关元代监察制度的建置及运作的史料。第二类 5 种，收入王恽《乌台笔补》、魏初《青崖集》、马祖常《石田集》、许有壬《至正集》及苏天爵《滋溪文稿》中奏议及章疏部分。这些奏章是他们对当时政府与社会实际问题的直接观察与针砭，甚为珍贵。第三类 3 种，包括官箴《风宪忠告》、《台宪题记》、《南台题名录》等。该书是网罗元代监察史料颇为完备的一部法律古籍整理成果。

《中国监察制度文献辑要》（6 册），杨一凡编。该书收入记载秦汉至明清监察制度的文献和有关法律 18 种，以通代、唐、宋、元、明、清为序编辑。其中：通代部分有《南台旧闻》、《台宪典故条例》2 种，唐宋两代《御史台》文献各 1 种，元代部分有《台纲》等 5 种，明代部分有《宪纲事类》、《都察院职掌》、《都察院条例》、《都察院巡方总约》、《出巡事宜》、《留台总约》等 6 种，清代部分有乾隆《钦定台规》、《都察院则例》、《都察院宪纲事例》3 种。该书是一部系统的古代台宪文献汇编，所辑文献有孤本 4 种，有 3 种为我国内地所不存。

（二）地方法律文献

在中国古代法律体系中，律、令、例等多种法律形式并存，行政、刑事、民事、经济、军事、文化教育等方面法律并存，朝廷立法与地方立法并存，成文法与判例并存，它们共同组成了一个完整的法律体系。地方立法作为国家法律体系的有机组成部分，发挥着补充和辅助国家法律实施的功能。各级地方政府和长官实施法律的状况，在相当程度上反映了当时国家法制建设的水平。因此，开拓地方法律文献的整理与研究，对于科学地认识中国法律发展史，正确地阐述中国古代法制的面貌有重要的意义。鉴于地方法律文献研究一直是法史研究的薄弱环节，为推动这一领域的研究，近年来，我国学界的一些学者在广泛挖掘史料的基础上，形成了一些重大成果。主要有：杨一凡、刘笃才编《中国古代地方法律文献》甲编①，杨一凡、王旭编《古代榜文告示汇存》②，一凡藏书馆文献编委会编《古代乡约及乡治法律文献十种》③。

1.《中国古代地方法律文献》甲编（10 册）

该书收入秦、汉、唐、宋、元、明地方法律文献 65 种，主要有：《语书》、《汉简中的地方法制资料》、《两汉地方法制资料辑佚》、《唐沙州敦煌

---

① 杨一凡、刘笃才编：《中国古代地方法律文献》甲编（10 册，影印本），世界图书出版公司 2006 年版。

② 杨一凡、王旭编：《古代榜文告示汇存》（10 册，影印本），社会科学文献出版社 2006 年版。

③ 一凡藏书馆文献编委会编：《古代乡约及乡治法律文献十种》（3 册，影印本），黑龙江人民出版社 2005 年版。

县行用水细则》、《青州赈济文告》、《社仓规约三种》、《福州五戒等三种》、《知县戒约》、《晦庵集所载地方法制资料》、《止斋集所载地方法制资料》、《劝谕约束》、《劝谕等文》、《谕俗榜文等三种》、《劝农文》、《榜文五则》、《黄氏日抄所载地方法制资料》、《养济院规式》、《贡士规约记》、《革昏田弊榜文》、《善俗要义》、《温州府约束词讼榜文》、《广西学政》、《巡抚事宜》、《督抚事宜》、《公移告谕五种》、《巡按陕西告示条约》、《督学四川条约》、《全陕政要》、《莅任条约》、《分巡事宜》、《学政条约》、《总宪事宜》、《藩司事宜》、《禁约》、《出巡事宜》、《作县事宜等二种》、《余干县造册事宜》、《禁革诈假关牌需索告示》、《浙江学政》、《延绥兵政》、《晓谕齐民等三种》、《告示八则》、《拟丈田则例》、《督抚条约》、《续行条约册式》、《教约》、《郭襄靖公遗集所载地方法制资料》、《敬所王先生文集所载地方法制资料》、《学政录》、《宝坻政书》、《惠安政书》、《民务》、《狱政》、《凤宪约》、《督抚约》、《方初菴先生集所载地方法制资料》、《陕西学政》、《两浙学政》、《黔南军政》、《黔南学政》、《约法十事札》、《南枢巡军条约》、《抚陨公牍》、《按吴檄稿》等。书后附有文献作者简介。

2.《古代榜文告示汇存》（10 册）

该书收入宋、元、明、清 60 余名各级地方长官和朝廷派出巡按各地的官员发布的榜文、告示 1700 余件。主要有：宋代的朱熹、黄榦、真德秀、马光祖、黄震榜文；元代的胡祗遹、王恽榜文告示；明代的尹昌隆、黄福榜文，明代的文林、汪循、海瑞、徐学谟、支大纶、江东之、方扬、郭子章、吴仁度、刘时俊、庄起元、左懋第、堵胤锡告示；清顺治至乾隆间的蔡士英、李渔、于成龙、黎士弘、魏际瑞、李之芳、洪若皋、刘泽霖、杨捷、赵吉士、彭鹏、吴碛、郑端、陈朝君、张我观、赵申乔、吕履恒、张伯行、田文镜、朱奇政、戴兆佳、李绂、陈枚、雅尔图、钱载、张修府、陆锡熊告示；清嘉庆至光绪间的纪大奎、龚景瀚、左辅、张五纬、王凤生、刘衡、陶澍、姚莹、李彦章、李璋煜、戴肇辰告示。还收入明刻本《重刻律条告示活套》和清末抄本《告示集》，书后附有文献作者简介。本书所收文献版本稀见，其中三分之二以上是清乾隆以前的善本。古代榜文、告示是兼有法律和教化双重功能的官方文书。就其内容和功能而言，大体可分为告谕、教化类和公布政令、法令、法规类两种。该书收入的文献除少数外，均属公布法令、法规类即具有法律效力的榜文告示。这类榜文告示以规范民间事务管理、地方行政事务管理等方面的法令、法规为主，其内容涉及吏治、安民、钱粮、学政、约束兵丁、盐禁、救荒、庶务、关防、狱政、词讼、乡约、保甲、风俗等社会生活的各个方面。古代榜文告示多是针对社会时弊而发，记载了极其丰富的有关社会经济状况、基层政权建设、人文环境、民间习俗和各类社会问题的资料。

3.《古代乡约及乡治法律文献十种》（3 册）

该书收入的主要文献是：《吕氏乡约乡仪》、《教民榜文》、《十家牌法》、《乡甲约》、《上谕合律乡约全书》、《保甲》、《保甲书》、《现行乡约》、《乡守辑要合钞》、《保甲章程》。本书所辑文献中，有代表性的古代乡约文献 3 种，治理乡村的地方法律文献 7 种。其中《吕氏乡约乡仪》是宋代著名的乡约；《上谕合律乡约全书》是清雍正朝敕令各地结合宣讲圣谕广训和钦定律条，向全国推行乡约制度的文献。《现行乡约》是清代后期各地重要乡约的汇编；《教民榜文》是明太祖朱元璋颁行的一部有关民间诉讼及事务管理的重要法律，曾在明一代通行；《乡守辑要合钞》是唐、宋、明、清诸朝基层政权实行团练、维护社会治安的法律措施的文献汇编，《十家牌法》、《乡甲约》、《保甲》、《保甲章程》是明清有关里甲、保甲制度的地方法律及相关文献。

我国古代清以前的地方法律大多失传。现见的这类文献大多存于古人文集、历史档案、地方志中。上述文献的编辑是编者历时多年，查阅了几万部古籍后从中选辑的。这些文献大多为古籍善本，不少是抄本、稿本。这三部文献的出版，不仅在许多方面填补了我国的馆藏空白，对于研究中国古代地方法制特别是民间事务管理法律制度有重要的史料价值。

近年来，关于近代地方法律文献的整理，也开始受到一些学者的重视。田涛、郭成伟编的《清末北京城市管理法规》①，收入 20 世纪初清政府实行新政以后制定的有关首都城市管理方面的法规 39 种。徐秀丽编的《中国近代乡村自治法规选编》② 一书中，也收入了民国时期江苏、山西、河北、山东、云南、广东、浙江等省地方政府颁布的地方法规 40 余种。

（三）判例案牍

古代判例案牍是历史上诉讼、审判活动的真实记录，是反映司法制度实施状况的实证资料。新中国成立以来，学界比较重视古人编写的一些著名案例集的整理和研究，但对判例判牍和历史档案中的案牍较少涉及。中国古代

---

① 田涛、郭成伟编：《清末北京城市管理法规》（影印本），北京燕山出版社 1996 年版。
② 徐秀丽编：《中国近代乡村自治法规选编》，中华书局 2004 年版。

司法制度研究中的许多疑义之所以长期得不到解决，不少是与判例判牍研究不够有关。近年来，对中国古代判例案牍的研究愈来愈引起学界的关注，有一些这方面的成果面世。其中图书册数较多、史料珍贵且影响较大的是《历代判例判牍》① 和《刑案汇览》②、《刑案汇览三编》③ 三书。

1. 《历代判例判牍》（12 册）

该书是中国社会科学院重点项目，杨一凡、徐立志主编。中国社会科学院陈智超、俞鹿年、苏亦工、齐钧、尤韶华、高旭晨、吴艳红、才媛、李琳等和有关高等院校的学者孔庆明、汪世荣等参加了整理。此书收入文献 53 种，其中先秦至明清代表性的判例判牍文献 43 种，与研究明代以前判例判牍相关的著名案例集 10 种。主要文献有：金文中案例六则、张家山汉简所载《奏谳书》、文明判集残卷、安西判集残卷、开元判集残卷、开元岐州郿县尉判集残卷、永泰河西巡抚使判集残卷、《龙筋凤髓判》、《名公书判清明集》、四川地方司法档案、《云间谳略》、《重刻释音参审批驳四语活套》、《新纂四六谳语》、《新纂四六合律判语》、《新镌官板律例临民宝镜》所载审语、《谳辞》、《按吴亲审檄稿》、《折狱新语》、《莆阳谳牍》、明人文集所载判牍、《刑部驳案汇钞》、《刑部各司判例》、《刑事判例》、《刑事命案开参》、《各省刑部案》、《驳案新编》、《江苏成案》、《风行录》、《风行录续集》、《比较案件》、《棘听草》、《求刍集》、《守禾日记》、《未能信录》、《判语录存》、《槐卿政绩》、《诸暨谕民纪要》、《四西斋决事》、《樊山批判》、《三邑治略》、《历代判牍汇记》等。在这些文献中，有 30 种属于明代和明代以前的文献。《历代判例判牍》的出版，有助于人们正确认识判例的性质和法律地位，比较科学地阐述中国古代判例制度、审判制度。该书内容反映了古代发生的各类纠纷，涉及社会生活的各个方面，案情千态万状，断案技巧各有千秋，许多案件的侦破闪烁着古代人智慧的光芒，对于今人也不无启迪。古代司法审判活动中形成的判例制度、异地重审制度、案件复核制度、审判监督制度以及许多行之有效的法律措施，对于完善当代司法制度和创建有中国特色的判例制度有重要的借鉴意义。

2. 《刑案汇览》（15 册）

本书是中国社会科学院重点项目。收入《刑案汇览》（简称《前编》）、

① 杨一凡、徐立志主编：《历代判例判牍》（12 册，整理点校本），中国社会科学出版社 2005 年版。
② 中国社会科学院法学所法制史研究室整理：《刑案汇览》（15 册），法律出版社 2007 年版。
③ （清）祝庆祺等编、史春风等标点：《刑案汇览三编》（3 册），北京古籍出版社 2004 年版。

《续增刑案汇览》（简称《续增》）、《新增刑案汇览》（简称《新增》）、《刑案汇览续编》（简称《续编》）4 种，约 500 万字，法律出版社 2007 年出版。法学所法制史研究室全体学者参加了本书整理。在清人编纂的诸多刑案集中，《刑案汇览》以收录案例众多、内容精良而备受世人关注。清代后期刊印的《刑案汇览》，包括祝庆祺、鲍书芸编《前编》60 卷，祝庆祺编《续增》16 卷，潘文舫等编《新增》16 卷，吴潮、何锡俨等编《刑案汇览续编》32 卷。这四种《汇览》共计 124 卷，近 500 万字。《刑案汇览》4 种收录的案件的起止时间，自清高宗乾隆元年（1736 年）至德宗光绪十一年（1885 年）。其中《前编》收入乾隆元年至宣宗道光十四年（1834 年）的刑案 5640 余件，《续增》收入道光十三年（1833 年）至十八年（1838 年）刑案 1670 余件，《新增》收入道光二十二年（1842 年）至光绪十一年刑案 291 件，《续编》收入道光十八年至穆宗同治十年（1871 年）刑案 1696 件。4 种《汇览》共收入案件 9200 余件。此外，清末沈家本先生还辑有《刑案汇览三编》，系稿本，现存中国国家图书馆。《刑案汇览全编》的出版，为读者阅读 4 种《汇览》的全文提供了方便。

北京古籍出版社于 2004 年出版了《刑案汇览三编》（包括《前编》、《续增》、《新增》）选编本，约 230 万字。该书虽对原书有较多地删节，但仍不失为一部供法史教学和研究之用的参考资料。

近年来在判例、案牍、案例方面整理的成果还有：田涛、郭成伟校注唐人张鷟撰《龙筋凤髓判校注》①，刘海年、韩延龙主编《中国历代贪贿案例选注》②，中国政法大学法律古籍整理研究所整理的明人颜俊彦撰判牍集《盟水斋存牍》③，郭成伟、田涛整理《明清公牍秘本五种》④，张秀夫主编《提牢备考译注》⑤，陈重业主编《折狱龟鉴补译注》⑥，何勤华点校、直隶高等审判厅书记室编辑《华洋诉讼判决录》⑦，陈全伦等主编《徐公谳

---

① （唐）张鷟撰、田涛和郭成伟校注：《龙筋凤髓判校注》，中国政法大学出版社 1996 年版。
② 刘海年、韩延龙主编：《中国历代贪贿案例选注》，法律出版社 1998 年版。
③ （明）颜俊彦撰、中国政法大学法律古籍整理研究所整理标点：《盟水斋存牍》，中国政法大学出版社 2002 年版。
④ 郭成伟、田涛整理：《明清公牍秘本五种》，中国政法大学出版社 1999 年版。
⑤ 张秀夫主编：《提牢备考译注》，法律出版社 1997 年版。
⑥ 陈重业主编：《折狱龟鉴补译注》，北京大学出版社 2006 年版。
⑦ 直隶高等审判厅书记室编辑、何勤华点校：《华洋诉讼判决录》，中国政法大学出版社 1997 年版。

词》①，郑秦、赵雄主编《清代"服制"命案——刑科题本档案选编》② 等。

（四）律学文献

所谓中国唐代以后律学"僵化"、"衰败"的观点，曾长期流传，在今人著述中被一再引用。在中国法律思想史研究中，对于古代律学文献还未系统、深入地进行探讨。现存的大量律学文献证明，传统的律学"衰败论"是不能成立的。近年来，一些学者为了推动中国律学的探讨，整理、出版了一批律学文献成果。

1. 《中国律学丛刊》（4 种）③

怀效锋主编。收入《读律琐言》、《读律佩觽》、《大清律辑注》、《唐明律合编》四书。《读律琐言》30 卷，附 1 卷，是明嘉靖间刑部尚书雷梦麟撰写的一部律学力作。《读律佩觽》8 卷，清康熙间王明德撰，该书以刑名、罪名或律学专用术语为专题，附以律典中各相关部分的律文展开论述，颇有特色。《大清律辑注》30 卷，清康熙间名幕沈之奇撰，该书集以往诸家之说，又有作者的独到见解。《唐明律合编》30 卷，清末薛允升撰，该书对唐《明律》各条逐一疏证，考两律之源流、因革，并剖析文义文理，阐述了作者的见解。这 4 部书习是有代表性的律学作品，曾广泛流传。

2. 《中国律学文献》（4 辑、19 册）

杨一凡编。该书前 4 辑收入秦汉至明清律学文献 44 种，④ 其中汉代 2 种，隋代 1 种，唐代 3 种，宋代 4 种，元代 2 种，明代 14 种，清代 18 种。主要有：《汉律辑证》、《汉律考》、《刑法奏议》、《唐写本开元律疏名例卷附案证》、《律音义》、《唐律释文》、《刑统赋解》、《粗解刑统赋》、《别本刑统赋解》、《刑统赋疏》、《刑书释名》、《刑法叙略》、《律条疏议》、《大明律讲解》、《法家裒集》、《法缀》、《新纂四六合律判语》、《读律琐言》、《大明律释义》、《定律令之制》、《王仪部先生笺释》、《大明律直引》、《刑狱》、《重修问刑条例题稿》、《合例判庆云集》、《律例图说正编》、《刑名一得》、

① 陈全伦等主编：《徐公谳词》，齐鲁书社 2001 年版。

② 郑秦、赵雄主编：《清代"服制"命案——刑科题本档案选编》，中国政法大学出版社 1999 年版。

③ 怀效锋主编：《中国律学丛刊》（4 种），法律出版社 1999 年至 2001 年分别出版。

④ 《中国律学文献》第一辑（4 册），黑龙江人民出版社 2004 年版；《中国律学文献》第二辑（5 册），黑龙江人民出版社 2005 年版；《中国律学文献》第三辑（5 册），黑龙江人民出版社 2006 年版；《中国律学文献》第四辑（5 册），社会科学文献出版社 2007 年版。

《律服考古录》、《祥刑经解》、《一得偶谈》、《续刑法叙略》、《折狱卮言》、《琴堂必读》、《刑名》、《读律心得》、《蜀僚问答》、《论刑法》、《刑曹》、《问拟》、《读律要略》、《圣谕十六条附律易解》、《律法须知》、《大清律例略记》等。在这些文献中，有 38 种是清嘉庆以前的律学作品。

（五）法学文集及其他法律文献

编辑大型法学文集丛书，也是近年来法律文献整理、出版繁荣的重要标志。其中收入书目较多的丛书是《沈家本未刻书集纂》、《中国近代法学译丛》、《二十世纪中华法学文丛》。

1. 《沈家本未刻书集纂》及《补编》①

《沈家本未刻书集纂》及《补编》是国家社会科学基金项目，刘海年、韩延龙等整理。《集纂》收入沈氏未刻书 21 种，68 卷。其中，《秋谳须知》叙述秋审文书册籍的写作及注意事项，并附有大量案例。《驳稿汇存》载光绪八年至十五年刑部各司议驳地方审判衙门报部疑难案件的稿本、说帖，驳稿大都附有律例馆核语、堂批及沈氏按语。《压线编》载光绪十三年至十四年刑部议驳御史及地方官奏咨文稿。《雪堂公牍》载光绪十四年至十八年为刑部代拟答复报部案件的奏咨文书。《奏谳汇存》载光绪十五年至十九年为刑部代拟的办案奏稿。《刑案删存》汇集清代咸丰、同治、光绪三朝刑部所办重要案件。《刑法杂考》分五刑、赦、犯赃、谋杀人、捕亡等 29 个细目，由宋、辽、金、元等正史传中摘录的有关各朝史实汇集而成。《律例杂说》阐发《大清律例》甚精详，尤就律意含混、言词晦涩之处发微阐幽，为内外官引用律意之指导。《律例偶笺》就《大清律例》中轻重失衡、繁简不当或应存废之条抒发意见，并纠正清人注律各说的讹误。《晋书·五行刑法二志校语》校正二志舛误，详考其引文出处。《律例校勘记》系为清末修律而作，把《大清律例》中应修并、修改、移改、删除之条逐一录出，附以薛允升《读律存疑》中的有关论述，并加具按语。《刑部奏删新律例》、《最新法部通行章程》由沈家本、伍廷芳辑纂，收入清朝刑部、法部 20 世纪初改造旧律、制订新法的抄件。《旧抄内定律例稿本》简要摘录嘉庆、道光和咸丰二年以前秋审案件 1100 多起，以类相从，加以编排，并在各类之前就如何区分"实"、"缓"加具精到之出语，是了解嘉、道、咸三朝秋审的第一

---

① 刘海年、韩延龙等整理：《沈家本未刻书集纂》（上下册），中国社会科学出版社 1996 年版。刘海年、韩延龙等整理《沈家本未刻书集纂补编》（上下册），中国社会科学出版社 2006 年版。

手资料。该书 2002 年获第四届中国社会科学院优秀科研成果三等奖。

《沈家本未刻书集纂补编》收入沈家本未刻著述 12 种,其中法学类 7 种。《叙雪堂故事》是关于秋审制度的著述,《叙雪堂故事删誊》是关于秋审制度的补充记述,《秋审比较条款附案》是有关清代秋审制度的一部重要著作,《读律赘言》是其精研律例的见解,《续修会典事例》是对若干法律具体问题的研究,《妇女实发律例汇说》是对清代犯军、流、徒罪的妇女准予实际执行的例文汇总和分析,《律例精言歌括》是一部传播法律知识的普及读物。

《沈家本未刻书集纂》及《补编》共收入沈氏未刻著述 33 种,这些文献是研究中国法制史和法律思想史特别是近代法律史的珍贵资料。

2. 近代法学文丛

随着这些年来学界对近代法律史研究的深入,近代法学文丛的编辑出版工作也进一步繁荣。中国政法大学出版社 1997 年起,陆续出版了"20 世纪中华法学文丛"14 种,该丛书收入 20 世纪前期我国学者撰写的法学著作 14 种,主要有:《比较宪法》、《法律教育》、《中国民法总论》、《国际私法之理论与实际》、《民法要义》、《华洋诉讼判决录》、《法律进化论》、《瞿同祖法学论著集》、《欧陆法律发达史》、《罗马法与现代》、《中华民国立法史》、《梁启超法学文选》、《民事习惯调查报告录》、《中国法律对东亚诸国之影响》。20 世纪前半期是中国法律由传统向近现代转型的重要历史时期,这些著作是这一时期法制进程的记录,也是当时法学家耕耘的结晶。

为了使读者熟知近代中国法学研究的发展历程,更好地开展中外法学比较研究,何勤华主编了《中国近代法学译丛》(34 种),该书于 2005 年由中国政法大学出版社出版。收入清末和民国时期国人翻译出版的外国经典法律名著 34 种,主要有《万国公法》、《宪法学原理》、《英国宪政史谭》、《英国国会史》、《清匿行政法》、《平民政治的基本原理》、《法律发达史》、《欧陆法律发达史》、《法律上之进化与进步》、《现代法学之根本趋势》、《婚姻法之近代化》、《〈拿破仑法典〉以来私法的普通变迁》、《民法原论》、《中国民法债编总则论》、《民法与社会主义》、《日本刑法通义》、《犯罪学及刑罚学》、《检察制度》、《公法与私法》、《国际私法》、《国际法学界之七大家》、《大陆近代法律思想小史》、《英吉利法研究》、《地方自治》、《中国土地制度的研究》、《合伙股东责任之研究》、《行政法学方法论之变迁》、《民事证据论》、《现代宪法新论》、《选举制度论》、《比较法律哲学》、《物权法提要》、《日本商法论》、《汉穆拉比法典》。

　　已出版的法学文集成果还有：何勤华和洪佳期编的《丘汉平法学文集》①、鲁嵩岳点校的《慎刑宪》② 等。何勤华主编的《民国法学论文精萃》6 卷，每卷 1 篇，分别为《基础法律篇》、《宪政法律篇》、《民商法律篇》、《刑事法律篇》、《诉讼法律篇》、《国际法律篇》。此书由法律出版社于 2003 年至 2004 年间分别出版。

　　3. 其他法律文献的整理

　　近年来，法律文献整理的领域不断有所开拓。除上述成果外，少数民族法律资料、国际关系法律史料、民事法律资料、近代宪政资料的整理和外国法律的编译等方面也取得了可喜收获。这些方面的重要成果有：方慧编《中国历代民族法律典籍——"二十五史"有关少数民族法律史料辑要》③，海乃拉莫等整理《凉山彝族习惯法案例集成》④，马大正、吴丰培主编《清代新疆稀见奏牍汇编》道光朝卷⑤等；怀效锋、孙玉荣编《古代中国国际法史料》⑥，田涛主编《清朝条约全集》⑦；胡旭晟等点校《民事习惯调查报告录》⑧，田涛、郑秦、宋格文编《田藏契约文书粹编》（3 册）⑨ 等；刘雨珍、孙彐梅编《日本政法考察记》⑩，夏新华等整理《近代中国宪政历程：史料荟萃》⑪，全国图书馆文献缩微复制中心影印《清宪政编查馆奏稿汇订》⑫，北京图书馆出版社影印《清末民初宪政史料辑刊》（11 册）⑬；田涛、许传玺、王宏治主编《黄岩诉讼档案及调查报告：传统与现实之

---

　　① 何勤华、洪佳期编：《丘汉平法学文集》，中国政法大学出版社 2004 年版。
　　② 鲁嵩岳：《慎刑宪点评》，法律出版社 1998 年版。
　　③ 方慧编《中国历代民族法律典籍——"二十五史"有关少数民族法律史料辑要》，民族出版社 2004 年版。
　　④ 海乃拉莫等整理：《凉山彝族习惯法案例集成》，云南人民出版社 1998 年版。
　　⑤ 马大正、吴丰培主编：《清代新疆稀见奏牍汇编》，新疆人民出版社 1996 年版。
　　⑥ 怀效锋、孙玉荣编：《古代中国国际法史料》，中国政法大学出版社 2000 年版。
　　⑦ 田涛主编：《清朝条约全集》（3 册，影印本），黑龙江人民出版社 1999 年版。
　　⑧ 前南京国民政府司法行政部编、胡旭晟等点校：《民事习惯调查报告录》，中国政法大学出版社 2000 年版。
　　⑨ 田涛、郑秦、宋格文编：《田藏契约文书粹编》（3 册），中华书局 2001 年版。
　　⑩ 刘雨珍、孙彐梅编：《日本政法考察记》（影印本），收入王宝平主编：《晚清东游日记汇编》，上海古籍出版社 2002 年版。
　　⑪ 夏新华等整理：《近代中国宪政历程：史料荟萃》，中国政法大学出版社 2004 年版。
　　⑫ 全国图书馆文献缩微复制中心编：《清宪政编查馆奏稿汇订》（影印本），全国图书馆文献缩微复制中心 2004 年版。
　　⑬ 清宪政编查馆编：《清末民初宪政史料辑刊》（11 册，影印本），北京图书馆出版社影印室辑，北京图书馆 2006 年版。

间——寻法下乡》①，萧榕主编《世界著名法典选编》中国古代法卷②等。

（六）法律文献研究

法律文献整理的成果，为法史研究提供了丰富的资料，也有力地促进了法律文献学的发展。我国法史学界研究法律文献的学术水平，也较之以前有了新的提升。

从已出版的各类法律文献看，整理者都写了《整理说明》或《前言》，不少整理者对文献的版本、作者、内容、学术价值及有争议的问题进行了考述，提出了独到的见解。一些法律文献整理成果还写了大量的校勘记或注释，厘正了原文献中的错讹和前人著述中的不确之论，这类整理成果不仅有其史料价值，也有其重要的学术价值。

近十年来，我国学界发表了数百篇研究法律文献的论文，还出版有多部法律文献研究类专著。有些著述是作者历时多年写成的，建树颇多。刘俊文著《唐律释义笺释》，以他所点校的《唐律疏议》为底本，对唐律疏文引征的经义史事、疏文涉及的典章制度、疏文使用的法律术语及冷辞僻典、疏文引用的前后律条及转述的前后律义进行笺释，并以律条为单位，分析律意，考订渊源，叙述演变，补充案例。该书既广泛记述了前人的研究成果，又不乏作者的创见，是《唐律疏议》注释和研究的一部力作。张伯元著《出土法律文献研究》，收录了作者研究有关出土法律文献的论文 22 篇。书中涉及张家山汉简、居延汉简、睡虎地汉简、银雀山汉简中的法律史料，作者将它们与传世文献结合起来，对秦汉律的特征作了深入揭示。内蒙古典章法学与社会学研究所编《〈成吉思汗法典〉及原论》③，从大量的中外史籍和1200 余篇相关论文、文章中，辑佚了有关《成吉思汗法典》的残存条文，并对该法典进行了逻辑复原和深入研究。认为这部大蒙古国的法典是当时世界上适用范围最广的成文法典，法典是在沿革蒙古习俗和吸收亚、欧、非文明及总结成吉思汗等治理社会经验的基础上编纂而成的，具有蒙古习惯与共和政体交融一体和先教育后刑罚的特色。该法典确立的以朴实的原始民主为基础的行政权与司法权分立的制度，早于英国近 600 年，是世界上最早的宪

---

① 田涛、许传玺、王宏治主编：《黄岩诉讼档案及调查报告：传统与现实之间——寻法下乡》（2 册），法律出版社 2004 年版。

② 萧榕主编：《世界著名法典选编》（中国古代法卷），中国民主法制出版社 1998 年版。

③ 内蒙古典章法学与社会学研究所编：《〈成吉思汗法典〉及原论》，商务印书馆 2007 年版。

法性文件。

要逐一介绍近年来法律文献研究的见解，实非短短千字所能表述。但从几部收入这类研究的著作或论文集中，可大体了解我国学界在法律文献研究领域取得的成就。杨一凡主编的《中国法制史考证》（15 册）中，有关法律文献考证的文字在 200 万字以上，对于甲骨文、金文、秦汉简牍、敦煌法律文书和出土文物中的其他法律史料以及许多稀见法律典籍作了考释，对《吕刑》、《法经》、隋《开皇律》、《唐律疏议》、《唐六典》、《天圣令》、《刑统赋》、《金玉新书》、《庆元条法事类》、《元典章》、《大元通制》、《大明律》、《明大诰》、明《问刑条例》、《比附条例》、《条例全文》等一大批有代表性的法律文献研究中的疑义作了专题考证。该书 2007 年获第六届中国社会科学院优秀科研成果一等奖。中国政法大学法律古籍整理研究所编《中国古代法律文献研究》前 3 辑，收入法律文献研究成果 50 余篇，这些论文对东周刑书、张家山汉简《二年律令》、汉代法律文书、碑刻法律资料、吐蕃的法律文书、唐《散颁刑部格》、《龙筋凤髓判》、明代的判牍、《大清例通考》、《读律佩觿》和史志目录中的法律文献等进行了考述。这 3 辑论文集收入的不少论文有较高的学术水准，体现了严谨治学的学风。何勤华编《律学考》一书，收入律学研究论文 31 篇，这些论文是我国和日本学者多年来研究的成果。张伯元主编《法律文献整理研究》，收入法律文献研究论文 18 篇。上述成果的出版，对于推动中国法律史研究发挥了很好的作用。

随着法律文献的整理和研究的不断深入，法律文献学也日益受到重视，逐步发展成为法律史学的一个分支学科。近年来，已出版了几部有关法律文献学的著作及工具书。如李振宇著《法律文献学》，分为立论、实践论、方法论和史论 4 个部分，介绍我国上下 4000 年的法律文献资料。这类著述虽然仍处于探索阶段，但说明创建一门法律文献学的命题已为人们所关注。为了推动法律文献的整理和研究，编辑文献和论文著作索引的工作也取得了可喜的收获。俞荣根、胡攀、俞江编《中国法律史研究在日本》一书中，收入 1916 年至 1998 年 80 余年间日本学者研究中国法律史的著作论文索引近万条。近百年来，日本学者在中国法律史研究领域取得许多重大的成就，而我国学界对其知之甚少。这部工具书的出版，无疑是为我国学者开拓视野、开展学术交流和提高学术水平做了件功德无量的好事。

第二章　热点问题研究

一、民族法史研究

（一）研究概况

在中国历史上，少数民族从来都是作为汉民族的共生文明群体而繁衍生息着。当由中央政权所构筑的国家法体系随着时间的推移而逐渐发展时，各少数民族也在其生存的地域创造了丰富灿烂的法文化，为后人留下了宝贵的遗产。然而在相当长的一段时期内，对少数民族法文化和法现象的研究一直囿于非常有限的界域内，未能形成有重大影响的知识体系。在法制史领域，尽管一些学者将目光越过庞大的国家法体系，关注和研究非主流的少数民族法制史，并取得了很多成果，但至少有两个因素困扰着这一学科理论与实践的发展。第一，长期以来形成的以国家法为中心的一元制法律体系，使得对少数民族法文化的研究不可避免地带有浓厚的边缘化色彩，典型的表现就是关于少数民族法制研究的论著发表在民族类期刊的数量远远多于法学类核心期刊；第二，除藏、蒙古等文明进化较成熟的民族在历史上曾形成过发达的成文法体系外，各少数民族直至 20 世纪 50 年代初期，大部分都处于无文字状态，因此其法制文明也多以不成文的形式，留存于各民族的观念、习俗中，没有形成系统而专门的文献，这给后世少数民族法文化的研究带来了很大的困难。

令人欣喜的是，上述状况在最近十年里发生了明显的变化。全球化和信息爆炸时代的到来使各个民族、各种文化之间的差异性和异质性凸显出来，对文化差别的关注和重新审视使得法学界出现了向本土化回归的浪潮。以此为契机，不少的学者开始参与到少数民族法制文明的研究当中，从各种不同角度、不同层次发掘、整理、探索少数民族法文化，取得了许多有价值的研究成果。其中既有在总体上对少数民族法律史全面而系统的研究，也有对单个民族法文化深入而细致的挖掘；既有对少数民族成文法的历史考察，也有对少数民族习惯法的实证研究。近十年来学者们在这方面所作的努力，不仅进一步打破了以往法史研究以国家法为中心的传统模式，丰富了法史研究的内容，而且带来了法学研究方法和法学理念上的更新。

通观近十年来民族法史的研究，有几个显而易见的特征：

其一，将这一时期学者们关于少数民族法文化研究的论著加以分门别类的整理排列，一个新的研究体系的基本框架已依稀可辨。这个研究体系以少数民族法文化的历史发展为纵向脉络，以各个民族、各多民族共生区域为横向线索，包含了少数民族成文法、少数民族习惯法、国家法与少数民族法的相互关系等丰富多彩的内容。

其二，对少数民族习惯法的研究成为近几年来民族法史研究的亮点和热点。在我们对近几年来民族法史研究的著作进行检索的时候，发现数量最多、内容最丰富的就是关于少数民族习惯法的。从婚姻家庭到禁忌崇拜，从社会组织到生态保护，从藏族的"赔命价"到壮族的"寨老制"，少数民族习惯法以其迥异于国家法的特质为许多研究者所关注，在法史学研究中形成了一个有较大发展前景的新领域。

其三，在学术研究史上，大凡某个领域成为新的热点后，一哄而上和盲目跟风很容易使该领域的研究变味变质，成为"其兴也勃，其亡也忽"的学术"泡沫"。在民族法史的研究中，虽然也存在着这种浮躁现象，但必须肯定，有不少学者在做着扎扎实实的工作，他们或深入到山野田间，或埋首于浩如烟海的典籍文牒，采用了包括田野调查、实证分析、比较分析、实地考察、留驻观察等多种方法在内的研究手段，收集整理了大量令人信服的第一手材料和调查报告，为民族法史研究积累了珍贵的资料。这种非急功近利式的研究方法将会确保民族法史研究的可持续发展。

其四，民族法史研究的专门化和内部细化程度有进一步加强的趋势。鉴于我国少数民族复杂的历史发展和特殊的地域分布，许多学者选择了对其中的某一个点或者某一个方面进行专门的研究，而不是作表面化或泛化的探讨，例如，邵方专门研究西夏的亲属婚姻家庭法律制度，而王东平则致力于清代回疆法律制度的研究。这一趋势在民族习惯法领域尤为明显，例如，俞荣根、龙大轩对羌族习惯法的研究，徐晓光、吴大华等对苗族习惯法的研究，罗洪洋对侗族习惯法的研究，张济民等对藏族习惯法的研究，等等。而一些拥有语言和文化优势的少数民族学者的加入，更是使这一趋势有增无减。

（二）中国古代少数民族法制形成演变研究

当历史进入 21 世纪的时候，几代学人的辛勤耕耘，终于使少数民族法制形成与演变的基本脉络浮现出来，也使得对少数民族法制史全面而系统的编纂工作成为可能。在这方面，徐晓光的《中国少数民族法制史》①是第一部对中国少数民族法制文明的形成和演变进行完整梳理的著作。从检索的情况看，这本书的引用率也是非常高的，成为所有研究少数民族法制史学者都不能忽视的文献。这本书的意义在于，它使我们看到了法制并非汉民族独有的文明发展成果。实际上自炎黄时代始，在华夏文明的开端，少数民族法制就已经作为中央法司的伴生文明彼此交织、相互影响了。二者之间绝非"王邦"与"蛮夷"的对立，更多地是相互融合、相互吸收，而且这种关系在中国历史发展的任何时代都没有停止过。必须承认，作者对二者相伴始终关系的揭示和追索，从某种程度上说是对中国法制史全貌的一种修复。

另一位重要的学者张冠梓，他的《论法的成长——来自中国南方山地法律民族志的诠释》、《源与流——中国古代民族法制蠡测》、《试论中国古代的民族法制及其精神》以及《试论中国少数民族传统法文化的研究及其文献整理》等一系列著作和论文，②从独特的视角出发，对中国少数民族法的起源、形成、发展和演变作了全新的阐述。作者注重把法还原到少数民族特殊的语境当中，注重对法史学、民族学已有研究成果的整合与提炼。正如他自己书中所言："这是一个运用中国自己的知识与价值观念来解释自身固有法尚显得十分困难却又变得愈来愈必要的时代。"张冠梓对少数民族法制发展阶段与类型的划分，完全打破了以往按照年代编排的顺序，而是从纷繁复杂的历史表象中抽离出清晰凝练的原则和规律。这对于揭示少数民族法制发展的真实状况有着重要的意义。

此外，李占荣的《论中华法律文明的族体多元性：以法的历史起源为视角》一文也揭示了中华传统法律实际上是多族体相互影响相互渗透的产物而非单一民族的文明成果这一事实。申艳红的《中国古代北方游牧民族刑法制度初探》和苏兴东《生存范式：理性与传统——元明清时期南方民族法律变迁研究》研究了特定地域的少数民族法制史。谭万霞、王红兵的《中国古代少数民族妇女法律地位论析》探讨了古代少数民族法文化的特定

---

① 徐晓光：《中国少数民族法制史》，贵州民族出版社 2002 年版。

② 张冠梓：《论法的成长——来自中国南方山地法律民族志的诠释》，社会科学文献出版社 2002 年版。张冠梓：《源与流——中国古代民族法制蠡测》，载《渠水集——纪念饶鑫贤教授法学文集》，北京大学出版社 2004 年版。张冠梓：《试论中国古代的民族法制及其精神》，《学术界》2003 年第 5 期。张冠梓：《试论中国少数民族传统法文化的研究及其文献整理》，《贵州民族研究》2002 年第 1 期。

侧面。①

（三）少数民族成文法研究

　　文字是传承文明的主要载体。历史上曾生活在我国领土上的匈奴、西夏、回鹘以及现在依然存在的蒙古族、藏族等民族，都曾经创造过完整系统的成文法典。法史学界在这方面所取得的成果主要集中在对蒙古族、藏族和西夏成文法的研究上。

　　在蒙古古代法制的研究方面，蒙古族学者奇格近年出版了他的《古代蒙古法制史》② 一书。这是我国第一部完整的古代蒙古法制通史。该书以饱满的结构、严谨的体系论述了古代蒙古法制的历史发展。吴海航的《"约孙"论：蒙古法渊源考之一》和《成吉思汗〈大札撒〉探析》两文是近年来颇见力度的研究古代蒙古法制渊源的论文。③ 尤其是后者，广泛征引包括伊朗、俄罗斯、古波斯、英国以及南宋、元朝等在内的多地域、多时间段的文献，对《大札撒》条分缕析，进行了深入而富有价值的研究。其法典律条＋史料文献记载＋案例映证的法典解读模式使得这部蒙古历史上最早法典的全貌得以最大限度地复原。文中多处再现的成吉思汗、窝阔台和元代一些生动翔实的案例，令人久读不厌。这些作品对人们认识蒙古法制的渊源及其对元代法律的影响，具有非常重要的作用。其他一些蒙古族学者从本民族的角度出发，对蒙古古代法制的研究也卓有成效。如达力扎布的《〈喀尔喀法规〉制定原因及实施范围初探》及苏鲁格译注的《阿勒坦汗法典》等，④对特定时代特定地域的蒙古法典和法规进行了探讨和介绍。此外，还有一些著作，例如牛文军的《近年来蒙古民族地方法制史研究述评》⑤ 则标志着古

　　① 李占荣：《论中华法律文明的族体多元性：以法的历史起源为视角》，《甘肃政法学院学报》2004 年第 2 期。申艳红：《中国古代北方游牧民族刑法制度初探》，《西北史地》1998 年第 3 期。胡兴东《生存范式：理性与传统——元明清时期南方民族法律变迁研究》，中国社会科学出版社 2005 年版。谭万霞、王红兵：《中国古代少数民族妇女法律地位论析》，《青海民族研究》2003 年第 3 期。

　　② 奇格：《古代蒙古法制史》，辽宁民族出版社 2005 年版。

　　③ 吴海航：《"约孙"论：蒙古法渊源考之一》，《中外法学》1998 年第 3 期。吴海航：《成吉思汗〈大札撒〉探析》，《法学研究》1999 年第 5 期。

　　④ 达力扎布：《〈喀尔喀法规〉制定原因及实施范围初探》，《中央民族大学学报》（哲社版）2005 年第 1 期。苏鲁格译注：《阿勒坦汗法典》，《蒙古学信息》1996 年第 1 期。苏鲁格译注：《阿勒坦汗法典（续）》，《蒙古学信息》1996 年第 2 期。

　　⑤ 牛文军：《近年来蒙古民族地方法制史研究述评》，《内蒙古大学学报》（人文社科版）2000 年第 5 期。

代蒙古法制史研究已经相当成熟和专业化。

藏族是另一个拥有独立成文法系的民族。徐晓光的《藏族法制史研究》① 是一部有代表性的著作。该书回顾了从吐蕃、唃厮啰、藏巴汗政权到清代、近代藏族法制发展的全貌，并就宗教、刑事、民事、行政等诸方面，全方位扫描了藏族法制史，勾勒出藏族法律发展的主要线索。彭宇文的《关于藏族古代法律及法律文化的若干思考：借鉴梅因〈古代法〉进行的研究》② 以梅因的《古代法》为理论模式，以松赞干布的《法律十二条》为纲，探讨了藏族古代法律文化形成的起因和特点，试图揭示雪域法文化充满神秘色彩的面纱，使读者们得以对藏族法律渊源的多元性和独特性获得从感性层面到理性层面的认识。华热·多杰的《关于藏族古代法的几个问题》、赵君的《试析藏族传统法律制度的特点》和星金成《藏族继承制度的内涵及特征试析》则从不同视角和侧面探讨了西藏古代法制的成就。③ 汪德军的《简略回顾西藏地方人民政法机关的建立》④ 是近年来少有的研究西藏近现代法制史的作品。

曾经一度辉煌而又迅即消逝的西夏文明，近年来在国内外学术界引起了相当强烈的研究兴趣。1908 年黑城遗址西夏文献的发掘震惊了世界，而大量的文献资料流失海外使得俄罗斯和日本一度成为西夏学的中心而独领风骚。但近年来我国也逐渐形成了西夏法制史研究的学者群体，大有将研究中心移回本土之势。陈永胜所著《西夏法律制度研究——西北少数民族学术研究文库》⑤ 是最近出版的一部全面介绍西夏法律制度的著作。该书从立法、刑事、民事、经济、宗教、军事、婚姻家庭等 10 个方面对 11—13 世纪西夏王朝的法律制度进行了系统研究，再现了西夏农耕法律文化与游牧法律文化相交融的独具特色的法律制度体系。姜歆的《论西夏法典结构及私法在其中的地位》⑥ 透视了西夏法制在体例、结构上既吸收唐、宋法典的编纂

①　徐晓光：《藏族法制史研究》，法律出版社 2001 年版。

②　彭宇文：《关于藏族古代法律及法律文化的若干思考：借鉴梅因〈古代法〉进行的研究》，《法学评论》2004 年第 2 期。

③　华热·多杰：《关于藏族古代法的几个问题》，《青海民族学院学报》（社科版）1996 年第 2 期。赵君：《试析藏族传统法律制度的特点》，《西藏大学学报》2005 年第 4 期。星金成：《藏族继承制度的内涵及特征试析》，《西藏研究》1997 年第 2 期。

④　汪德军：《简略回顾西藏地方人民政法机关的建立》，《西藏研究》1997 年第 1 期。

⑤　陈永胜：《西夏法律制度研究——西北少数民族学术研究文库》，民族出版社 2005 年版。

⑥　姜歆：《论西夏法典结构及私法在其中的地位》，《宁夏大学学报》（人文社科版）2003 年第 1 期。

经验又有自已独创性的特点，同时还阐述了西夏法典中存在着的私法制度和重要的民法原则。作者的另外两篇论文《论西夏法典中的刑事法律制度》和《论西夏法典中的狱政管理制度：兼与唐、宋律令的比较研究》则充分体现出作者注意将西夏法制与同时期的唐、宋法律进行比较的研究方法。① 邵方则专注于对西夏亲属、婚姻、家庭、服制等方面的研究，他的一系列论文如《西夏亲属关系的法律效力》、《西夏服制与亲属等级制度研究》、《略论西夏法律对于党项社会婚姻制度的规定》和《西夏婚姻家庭法律制度研究》等，② 反映出作者对这一领域长久而深入的关注。此外，韩小忙、杜建录对西夏司法制度的研究和刘菊湘关于《天盛律令》的研究也是值得注意的。③

南方的少数民族由于很少有发达的文字体系，因此成文法典并不多见，方慧的《滇国法制初探》④ 介绍了文献资料阙如、法制状况鲜为人知的春秋至汉代时期我国西南古代民族建立的古王国——滇国的阶级结构、民族关系、行政建置、刑事法、民事法、习惯法等，大致勾勒出滇国法制的概貌和特点，是较为难得的介绍南方少数民族政权法律制度的作品。傣族是南方少数民族中为数不多的拥有自己文字的民族之一，方慧、田瑞华的《略论元、明、清时期的傣族法律》、李忠华的《西双版纳傣族封建法律探析》和《傣族刑事法律初探》等论文对傣族的封建法律制度进行了颇有价值的探讨。⑤

在少数民族成文法方面，还有武沐、王希隆对匈奴司法制度的研究，华热·多杰对伊斯兰法的研究等。⑥

---

① 姜歆：《论西夏法典中的刑事法律制度》，《宁夏社会科学》2003 年第 6 期。姜歆：《论西夏法典中的狱政管理制度：兼与唐、宋律令的比较研究》，《宁夏大学学报》（人文社科版）2004 年第 5 期。

② 邵方：《西夏亲属关系的法律效力》，《固原师专学报》（社科版）1999 年第 4 期。邵方：《西夏服制与亲属等级制度研究》，《法学评论》2004 年第 3 期。邵方：《略论西夏法律对于党项社会婚姻制度的规定》，《法学评论》2003 年第 1 期。邵方：《西夏婚姻家庭法律制度研究》，《河北法学》2003 年第 5 期。

③ 杜建录：《论西夏的司法制度》，《西北民族研究》2003 年第 4 期。刘菊湘：《从〈天盛律令〉看西夏京畿地区的经济状况》，《宁夏社会科学》1998 年第 3 期。

④ 方慧：《滇国法制初探》，《思想战线》2003 年第 2 期。

⑤ 方慧、田瑞华：《略论元、明、清时期的傣族法律》，《云南社会科学》1998 年第 6 期。李忠华：《西双版纳傣族封建法律探析》，《云南民族学院学报》（哲社版）2002 年第 4 期。李忠华、李朝开：《傣族刑事法律初探》，《学术探索》2002 年第 4 期。

⑥ 武沐、王希隆：《匈奴司法制度与刑法考述》，《中南民族大学学报》（人文社科版）2004 年第 6 期。华热·多杰：《伊斯兰法对青海穆斯林社会的影响》，《青海民族研究》1999 年第 2 期。

（四）少数民族习惯法研究

在中国历史上，几乎所有的少数民族都创造出了自己的习惯法文化。少数民族习惯法具有两个鲜明的特点。第一，严格的属人性和属地性。不仅不同民族的习惯法大相径庭，而且不同地区的同一民族习惯法也不同。例如，广西东北部的盘瑶与西北部的白裤瑶习惯法就相差很大，而龙胜地区生活在同一个寨子里的壮瑶苗侗等族居民则各有自己本民族的习惯法。第二，现实的存在性。由于我国许多少数民族都是从古代社会直接过渡到现代社会的，民族习惯法保存得较多，有的民族成为研究其习惯法的"活化石"，从而使我们在今天依然可以清晰地看到其发展的序列，而不像研究古代国家法那样只有依靠残存的文献进行推理和探索。这也是近年来少数民族习惯法研究得以蓬勃发展的原因。

高其才的《中国少数民族习惯法研究》[①] 对我国的少数民族习惯法作了系统全面的考察和概括，该著作分别从产生、发展、内容、性质、功能、特征、现实表现等方面有条不紊地阐述了中国少数民族习惯法，尤其是将少数民族习惯法的内容按照社会组织、婚姻、家庭继承、丧葬、宗教信仰、社会交往、生产及分配、所有权、债权、刑事、调解审理的体系进行划分，几乎囊括了目前为止少数民族习惯法研究的所有领域，但又避免了百科全书式的罗列。该书详略得益，最适合作为现阶段高等学校少数民族习惯法的教材或教学参考书。邹渊的《习惯法与少数民族习惯法》[②] 是较早开始探讨习惯法的性质和作用的论文，该文从立法、司法、执法、守法、法学研究等方面探讨了少数民族习惯法的价值。王学辉的《云南少数民族习惯法形成和发展的轨迹》、《法人类学的体验——云南省怒江傈僳族习惯法文化简析》，[③] 田成有、王鑫的《人类学眼中的云南少数民族法文化》[④] 和罗洪洋的《贵州少数民族习惯法对现代法和法治的启示》[⑤]，借鉴法人类学和法文化学的视角对云南和贵州——两个少数民族习惯法分布形态最为多样化的地区进行了研究，从而得出少数民族习惯法发展的一般规律。刘黎明的《契约、神裁、

---

① 高其才：《中国少数民族习惯法研究》，清华大学出版社 2003 年版。
② 邹渊：《习惯法与少数民族习惯法》，《贵州民族研究》1997 年第 4 期。
③ 王学辉：《云南少数民族习惯法形成和发展的轨迹》，《现代法学》1998 年第 3 期。王学辉：《法人类学的体验——云南省怒江傈僳族习惯法文化简析》，《西南民族学院学报》2002 年第 7 期。
④ 田成有、王鑫：《人类学眼中的云南少数民族法文化》，《云南学术探索》1998 年第 3 期。
⑤ 罗洪洋：《贵州少数民族习惯法对现代法和法治的启示》，《贵州民族研究》2000 年第 2 期。

打赌——中国民间习惯法习俗》运用大量的文献和生动翔实的案例，对几种典型的少数民族习惯法尤其是神裁制度进行了富于哲理的思考。① 龙大轩的《民族习惯法研究之方法与价值》则在少数民族习惯法研究最为火热的时候提出严肃的思考，具有警示和告诫的作用。② 袁翔珠的《关于广西少数民族习惯法研究的几点思考》对特定地区少数民族习惯法的研究进行了方法论上的反思和探讨。③

对各个少数民族习惯法的研究，学术界目前的成果多集中在羌族、苗族、藏族、彝族等几个民族。

在羌族习惯法方面，俞荣根的《羌族习惯法》揭示了羌族习惯法的全貌并探寻了其内在特质。龙大轩的《羌族习惯法述论》通过对实地调查的归纳总结，从形式到内容论证了羌族丰厚的法文化传统——议话评制度的起源和功能，探讨了民间法与国家法两种法文化之间的关系。龙大轩的《羌族诉讼习惯法的历史考察》，考察了羌族诉讼习惯法的程序及其历史演进的 4 个阶段：独立运行（18 世纪前）；国家法对诉讼习惯法的介入（18 世纪—19 世纪中）；国家法对诉讼习惯法的挤压（19 世纪中—20 世纪中）；彼长此消（20 世纪 50 年代以来）。李鸣的《羌族婚姻习惯法的历史考察》，通过考察婚姻的成立要件、原则、结婚的程序、婚姻禁忌以及婚姻纠纷的处理等制度，论述了源远流长、内容丰富、独具特色的羌族婚姻习惯法。④

苗族习惯法方面，主要有徐晓光的一系列论文。《上古苗族国家与法的雏形探微》探讨了苗族在中国早期国家的建立与法的产生中所起的重要作用。《百年来苗族习惯法的遗存、传承与时代性变化》通过对贵州修文、雷山等地苗族的实地考察，论述了苗族习惯法的遗存、传承和时代性变化。《从苗族"罚 3 个 100"等看习惯法在村寨社会的功能》从法人类学视角，对贵州苗族村寨现今还存在的"罚 3 个 100"等惩罚习惯进行分析，指出这

---

① 刘黎明：《契约、神裁、打赌——中国民间习惯法习俗》，四川人民出版社 2003 年版。

② 龙大轩：《民族习惯法研究之方法与价值》，《思想战线》2004 年第 2 期。

③ 袁翔珠：《关于广西少数民族习惯法研究的几点思考》，《学术论坛》2006 年第 3 期。

④ 俞荣根（合著）：《羌族习惯法》，重庆出版社 2000 年版。龙大轩：《羌族习惯法述论》，《现代法学》1996 年第 2 期。龙大轩：《羌族诉讼习惯法的历史考察》，《山东大学学报》（哲社版）2005 年第 2 期。龙大轩：《法律多元中的民间法文化——羌族议话评制度研究》，载《民间法》第 1 卷，山东人民出版社 2002 年版。李鸣：《羌族婚姻习惯法的历史考察》，《比较法研究》2004 年第 4 期。

种惩罚形式与集体聚餐的联系及在这一活动和仪式过程中所体现的习惯法的惩罚、警戒、教育、宣泄、娱乐等社会功能。李廷贵的《再论苗族习惯法的历史地位及其作用》认为苗族习惯法具有"准法律"的作用（它介乎于道德规范和法律规范之间），是苗族法文化的具体表现。①

藏族习惯法方面，张济民的《藏族部落习惯法研究丛书》从行政制度、军事法律制度、所有权制度、契约制度、婚姻继承制度、刑律、纠纷解决程序以及部落制度和法律传统等多种层次上，对藏族部落习惯法进行了尽可能详细的分析阐述，并立足于现实提出了立法和司法建议。程雅群、景志明的《藏区赔命价习俗价值考析》认为赔命价习俗具有恢复正义和经济伦理价值，两大价值实现的途径存在于被害恢复与加害恢复两个基本方面。该习俗在强调被害人利益保护的同时兼顾犯罪人的社会复归，其中的一些合理因素在当代仍有一定的借鉴价值。②

彝族习惯法方面，徐漫的《凉山彝族习惯法的现代价值》认为凉山彝族习惯法是历史的沉淀物，至今未完全丧失自身的价值。当前凉山彝族社会存在着两种法律类型：习惯法和国家法。这两种法律都在不同地区、不同人群中实施，使安定的社会秩序得以维持，并由此对彝族社会的现代化产生了深刻的影响。蔡富莲的《凉山彝族习惯法对伤害五官的处罚及其特点》介绍了凉山彝族独具特色的刑事习惯法——对伤害五官的处罚。张晓蓓的《彝族妇女在婚姻习惯法里的法律地位：兼与清代婚姻法比较》将清律中的相关法条与习惯法比较，用案例佐证习惯法的实施与效力从而得出结论：比较清代妇女的法律地位，彝族妇女在婚姻家庭生活中有相对多的宽松与灵活，得到的保护更多。③

————————

①　徐晓光（合著）：《苗族习惯法研究》，华夏文化艺术出版社 2001 年版。徐晓光：《百年来苗族习惯法的遗存、传承与时代性变化》，载《民间法》第 1 卷，山东人民出版社 2002 年版。徐晓光、韦宗林：《上古苗族国家与法的雏形探微》，《吉首大学学报》（社科版）2004 年第 3 期。徐晓光：《从苗族"罚 3 个 100"等看习惯法在村寨社会的功能》，《山东大学学报》（哲社版）2005 年第 3 期。李廷贵：《再论苗族习惯法的历史地位及其作用》，《贵州民族学院学报》（社科版）1998年第 3 期。

②　张济民：《藏族部落习惯法研究丛书》，青海人民出版社 2002 年版。程雅群、景志明：《藏区赔命价习俗价值考析》，《西藏民族学院学报》（哲社版）2006 年第 5 期。

③　徐漫：《凉山彝族习惯法的现代价值》，《西南民族学院学报》（哲社版）1997 年第 5 期。蔡富莲：《凉山彝族习惯法对伤害五官的处罚及其特点》，《民族艺术》1999 年第 1 期。张晓蓓：《彝族妇女在婚姻习惯法里的法律地位：兼与清代婚姻法比较》，《西南民族大学学报》（人文社科版）2003 年第 6 期。

关于蒙古族习惯法的研究成果主要有柴荣的《论古代蒙古习惯法对元朝法律的影响》和《西部大开发过程中蒙古族传统习惯法的扬弃》。前者认为元朝的立法司法实践受到蒙古族习惯法的影响十分明显，如元朝的刑罚制度、婚姻继承制度、僧侣特权制度和调解方式在民事诉讼中的广泛运用。后者认为蒙古族传统习惯法在内蒙古自治区实施西部大开发战略的过程中，面临着重新构建的需要。蒙古族习惯法的生态法律意识，诚实、信用观值得保留和弘扬，但自然经济法律意识和法律行为随意性等缺陷需予以摒除。①

关于其他少数民族习惯法的研究主要有张冠梓的《试论瑶族的石牌制度与习惯法》，罗洪洋的《侗族习惯法研究》，蓝寿荣的《土家族习惯法研究》，李洪欣、陈新建的《新中国成立前壮族刑事习惯法的辩证思考》，宋笛的《基诺族龙帕寨长房形态习惯法社会结构分析》，张志勇的《契丹习惯法研究》，等等。②

（五）中央政府少数民族政策和立法研究

我国历代中央政府对少数民族的政策都是"因俗而治"，苏钦的《论古代民族法制中的"因俗而治"》③ 即是对这种政策的解读。曾代伟则通过《"溪州铜柱"铭文解读——以民族法文化视角》和《〈蛮夷律〉考略：从一桩疑案说起》来透析古代中央政府对所谓"蛮夷"的治理理念和制度。④

清代是中国历史上民族立法的鼎盛时期。作为一个少数民族入主中原建立的政权，统治者能以较为宽松平和的心态对待其他少数民族，这种原则和指导方针也充分体现在其大量的民族立法中。杜文忠的《边疆的法律——对清代治边法制的历史考察》，从清代以前中国传统的治边思想和边疆法制

---

① 柴荣：《论古代蒙古习惯法对元朝法律的影响》，《内蒙古大学学报》（人文社科版）2000年第6期。柴荣：《西部大开发过程中蒙古族传统习惯法的扬弃》，《前沿》2002年第2期。
② 张冠梓：《试论瑶族的石牌制度与习惯法》，《思想战线》1999年第1期。罗洪洋：《侗族习惯法研究》，贵州人民出版社2002年版。蓝寿荣：《土家族习惯法研究》，民族出版社2003年版。李洪欣、陈新建：《新中国成立前壮族刑事习惯法的辩证思考》，《桂海论丛》2005年第6期。宋笛：《基诺族龙帕寨长房形态习惯法社会结构分析》，《现代法学》1998年第5期。张志勇：《契丹习惯法研究》，《徐州师范大学学报》（哲社版）2001年第1期。
③ 苏钦：《论古代民族法制中的"因俗而治"》，《法学杂志》1997年第3期。
④ 曾代伟：《"溪州铜柱"铭文解读——以民族法文化视角》，《现代法学》2004年第6期。曾代伟、王平原：《〈蛮夷律〉考略：从一桩疑案说起》，《民族研究》2004年第6期。

入手，分别对清代前期和后期的治边法制思想和边疆法制作了分析，是一部对清代边疆法制成就进行全景式描绘的著作。陈宁英的《从"田旻如"案看清初民族地区法律实施的变通》，认为清初对鄂西容美土司田旻如一案的处理有依照大清法律严格执行的一面，但更多地体现了清廷对少数民族地区法律政策变通实施的特点。它对当时鄂西土家族地区的"改土归流"及清政府此后民族政策的制定和贯彻，均产生了积极作用，在一定程度上反映了大清朝廷在政治上处理少数民族地区事务的成熟。袁自永的《试论清代民族法制的特点》从现代法理学和法律社会学的角度观察清代民族法制情况，指出清代民族法制在立法方面具有形式多样化、立法原则因俗化的特点，在法律适用方面具有二元性和逐步内地化的特点。田莉姝的《清朝民族立法特点之研究》，则从民族立法的指导思想、民族立法的多样性、独特的民族法律内容、民族立法的实施保障等几方面，对清朝民族立法的主要特点进行了分析。肖汉银的《论清代民族立法的主要原则》认为清王朝在因族制宜，因俗立法，缘俗为治，因时制宜，坚持法制统一，维护满族特权等立法原则的指导下，形成了一套有特色的成功的民族政策和法制。①

　　对清代处理少数民族事务的重要法律——《理藩院则例》作出专门性研究的有杨选第的《从〈理藩院则例〉与〈卫特拉法典〉的比较看其民族法规的继承性》、《近年来清朝〈理藩院则例〉的整理研究概况》、《从〈理藩院则例〉析清朝对蒙古地区立法特点》和达力扎布的《〈蒙古律例〉及其与〈理藩院则例〉的关系》。其中《从〈理藩院则例〉析清朝对蒙古地区立法特点》结合《理藩院则例》的律条分析，指出清朝对蒙古地区立法的特点主要有：德主刑辅、恩威并用、控制蒙古族上层人士；严刑峻法、严明禁令，对蒙古人民实行高压政策；编旗划界、分而治之，确保中央对蒙古地区的专制统治；维持封建等级制；具有民族地方特色；等等。《〈蒙古律例〉及其与〈理藩院则例〉的关系》介绍了康熙至乾隆朝纂修的《蒙古律例》蒙、汉文版本，以及国内外的一些研究情况，指出"乾隆内府抄本《理藩院则例〉"不是《理藩院则例》，而是乾隆朝《大清会典则例》理藩院部分的稿本，《理藩院则例》撰修于嘉庆年间，是《蒙

---

　　① 杜文忠：《边疆的法律——对清代治边法制的历史考察》，人民出版社 2004 年版。陈宁英：《从"田旻如"案看清初民族地区法律实施的变通》，《中南民族大学学报》（人文社科版）2004 年第 1 期。袁自永：《试论清代民族法制的特点》，《贵州民族学院学报》（哲社版）2002 年第 2 期。田莉姝：《清朝民族立法特点之研究》，《贵州民族研究》2003 年第 4 期。肖汉银：《论清代民族立法的主要原则》，《理论月刊》2003 年第 11 期。

古律例》的续修和发展。①

　　清代的民族立法主要适用于蒙藏地区和回疆地区，因而关于这些地区的立法相对成熟和发达，文献资料保存下来的较多，学界在这方面的研究成果也十分丰硕。杨选第的《论清代对蒙古地区的立法》认为清朝统治者从蒙古社会具体的生活习惯和法律传统出发，有针对性地制定了大量的法律。这些法律的制定和实施无论是对于蒙古地区进行行之有效的管辖，还是对蒙古族实行"因俗而治"的政策，都发挥了重要作用。该作者的《清代蒙古地区的司法制度》指出，清朝在保证国家司法权统一的前提下，对蒙古地区实行特殊政策、灵活措施。其一，中央设理藩院审理蒙古人犯罪案件，表现出专制集权特点；其二，地方行政机关即审判机关，分蒙古为"外藩"、"内属"区别对待，表现出因地制宜特点；其三，在审断过程中，保留了"以罚代刑"、"入誓"等审判方式，表现出因俗制宜特点；其四，针对蒙古地区的不同民族，设置不同的行政司法组织，表现出因族制宜及民族歧视的特点；其五，注意协调蒙古律例与内地律例之间的关系，逐渐出现内地化倾向，表现出因时制宜特点。②

　　孙镇平的《清代西藏法制研究》结合清代西藏法制建设的历史资料，从清代治藏前期、中期、末期三个阶段法制发展的脉络出发，探究了清代西藏法制建设的发展历程、发展规律、法制特色、经验教训及其借鉴意义，展示出清代西藏法制的诸多方面。陈国光的《论清朝对藏区法制的立法思想和立法原则》认为，清朝前期、中期在礼法并用、宽猛相济的思想指导下，创立了维护满族统治者的优越地位、坚持法制统一、尊重宗教信仰、尊重风俗习惯、原则性与灵活性结合等立法原则，开展了藏族地区的立法工作。旺希卓玛的《清代青海藏区的主要法律文本、产生年代、特点及历史影响》，介绍了清代适用于青海藏区的各种法规、条例，论述了清代青海藏区法律的历史影响。何峰的《番例——清王朝对青海藏区的特殊法律》认为，无论是法律的性质，还是其审判程序和处罚手段，《番例——清王朝对青海藏区

---

　　① 杨选第：《从〈理藩院则例〉与〈卫特拉法典〉的比较看其民族法规的继承性》，《内蒙古社会科学》（汉文版）1998 年第 6 期。杨选第：《近年来清朝〈理藩院则例〉的整理研究概况》，《内蒙古社会科学》（汉文版）1999 年第 3 期。杨选第：《从〈理藩院则例〉析清朝对蒙古地区立法特点》，《内蒙古社会科学》（汉文版）2000 年第 2 期。达力扎布：《〈蒙古律例〉及其与〈理藩院则例〉的关系》，《清史研究》2003 年第 4 期。

　　② 杨选第：《论清代对蒙古地区的立法》，《内蒙古师范大学学报》（哲社版）2000 年第 5 期。杨选第：《清代蒙古地区的司法制度》，《内蒙古社会科学》（汉文版）2001 年第 4 期。

的特殊法律》与藏区固有的法律有许多相似甚至相同之处，反映了清政府从青海藏区实际出发，制定适合当地的特殊法律政策的指导思想，使《番例——清王朝对青海藏区的特殊法律》成为一部比较成功的法典，真正达到了"因俗而治"的政治目的。赵音的《略论清朝中央政府辖治西藏的法律——〈钦定西藏章程〉》，论述了《钦定西藏章程》的产生、内容和历史意义，指出章程中 7 个方面的主要内容全是针对西藏地方政府和社会宗教中的弊病而作出的规定，因此，也可以说这个章程是对西藏政治制度和宗教制度的一次重大改革，对西藏社会的稳定与发展起到了积极作用。①

　　王东平的《清代回疆法律制度研究（1759—1884 年)》及其一系列论文，系统研究了清代回疆地区的法律典章、行政法规、刑法、司法制度、伊斯兰民事法和经济政策与法规等，是近年来在清代回疆立法研究领域较为突出的成果。王欣的《〈回疆则例〉研究》认为，《回疆则例》的编纂与修订不仅反映了清朝对处理新疆民族事务的经验总结，还充分体现了在多元文化的背景下新疆各种法律文化之间的互相调整与适应。但是由于并没有触动南疆的伯克制度和清朝在新疆的统治体制，该法在编纂与修订实际上仍属治标不治本，在本质上也是消极的。钱鹏的《清朝回族立法政策初探》，从法哲学的角度探究了清朝回族立法的基础和它建立、生存、发展的土壤，认为清朝政府在立法过程中，一方面自然而然地形成了理性与非理性在某种程度上的统一，另一方面，又人为地有悖于理性与非理性的统一。白京兰的《清代回疆立法——〈钦定回疆则例〉探析》则认为作为清代少数民族立法的重要成果——《钦定回疆则例》在维护国家的统一，促进新疆地区政治、经济和文化发展中发挥了积极的作用。袁自永、高庭爱的《清代回疆的法律适用》分别论述了清代回疆适用的法律、法律适用的主体以及回疆法律适用的特点，指出清代回疆法律适用具有法律自身二元化、适用主体具有多元同构性等特点。李丕祺的《雍、乾时期处理回族事务的法律原则》认为，雍正、乾隆两朝根据本朝实际及回族特点，确立了"因俗而治"、"以治众者治回民"、"刑用重典"等法律原则。在这些原则指导下，通过谕旨的形式颁发了为数众多的法令，并在实践中取得了一定效果。胡云生的《论清

---

　　① 孙镇平：《清代西藏法制研究》，专利文献出版社 2004 年版。陈国光：《论清朝对藏区法制的立法思想和立法原则》，《青海社会科学》1997 年第 3 期。旺希卓玛：《清代青海藏区的主要法律文本、产生年代、特点及历史影响》，《青海民族研究》2003 年第 1 期。何峰：《番例——清王朝对青海藏区的特殊法律》，《青海社会科学》1997 年第 3 期。赵音：《略论清朝中央政府辖治西藏的法律——〈钦定西藏则例〉》，《中央政法管理干部学院学报》1997 年第 1 期。

代法律中的回回问题》认为清代法律中涉及回回问题，无论是在诉讼程序、审判机构、采证、量刑、判决以至监狱待遇方面，都十分苛刻，回民经济活动也处处受到限制，正常的宗教信仰与生活习俗受到压抑，反映了清代民族歧视与民族压迫政策及法律有失公允的一面。①

徐晓光的《清末民国蒙藏地区法制建设的得与失》认为清末由于一些立法措施不利，影响了民族团结，给帝国主义以可乘之机；民国初期为维护祖国统一和蒙藏地区稳定做了大量工作；南京国民政府对蒙藏地区的立法较多，建立了较为完善的民族法规体系。② 相关论文还有苏钦的《清朝时期达斡尔地区法制的变迁》和刘琳琳、王立艳的《民国治藏法律研究简述》等。③

相对于北方和西北的游牧民族来说，清代对南方的少数民族主要采取了认可其习惯法的统治方式。尽管"改土归流"政策和《保甲法》的推行加强了中央政府对以云南、贵州为中心的南方少数民族的直接控制，然而却没有破坏该地区奉为准则的习惯法。至于多次出现在清律和奏章中的"苗例"，学界目前趋于一致的观点是不存在实质意义上的"苗例"，而应当是南方各少数民族习惯法的统称。④ 由于文献资料相对匮乏，这方面的研究成果也显得相对薄弱，但仍有学者进行了不懈的努力。较为突出的有周相卿的《清代黔东南新辟苗疆六厅地区的法律控制》，罗洪洋的《清代黔东南苗族林业契约的纠纷解决机制》等。这些论文大都取材于原始典籍资料和第一手田野调查资料，独创性和考证性很强，对于研究清代南方少数民族地区的

① 王东平：《清代回疆法律制度研究（1759—1884 年）》，黑龙江教育出版社 2003 年版。王东平：《清代回疆地区法律典章的研究与注释》，《西北民族研究》1998 年第 2 期。王东平：《清代回疆法律文化刍议》，《民族研究》1999 年第 3 期。王东平：《〈回疆则例〉回族法律条文研究》，《回族研究》2000 年第 2 期。尚衍斌、王东平：《〈清朝法制史〉回族法辨误》，《回族研究》2001 年第 1 期。王欣：《〈回疆则例〉研究》，《中国边疆史地研究》2005 年第 3 期。钱鹏：《清朝回族立法政策初探》，《西北民族大学学报》（哲社版）2005 年第 3 期。白京兰：《清代回疆立法——〈钦定回疆则例〉探析》，《中南民族大学学报》（人文社科版）2004 年第 4 期。袁自永、高庭爱：《清代回疆的法律适用》，《喀什师范学院学报》（社科版）2001 年第 3 期。李丕祺：《雍、乾时期处理回族事务的法律原则》，《河北法学》1999 年第 6 期。胡云生：《论清代法律中的回回问题》，《回族研究》1998 年第 4 期。

② 徐晓光：《清末民国蒙藏地区法制建设的得与失》，《内蒙古民族大学学报》（社科版）2003 年第 2 期。

③ 苏钦：《清朝时期达斡尔地区法制的变迁》，《法学杂志》2003 年第 3 期。刘琳琳、王立艳：《民国治藏法律研究简述》，《中央政法管理干部学院学报》2001 年第 5 期。

④ 参见苏亦工：《明清律典与条例》，中国政法大学出版社 2000 年版，第 87—89 页。

法制状况具有重要的参考价值。[①]

（六）少数民族法文化与国家法之间关系研究

中国的法律文化从来都是多元的。少数民族法制作为一种来自中央政权之外的法文化，在历史上从来都没有停止过与国家法的磨合和互动，它们彼此吸纳、彼此影响、相互依存，共同推进中华民族法文明体系的发展。因此，少数民族法文化与国家法的关系是几乎所有研究少数民族法制的学者都无法回避的一个问题。徐晓光的《辽西夏金元北方少数民族政权法制对中国法律文化的贡献》探讨了几个曾在历史上建立政权的少数民族的法制对中国法律文化的贡献。龙大轩的《历史上的羌族习惯法与国家制定法》和《十九世纪地方法律实践状况考——一块碑文透出的历史信息》以羌族习惯法为突破点，运用法律社会学、法人类学的研究方法揭示了历史上地方法律实践中存在的法律多元与文化互动现象，同时指出了国家制定法与民族习惯法的二元并存格局以及二者间相互交融、相互冲突、相互补充的关系模式。李丕祺的《回疆法文化与大清法文化的冲突整合》，探讨了二者在对接、冲突中的整合，揭示了不同法文化之间的包容性和互补性。王霄燕的《鲜卑族与中国封建法制建设》就鲜卑族政权创立的"均田制"、"重罪十条"、十二篇目法典体例对唐律的影响进行了探讨。黄峥的《清初满汉两种法律文化的对峙》以清初"逃人法"为例，分析了满汉法律文化对峙的原因及其价值。杨双华的《简论中国历史上少数民族与汉族政权的法制比较》是一篇民族法比较研究论文。滕毅的《历史上游牧民族的冲击对世界法制的影响》则超越了国界，从世界范围内探讨了民族法与国家法的相互影响关系。[②]

① 周相卿：《清代黔东南新辟苗疆六厅地区的法律控制》，《法学研究》2003 年第 6 期。罗洪洋：《清代黔东南苗族林业契约的纠纷解决机制》，《民族研究》2005 年第 1 期。

② 徐晓光：《辽西夏金元北方少数民族政权法制对中国法律文化的贡献》，《西南民族学院学报》（哲社版）2002 年第 7 期。龙大轩：《历史上的羌族习惯法与国家制定法》，《现代法学》1998年第 6 期。龙大轩：《十九世纪地方法律实践状况考——一块碑文透出的历史信息》，《现代法学》2002 年第 3 期。李丕祺：《回疆法文化与大清法文化的冲突整合》，《西藏大学学报》2001 年第 2期。王霄燕：《鲜卑族与中国封建法制建设》，《民族研究》2001 年第 6 期。黄峥：《清初满汉两种法律文化的对峙》，《华侨大学学报》（哲社版）1999 年第 2 期。杨双华：《简论中国历史上少数民族与汉族政权的法制比较》，《西南民族学院学报》（哲社版）1999 年第 1 期。滕毅：《历史上游牧民族的冲击对世界法制的影响》，《法学评论》2000 年第 5 期。

（七）亟待拓展的研究领域

如上所述，我国近十年来民族法史方面的研究可谓硕果累累，方兴未艾，然而，我们依然可以从中发现，有些领域是尚未有学者涉足或者研究还不够充分的。

第一，关于民族法律思想史的研究。作为一个多民族国家，处理与少数民族的关系是中国每一代统治者和致力于"治国平天下"理论研究的学者们必须面对的问题，因而历史上产生了非常丰富的民族法律思想，从管仲的"戎狄豺狼，不可厌也，诸夏亲昵，不可弃也"的观点到相传孔子"裔不谋夏，夷不乱华，俘不干盟，兵不逼好"的主张，对民族关系作出阐述的理论举不胜举，然而时至今日，我们还没有看到一本关于中国民族法律思想史的著作问世，这方面的论文也是凤毛麟角，这不能不说是民族法史研究的一个缺陷。

第二，有关民族法的研究重在各个支脉本身，而很少揭示它们之间的复杂联系和互动关系，未能将民族法置于一个更加完整的背景之下加以考察。例如，我国少数民族杂居现象是较为普遍的，各个民族之间的交流非常频繁，那么当不同的民族进行贸易、契约、婚姻等方面的交往时，如何处理他们之间法律的冲突呢？也就是说，是否存在各少数民族之间的"冲突规范"呢？这都是亟待学者们发掘的命题。

二、中华法文化研究

也许是历史的巧合，在上一个世纪交替的时候，中国经历了一场前所未有的、旷日持久的法律文化大碰撞。关于传统与变革、历史与价值、引进与坚持、中体与西学的论争，使中国法制发生了翻天覆地的改变，主动或者被动地走上了近代化的道路，也使中国人第一次大规模地全面接触了西方法文化，并开始对自身的法文化进行反思和检讨。现今在又一个世纪交替之际，我们又一次面临着同样的命题。所不同的是，上一次论争重在"西法为用"，即如何引进西方法律制度为中国所用，这一次论争则重在应否以"中学为体"以及如何以"中学为体"。学者们更多关注的是应否回归到中国传统文化，如何利用固有法资源。在国际化与现代化的大背景下，法史学人从中华法文化的内涵到国人的传统法律意识，进行了多视角、多层面的研究。应当说，对中华法文化的重新诠释和把握，可以使我们在借鉴与移植西方法律的时候，采取更加谨慎、客观和务实的态度。

（一）　中华法文化形成与演变研究

把握中华法文化的形成与演变是一个宏大的课题。学界非有雄厚的积累，不能完成此项任务；学者个人非有充分的准备，不能做好此项工作。幸运的是，近十年来，无论是法律史学界还是法史学者们，都提供了这样的可能。对中华法文化的形成与演变的研究，让我们对中华法文化总体内涵与基本特质有了一个全新的认识。

武树臣的《中国传统法律文化》是一部对中华法文化的历史发展进行全面系统阐述的著作。该书以中国传统法律文化发展的历史阶段为经，以中国传统法律文化的总本精神和宏观样式为纬，清晰地提炼出中华法文化发展的基本脉络。作者将中华法文化的发展分为起源、"神本位·任意法"时代的法律文化、"家本位·判例法"时代的法律文化、"国本位·成文法"时代的法律文化、"国、家本位·混合法"时代的法律文化、"中西交错"时代的法律文化、"国、社本位·混合法"时代的法律文化等几个阶段。尽管学界对这种划分方法可能会见仁见智，但此说对我们以文化为线索解读中华法文化确实具有一定的参考意义。①

张晋藩的《综论独树一帜的中华法文化》指出了中华法文化产生的社会物质生活条件与思想根源。作者认为，以农业为立国之本的自然经济结构、以宗法家长制家庭为社会的基本构成单位、以儒家纲常伦理学说为统治思想、以皇权神圣的专制主义为基本政治制度的诸因素，构成了中国古代的基本国情，也决定了中华法文化饶有特色的内涵与历史传统。② 马作武的《中国传统法律文化研究》以中国传统文化的三个重要组成部分部分——中国古代刑法文化、中国古代民法文化、中国古代诉讼法文化——为框架，对"天人合一"、"亲亲尊尊"、"讼累"等中国传统法律文化的典型现象和具有代表性的内容进行了诠释。③

在这一领域，值得一提的还有首次在国外（韩国）翻译出版的大陆法史学著作——范忠信、郑定、詹学农的《中国法律文化探究》；对以往中华法文化研究范式和研究方法进行评述的徐忠明的《思考与批评：解读中国

---

① 武树臣：《中国传统法律文化》，北京大学出版社 2000 年版。
② 张晋藩：《综论独树一帜的中华法文化》，《法商研究》2005 年第 1 期。
③ 马作武：《中国传统法律文化研究》，广东人民出版社 2004 年版。

法律文化》、范忠信编著的《中国文化与中国法系——陈顾远法律史论集》以及武树臣主编的《中国传统法律文化辞典》等。①

（二）中华法文化基本特质研究

由于天然的环境禀赋和曲折的历史进程，中华法文化形成了独一无二的特质，这些特质使她在世界法文化之林中显得特立独行、卓尔不群。然而，这些特质形成的根本原因是什么？有何独特之处？学者们的视角不同，研究方法不同，得出的结论自然千差百别。但是，无论褒扬还是贬抑，目的却是共同的——能否从这些特质中汲取可服务于现代的养分和资源。

范忠信的《中国传统法律文化的哲学基础》为中华法律文化独一无二的特质寻求哲学上的依据。作者认为，中国独有的哲学决定了中国传统法律文化的主要特征，也影响了其历史发展进程。文章的主体围绕着中国传统哲学的核心——特有的"天道"、"人道"观是如何决定中国传统法律文化的内容和特色展开，剖析了中国传统法律文化独特的哲学基础。正如作者的结束语所说："由这一哲学基础我们也可以看到，中国传统法律文化的哲学灵魂并未完全僵死，某些方面仍有其生命力，决不可简单否定。"②

曹也汝的《试论中国传统法律文化的理性基础》运用马克斯·韦伯的理论重新审视中国传统法律文化的理性基础。马克斯·韦伯认为传统的东方社会未能走上现代化道路的关键原因就是缺乏一种西方社会独有的理性精神，这一论断无疑具有历史独断论色彩，但他这种从社会的主观意向与客观实在的关联入手探讨东方社会传统文化的研究方式在学界产生了深远的影响。沿着韦伯思路重新审视中国传统法律文化的理性观基础时，不难发现，中国传统法律的生成都与中国传统的法律理性观与社会理性观的历史变迁密切相关。中国传统的多元法律理性观与社会理性观曾是中华法系产生与兴盛的精神内核。但其向一元化和非理性的转变也成为阻滞中国传统法律文化走向现代的根本障碍。因此，如何发掘中国传统文化中有利于法律发展的理性内容，对于现今的法制现代化建设具有重要意义。③

---

① 范忠信、郑定、詹学农：《中国法律文化探究》，韩国一潮阁书社 1996 年版。徐忠明：《思考与批评：解读中国法律文化》，法律出版社 2000 年版。范忠信：《中国文化与中国法系——陈顾远法律史论集》，中国政法大学出版社 2006 年版。武树臣：《中国传统法律文化辞典》，北京大学出版社 1999 年版。

② 范忠信：《中国传统法律文化的哲学基础》，《现代法学》1999 年第 2 期。

③ 曹也汝：《试论中国传统法律文化的理性基础》，《东南学术》2001 年第 1 期。

粟克元的《中国传统法律文化特征初探》认为，从公法文化和私法文化这个意义上对中国传统文化与西方法律文化进行比较，不难看出，由于受中国传统的礼治文化、地理环境、民族习尚和专制政治制度等因素的影响，绵延几千年所形成的完备的刑法、发达的官制法和民法的不独立及其刑法化，充分表明了中国传统法律文化是典型的公法文化。① 张中秋的《中国传统法律的公法文化属性》也认为，相对于西方法律中的私法文化传统，中国传统法律是一种以刑事性或者说刑法化为基本特色的公法文化。但这并不表明它是落后的，这一特性既是传统中国社会的体现，又是这个社会保持有序和发展的必要条件。这种差异和对比，只能说是"不同"，很难说是"不好"。②

郭成伟、方潇的《中国传统"公之于法"特质探究》力图对中国传统之"公之于法"作一个较为全面的文化探究。文章认为，"公之于法"是中国传统法律文化的一个基本特质。"公之于法"的含义是：以公行法——以公心对待法律，以公意执行法律。首先，法应体现公利，维护公利，这是"公之于法"最基本最主要的深层旨义。其次，法应体现公平，维护公平，这是"公之于法"的另一个重要深层含义。再次，法应体现公开性。文章在对"公"、"私"字源以及古人对它们的褒贬态度进行考察的基础上，系统阐述了古代语境中"公之于法"这种法文化特质形成的理论和现实根源，着重剖析了"公之于法"在古代统治阶级的扭曲下被其"公"的形式所掩盖的"私之于法"的异化景象和内容。同时，通过与西方对应物的比较，论述了中国传统"公之于法"的不足之处及其在现代的不适应性。③

苏亦工的《"大志"与"王法"辨》一文指出，法律经常被解释为人类的意志，不同的志向可以创造不同的法律。中国古代的法律向称"王法"，这所谓的"王法"是基于"霸道"的帝王之志，而所谓帝王之志，不过是一种无穷大的私心，力图由一个人、一家人或一种宗派势力垄断政权、把持天下、包揽一切资源。这种"王法"并非儒家所称的"王法"，确切地说应叫做"大盗之法"或"霸法"，即"霸道之法"。而孔子之志、孔孟之道和真正的王法，是建立在"仁道"基础上的。所谓"仁道"，用现代的术语来表述，就是要保障每个人的权利，实现公平和正义。在现代文明社会，经济的、政治的、文化的乃至任何绝对的垄断都是可耻的、违背人类道德

① 粟克元：《中国传统法律文化特征初探》，《河南省政法管理干部学院学报》2002 年第 3 期。
② 张中秋：《中国传统法律的公法文化属性》，《华东政法学院学报》2005 年第 6 期。
③ 郭成伟、方潇：《中国传统"公之于法"特质探究》，《中国法学》2003 年第 1 期。

的、非法的。① 文琦的《从古代君臣关系立法看中国法律文化的特点》从君臣关系这一特殊视角出发解释中华法文化。文章认为中国封建制法律在处理君臣关系上采取了一系列措施，但不管采取什么措施来处理君臣之间的关系，只要专制主义中央集权的制度没有废除，堵塞君臣关系之间矛盾纠纷而产生的漏洞的方法是不可能奏效的。这种法只会进一步加深君主的心理隐患，促成整个国家的立法指导思想为：防范重于建设，镇压重于调整，使法律仅仅成为政治斗争的一种工具。②

范忠信的《小农经济与中华法传统的特征》指出小农经济是中国传统社会的主导性经济形态，其根本特征是个体小农男耕女织自给自足的小规模简单再生产不断重复。这一特征，深深地影响了中国政治法律传统。作者认为，中国古代的基本政治构思及体制结构、国家的民事性法律规范、国家的行政及有关规范，无不体现了小农经济所决定的国家体制和法律小农家庭化家法化的风格，也体现了对小农经济秩序的无微不至的保护。③

郑定、马建兴的《论宗族制度与中国传统法律文化》揭示了中国封建专制统治的牢固基础之一——宗族制度与中国法律文化的关系。从宏观上观察，宗族制度与封建国家的国法是融为一体、相互关联的。一方面，封建统治者在立法时就把反映和维护宗族制度的宗法伦理思想作为其指导思想，在律例的条文、法律的实施、案件的诉讼等方面，无不浸透了宗法伦理思想。另一方面，宗族制度积极与封建国家法律相配合，宗族制度是封建统治者维护其专制统治的另一种统治工具，宗族制度中的家法族规实际上是整个封建法律体系的一个重要组成部分。④ 刘柱彬的《略论中国古代家族文化的特质》认为家族主义是古代法律的主要特征之一，家族文化则构成了中国古代法律文化的基本内容，研究这些内容会有助于理解传统法律文化的精神内核。⑤

李光昱的《浅谈中国古代法律的宗教性》认为，中国古代的法律并不像许多西方学者和一些中国学者说的只是一种伦理化的法律而不具有宗教性。恰恰相反，从本质上讲，中国的法律正是一种宗教性的法律。中国古代的主要宗教

---

① 苏亦工：《"大志"与"王法"辨》，《人文杂志》2002年第1期。
② 文琦：《从古代君臣关系立法看中国法律文化的特点》，《广西政法管理学院学报》2002年第3期。
③ 范忠信：《小农经济与中华法传统的特征》，《河南省政法管理干部学院学报》2000年第6期。
④ 郑定、马建兴：《论宗族制度与中国传统法律文化》，《法学家》2002年第2期。
⑤ 刘柱彬：《略论中国古代家族文化的特质》，《法学评论》1999年第1期。

是一种伦理化的崇拜天的儒家宗教，它是儒家哲学思想的基础，也是中国古代儒家化法律的基础。中国古代宗教具有强大的包容性与和谐性，正是这种包容性与和谐性使传统法律文化与宗教实现了真正和谐。① 何柏生的《佛教与中国传统法律文化》通过对佛教与传统法律文化的冲突、融合、影响等方面的考察，认为佛教文化已融入传统法律文化之中，且影响甚深。②

李文祥的《人文主义与中国传统法律文化》从人文主义视角探讨了中国传统法律文化以人为本、关怀人生的基本精神。文章认为中国传统法律文化的哲学基础可以概括为人文主义，它支配着中国数千年来法律实践活动与思维活动的方向与进程。③

（三）礼与法、礼治与法治、伦理道德与法律相互关系研究

自中华法文化产生以来，礼与法、礼治与法治、伦理道德与法律的关系就贯穿其始终。只有把它们之间的关系研究透彻了才能全面把握中华法文化，才能使之为今所用。陈鲁宁的《"礼"与"法"之源——试析古代法律文化"义、仁"观及其整合》认为中国传统法律文化凭"仁"德为其内涵的精粹，以"礼"、"法"的外延构筑了整个社会秩序和社会生活的行为规范体系。文章通过考察"仁"之前的"义"以及其随时代社会变迁产生的转化整合，得出结论：礼与法的治人治国的精神，相互之间并非绝对排斥和不能兼容。相反，无论从社会治理的原则、哲学思想的背景、政治权力的寄托，还是对实行社会规范的立法、司法及适用功能和在人治的合法性根源意识观念上都有诸多表异里通、底蕴暗合的共同点。④

张中秋的《家礼与国法的关系、原理、意义》提出家礼与国法的存在和运作遵循着自然——秩序原理、伦理——政治原理和人的文化原理，一以贯之者乃中华文化"和谐"之道。文章认为，家礼与国法藉此所蕴涵的自身和谐、社会秩序构成和谐与自然——社会转化系统相和谐的创制理念，具有超时空的价值，在人类自身与自然关系紧张的今天尤有意义。⑤

邓勇的《论中国古代法律生活中的"情理场"——从〈名公书判清明

---

① 李光昱：《浅谈中国古代法律的宗教性》，《中外法学》1999 年第 2 期。

② 何柏生：《佛教与中国传统法律文化》，《法商研究》1999 年第 2 期。

③ 李文祥：《人文主义与中国传统法律文化》，《江汉论坛》2004 年第 10 期。

④ 陈鲁宁：《"礼'与"法"之源——试析古代法律文化"义、仁"观及其整合》，《现代法学》1998 年第 2 期。

⑤ 张中秋：《家礼与国法的关系、原理、意义》，《法学》2005 年第 3 期。

集〉出发》一文从分析《名公书判清明集》中的几个典型书判出发，总结了《名公书判清明集》所体现出来的情理观念，接着结合中国古代司法的核心特点，探讨了情理发生发展的原因，归纳提炼出"情理场"的概念，对"情理场"的三大定律进行阐析。作者认为，基于社会根源和人性根源的"情理场"是宋代以及整个中国古代司法的总体精神和深层法文化特质，并从"同情地理解"之角度对中国传统法律文化有了一个全面的认识。①

姜军、孙镇平的《中国伦理化法律的思考》是国内第一本关于伦理化法律的专著，该书从法律的起源入手考察了古代法律存在伦理性的内因，并通过对礼制的分析，阐述了伦理化法律制度赖以存在的精神支柱和思想内涵。② 柴荣的《从中国传统法律文化看权力道德的法律化》一文认为：在权力道德的法律化方面，中国古代传统法律文化有很好的借鉴意义。将义务性的道德规范法律化，使权力道德要求融于法律的规范形式，是"依法治国"、"以德治国"的关键所在。③

朱勇、成亚平《冲突与统一：中国古代社会中的亲情义务与法律义务》认为中国古代立法者通过"情法并立"模式，在很大程度上解决了难以解决的矛盾，表现了较高的立法技术。中国传统法律以伦理法著称，情法冲突的解决模式为中华法系这一特点的形成和发展提供了重要的支持。同时，这一模式也使得中国传统法律始终未能摆脱伦理道德的限制和约束，从制度到观念都未能独立发展。尤其是由于亲情义务与法律义务并行，在履行保障的力度方面前者甚至优于后者，这就使得社会个体在国家政治生活和社会生活中未能获得独立的法律人格，个体独立性的发展在法律上受到了很大的限制。④

马小红、于敏的《中国传统德治与法治的思考》一文认为，道德信念和法治信念是"东西方文化的鲜明标志"。前者是西方社会的特征，而中国传统社会的信念则是道德，"以忠孝节义为基础的'孔孟之道'，实际上就是一个道德体系，这个体系统治了中国数千年。像西方社会法治至上一样，在中国人的观念中道德是至上的，中国人对道德的追求也是不惜以生命为代价的"。因此，"我们无须去评价法治信念与道德信念哪个更优秀或更合

---

① 邓勇：《论中国古代法律生活中的"情理场"——从〈名公书判清明集〉出发》，《法制与社会发展》2004 年第 5 期。

② 姜军、孙镇平：《中国伦理化法律的思考》，华文出版社 1999 年版。

③ 柴荣：《从中国传统法律文化看权力道德的法律化》，《内蒙古大学学报》2002 年第 4 期。

④ 朱勇、成亚平：《冲突与统一：中国古代社会中的亲情义务与法律义务》，《中国社会科学》1996 年第 1 期。

理"，"只有将法治信念与道德信念有机地结合为一体，我们才能不辜负时代的重托，真正建立起具有中国特色的社会主义法治体系"。看来，这种观点倾向于支持法治与德治并立。①

与前述观点不同，孙莉的《德治与法治正当性分析——兼及中国与东亚法文化传统之检省》则指出：中国传统法治与德治的进路是把道德一统化，再把法与道德一体化。这在宗法社会结构和专制统治下是可能甚而合理的，但它却是在牺牲法的形式合理性同时也是在背离道德本性的情形下运作的，因而在现代法治和道德精神的框架内，会因不具形式上的正当性而无法操作，强行操作将导致与法治的背离和对道德本性的反动。该文在对道德与法的功能和属性进行比较的基础上指出，法治的正当性不止在于其尊重人权和自由的精神内涵，更在于过程本身的正当性，在于通过过程本身的正当来实现结果的正当。这意味着法治是一种根本性的道德，即制度的道德。这种制度的道德是个人道德选择和道德生活的预设前提，所以道德建设在实质上应是道德的制度性环境建设。②

（四）传统司法、诉讼、刑法诸方面法文化研究

在中国古代法律传统中，司法、诉讼、刑法文化是主要的组成部分，学者们对此展开了翔实的研究。

关于传统司法文化，顾元的《中国衡平司法传统论纲》是对中国传统司法文化进行论证的颇有新意的一篇论文。作者认为大量的司法个案材料显示，在传统的中国社会里，司法官对于纠纷及其处理样式的认知模式是十分独特的：他们是以建立或者恢复一种稳定、和谐的人际关系和社会关系为根本的着眼点来看待和解决现实的纠纷（特别是民事纠纷）问题的。因此，使用"衡平"概念以描述中国古代司法的制度与实践乃至整个社会法律秩序的真实图景，是极为恰当的。中国传统社会中衡平司法的广泛存在，不仅有助于实现个案的公平与正义，而且通过司法官的活动影响到整个社会法律秩序的建构和维系。特别是在很大程度上沟通了国家和社会的二元结构，从而建立起富含生机和活力的法律运行机制，维护社会秩序的和谐和稳定。③

---

① 马小红、于敏：《中国传统德治与法治的思考》，《法学》2002 年第 9 期。

② 孙莉：《德治与法治正当性分析——兼及中国与东亚法文化传统之检省》，《中国社会科学》2002 年第 6 期。

③ 顾元：《中国衡平司法传统论纲》，《政法论坛》2004 年第 2 期。

舒国滢、宇培峰的《"司法时令说"及其对中国古代司法制度的影响》是近年来法史学界较多提及的一篇论文，文章阐述了"司法时令说"得以为古代统治者所接受并对中国古代司法产生重大影响的思想根源和理论基础。①

关于传统刑法文化，季金华、王鹏珲的《论中国传统刑法文化的基本特征》认为中国传统刑法文化的发生学形态隐含了权力本位和人治主义的价值取向和注重实质合理性的形式特征，并造就了刑法刑罚化、伦理化的契机。儒家的德治与法家的以刑去刑在试图实现无讼的社会理想上是一致的，二者共同构成了中国传统刑法文化对超稳定秩序追求的内在要素。刑法的渗透性、包容性和以礼入刑集中表现了中国传统刑法文化的形式特征。此外，我国传统刑法文化体现了社会控制中的泛道德主义，由德治到人治导致独裁专制，使法律规范淹没于外在强制的权力秩序中，阻却了法律的形式化和形式理性的成长，从而阻延了法律的进化。② 宋四辈的《中国古代刑法典的编纂体例和结构特点：兼论中国传统刑法文化的作用和影响》一文认为，在特定的历史条件下，中国古代刑法典在编纂体例和结构上呈现出以下特点：由总则和分则两部分组成；采用刑事实体法与刑事程序法合一的编纂体例；由低层次的"以刑统罪"向高水平的"以罪统刑"的方向转变和发展；分则篇目依据犯罪行为对刑法所保护的社会关系的危害大小，从重到轻进行排列；具有民刑不分、诸法合体的特征；只规定了刑事责任及其刑罚制裁的实现方式。这些特点体现了当时的立法宗旨，对于维护古代社会秩序起了重要作用，对于中国古代法律制度和近代以来的中国"法治"建设产生了重大而深远的影响。③

关于传统诉讼文化，胡旭晟的《试论中国传统诉讼文化的特质》总结了中国传统诉讼文化在其漫长的历史发展中所形成的自身独特的性质和风貌，即诉讼运作（包括司法判决）的道德化；司法设置的行政化与非专门化、非职业化；诉讼活动因司法官员高操的"权"变之术和良好的人文修养而人情化和艺术化；诉讼规制的低程序化；因过于注重个案处理的妥当性而导致的司法个别化和非逻辑化；等等。文章认为这些特质是中华民族生活智慧的结

---

① 舒国滢、宇培峰：《"司法时令说"及其对中国古代司法制度的影响》，《政法论坛》1996年第4期。

② 季金华、王鹏珲：《论中国传统刑法文化的基本特征》，《河海大学学报》（哲社版）2001年第1期。

③ 宋四辈：《中国古代刑法典的编纂体例和结构特点：兼论中国传统刑法文化的作用和影响》，《郑州大学学报》（哲社版）2003年第4期。

晶，其中蕴藏着许多值得今人借鉴的因素；但从总体上看，它们乃是附属于传统礼治社会的特定范畴。① 李交发的《中国传统诉讼文化宽严之辨》一文本着揭示长达数千年之久且内容极其浩繁复杂，同时发展又颇具规律性的中国传统诉讼法律文化真谛的初衷，从法宽与刑严、执法时宽时严、宽严相济等三个方面，较为系统地论述了中国传统诉讼法律文化中的宽严问题。②

赵钢、刘学的《从法律文化背景看我国民事诉讼模式的选择》认为我国民事诉讼模式的选择和定位，应当以我国的法律文化背景为基础，以大陆法系的职权主义诉讼模式为基本的参照系，适当借鉴、吸收英美法系当事人主义诉讼模式中的合理因素，将其融于自己的法律文化机体之中，建立符合我国国情的新型职权主义诉讼模式。③ 刘敏的《论传统调解制度及其创造性转化——一种法文化学分析》认为作为古代中国解决纠纷的主要机制，调解制度生根于特定的文化背景——和合文化之下，并且建立在由自给自足的小农经济、宗法家庭制度、儒家思想意识形态所构成的复杂的社会基础之上，既有消极落后的一面，又有促进人际和谐、维护社会秩序稳定的一面。在法制现代化进程中，要发挥这种解纷机制的积极作用，必须对传统调解制度进行创造性转化。④

以包拯、海瑞为代表的"清官"文化是中国司法文化中的一个有趣的现象，近年来以"清官"为题材的娱乐节目的盛行以及1999年恰逢纪念包拯诞辰一千周年，许多法学家纷纷对此进行讨论。徐忠明的《中国传统文化视野中的清官司法》从中国传统法律文化的视野出发，对于清官信仰的民间意识、清官司法的理性认识能力、清官司法的权力界限以及清官司法的社会意义和法律意义四个方面进行了检讨。文章的结论指出，在中国古代社会，清官意识的流行和清官迷信的盛行，对于具体的个案"救济"来说，也许是一出喜剧。然而，如果从中国古代整个政治制度的结构来看，结论就不那么乐观。换言之，呼唤清官实际上意味着中国古代政治制度存在着某种弊端和缺陷。由这个意义上观察，清官信仰实际上是一出大的"悲剧"，是

---

① 胡旭晟：《试论中国传统诉讼文化的特质》，《南京大学法律评论》1999 年春季号。

② 李交发：《中国专统诉讼文化宽严之辨》，《法商研究》2000 年第 3 期。

③ 赵钢、刘学：《从法律文化背景看我国民事诉讼模式的选择》，《武汉大学学报》（哲社版）1999 年第 2 期。

④ 刘敏：《论传统调解制度及其创造性转化——一种法文化学分析》，《社会科学研究》1999 年第 1 期。

中国古代政治、法律、文化的真正"悲剧"。① 而徐祥民、马建红的《清官精神的儒学渊源与当代价值》则认为尽管清官精神的某些方面与法治的要求是矛盾的，但它对推进中国的法治国家建设也有其积极作用，我们不应忽视其当代价值。清官的无私精神可以成为法官的法治意识的文化支持，我们可以利用这一优秀的文化遗产，把它作为我国法官这个特殊的职业群体的群体意识基础。② 刘新的《包拯的法律思想与中国传统法律文化》认为包拯的法律思想是中国传统法律文化发展的结晶。从思想来源看，包拯的法律思想的主要来源是儒家的人本主义、民本思想、伦理思想、仁政思想、德主刑辅说与贤人治国论，也吸收了法家的"以法治国"与"信赏必罚"思想，而儒家的法律思想则是包拯法律思想的主干。包拯的法律思想和我国传统法律文化的整体一样，也有一些缺点与消极因素，但传统法律文化的积极因素在包拯法律思想中表现得更为突出，值得我们在今天加以重视和弘扬。③

郝铁川的《中国儒家化法官审案的特点与方法》刻画了中国儒家化法官审案的特点和方法：在实践经验基础上由于思维的高度活动而形成的对客观事物的一种比较迅速的、直觉的综合判断。当这种判断由于在长期沉思之后出现得特别迅速，因而成为一种直觉的闪现或顿悟时，就表现为"灵感"。直觉思维的基本形式是想象、猜测、假说等非逻辑思维形式。④ 徐忠明的《论中国古代刑事审判传统》讨论了中国古代刑事审判传统的成因与特征。文章认为，与"刑起于兵"一样，中国古代刑事审判传统也与部落战争有着密切的关联，它还与"皇室国家"或者"家国不分"这一独特政治体制有关。中国古代刑事审判的特点主要表现为"集权"与"非专业化"。⑤ 方立新、许翰信的《纠葛、讼师与中国古代法律文化》对讼师这一中国古代富有特色的司法行业进行探讨。文章认为讼师在古代法律生活中得以存在的原因是：一是诉讼活动的存在和诉讼制度的可利用性；二是诉讼程序中的书面主义；三是出于交涉的需要。但是传统司法体制从未也不可能给讼师以类似于现代律师这样的正当性地位。政治上的大一统观念、政府结构的集权化模式、司法过程中的超职权主义倾向以及传统伦理的影响，使得讼师在中国古代社会中始终都处于在政治与道德上被双重拒绝的尴尬境地，绝

① 徐忠明：《中国传统文化视野中的清官司法》，《中山大学学报》1998年第3期。
② 徐祥民、马建红：《清官精神的儒学渊源与当代价值》，《法商研究》1999年第5期。
③ 刘新：《包拯的法律思想与中国传统法律文化》，《法学家》1999第3期。
④ 郝铁川：《中国儒家化法官审案的特点与方法》，《南京大学法律评论》1997年秋季号。
⑤ 徐忠明：《论中国古代刑事审判传统》，《法制与社会发展》2004年第1期。

无可能具备对抗公权力滥用的质素与功能。这种传统政治社会对讼师的排斥态度对中国近代以来的制度建构产生着深远的影响。① 苗怀明的《中国古代判词的发展轨迹及其文化蕴涵》结合有关史料，对学术界目前涉及较少的中国古代判词进行考察，认为它是中国古代特定社会文化机制下各种文化因素有机融合的产物，是一种具有独特艺术品格的文学体裁。在对判词内涵与外延进行准确、科学界定的基础上，文章对其在各个历史时期发展演变的轨迹及其文化内涵进行了细致的梳理和分析。②

（五）传统法律意识、法律观研究

郝铁川的《中华法系研究》一书出版后，在法学界引起了不小的反响，许多学者纷纷对书中提出的观点作出评说。作者总结的"法典的法家化"、"法官的儒家化"和"民众法律意识的神鬼化"等中华法系的特点尤为引人瞩目，特别是最后一点，引发了关于中国古代民众法律意识的讨论，其中较具代表性的主要有萧伯符、李伟的《中国古代民众法律意识是儒家化而非鬼神化：兼与郝铁川教授商榷》认为中国古代民众法律意识是儒家化而非鬼神化。陈林林的《对古代鬼神信仰的一种法文化观察：与郝铁川先生交流》认为古代鬼神信仰与法律意识皆为一种社会意识现象，虽然两者存在着一定的联系和相互作用，但并不能得出"中国古代民众法律意识鬼神化"的结论。中国传统文化的特性、鬼神信仰的特点（局限）与政治运行方面的特色结合在一起，使得法律运作始终朝着伦理化、理性化和理想化的方向发展，作为这种趋势的结果，是古代民众法律意识的道德化，而非神秘主义的鬼神化。而叶晓川、焦利的《天人之间：鬼神观与法文化——以传统为视角》则认为鬼神观是中国传统法文化中核心观念之一。鬼神观与中国传统立法文化、司法文化、法律思维以及法学之间有着密切联系，甚至从根本上决定了中国传统法文化的精神特质。③

① 方立新、许翰信：《纠葛、讼师与中国古代法律文化》，《浙江大学学报》（人文社科版）2003 年第 6 期。
② 苗怀明：《中国古代判词的发展轨迹及其文化蕴涵》，《广州大学学报》（社科版）2002 年第 2 期。
③ 郝铁川：《中华法系研究》，复旦大学出版社 1997 年版。萧伯符、李伟：《中国古代民众法律意识是儒家化而非鬼神化：兼与郝铁川教授商榷》，《法商研究》1998 年第 4 期。陈林林：《对古代鬼神信仰的一种法文化观察：与郝铁川先生交流》，《法律科学》1999 年第 5 期。叶晓川、焦利：《天人之间：鬼神观与法文化——以传统为视角》，《甘肃政法学院学报》2004 年第 5 期。

　　"天道"、"天命"观是在中国法文化中起重大作用的观念，对这一观念更新进行研究的有：郭成伟、孟庆超的《论"天道观"对中国传统法律的影响》认为中华民族的传统可以"天道"概括。中国传统法律的全部内容几乎都可以用"天道"思想附会、解释。法律以维护"天"的秩序为己任，以"承天意以从事"的"天子"的利益为根本着眼点；追求"天理"重于对"私益"的人的保护；等等。由于这种"天道"思想的独特性与保守性，中华传统法律也在世界上独树一帜。方潇的《古代中国"天学"视野下的天命与法律价值革命》认为在中国古代的历史上——主要是西周时期，围绕着法律价值曾发生过和政权革命同样深刻的"革命"，这个革命的结果就是由法律价值的"非人性"向法律价值的"人道性"转变，而这个革命实际上是和一切统治者都梦寐以求的天命紧紧地捆在一起的。①

　　陈景良的《从人生智慧的角度重新认识中国法文化的价值》一文指出，中国古人对法的认识，若不从人生意义的角度去观察，就无法把握中国法律文化价值的真正内涵。中国古代的法，无论是从狭义或是广义审视，都没有从个体权利的角度去设置法的价值，但是，中国人认识法有着自己的视觉及独到的人生智慧，而且在历史上有着辉煌的成绩。在中国人看来，人生的意义在于懂得做人的道理，从这一人生意义的独特视角出发，中国人站在实用的立场上。因此，中国的法文化与现代法理学最为接近。作者承认中国古代法从根本上来说与以能否适应现代工商社会对物质财富的追逐为标准的现代法治精神相冲突，但作者同时指出，法的价值不能仅仅以获取物质财富的多寡为唯一标准，它还有另一种标准，这就是人生智慧。杨寅的《法学中的文化人格》从中国传统法律现代化的背景出发，分析了中国人对待自我法律制度从"独尊"到"轻视"的演变及对现今的持续影响，拽出当代文化环境和法律制度个性化的关系，主张在法学领域应树立起必要的文化意识。②

　　自孔子提出"听讼，吾犹人也，必也使无讼乎！"后，"无讼"、"息讼"、"贱讼"和"厌讼"似乎成为中国古代从法官到普通民众普遍的司法情节。马作武的《古代息讼之术探讨》认为在"非讼"意识的支配下，古

　　① 郭成伟、孟庆超：《论"天道观"对中国传统法律的影响》，《政法论坛》2003年第5期。方潇：《古代中国"天学"视野下的天命与法律价值革命》，《法制与社会发展》2005年第6期。
　　② 陈景良：《从人生智慧的角度重新认识中国法文化的价值》，《人大复印资料》（法理学、法史学卷）2002年第7期。杨寅：《法学中的文化人格》，《华东政法学院学报》1999年第5期。

人认为诉讼是一种导致不安定的因素，因而千方百计予以平息。文章归纳了中国古代司法官吏最贯常使用的几种息讼之术，即拖延、拒绝、感化以及设置"教唆词讼"罪。这些内容揭示了古代诉讼，尤其是民事诉讼的价值被曲解的基本事实，反映了传统文化对古代司法活动具有不容低估的影响。任志安的《无讼：中国传统法律文化的价值取向》认为"无讼"是中国传统法律文化的根本价值取向。无讼思想的形成有多方面的原因：天道和谐的宇宙观、法即刑的法律观、家国一体的社会结构、片面追求秩序与稳定的政治思想、司法腐败的反作用等。无讼主义传统所引发的负面影响及遗留给我们的历史包袱是相当沉重的。相关文章还有李培玉的《论传统诉讼意识的特征以及对当代中国的影响》等。①

（六）传统法文化的现代转型研究

自 20 世纪 80 年代中期开始，"传统与现代化"这个话题可谓长盛不衰，法学界，尤其是法律史学人侧身其间虽然稍晚，但后势甚雄。目前，关于传统法文化与现代化的论著论文层出不穷，几成滥觞，然而真正有理论高度的精品力作稍嫌欠缺。围绕这一领域展开的讨论主要集中在传统法文化与现代法治精神的契合程度、冲突因素以及如何改造等问题。

张晋藩的《中国法律的传统与近代转型》一书是近年来讨论中国法律近代转型较有影响的著作。作者认为 19 世纪中叶以后，西方的法文化通过各种渠道输入中国，开始了两种法律文化的冲突和逐渐融合的过程。从中外文化交流的历史看，鸦片战争前后是截然不同的。就法文化而言，中西法文化由冲突、半接受、妥受、融合到孕育新的法律文化是一个相当长的过程。历史的经验证明：固守传统不可能实现法律的现代化，简单的拿来主义也不等于现代化，更不能完成现代化。无论对传统文化还是外来文化，都有取舍的问题，其标准是是否有利于社会的进步和符合国情。②

张生主编的《中国法律近代化论集》一书收集了中日学者的相关文章24 篇，从宏观到微观，从制度到思想，从近代前夕的中西法律文化冲突到民初西式法制在中国的创建，从林鍼西游到沈家本修律再到章太炎、孙中

---

① 马作武：《古代息讼之术探讨》，《武汉大学学报》（哲社版）1998 年第 2 期。任志安：《无讼：中国传统法律文化的价值取向》，《政治与法律》2001 年第 1 期。李培玉：《论传统诉讼意识的特征以及对当代中国的影响》，《南京社会科学》1998 年第 1 期。

② 张晋藩：《中国法律的传统与近代转型》，法律出版社 1997 年版。

山，涉及宪政、立法、民商法、刑法、司法体制、法学教育、法律移植等多个方面，对中国法律近代化这一主题进行了深入探讨。朱勇教授在该书"代序"中指出，中国法律近代化步履艰难，历经坎坷。目的多样性，在很大程度上扭曲了中国近代法律改革的路径和步骤，违背了法律改革应遵循的内在规律。这种扭曲和违背的重要表现之一是对传统的错误判断和错误对接。但愿这部文集的出版能为我们理解传统、探索法律改革的内在规律提供一助。①

范忠信的《中国法律现代化的三条道路》一文认为近代以来中国法律现代化共走过三条道路。第一条道路即"传统改良"路线"是过于保守的道路"，其主张者"没有认识到世界已经发生了根本的变化，没有清醒地认识到中华法系已经整体落后的事实"，而当时的中国社会已经没有耐心等待这一主张的实验结果了。而第二、三条道路即"全盘西方化"和"全盘苏联化"路线，都是这种"急不可待"、没有耐心的社会思潮的产物，是"极其急功近利的产物"。历史已经证明这三条道路都失败了。这三条道路的失败，呼唤着我们寻找更加理性更加正确的第四条道路，其关键，就是"对古今中外人类文化的一切法制遗产，兼容并蓄，博采众长，破除任何畛域之见，真正走中西合璧的法制现代化道路"。②

屈永华的《传统文化与民主法制关系论的历史考察》一文，综述了一些学者提出的中国的民主与法制建设必须以传统文化为依托的四种理论，即西学中源论、民族性的延续论、东西文化比较中的心物论和法治的本土资源论。作者认为，这四种学说不仅本身存在诸多问题，而且严重混淆了人们的视线。因此，中国的民主与法治建设首先必须跳出文化论争的误区，并以制度架构为突破口，而不是为传统文化的式微而痛心疾首，为中国文化未来发展的走向而杞人忧天。③

曾小华的《现代视野中的中国传统法律文化》通过对中国传统法律文化的几个问题的分析研究，对其中的关键词礼、刑、法和中国传统法律文化的社会基础、中国传统法律文化的主要特点进行了重点阐释，并与现代法治的诸多方面进行了简略的比较，认为中国传统法律是一种无法之法。所谓无

---

① 张生主编：《中国法律近代化论集》，中国政法大学出版社2002年版。
② 范忠信：《中国法律现代化的三条道路》，《法学》2002年第10期。
③ 屈永华：《传统文化与民主法制关系论的历史考察》，《法商研究》（法学版）2002年第3期。

法之法，是指一种与现代法治相对立的传统法律。无论是从中国传统法律文化的基本精神上来分析，还是从中国传统法律文化的产生、形成、发展及法律基础、法律功能、法律特点上来分析，都反映出中国传统法律文化从整体上与现代法治的基本精神、观念、原则，以及在结构层次、形式化等所有方面的巨大差异和根本对立。正确认识和理解这个问题，对于当代中国的法治建设是极其重要的。①

关于具体制度的现代化，江学的《亲亲相隐及其现代化》一文考察了亲亲相隐制度的历史嬗变及其正负面价值。作者认为，亲亲相隐制度的设立，固有忽视乃至压抑人性的一面，但其制度设计也体现出非常科学的理念，即"法律不强人所难"，不但现实可行，而且符合效益原则，能够通过家庭的和睦与稳定，有效地维护社会的秩序与安全。然而，亲亲相隐制度奠基于身份之上，强调身份的等级差别，以及其制度定位上的义务本位主义都是与现代法治精神不相容的。作者提出了亲亲相隐在中国的现代化的命题，即从继承我国传统文明和吸收、借鉴西方法文化两个方面，探讨现代容隐权的构建。②

（七）特殊法文化现象研究

张中秋的《乡约的诸属性及其文化原理认识》说："乡约研究在中国大陆历史和社会学界略有成就，遗憾的是法学领域几近荒芜，这是从事中国法律文化研究的学者难以面对的。从自己的条件出发，我选择考察中国的乡约，而且集中在乡约的属性、文化原理和它的流变上，但内心希望这一课题能被纳入更广阔的视野。"文章认为乡约在中国社会的秩序构造中发挥了重要的作用，是一项有特色的法律文化传统。现在中国内地部分地区出现的乡规民约只能视为传统乡约的流变形式。传统乡约本身要受时空限制。现代化使传统乡约存在的时空特殊性渐已失去，它的法律性和教化价值也难以复活，其文化原理暂难与现代社会相融。因此，传统乡约整体上将继续它百年来的消解趋势。同时，考虑到中国乡村广大，社会发展不平衡，城乡差距大，法制不完善，特别是传统乡约这种东方式的基层法治、自治形式曾与国民习性和他们的审美情趣相契合，所以，乡约还可能以多种流变的形式继续影响中国乡村的风俗习惯和村民的心理意识、思维取向、行为模式以及他们

---

① 曾小华：《现代视野中的中国传统法律文化》，《浙江社会科学》2004 年第 6 期。

② 江学：《亲亲相隐及其现代化》，《法学评论》2002 年第 5 期。

的关系网络，甚至在党纪国法和各种政策中也会有某种深浅不一的表现。因此我们要认真对待，合理改造，吸收传统乡约的自愿约定和与国法相衔接的优点，这样，新的乡规民约于今后中国社会秩序的协调和完善必有助益。①

　　一些女性学者通过妇女这一性别群体在中国法文化中的地位来阐述中华法文化的特征。比如田小梅的《中国传统法律文化中的妇女地位》和叶晓川的《女性与中国传统法律文化——以汉律为视角》、《中国传统法律文化视野中的女性》等。叶晓川在文章中认为，女性与中国传统法律文化有密切关系，在中国传统法律文化的发展过程中，某些女性由于种种原因，在客观上促进了中国传统法律文化的进化，即强化了中国传统法律文化男尊女卑的基本性格，促进了中国传统法律文化的进化，保护女性是中国传统法律文化民主性之精华。中国传统法律也在一定程度上维护女性在社会和家庭中的利益，因而中国传统法律文化表现出了某种民主性。②

　　从文学角度解读中华法文化虽非自今日始，但以往学者们往往浅尝辄止，而且大多仅限于从历史文学作品中发掘法律史料，斩获终归不多。近年来一些学者在这一领域进行了深入、前沿的研究，如徐忠明的《法学与文学之间》、苏力的《法律与文学》、卜安淳的《从〈水浒传〉看中国社会法治观念的层次性》等。③

　　其他论述特殊法现象的成果还有：钟尉华的《中华民族住宅建筑法律文化发展探微》，李小标的《"别籍异财"之禁的文化解读》，王继军、赵晓耕、刘涛的《传统法律文化与山西票号的兴衰》等。④

（八）比较法文化研究

　　随着19世纪末20世纪初西方法文化在中国的广泛引进和传播，中国的比较法学研究逐渐兴起，并由此成为一门法学学科。近百年来，比较法学的

————————

　　①　张中秋：《乡约的诸属性及其文化原理认识》，《南京大学学报》（哲社版）2004年第5期。

　　②　田小梅：《中国传统法律文化中的妇女地位》，《中华女子学院学报》1996年第3期。叶晓川：《女性与中国传统法律文化——以汉律为视角》，《中华女子学院学报》2004年第1期。叶晓川：《中国传统法律文化视野中的女性》，《中华女子学院学报》2004年第6期。

　　③　徐忠明：《法学与文学之间》，中国政法大学出版社2000年版。苏力：《法律与文学》，三联书店2006年版。卜安淳：《从〈水浒传〉看中国社会法治观念的层次性》，《南京大学法律评论》2002年秋季号。

　　④　钟尉华：《中华民族住宅建筑法律文化发展探微》，《贵州大学学报》（社科版）1996年第4期。李小标：《"别籍异财"之禁的文化解读》，《政法论丛》2003年第3期。王继军、赵晓耕、刘涛：《传统法律文化与山西票号的兴衰》，《山西大学学报》（哲社版）2002年第3期。

研究经久不衰。近十年来比较法的研究最大的成就也许不是对中西法文化差异的更深层挖掘，而是对中西法文化之间的交流、互动、彼此影响乃至于某些制度暗合的研究。

1. 中西法律文化比较

张中秋的《中西法律文化比较研究》以中西传统法律文化为比较对象，集中探讨中西法律文化的差异，以及导致这些差异的成因和历史后果。该书从人的文化原理出发，探讨了中西法律文化交流的可行性、难题及其对策。该书首次系统地对中西法律文化进行了比较研究，既回顾了中西法律文化的历史实践，又分析和推论中国法律文化的构成及其未来走向。张中秋还在《进路与出路：中西法律文化比较论纲》一文中预言中西法律文化比较依然是 21 世纪中国法律文化研究的一项重大课题。作者从时间、空间和特点三个方面对该课题的现状进行了说明，认为这个问题的基本内容由八个方面组成，并提出"我们应该依法律文化的内涵所示全面系统地开展研究，同时，在辩异的基础上，努力寻求两者的联系，以整体呈现中西法律文化的客观面貌"。①

曾宪义、马小红的《试论古代法与传统法的关系：兼析中西法传统在近现代演变中的差异》通过对"法"的概念的阐述，论证了"古代法"与"传统法"的区别。作者认为古代法是静止的并已经成为历史的不可更改的客观存在，而"传统法"则是人们对以往过去了的法律及法传统的理解和解释。因此，传统法是古代法与现代法之间的桥梁，是流动并仍在不断变化着的。甄别古代法与传统法之间的关系，其学术意义在于追求历史的真实并对法的演变规律进行理论探讨；现实意义在于自觉地把握传统法对现实和未来的影响，以便有意识地"激活"传统法中的有益因素，使法律更完美地体现优秀的民族精神。②

我国台湾地区学者林端的《中西法律文化的对比——韦伯与滋贺秀三的比较》论述了中西法文化比较研究中应注意的方法论和观念论方面的问题。文章在回顾了韦伯与滋贺秀三的观点后指出，他们都是带着价值判断和强烈的主观性，戴着西方中心主义的有色眼镜进行中西法律文化比较的。事

---

① 张中秋：《中西法律文化比较研究》，南京大学出版社 1999 年版。张中秋：《进路与出路：中西法律文化比较论纲》，《江海学刊》2002 年第 3 期。

② 曾宪义、马小红：《试论古代法与传统法的关系：兼析中西法传统在近现代演变中的差异》，《中国法学》2005 年第 4 期。

实上，社会学家应当尽量摈弃前见，尽量减少价值判断，站在价值中立的立场上进行事实的分析，以法律经验和法律事实为基准，采用"what"的角度，对中国传统法律文化之实然状况作一个尽量贴近客观的考察。而我们最终形成的新的法律文化也一定既非"中"又非"西"的，是一种融合了中西的新型的法律文化，当然这必须建立在我们对中国传统法律文化正确认识的基础之上。①

　　一些学者通过比较中西法文化中具有代表性的法典来发掘二者之间的联系和差异。王宏治的《从中西立法过程比较〈唐律〉与〈民法大全〉》一文以列表的方式详细讲述了自公元前24世纪（上古时期）至7世纪末（中唐）中国与西方的立法过程，并以此为基础从时间方面和法律形式上对《唐律》与《民法大全》进行了比较。作者认为，《唐律》与《民法大全》基本上是同一时代的产物。《唐律》是一部具有一定体系规模的典型的刑法典，而不是"诸法合体"的综合性法典，而作为罗马法代表的查士丁尼《民法大全》所涉及的均为民法范畴的法律及学说，二者实际上并不具有可比性。因此，作者提醒比较法学学者应当科学地运用比较的方法，方能得出科学的结论。② 于语和、董跃的《〈法经〉与〈十二铜表法〉之比较研究》比较了《法经》与《十二铜表法》两部法典所代表的风格迥异的法学体系，以及所蕴涵的不同的法律意识对中华法系及罗马法系的发展产生的不同影响。作者认为，中西方法律文化传统的分歧，早在公元前5世纪的《法经》和《十二铜表法》中就已经开始。《法经》和《十二铜表法》从相同的起跑线上出发，却划出了两条截然相反的轨迹，也划清了中西方法律文化传统中间那道清晰的界线。③

　　魏建国的《古代中国与西方"家与国"关系结构的差异及对法律秩序内涵的影响》认为，古代中国以农为本的自然经济长期占据主导地位，促使家国同构，国家形成的路径是家庭——国家。古代西方国家（指古希腊和罗马）由于商品货币经济的发展，家与国最终实现了分离，国家形成的路径是家庭——私有制——国家。古代中国国家规范采纳的是私权力特征的伦理秩序，法律秩序只是伦理秩序的变体；古代西方国家规范采纳的是公权

　　① 林端：《中西法律文化的对比——韦伯与滋贺秀三的比较》，《法制与社会发展》2004年第6期。

　　② 王宏治：《从中西立法过程比较〈唐律〉与〈民法大全〉》，《比较法研究》2001年第1期。

　　③ 于语和、董跃：《〈法经〉与〈十二铜表法〉之比较研究》，《南开学报》（哲社版）2000年第4期。

力特征的法律秩序。由于中国古代的法律秩序是伦理秩序的变体，所以，随着我国市场经济体制的确立，农本文明向工商业文明的转型，需要对中国古代法律秩序进行全面重塑。①

此外，陶广峰的《清末民初中国比较法学的产生》界定了清末民初中国比较法学产生的标志和时间。②

2. 中西法律思想比较

史彤彪的《中西方思想家立法观念的比较思考》一文从立法者、立法精神、立法原则以及立法技术等方面对中西方思想家的立法观念进行了比较。该文指出：中西方思想家都将中庸哲学作为立法的精神，认为适中宽简的法律才足以代表人类的智慧，证明立法者的伟大灵魂；都强调立法要合于国情、民俗，但中国人把法与道德混淆了，导致道德义务本身成了法律，这与"西方立法应与民族精神相耦合"貌合神离；都认为法律的体裁要精言简约，应该通俗易懂，法律规定要明确，不应自相矛盾，固定性与适宜性相结合，普遍性与特殊性相结合。作者认为，中西方思想家的立法观念同多异少，而且西方对立法有明确认识的学者在数量上明显少于中国，把立法作为一门艺术来看待的时间也晚于东方，但是其见解在质量或广度方面都高于东方。中国思想家喜好以形容比喻来论证的方法淡化了中国法律思想的深度和科学性。③

冯卓慧的《商代婚姻观念、制度与古代东西方各国婚姻观念、制度异同考析》一文通过考察中国商代与古代印度、希腊、罗马的婚姻观念和婚姻制度，认为古代东西方婚姻的最初立足点都是一致的，即承继嗣、承祭祀是对原始的、自然威力的无比崇拜，体现了一种朴素的自然法思想。但是婚姻观念的初始一致并未导致婚姻制度的一致，中国商代前期实行一夫一妻制，后期实行一夫多妻，即多妻多子嗣制；而西方却一直实行一夫一妻制。作者认为，造成制度不同的原因有两个方面：关键是宗教因素的影响，包括家庭婚姻法在内的中国古代法是完全与宗教法分离的，而其他东方法国家宗教势力的强大，其早期的婚姻家庭法受到宗教观念或宗教法律的制约。此外，政治制度的差异也导致了婚姻制度的差异，"政治联姻维系地域国家领

---

①　魏建国：《古代中国与西方"家与国"关系结构的差异及对法律秩序内涵的影响》，《山东社会科学》2005 年第 7 期。

②　陶广峰：《清末民初中国比较法学的产生》，《法学研究》1998 年第 1 期。

③　史彤彪：《中西方思想家立法观念的比较思考》，《法学家》2002 年第 6 期。

土扩大需求的思想是中国古代的首创"，也是多妻制得以产生的政治基础，而西方国家的民主共和制度是古代西方国家在婚姻法中不实行中国式一夫多妻制的原因。①

中西法律思想比较研究方面的文章还有尹良海的《"道"与"自然法"：中西古代自然法思想比较研究》、易顶项的《西方自然法与中国道家"法自然"思想之比较》。②

3. 中西法文化交流

文化的交流是双向的。事实上，中西方法律文化之间相互的影响和作用一直没有停止过。在评判哪一方对对方的影响更大这个问题上，近年来，学者们通过回顾历史表达了自己的见解。

在许多学者都将目光放在西方法文化如何影响中国法文化上的时候，史彤彪的《中国法律文化对西方的影响》却独树一帜，论证了中国法文化近几个世纪以来对西方近现代文明制度的影响。该书通过详细的资料和证据，分别论证了中国的法律文化对西方主要国家如英国、法国、德国和美国所产生的影响。书中列举了亚当·斯密、孟德斯鸠、魁奈、伏尔泰、莱布尼茨、沃尔弗、赫尔德等一批西方学者对中国法文化的批判与提取。作者特别指出，公允地说，传教士东来，对于中国法律文化的西传意义尤大。王健《明清时期中西法律文化交流初探》也认为，16 世纪西方来华传教士更多的是输出中国法律文化，而不是引进西方法律文化，这与 19 世纪的传教士有所不同。中国也因此在明清时期失去了吸收西方法律文化的机会。公丕祥的《19 世纪之前的中外法律交往》以 19 世纪前的中外历史为背景，阐述中国法律文化的自主成长过程及其对外部世界的影响力。作为四大文明古国之一的中国，其文化对世界的影响是广泛的、深远的，这从 19 世纪以前欧洲学者对中国法律文化的浓厚研究兴趣中可略见一斑。李力的《西方人对中国法律传统的文化观念》认为西方学者对中国法律及其意识系统抱有十分浓厚的兴趣。从早期的传教士到现代的汉学家，他们对中国法律及其文化传统的解析，构成了一个西方世界的"中国法律文化观念"。然而，西方的

---

① 冯卓慧：《商代婚姻观念、制度与古代东西方各国婚姻观念、制度异同考析》，《法律科学》2002 年第 4 期。

② 尹良海：《"道"与"自然法"：中西古代自然法思想比较研究》，《阜阳师范学院学报》2002 年第 4 期。易顶项：《西方自然法与中国道家"法自然"思想之比较》，《广西社会科学》2002 年第 4 期。

"中国法律文化观念"基本上是对异域法律文化的贬诘和否定，西方人从自己的学人那里得到的对中国法律文化的认识多半是片面的甚至是错误的。①

苏亦工的《中法西用——中国传统法律文化及习惯在香港》一书既代表了香港法律史研究领域的最新进展，也是中西法律文化比较的新收获。该书由导言和正文六章组成，系统地考察了香港保留适用的中国传统法律和习惯如何在香港主导法律体系——英国普通法的强烈影响下形成了浓厚的"香港风味"全过程。首章讨论了近代前夕的中西治外法权之争及其与鸦片战争和香港失落的关系，由此争端引发的中西法律文化冲突是该章重点；第二章围绕着"义律公告"展开，讨论了香港失落前后，中英双方在香港主、治权问题上的尖锐分歧，考证并批驳了港英法律权威否定"义律公告"效力的两种主流观点，描述了香港华人凭借"义律公告"捍卫自身权利的抗争行为，并进一步分析了由此而产生的华人宪法观念；第三章分析并介绍了中国传统法律及习惯定义及其在香港适用的基础和范围；第四、五、六三章分别讨论香港华人的婚姻、继承和新界地产及原居民之习惯业权，作者尝试着分别从观念和实践两个层次上对上述三个领域作全方位的比较研究。②

前苏联法律、法学对新中国法律、法学的影响也是近年来法学界注意力相对集中的一个方面。唐永春的《苏联法学对中国法学消极影响的深层原因》一文指出，前苏联法学中有关法本质的唯意志论、片面阶级意志论的教条主义错误、法功能的纯粹工具主义取向及国家主义偏向均对中国法学形成了深刻的消极影响。作者以马克思东方社会理论为钥匙探究两国文化的同质性，他指出，尽管受到了前苏联法学的消极影响，但归根结底还在于中国自身的专制主义传统的深刻遗留，一味指责前苏联法学既不公正，也无济于事。李秀清的《中国移植苏联民法模式考》和《新中国刑事立法移植苏联模式考》两文可以说是为前述唐永春文提供了具体的佐证。作者指出：新中国的一些重要的民法制度和原则，如民法主要调整财产关系、规定公民为

① 史彤彪：《中国法律文化对西方的影响》，河北人民出版社1999年版。王健：《明清时期中西法律文化交流初探》，《华东政法学院学报》2001年第6期。公丕祥：《19世纪之前的中外法律交往》，《金陵法律评论》2004年春季卷。李力：《西方人对中国法律传统的文化观念》，《学术研究》1999年第9期。

② 苏亦工：《中法西用——中国传统法律文化及习惯在香港》，社会科学文献出版社2002年版。

民事主体、强调国家财产的不可流转性、注重保障国家财产所有权、计划合同占主导地位、强调债的实际履行等，都是移植苏联民法理论的结果，这种影响一直延续至今。同样，新中国初期的刑法起草也是照搬前苏联模式，如强调刑法的阶级性、明确规定刑法任务、犯罪概念和刑罚目的、排斥罪行法定主义原则、确立类推制度并规定刑法具有溯及力等。[1]

中国古代法文化源远流长，日本、朝鲜、越南等东亚各国也深受其影响。毋庸否认，在古代东亚以中国为中心形成了儒家法律文化圈，一些学者们将注意力放在了这一文化圈的内外部交流上。王云霞的《东方三大文化圈的法律改革初探》一文认为，在东方传统文化中，伊斯兰文化、印度文化和儒家文化是三大支柱。在古代东方，法律改革并不是一项共同的事业。只是到了近现代，东方各国无一例外地受到西方列强的冲击，东方法律文化亦受到全新的西方法律文化的挑战。于是东方各文化圈有了共同的事业：学习、接受西方法律文化，改革传统法律文化。东方法律文化的发展不是整齐划一的，各国政治、经济、宗教、社会状况亦不尽相同。因此，东方各文化圈的法律改革进程色彩斑斓，即便是同一文化圈内的不同国家亦招数各异，效应不一。苏亦工的《无奈的法典：中日韩三国民法现代化道路之比较》以民法典为焦点，比较了这三国民法现代化道路的异同。董璠舆的《中日法律意识比较研究》采用问卷调查和实证分析的方法，比较了中日两国法律意识中的"同"与"不同"。作者的调查不仅为今后的法律意识研究提供了基础数据，而且更主要的是为立法机关、司法机关提供了可资参考的资料，对于行政执法、法制宣传以及法学教育等也是有意义的。开展中日间法律意识比较，对加强两国文化交流，消除国际交往中的障碍，也是有深刻意义的。王健的《输出与回归：法学名词在中日之间》通过考察中、日之间法学语词互相借鉴的历史轨迹，澄清了法学界的一些认识误区，揭示出了中西方之间法律文化的一些异同，力图为中国法找到一条更适合自己的既能超越传统又能摆脱西方个别经验的发展之路。李炬的《汉文化对朝鲜司法文化的影响》以较翔实的史料评析了古代朝鲜成文化的法典《经济六典》和《经国大典》，着重阐述了以汉字为核心的儒学文化对

---

① 唐永春：《苏联法学对中国法学消极影响的深层原因》，《法学研究》2002 年第 2 期。李秀清：《中国移植苏联民法模式考》，《中国社会科学》2002 年第 5 期。李秀清：《新中国刑事立法移植苏联模式考》，《法学评论》2002 年第 6 期。

朝鲜司法文化的巨大影响。其他相关论文还有夏锦文、唐宏强的《儒家法律文化与日本法制现代化》，由嵘的《现代东亚法文化的性质及其借鉴意义》等等。①

4. 中西法文化的暗合

当对中西法文化的比较研究进行到一定程度时，一些学者们发现，二者之间存在的不仅仅是差异，在某些制度上也不乏契合性。譬如范忠信就"亲亲相隐"制度发表的一系列论文，认为中国法史学界长期以来存在一个误解：亲亲相隐或亲属容隐，是中国传统法律特有的原则或制度。事实上，从古代到现代，从东方到西方，从奴隶制法、封建制法到资本主义法甚至社会主义法，都存在着"亲亲相隐"之类的规定，中西方在这一点上不谋而合。他的《中西法律传统中的"亲亲相隐"》一文在对中西容隐制度的历史发展过程和阶段特征进行考察之后，主要就容隐制在中西法律传统中的相通与相异、在不同社会制度中的相近与相异、在不同法系中的相同与相异之处作了初步的分析与归纳。作者认为，关于如何认识和评判亲亲相隐这一法律文化现象在人类文明史中的地位和价值，特别是它在当代社会中可能具有的功能和意义，是今后的研究所应回答的问题。《"亲亲尊尊"与亲属相犯：中外刑法的暗合》先向读者展示西方法中贯穿此一原则的种种例证，并与中国旧法稍作对比。然后分析中西法律于此处不谋而合的原因和立法理由，并附带分析中西法律在此种根本共性之下的各自特色（差异）。文章还就亲属相犯问题的中国法律近代化的教训作了初步反省，就此种暗合将给予我们的有益启示作了初步推论。《中西伦理合璧与法治模式的中国特色》通过讨论西方的市民法伦理和中国的亲属法伦理各自的优长与缺陷，指出我们应该融合中西两种法伦理的精华，致力于养成一种新的法伦理，亦即铸造社会主义法治的灵魂：这一灵魂既不是"宗法伦常"观念的复辟，又不是西方冷冰冰"契约观念"的简单移植，而应是天下为公、自由、平等、人权、竞争观念与"亲亲之爱"、"推恩"（亲爱）于天下之观念的结合。作者还指出，亲属法伦理和市民法伦理之间并无内在的根本冲突，亲伦权威与国家权

---

① 王云霞：《东方三大文化圈的法律改革初探》，《法学家》1996 年第 3 期。苏亦工：《无奈的法典：中日韩三国民法现代化道路之比较》，《当代韩国》2002 年冬季号。董璠舆：《中日法律意识比较研究》，《社会科学探索》1997 年第 1 期。王健：《输出与回归：法学名词在中日之间》，《法学》2002 年第 4 期。李炬：《汉文化对朝鲜司法文化的影响》，《中国文化研究》1998 年第 2 期。夏锦文、唐宏强：《儒家法律文化与日本法制现代化》，《法律科学》1997 年第 1 期。由嵘：《现代东亚法文化的性质及其借鉴意义》，《湘江法律评论》1997 年卷。

威可以结合，亲亲之爱的目标价值与平等、自由、人权之价值目标可以结合。文章还就两种伦理在法律上结合的途径（主要体现为以亲情伦理矫正市民伦理之偏误）进行了具体的探讨，提出了原则的建议。《中华法学的亲伦精神——以西方法系的市民精神为参照系来认识》认为，从前人们常说中华法系的主要特征之一是"伦理法"或法律伦理化。此说其实不确。任何民族的法律传统，都是该民族传统伦理的体现。从这个意义上讲，未尝不可以说世界各大民族的法律传统都是伦理法。文章认为，中华法系的主要特征不在于它是伦理法，而在于它是一种特定的伦理法。中华法系背后的亲情伦理，与欧美法系背后的市民伦理、印度法系和伊斯兰法系背后的宗教伦理一样，都是各自法系的灵魂或精神。因此，文章以欧美法系或西方法系的市民伦理精神为参照系，分析了中华法系的亲伦精神。[①]

三、中国古代民法问题研究

长时期中，法史学界关于中国古民法的研究一直比较薄弱，主要原因在于：第一，中国古代的刑事成文法相对完善，所取得的成就也比较突出，而民事成文法则不发达，以至于一些学者对中国古代是否存在民法抱有疑问，从而影响了这方面研究的发展；第二，中国古代民事方面没有形成像刑法那样的"亲亲相隐"、"以服制论罪"等具有典型中华特色的制度，学者们在研究总结时难以形成着力点；第三，中国古代民法资源和有关的资料比较分散，存在于官方判牍、民间契约、民间习惯等各方面材料中，给研究者带来了很大困难。因而在很长时间内，除个别学者对中国古代民法有所留意外，很少有人专门进行这一领域的研究。直到20世纪80年代，这种状况才开始发生变化，中国古代民法才成为法史研究中被普遍关注的领域。近十年来，这一领域的研究有很大发展，取得了丰硕的成果，中国古代民法问题已成为法史研究中的热点，其中成就比较突出的是关于民事习惯法、契约法等方面的研究。

（一）总体研究

近十年来，法史学界出现了几部专门的中国民法史著作。孔庆明主编的

---

① 范忠信：《中西法律传统中的"亲亲相隐"》，《中国社会科学》1997年第3期。范忠信：《"亲亲尊尊"与亲属相犯：中外刑法的暗合》，《法学研究》1997年第3期。范忠信：《中西伦理合璧与法治模式的中国特色》，《法商研究》1999年第2期。范忠信：《中华法学的亲伦精神——以西方法系的市民精神为参照系来认识》，《南京大学法律评论》1999年春季号。

《中国民法史》按照历史顺序，以各时期的物权、债权、婚姻、继承为考察对象，对中国古代民法的发展作了比较系统的梳理和总结。① 张晋藩的《中国民法通史》一书，也是以中国古代和近现代的民事法律为研究对象，全面介绍中国自奴隶制社会开始至当代四千年间民事立法的概况、发展演化的脉络、各个社会类型民事立法的特点及规律性等。作者指出，尽管中国历代完备的法律体系均是"以刑为主，诸法合体"，但调节民事交往和市场交易的民法体系还是比较发达的，且一直是有效运作的。作者特别指出宋代是中国民法发展史上一个重要的时期，其民法立法的规模和技术都是空前的，且对其后的朝代影响很大。② 梁凤荣的《中国传统民法理念与规范》一书运用考古实物资料，并注意吸取前辈学者与当代同人的学术成果，对中国古代存在的物权与债权关系、婚姻家庭关系以及传统的民事诉讼观念等进行了探讨。③

针对"古代中国有无民法"问题，俞江的《关于"古代中国有无民法"问题的再思考》提出了一种思路。该文指出，世纪初至今，学界对中国古代有无民法的问题一直争论不休。对该问题的两种相反立论反映了近代以来对中国法律现代化进程的两种不同理解。由于在分析方法、概念运用等方面存在着错位现象，讨论双方越来越远离讨论的初衷。为了使讨论获得更广阔的空间，问题本身需要得到更精确地限定。"惟有理解民法学的意义，才能明白，在中国古代有无民法的讨论中被有意或无意地被忽略了重要的问题，那就是，不是要问中国古代的民事规则的性质或形态，而是应该询问：中国古代是否存在过对民事规则、民事权利和民事关系等民事现象的'确认机制'和'区分规则'？或者，古代中国是否开展对民事现象的发现和认识工作？一言蔽之，中国古代是否产生过知识学意义上的民法学特别是民法方法论？"④

一些学者就中国古代民法典的缺失和民法"不发达"的原因进行了分析。刘晟廷在《中国古代民法典缺失的原因》一文中认为，中国在漫长的历史发展中，没有形成独立、系统的民法典。其原因是：自给自足的自然经济占主导地位，商品经济欠发达；专制体制下造成的民事人格的不平等；礼在一定程度上对民法的替代作用；泛道德主义与泛刑主义对民法

① 孔庆明主编：《中国民法史》，吉林人民出版社1996年版。
② 张晋藩：《中国民法通史》，福建人民出版社2003年版。
③ 梁凤荣：《中国传统民法理念与规范》，郑州大学出版社2003年版。
④ 俞江：《关于"古代中国有无民法"问题的再思考》，《现代法学》2001年第6期。

的挤出效应；宗法族规在一定程度上起着民法的作用；没有形成法学家阶层。李少伟的《中国传统社会民法缺失的法律文化分析》认为，中国传统社会的法律文化，其特征分别表现为集团权力本位、注重法律的惩罚功能和对法的本质认识上的"法自君出"观念。这种特征的法律文化，与民法的形成和存在所需求的以个人权利为本位、以保障人民自由为功能、以理性为法律建构的灵魂的法律文化存在着根本的背离和冲突，在这样的传统法律文化背景之下不可能产生真正的民法。王志武的《古代中国民法不发达的文化原因初探》认为，中国文化是一种重人的文化，人们最关注的问题莫过于对国家和个人命运兴衰的关心，表现出对人生和人格的强烈追求，认为社会发展只有围绕着人的价值才有意义，并将人生和人格的实现定位于内在道德的修养。在这种人文精神的影响下，中国传统法制呈现出独有的特性，也影响到了民法的发达程度。吕虹、王泉的《试析影响中国古代民法生成及发展的文化因素——以中国传统文化为视角》一文认为，中国古代的法律，是"礼"与"刑"的完全融合，以确立权利为基础的体系化的成文的民法在中国古代是不存在的，这主要是由于忽视"个人"，不讲平等、不讲权利的中国传统法律文化制约了中国古代民法的发展。范倩的《中国古代重刑轻民问题简论》，通过对同一历史时期东西方所处地理位置、政治统治、经济特点、文化传统习惯的比较，认为中国古代以农为主、重农抑商、自然经济占统治地位、商品经济落后，是民法不发达的主要原因，加之统治者在立法上重刑轻民，文化上独尊儒术，压抑了民众的民事权利，在法律适用上，封建的家族家规同国法并行，在调整人们的思想和行为方面起到了替代民法的作用。①

　　另外一些学者则持截然不同的观点。陈志英的《对中国古代民事法的再认识》认为中国古代社会存在民事关系及相应的法律调整，而且在国情因素的综合作用下形成了独具特色的规范体系，套用现代的认识范式不能对传统民事法律的内容及形式有足够的理解。曹智的《论传统民法的渊源及特点》认为，中国古代虽然没有单独的民法典，但调整民事法律关系的规范却是客观存在的，只是散见于各种法律渊源之中，中国传统民法渊源有其

---

　　① 刘晟廷：《中国古代民法典缺失的原因》，《理论导刊》2004 年第 4 期。李少伟：《中国传统社会民法缺失的法律文化分析》，《宁夏社会科学》2005 年第 2 期。王志武：《古代中国民法不发达的文化原因初探》，《贵州社会科学》1999 年第 5 期。吕虹、王泉：《试析影响中国古代民法生成及发展的文化因素——以中国传统文化为视角》，《理论导刊》2006 年第 8 期。范倩：《中国古代重刑轻民问题简论》，《贵州大学学报》（社科版）2000 年第 3 期。

独特的表现形式及特点。李显冬的《试论中国古代固有民法的开放性体系》认为，近年来法律史研究中对正律以外的大量史料的考证足以说明：既然中国古代曾有辉煌的国际和国内贸易是不争的事实，且调整这些社会关系的大量的行为规则和裁判规则的存在亦不容置疑，那么，只要转换思路，从实质意义上的民法渊源的角度来看问题，就不但可以发现中国古代固有民法的实在体系，而且能够概括出其特有的调整模式。郭建、邱立波、赵斌的《中国民事传统观念略论》认为，中国古代有关调整特定财产关系及人身关系的法律和民间习惯经过长期的发展，形成了截然不同于欧洲民事法律体系的特色，同样是人类文明史上一种伟大的民事文化传统。文章从意识形态的角度、从民间习惯的观念入手，对中国古代民事法文化传统进行了分析。郑丽、李国连的《试论中国古代民法存在的社会基础》认为，中国古代虽然没有独立的民法典，却存在许多调整财产关系和人身关系的民事法律规范。文章就古代民法存在的社会基础，从政治、经济、文化三个方面进行了分析。[①]

　　关于近代民法的研究论著也颇为丰硕。张生的《中国近代民法法典化研究：1901—1949 年》，围绕"民法法典化"的主题，考察了清末、民国北京政府时期、南京国民政府时期三个阶段的民法法典的制定与实施，对近代民法法典化的历史进行了检讨和展望。俞江的《近代中国民法学中的私权理论》一书，论述了清末和民国时期（1900—1949 年）民法中的财产权、人格权等私权理论的研究状况。宋四辈的《近代中国民法的社会本位立法简评》认为，20 世纪初，世界范围之内的民法，在支柱性原则方面发生了变化，具有注重社会利益保护的发展趋势。受其影响，中国民法在近代化过程中，实行社会本位的立法原则。这一原则，与中国传统法律文化形似神异，是超前法律移植的结果，对中国民法基本理念的孕育和发展起到了阻碍作用。冯引如、占茂华的《近代民法移植问题探析》认为，中国法律的近代化过程是和法律移植密切相关的，而民法近代化主要是通过法律移植方式完成的。文章从对民法近代化过程的考察，在理论和实证方面论证了法律移植的必要性；从对中国固有传统法律文化的分析，探讨了在中国移植西方法

---

　　① 　陈志英：《对中国古代民事法的再认识》，《河北法学》2006 年第 1 期。曹智：《论传统民法的渊源及特点》，《东南大学学报》（哲社版）2006 年第 5 期。李显冬：《试论中国古代固有民法的开放性体系》，《杭州师范学院学报》（社科版）2003 年第 5 期。郭建、邱立波、赵斌：《中国民事传统观念略论》，《华东政法学院学报》1999 年第 2 期。郑丽、李国连：《试论中国古代民法存在的社会基础》，《河南理工大学学报》（社科版）2004 年第 1 期。

律的可行性；并以中国民法近代化的成果验证了法律移植的效力。韩冰的《近代中国民法法源及其适用原则简论》，对《大清民律草案》关于民法法源及其适用所确定的原则进行了探讨，认为该草案关于"民事本律所未规定者，依习惯法；无习惯法者，依条理"的规定非常重要，在一定意义上可视其为民法典的生命源泉。①

近年来，苏亦工对民法史学的研究值得关注，他通过对民法史相关问题的比较和分析，对我国目前制定的《民法典》提出了有益的建议。其《发现中国的普通法——清代借贷契约的成立》一文，通过对清代若干借贷案例的分析，指出当时的借贷习惯和司法判决背后隐含着的抽象的公平、是非观念与支配西方现实法律的理性原则有相似和相通之处；现代中国法学者需要对已有的发现作系统的整理并赋予其应有的效力，不应该继续满足于抄袭和兜售西方的法律文化，惰于发现民族固有的文化精神。他在《得形忘意：从唐律情结到民法典情结——中国当前制定民法典的前鉴与省思》一文中认为，作为一个典型的成文法国家，中国古代法典"律"——以唐律为首，影响了中土，也影响了海外，尤其是东亚的日本和韩国。直到如今，"唐律情结"在很大程度上影响了我国民法典的制定。作者通过分析日本和韩国的"法典驱动主义"，再以中国为对照，提出：制定民法典切不可"得形忘意"，失其本原。他的《诚信原则与中华伦理背景》一文，运用法律文化比较的方法，对当代各国民商法领域普遍接受和适用的指导性原则——"诚信"在中国适用的伦理基础加以考察。作者指出，尽管传统伦理学说中的"诚"、"信"为引入"诚信原则"奠定了价值取向的基础，但二者也有严重不相适应的一面。由于理论和实践方面的缺欠，中国社会的诚信水平远未达到理想标准，必须结合我国国情对传统伦理观念加以适当调整，树立政府行为的诚信，方能使该原则起到维护法制、促进市场经济建设的作用。②

---

① 张生：《中国近代民法法典化研究：1901—1949 年》，中国政法大学出版社 2004 年版。俞江：《近代中国民法学中的私权理论》，北京大学出版社 2003 年版。宋四辈：《近代中国民法的社会本位立法简评》，《湘潭大学学报》（哲社版）2004 年第 4 期。冯引如、占茂华：《近代民法移植问题探析》，《上海政法学院学报》2005 年第 2 期。韩冰：《近代中国民法法源及其适用原则简论》，《华东政法学院学报》2005 年第 5 期。

② 苏亦工：《发现中国的普通法——清代借贷契约的成立》，《法学研究》1997 年第 4 期。苏亦工：《得形忘意：从唐律情结到民法典情结——中国当前制定民法典的前鉴与省思》，《中国社会科学》2005 年第 1 期。苏亦工：《诚信原则与中华伦理背景》，《法律科学》1998 年第 3 期。

对敦煌经卷中民事法律文书的研究近年来蔚然成风，成为民法史研究中的一个亮点。敦煌经卷的出土，堪称 20 世纪考古学上最伟大的发现之一，而在泛敦煌意义上其他古籍文献的发掘，如在高昌、楼兰等地出土的古代文书，为法史学研究提供了丰富的资料。一些学者通过解读其中的有关文卷，对古代的民事法律制度进行探讨。李并成在《敦煌遗书中的民法文卷考》中指出，敦煌遗书中保存有一批唐宋时期有关民法方面的写卷，含人身权法、亲属法、继承法、债权法、物权法诸项。其中既有当时国家颁布的律、令、格、式等国家制定法，又有敦煌地方政权制定的法规，更有大量当地留存下来的民事诉讼方面的案卷，其总数约在 200 卷以上。它们生动地展现了我国唐宋时代民法建设方面的成就，有着十分重要的研究价值。①

中国古代民法大量以民间习惯法的形式存在。李明、张冰的《中国古代习惯法对当代民法法典化的影响》认为，民事立法是涉及全民族文化、经济环境的大事，应认真考察传统习惯因素对其潜在的影响。文章通过对中国古代习惯法的分析，论述了传统文化与现代社会民法法典化的互动，进而为现代中国的民事立法和研究提供一些可行性的建议。郑定、春杨的《民事习惯及其法律意义：以中国近代民商事习惯调查为中心》，以中国近代民商事习惯调查为中心，论述了民事习惯法对当时的立法和司法的影响及其对现代中国民事立法的借鉴意义。眭鸿明的《传统习惯调整模式与民法制度构造》指出，遵从习惯是一种理性的思维方式。作者从中国传统社会结构与"习惯法"调整机理、"习惯成文法"调整模式的现代价值及其限度、"习惯自在调整"模式的社会学考证、弘扬习惯调整模式中生存的"法律伦理主义"与造就新型民法精神等几个方面论证了传统习惯调整模式对当代民法制度建设的借鉴意义。胡兴东的《元代民事法律中的习惯法因素》认为，元代政府在民事立法上大量认可各民族相关习惯法，这种现象在中国古代法律史上是非常特殊的。文章对元代大量存在民事习惯法的原因、内容及此种法律形式在元代乃至在中国民事法律史上的作用、地位等进行了阐述。②

---

① 李并成：《敦煌遗书中的民法文卷考》，《社科纵横》2004 年第 3 期。

② 李明、张冰：《中国古代习惯法对当代民法法典化的影响》，《河南省政法管理干部学院学报》2003 年第 3 期。郑定、春杨：《民事习惯及其法律意义：以中国近代民商事习惯调查为中心》，《南京大学法律评论》2005 年春季号。眭鸿明：《传统习惯调整模式与民法制度构造》，《南京大学法律评论》2005 年春季号。胡兴东：《元代民事法律中的习惯法因素》，《法史学刊》第二卷，社会科学文献出版社 2007 年版。

　　此外，还有学者就民法史中的一些特殊问题作了探讨。王素芬的《通向权利之路：汉语"民律"至"民法"的转化》，较为详尽地梳理了汉语"民法"在近代的缘起，阐述了"民律"至"民法"转化的过程及其意蕴。李显冬的《中国古代时效制度的启示——民法典应当是兼容多种法律渊源的开放体系》通过对中国古代时效制度的考察，认为正是在正律以外各种广义的法律的相互配合，才构成了一项项调整民事生活的具体的法律制度，中国固有民法并不局限于律典，而是在一个包含多个法律规范系统的层面之中，实施着多种法律渊源综合调整的方法，形成自己开放性的民事法律规范体系。这对目前我国民法典的编纂具有重要的启示和借鉴意义。①

（二）中国古代财产制度研究

　　郭建的《中国财产法史稿》一书，在丰富而扎实的史料基础上，对传统中国财产制度的立法、运作与观念等等作了富有创造性的研究。书中借鉴《法国民法典》中财产法的体例，对传统社会的财产关系作了详尽的剖析。吕世伦、彭汉英的《财产法史考略》也对财产法制史进行了系统的考证和回顾。邓建鹏的《私有制与所有权——古代中国土地权利状态的法理分析》，认为当研究者继续秉承私有制与所有权这对命题时，在逻辑上也就不得不拟制出一套可与大陆法系私有财产制度相比拟的法律体系，并将之无形中作为古代中国相关历史资料重新编排组合的框架。这种学术的结局将会是：得到了新生，也将走向死亡。②

　　中国古代物权制度是近年来较热门的话题。李玉生的《中国古代法与现代民法物权制度比较研究——兼及〈中华人民共和国物权法（草案）〉的相关规定》，通过对中国古代法和现代民法物权制度的相关内容进行比较后认为，中国古代法存在着类似于现代民法动产与不动产的区分，而土地所有权制度则与现行民法有着较大的区别；明清法律关于拾得人可以获得报酬的规定，可以为确立遗失物拾得人的报酬请求权提供历史的依据；古代法并非没有善意取得，只不过其适用范围很窄；土地承包经营权实际上是古代永佃

---

　　① 王素芬：《通向权利之路：汉语"民律"至"民法"的转化》，《河南省政法管理干部学院学报》2005 年第 6 期。李显冬：《中国古代时效制度的启示——民法典应当是兼容多种法律渊源的开放体系》，《淮北煤炭师范学院学报》（哲社版）2004 年第 3 期。

　　② 郭建：《中国财产法史稿》，中国政法大学出版社 2005 年版。吕世伦、彭汉英：《财产法史考略》，《南京大学法律评论》1997 年春季号。邓建鹏：《私有制与所有权——古代中国土地权利状态的法理分析》，《中外法学》2005 年第 1 期。

制和"一田两主"习惯的结合；古代的"典"在现代市场经济条件下仍然有其价值，《物权法》应当规定典权制度。[①]

关于不动产物权，邓建鹏的《战国至三国土地的法律调整》，在对有关出土法律文献进行梳理分析后认为，战国至三国时期的法律均不能证明当时的国家确立了私人土地所有权；相反，这些涉及国家调整土地的法律都存在惊人的相似性，即强化国家对土地的控制，保证国家利益的法律优先地位。因此，战国前后中国确立土地私有制一说缺乏历史依据。何莉萍的《南京国民政府土地政策和土地立法之评析》认为，南京国民政府土地政策的制定和发展变化、土地法的颁布和实施、各项地政设施的建设状况等，都是既有可资借鉴的经验，也有负面的教训。田东奎的《水册、碑刻、传说：近代中国水权纠纷民间解决的历史人类学分析》，借用历史人类学的方法，重建中国近代水权法制的历史场景，并对中国近代民间水权纠纷解决机制作了较为客观的叙述和分析。文章指出，水册、碑刻、传说在中国传统水利社会水权运行中具有重要意义，在近代水权运行中仍然起着补充作用。因此，研究、总结其运行规律和经验对完善当代水权运行及纠纷解决具有重要的借鉴价值。[②]

关于用益物权的研究主要集中在典权制度上。李婉丽的《论我国典权法律制度之演变》认为，典是我国长期以来形成的制度，全国各地都广泛地存在着。但典制究竟起源于何时却无从知晓。作者认为，这种制度应是随着田宅买卖制度的产生而产生的。付坚强的《我国历史上田宅典权制度流变考》，通过对唐、宋、元、明、清和民国时期的典权制度的考察，分析了典权制度在我国不同历史时期所呈现的不同特点及其存在发展的根据。文章认为，应充分注意典权制度的现实价值，民法典应当设专章确立典权制度。江海波的《中国古代土地"活卖"关系之考释——兼论〈中华人民共和国民法典〉对"典权"制度的取舍》，认为在中国传统的农业社会，土地交易频繁，且以"活卖"为其特色。活卖的习俗源于北齐时期的"贴卖"，其特点是出卖人暂时让渡土地所有权而保留日后回赎的权利。它是中国古代民间社会中一种常见的土地交易方式，与中国古代漫长的小农经济以及人们与之

---

① 李玉生：《中国古代典与现代民法物权制度比较研究——兼及〈中华人民共和国物权法（草案）〉的相关规定》，《南京师范大学学报》（社科版）2005 年第 6 期。

② 邓建鹏：《战国至三国土地的法律调整》，《法史学刊》第 1 卷，社会科学文献出版社 2007 年版。何莉萍：《南京国民政府土地政策和土地立法之评析》，《法史学刊》第 1 卷，社会科学文献出版社 2007 年版。田东奎：《水册、碑刻、传说：近代中国水权纠纷民间解决的历史人类学分析》，《法史学刊》第 1 卷，社会科学文献出版社 2007 年版。

相适应的财富观念有极大的关系。邓勇的《中国古代永佃制度及其法文化分析》认为，永佃萌芽于两宋，其产生发展的途径多样，是中国古代一项颇具特色的习惯法制度，对我国民事法律的发展产生过重大影响，而它对国人法律观念的潜在影响则绵延不绝，依旧可以从日常生活中看出其表现。曹秀华的《试论十六世纪以来江南农村租佃制兴盛成因》，分析了16世纪以来太湖流域以南广大农村地区租佃制兴盛不衰，一度成为主流生产关系的原因，认为主要是由于租佃制在土地权属关系上具有优势，其次是由于它在经济绩效方面也有优势。①

　　一些学者的研究关注到财产制度中的一项重要权利——优先权。刘云生、宋宗宇的《中国古代优先权论略——概念、源流、种类》一文，从概念、源流、种类三个方面分析了中国古代优先权的产生演进过程，考察了"其外在制度设置与内蕴理据"，认为优先权体系是中国古代民间经济生活自发产生的有效调控机制，直接影响了中国传统社会的组织机构。文章在分析归纳现行西方民法体系优先权概念的基础上，指出中国古代优先权由优先继承权和有限受偿权构成，不同于西方法律的规定。吕志兴的《我国古代不动产优先购买权制度研究》认为，以亲、邻优先权为核心的中国古代不动产优先购买权，滥觞于中唐，于宋、元时形成制度，至明、清则融于交易习惯和家法族规中。该项制度的产生，主要是受中国古代社会注重维护宗法家族利益精神的影响，也与维护乡党利益、处理相邻关系及某些赋役征发的法例和习惯等因素有关。该项制度与中国古代国情基本相适应，具有一定的合理性。②

（三）中国古代契约制度研究

　　刘云生的《中国古代契约法》，是一部关于中国古代契约法总论性质的著作。该书探讨了中国古代契约名称的流变及其运行机制，认为民间习惯法和官府成文法共同构成了古代契约的形态和结构。作者分析了中国古代契约

---

　　①　李婉丽：《论我国典权法律制度之演变》，《当代法学》2002年第7期。付坚强：《我国历史上田宅典权制度流变考》，《中国农史》2004年第2期。江海波：《中国古代土地"活卖"关系之考释——兼论〈中华人民共和国民法典〉对"典权"制度的取舍》，《武汉理工大学学报》（社科版）2004年第6期。邓勇：《中国古代永佃制度及其法文化分析》，《长白学刊》2002年第3期。曹秀华：《试论十六世纪以来江南农村租佃制兴盛成因》，《云梦学刊》2005年第4期。
　　②　刘云生、宋宗宇：《中国古代优先权论略——概念、源流、种类》，《重庆大学学报》2002年第3期。吕志兴：《我国古代不动产优先购买权制度研究》，《现代法学》2000年第1期。

的各项制度及其内在驱动力，认为伦理和契约相互制约并相互推动，最终形成了饶有特色的契约文化。马珺的《论中国封建社会契约制度的发展与完善》论述了中国封建社会契约制度的发展与完善，对各个时期契约的产生、契约的种类、调整契约的各项法规以及各类契约中所产生的担保、损害赔偿和抵押关系作了系统考察，概括了建立在封建私有制基础上的契约关系与建立在社会主义生产资料所有制基础上的契约制度的不同。王旭的《中国传统契约文书的概念考察》对传统契约的主要概念——"质剂"、"傅别"、"书契"、"券"、"莂"、"合同"、"契"、"约"等进行了考察，发现中国传统契约的"古代的概念和古代的名词是处于逐渐专门化的过程中"。这种专门化过程，不断地淘汰契约旧概念，采纳符合新的社会经济条件的契约新概念，并最终塑造了今天所使用的合同话语。正是这种概念去旧出新的过程，使传统契约研究十分容易走进超越时空的平面研究陷阱，特别是近现代西方契约体系的引入，更加剧了这种倾向，因此传统契约概念的澄清对于准确、深入地把握传统契约就显得更加必要。①

　　一些学者对中国古代契约制度进行了比较研究。胡留元、冯卓慧的《罗马法与中国古代契约法》从中外经济文化交流史的视域对中国古代契约进行了考察，认为中国在汉（东汉）唐时期已经吸收、融汇了罗马法律文化的有益成分。这种融合最突出的表现是在中国古代契约法中。对此，徐忠明专门发表《与〈罗马法与中国古代契约法〉一文作者商榷》，认为中国汉唐时代的契约法制基本上是自身独立发展完善起来的。霍存福、武航宇的《敦煌租佃契约与古罗马租契的比较研究》，将敦煌租佃契约与古罗马帝国时期埃及行省的一件租葡萄园契进行了比较，认为两类古契在立契时间、主佃双方情况、租佃关系发生的原因、租期、租金、赋税分担、保证及违契处罚等方面，有同有异，反映了中西方古代契约文明的状貌及契约文化的各自特色。李玉生的《中国古代法与现代民法债和契约制度的比较研究》，就债和契约制度进行了古今历史比较，认为两者之间既有相同和相似的一面，又有着比较大的差异。仵小红的《古代契约制度与现代合同制度之比较》，认为中国古代早在西周时期就已出现了较为发达的契约制度，中国古代的契约制度与现代合同制度在经济基础、契约种类、契约自由、调整方法等方面存

　　①　刘云生：《中国古代契约法》，西南师范大学出版社2000年版。马珺：《论中国封建社会契约制度的发展与完善》，《西安联合大学学报》2001年第3期。王旭：《中国传统契约文书的概念考察》，《上海政法学院学报》2006年第4期。

在着差别。①

　　学术界对中国古代契约制度的特征也进行了探讨。程延军、杜海英的《论中国古代契约法律制度的基本特征及成因》认为，中国古代契约制度的发展嬗变经历了漫长的历史，形成了诸多特点，包括法典化程度低、多方参与契约的订立、道德与伦理也成为契约的重要规范、民事责任与刑事责任相混合等。这些特征是由经济、思想等多方面的原因造成的。常洁琨的《中国古代契约"私的自治"散考》认为中国古代契约制度极其强调当事人意思自治，公权力仅仅存在于有限的范围之内，中国古代契约制度中"私的自治"精神历来被人忽视，澄清这一事实有助于正确认识中国古代民法。相关文章还有侯淑雯的《中国古代契约法的发展特征》等。②

　　鉴于古代契约的民间性特征，一些学者讨论了中国古代契约与国家法的关系。霍存福的《论中国古代契约与国家法的关系——以唐代法律与借贷契约的关系为中心》认为，尽管古中国的法律尤其是有关民事方面的法律佚失严重，留存较少，但透过一些资料，仍可发现，中国古代法律规制或指导了契约内容与契约活动。作者认为古代法律（如唐代律令）有意造成这样一种局面：部分民间事务靠习俗调整，部分由法律调整。国家承认"私契"的地位，允许"私契"在民间的存在，并承认其规则。栾爽的《国家契约法与民间契约法：近代中国契约法律文化的历史思考》认为，肇端于20世纪初的清末修律运动开创了以西方法律制度和文化为基础，重新构建中国正规法律体系和文化之先河。从此，中国法制面貌有了相当大的改观。以契约法制为例，国家制定的契约法制得到极大的丰富和发展。钟莉的《中国传统社会契约与秩序之间的关系》认为，传统契约兼有身份性和合意性的二重性结构，中国传统社会的秩序结构是由纵向上的身份社会和横向上的契约社会两个维度共同组成的。孟宪实的《国法与乡法——以吐鲁番、敦煌文书为中心》，通过吐鲁番、敦煌出土的契约文书，讨论了在民间契约

---

　　①　胡留元、冯卓慧：《罗马法与中国古代契约法》，《法律科学》1995年第5期。徐忠明：《与〈罗马法与中国古代契约法〉一文作者商榷》，《法律科学》1996年第3期。霍存福、武航宇：《敦煌租佃契约与古罗马租契的比较研究》，《法学家》2005年第1期。李玉生：《中国古代法与现代民法债和契约制度的比较研究》，《法学家》2005年第5期。但小红：《古代契约制度与现代合同制度之比较》，《政法学刊》2004年第5期。

　　②　程延军、杜海英：《论中国古代契约法律制度的基本特征及成因》，《内蒙古大学学报》（人文社科版）2007年第2期。常洁琨：《中国古代契约"私的自治"散考》，《甘肃政法成人教育学院学报》2005年第4期。侯淑雯：《中国古代契约法的发展特征》，《法学杂志》1997年第1期。

问题上的国家立场。文章认为，乡法与国法之间都有针对对方的预设。国法方面存在着预设的干预条件，而乡法方面对待国法既有依赖，又有预防。双方的关系，随着时代的变迁而发生变动。①

还有一些学者对某种特定的契约进行研究。罗海山、王一的《中国古代田宅买卖契约的条款》认为田宅买卖契约的内容条款经历了由简单到复杂、由不完善到完善的过程。文章考察了历史上田宅买卖契约中主要条款（买卖标的、田宅赋税转移、税契问题、契约的法律责任、亲邻权的处理、上手契问题等）的变化情况，指出其发展完善不仅是人们长期经验积累的结果，历代政府的管理和干预也起了很大作用。梁凤荣的《论中国古代买卖契约中担保的形式与特色》，认为古文献资料记载和出土文物资料显示，我国古代买卖契约中常见的担保方式为瑕疵担保、追夺担保、恩赦担保和信用担保。传统买卖之债的担保制度，在今天除恩赦担保完全失去价值外，其余对现代市场经济进一步培育诚信公平理念，仍具有一定的借鉴意义。罗海山的《古代租佃契约简论》论述了古代契约的一个重要类别——租佃契约，分析了这种契约在古代社会的作用和影响。刘云生的《中国古代承揽契约论略——兼论明清江南棉布字号产业之法律调整》，认为至迟出现于宋代的承揽契约是中国古代商品经济发达的重要表征，其外延与内涵与今时之承揽契约略有差异，但其实质功能则别无二致。文章集合相关史料，从名义考辨、法律关系、法律调整三方面探讨传统中国（主要集中于明、清时期江南棉布行业）承揽契约产生的历史前提及其协调功能，进而说明承揽契约实施过程中官府、定作人、承揽人三者之间的互动关系以及民间习惯法与官府成文法之间既相互包容又相互拒斥的历史成因。②

学者们对敦煌契约的研究也是卓有成效的。卓玛才让的《敦煌吐蕃文书 P. T. 1095 号写卷解读》，对迄今尚未公开发表的敦煌吐蕃文书 P. T. 1095 号写卷所记载的一份购牛契约文书首次作了较为全面的解读和分析。作者认

---

① 霍存福：《论中国古代契约与国家法的关系——以唐代法律与借贷契约的关系为中心》，《当代法学》2005 年第 1 期。栾爽：《国家契约法与民间契约法：近代中国契约法律文化的历史思考》，《江西社会科学》2002 年第 2 期。钟莉：《中国传统社会契约与秩序之间的关系》，《中山大学学报论丛》2006 年第 12 期。孟宪实：《国法与乡法——以吐鲁番、敦煌文书为中心》，《新疆师范大学学报》（哲社版）2006 年第 1 期。

② 罗海山、王一：《中国古代田宅买卖契约的条款》，《大庆师范学院学报》2003 年第 2 期。梁凤荣：《论中国古代买卖契约中担保的形式与特色》，《河南大学学报》（社科版）2005 年第 4 期。罗海山：《古代租佃契约简论》，《长春师范学院学报》2004 年第 1 期。刘云生：《中国古代承揽契约论略——兼论明清江南棉布字号产业之法律调整》，《重庆大学学报》（社科版）2004 年第 4 期。

为该契约条款完备、债务关系明确，既有担保人也有吐蕃高官做中证人，涉及三个民族、两个部落，并出现了学术界未曾关注的新部落。契约反映了 8 世纪左右吐蕃统治敦煌时期的民间商品交易活动和民族关系以及藏语文的通用语地位。陈永胜的《敦煌文献中民间借贷契约法律制度初探》通过对敦煌民间借贷契约的内容及其法律制度两方面的研究，认为我国中古时代民间借贷契约制度已发展到相当高的水平，是我国民商法传统的有机组成部分。陈永胜的另一篇文章《敦煌写本〈寅年令狐宠卖牛契〉中的瑕疵担保制度》对一份买卖契约中的瑕疵担保制度进行了考证。①

在西域出土的文献中，有许多是用回鹘、佉卢文等文字写成的，学者们对此也进行了研究。刘戈的《回鹘文契约文书初探》，从回鹘文契约文书的研究概况及研究中存在的问题、回鹘文买卖文书的格式与套语、由格式套语看回鹘文买卖文书的年代问题、由回鹘文契约文书看 13—14 世纪高昌地区的民族或部落等方面，对回鹘文契约文书进行了有益的探讨。刘文锁的《佉卢文契约文书之特征》，对尼雅遗址等地出土之佉卢文书的基本格式、分类以及与早期契约法有关的若干问题，作了深入的探讨。②

还有一些学者专门探讨敦煌文书中的违约问题。余欣的《敦煌出土契约中的违约条款初探》对敦煌出土契约中的违约条款作了初步考察，作者发现在大量的敦煌契约中都存在着违约条款缺失现象，并将其界定为"有理由的缺省"、"非正常缺失"、"无制裁内容的有名无实者"三类，然后从民间风俗和法律文化两个方面对其成因作出了初步的解释。文章还对违约条款的基本形态加以归纳，对违约责任的承担方式——罚金的性质和作用，作了较深入的分析。杨际平的《也谈敦煌出土契约中的违约责任条款：兼与余欣同志商榷》，通过考察敦煌出土的各类契约，认为只能得出与余欣文相反的结论，当时在各种契约中订立违约条款是一种普遍现象，此类条款在唐五代的敦煌地区已经广泛推广。少数几件契约非正常缺失违约条款，只能视为特例，不具有普遍性。③

---

① 卓玛才让：《敦煌吐蕃文书 P. T. 1095 号写卷解读》，《西藏研究》2007 年第 1 期。陈永胜：《敦煌文献中民间借贷契约法律制度初探》，《甘肃政法学院学报》2000 年第 3 期。陈永胜：《敦煌写本〈寅年令狐宠卖牛契〉中的瑕疵担保制度》，《甘肃政法学院学报》2003 年第 3 期。

② 刘戈：《回鹘文契约文书初探》，台北五南图书出版公司 2000 年版。刘文锁：《佉卢文契约文书之特征》，《西域研究》2003 年第 3 期。

③ 余欣：《敦煌出土契约中的违约条款初探》，《史学月刊》1997 年第 4 期。杨际平：《也谈敦煌出土契约中的违约责任条款：兼与余欣同志商榷》，《中国社会经济史研究》1999 年第 4 期。

（四）婚姻、亲属、继承诸制度研究

张希坡的《中国婚姻立法史》对我国古代至现代的婚姻立法进行了较为全面系统的研究。郑长青的《试述中国古代继承婚制度》，通过对传说、少数民族、皇室继承婚现象的考察，认为在中国古代"妻父妾兄嫂"的婚姻形式曾长久广泛地盛行，并且认为此种婚俗是在当时的社会政治经济条件下形成的，不能用后来的封建礼教标准来衡量，将其视为离经叛道。王新宇的《民国时期婚姻立法特点与动因分析》，分析了民国时期婚姻立法的折中性、保守性等特点以及平等、自由原则的确立与司法实践的背离。文章还指出了女权运动是婚姻制度变迁的重要动因。乔素玲的《观念与制度的落差：新中国成立初期的性别意识与婚姻法执行》认为，新中国婚姻制度受到多方冲击，妇女被杀和自杀、女性权益政治化、一夫多妻等现象长期存在，均是传统性别意识的现实体现。以往的研究由于受到资料局限特别是政治取向的影响，夸大女性解放的程度，对传统性别意识认识不足，简单地得出政治变革必然大幅度提高女性地位的结论，从而直接导致了国家政策法规的偏离，对两性和谐关系的构建造成了消极影响。刘文锁的《敦煌"放妻书"研究》，对敦煌文书中被统称作"放妻书"的汉文离婚契约从基本格式、时代与内容等方面进行了探讨，并就财产关系方面与尼雅和穆格山等地出土的相关文书进行了简略的比较。相关文章还有姜建设的《古代中国婚姻法发生问题驳议》和罗洪洋的《论中国古代妇女在婚姻家庭中的法律地位》等。[1]

在亲属法方面，曹诗权的《中国亲属法的法文化源流和形成特点》就两岸亲属法的法文化源流、外观形式特点和内容选构重心等作了详尽的分析。作者认为，中国亲属法从相沿数千年的以宗法家庭（族）制为核心的古代礼法规范系统中走来，经过半殖民地、半封建的近代立法的少许浸染，于20世纪30年代初在特殊的社会背景下从两个方位跨入现代亲属法的立法

---

[1]　张希坡：《中国婚姻立法史》，人民出版社2004年版。郑长青：《试述中国古代继承婚制度》，《闽西职业大学学报》2003年第2期。王新宇：《民国时期婚姻立法特点与动因分析》，《法史学刊》第1卷，社会科学文献出版社2007年版。乔素玲：《观念与制度的落差：新中国成立初期的性别意识与婚姻法执行》，《法文学刊》第1卷，社会科学文献出版社2007年版。刘文锁：《敦煌"放妻书"研究》，《中山大学学报》（社科版）2005年第1期。姜建设：《古代中国婚姻法发生问题驳议》，《郑州大学学报》（哲社版）1998年第1期。罗洪洋：《论中国古代妇女在婚姻家庭中的法律地位》，《贵州民族学院学报》（社科版）1997年第3期。

轨道，并从此开始了自新中国成立一直延续至今的中国大陆婚姻法和台湾地区"亲属法"同时并行的独特历史。在这一历史行程中，一方面由于两岸长期隔绝而潜存了一定数量的涉及婚姻家庭亲属关系的遗留性法律冲突问题，另一方面随着两岸开通交流范围的日益扩大又不断滋生出新的亲属法冲突问题。对此，两岸法学界近几年来从解决冲突、探寻对策和有利于法律操作适用的务实需要出发，针对两岸亲属法的有关具体规范作了较多评介和比较分析，取得了丰富的研究成果，但对两岸亲属法立法的宏观基础性领域涉及甚少。林泽新的《中国近现代亲属、继承法变革的背景及其效果》认为，与其他部门的法律相比，亲属法和继承法带有很强的保守性和惰性，是最不容易进行变革的领域。因此，像中国近现代这样在亲属法和继承法领域骤然进行变革的例子并不多见。这一方面是由于当时的人们夸大了法律改造社会的功能，把变法修律，尤其是亲属继承制度的变革看做是促进社会现代化的最有效手段。另一方面又由于传统宗法伦理与专制政治之间的相互依存关系，使得宗法伦理所维护的亲属继承制度被卷入政治斗争的中心，成为政治斗争的牺牲品。从纯法律的角度看，如何解决西式法律与固有社会之间相互脱节和冲突，减少新法实施的阻力，避免社会动荡，进而达到促进社会变革的目的，则是每个政府都必须认真对待的问题。①

在继承法方面，苏亦工的《香港华人遗嘱的发现及其特色》以 20 世纪 70 年代在香港意外发现的大批华人遗嘱档案为文献基础，研究了中国传统遗嘱继承制度在香港的变异发展，使我们深入了解了传统中国文化及家庭制度与以英国法为代表的香港西方制度之间的相互作用。文章通过一系列具体对比，揭示了香港华人遗嘱所保留的浓厚的中国传统文化特征，并指出，其重实质而轻形式的特点竟与现代遗嘱继承法的发展趋势有不谋而合之处。俞江的《继承领域内冲突格局的形成——近代中国的分家习惯与继承法移植》认为分家习惯在中国已延续两千余年，在这一习惯内部，已形成较为稳固的内容和程序，其效力一直受到国家法的承认。然而，随着 20 世纪初期中国大规模地移植西方法，分家习惯退出了国家法领域。分家习惯与西方继承法所调整的继承行为有着不同的性质。研究近代中国的分家契约可以发现，分家一直是中国家庭财产领域中的主要行为模式。

---

① 曹诗权：《中国亲属法的法文化源流和形成特点》，《法商研究》1997 年第 3 期。林泽新：《中国近现代亲属、继承法变革的背景及其效果》，载《法史学刊》第 1 卷，社会科学文献出版社 2007 年版。

可见，在近代中国的财产继承领域中存在着规则冲突的格局，即分家习惯与继承法难以兼容。揭示这一格局，对我们认识民事习惯与中国民法典编纂之间的关系有着重要意义。程维荣的《论中国传统财产继承制度的固有矛盾》，认为中国传统财产继承制度与宗祧继承密切结合，对历代财产关系的延续发挥了重要作用。同时，它具有多重固有矛盾，包括财产继承与宗祧继承的矛盾、司居共爨与别籍异财的矛盾、鼓励多子与众子继承导致败落的矛盾，以及男子垄断继承与女子参与财产继承的矛盾等，充分显示出封建制度的弊端。近代以来，通过对财产继承制度的变革，上述矛盾才逐步消亡。姜密的《中国古代非"户绝"条件下的遗嘱继承制度》认为，中国古代法律并未明文规定有子嗣时必须实行法定继承，在有承分人即非"户绝"条件下实行遗嘱继承，是为社会习俗认可并受法律一定保护的社会现实。中国古代遗嘱继承制度的特点表现在两方面，一是能采取遗嘱继承方式的被继承人有严格的身份地位限制，即只能是父祖尊长；二是由于家庭或家族共财制复赋予父祖尊长支配财产的特权，因此他们也拥有一定的遗嘱自由。林济的《近代乡村财产继承习俗与南北方宗族社会》一文，利用民国期间的全国性调查资料，对南北方乡村财产继承习俗进行了比较分析，认为近代南北方乡村财产继承习俗反映了以宗祧继嗣为基础的宗族社会财产继承制度的特点，但中国乡村财产继承制度并不是某种高度一致的宗祧继嗣观念的简单展开，宗祧继嗣观念本身就具有民间性，各地财产继承习俗与各地的社会生活需要具有密切关系，受各地的社会经济及历史文化的影响，特别是各地的宗族关系严重影响财产继承习俗；同时，财产继承习俗也影响乡村宗族关系的成长。袁兆春的《宗法继承对孔氏家族爵位继承的影响》，论述了孔氏家族的嫡长子继承、非嫡长子继承、兄终弟及、孙承其祖、嗣子继承、继统、临时摄爵以及夺爵、失爵、让爵、冒爵等，就宗法继承对孔氏爵位继承的影响进行了较为深入的分析。①

　　妇女在中国古代财产继承中一般没有独立的地位，一些学者对这一问题深表关注。白凯所著《中国的妇女与财产：960—1949 年》一书，考察了从

---

　　①　苏亦工：《香港华人遗嘱的发现及其特色》，《中国社会科学》2002 年第 4 期。俞江：《继承领域内冲突格局的形成——近代中国的分家习惯与继承法移植》，《中国社会科学》2005 年第 5 期。程维荣：《论中国传统财产继承制度的固有矛盾》，《政治与法律》2004 年第 1 期。姜密：《中国古代非"户绝"条件下的遗嘱继承制度》，《历史研究》2002 年第 2 期。林济：《近代乡村财产继承习俗与南北方宗族社会》，《中国农史》2003 年第 3 期。袁兆春：《宗法继承对孔氏家族爵位继承的影响》，《济南大学学报》1998 年第 1 期。

宋代至民国近千年间中国妇女的财产继承权。作者指出：一般认为中国的财产继承是与妇女无关的，但在男子缺席的场合，妇女如何保护自己的合法权利是一个非常重要但又一直被忽视的问题。马晓莉、赵晓耕的《论近代女子财产继承权的确立》认为，中国女子近代继承法意义上财产继承权的确立大致经历了三个阶段：从文本上取得财产继承权，到判例、解释例使之从受限走向平等，再到民法继承编的最终法律确认。女子财产继承权的成功转型从一个侧面对近代继承法乃至民法实施的不理想状况作了诠释，告诉我们从法观念到法制度的变迁，不是一种简单的置换，而是要受作为整体的法文化发展变迁规律的制约。[①]

（五）中国古代知识产权制度研究

知识产权制度是随着近代西方法制的引进而在中国建立起来的，经过近百年的发展已逐步趋于完善。历史是在不知不觉中创造的，转眼之间，知识产权发展史也成为了法史学的一个不容忽视的课题。

曲三强的《被动立法的百年轮回：谈中国知识产权保护的发展历程》提出，中国知识产权保护的百年历程为我们提供了一个有益的警示，那就是中国知识产权保护的法律制度必须摆脱西方国家的无理纠缠，去追求自己的独立品格。当然这并不意味着要排斥外国或国际上合理的理论和经验，制度建立的关键是要立足于中国的国情。就中国的文化传统而言，它既可能是中国法律的价值源泉，同时也可能成为中国发展现代知识产权制度的一个主要障碍。因此，知识产权法律制度必须是建立在对中国政治、经济体制的深刻理解之上；建立在以权利意识为基础的价值体系之上；建立在与国际标准的合理结合的基础之上。为了保护知识产权，中国的法律不仅需要使各种各样的个人和实体的利益在法律上确定化，同时还要提供一个总的、明确的方式，通过这种方式可以开展公平竞争。张东刚、冯素杰的《近代中国知识产权制度的安排与变迁》认为，近代中国的知识产权制度是从西方移植而来的，在一定程度上提高了人们的自主创新和知识产权保护意识，促进了技术进步和工商业的发展。但由于近代中国的知识产权制度的安排与变迁不是自发地在传统社会内部完成的，因此，对近代中国经济的促进作用并没有收

[①] 白凯：《中国的妇女与财产：960—1949 年》，上海书店出版社 2003 年版。马晓莉、赵晓耕：《论近代女子财产继承权的确立》，《湖南社会科学》2005 年第 2 期。

到应有的效果。①

在中国古代知识产权制度的研究中，版权制度是较为集中的一个课题。张玉敏、李雨峰的《中国版权史纲》认为，研究中国版权史时，至少应当考虑复制技术、作者地位和外来影响等三个方面的因素。印刷术的发明给文化成果的保护提出了不同于手抄时代的新课题，促进了现代版权观念的产生。复制技术对文化成果保护的挑战在 20 世纪 70 年代再一次影响了中国版权法的发展。近代中国第一部版权法是在西方列强的敦促下完成的，在之后的岁月里，美国的影响在一定程度上决定了中国版权法发展的走向。周林的《中国版权史研究的几个问题》认为，在版权起源问题上，一直存在着两种貌似对立的观点。一种观点是断言版权保护制度起源于我国宋代，另一种观点否认中国古代存在真正版权意义上的保护。作者认为，对版权起源的回答，首先要对版权一词的含义作出限定，对这种保护所应具有的形式进行分析。作者（及出版者、读者）在不同历史环境下身份及地位的变化。门户开放后一个急欲融入国际社会的主权国家在版权保护问题上所受到的"外来因素"的影响，以及不断更新的复制技术为版权立法者提出的一个又一个难题，构成了中国版权史的丰富内容，也是进行中国版权史研究的三个主要线索。版权已进入了一个新的难以确定其含义的时代，人们很难从那些来自法律的、产业的、文艺批评的、文化的或网络文化的某种观点中弄清版权的确切含义。对版权的理解，需要对各种观点进行历史的、综合的比较研究。柳励和的《中国古代版权保护论略》认为，图书印刷业的发达是版权观念产生的前提，中国因之出现了世界上最早的版权观念与活动。中国古代的版权保护在某些方面已接近现代版权的内涵，在世界版权史上占有重要地位。但中国长期处于封建制度统治之下，版权保护存在着相当大的局限性。杨利华的《中国古代著作权保护及其成因探析》认为，著作权的起源与印刷术的应用紧密相关。中国发明了印刷术，并在宋代出现了与西方国家相近的印刷作品的特许权保护，但中国的著作权制度却晚于西方国家几百年。长期自给自足的自然经济、封建统治者的思想控制、传统的思想文化和权利意识，是中国印刷专有权

---

① 曲三强：《被动立法的百年轮回：谈中国知识产权保护的发展历程》，《中外法学》1999 年第 2 期。张东刚、冯素杰：《近代中国知识产权制度的安排与变迁》，《中国人民大学学报》2004 年第 3 期。

观念没有发育成为现代著作权制度的重要影响因素。①

邓建鹏的《宋代的版权问题——兼评郑成思与安守廉之争》认为，雕版印刷技术促使宋代出版业迅速发展，为禁止当时的盗版现象，宋代一些营利出版商试图寻求官府的保护。出版商的努力反映了基于私人知识财产的版权观念已经产生。然而，宋代的版权形态仅仅表现为某些营利出版商的版权利益主张与个别地方官府偶尔、零散的行政庇护相结合。出版商的行为并没有催生版权法或知识产权制度。对此，郑成思认为是由于传统社会经济未得到发展，美国学者安守廉则认为是官府有关版权或出版业的行为只反映了帝国控制思想传播的努力。但是，从历史的角度来看，西方中世纪对出版业的控制程度远甚于宋代，版权法却首先产生于英国。与宋代出版商不同，西方私人出版商的出版特权与政府的出版管制密切相连。在各种社会因素的作用下，出版特权成为稳定的制度。各种因素促使出版特权制度转变为后来的版权法。中国古代无法发展出一套版权制度与当时的集权/极权政治相关。中国近现代著作权思想和制度是在西方著作权制度的影响下产生的。姚秀兰的《近代中国著作权立法论》认为，我国近代著作权立法始于《大清著作权律》，历经北洋政府的《著作权法》，至 1928 年国民政府颁布《著作权法》，近代著作权法律体系才真正形成。它的形成，既是时局危机下社会各界的呼请，也是统治阶层出于维护其统治的考虑，更是各协约国外交压力所致。②

通过以上所述，我们发现，近十年来关于中国古代民法问题的研究仍然存在着一些缺漏。主要是对民法各分支问题的研究不够全面，整个中国古代民法史的面貌尚未完全廓清。例如，关于债权法的研究，关注的焦点基本上集中于契约之债，其他债的种类很少涉及。而关于知识产权的研究，集中于著作权，专利和商标几近空白，这些都需要进一步开发研究。

---

① 张玉敏、李雨峰：《中国版权史纲》，《科技与法律》2004 年第 1 期。周林：《中国版权史研究的几个问题》，《知识产权》1999 年第 6 期。柳励和：《中国古代版权保护论略》，《湘潭大学学报》（哲社版）1997 年第 3 期。杨利华：《中国古代著作权保护及其成因探析》，《金陵法律评论》2004 年秋季号。

② 邓建鹏：《宋代的版权问题——兼评郑成思与安守廉之争》，《环球法律评论》2005 年第 1 期。姚秀兰：《近代中国著作权立法论》，《深圳大学学报》（人文社科版）2005 年第 4 期。

第三章　先秦法律史研究

先秦时期是中华文明的孕育期和雏形期，法律思想和法制实践都有相当的发展。对这一时期法律史的研究在最近十年有了突飞猛进的发展。据不完全统计，学术界共发表论文和文章上千篇，出版专著几十部，通史类著作中以先秦法制史开篇的逾百部。研究视角和研究方法都有不同程度的创新，社会学、历史学等各学科的方法都被借鉴到先秦法史研究中，在资料的挖掘与运用上也有新的突破。先秦法制史综合研究、法律起源问题研究、礼制问题研究、刑法与司法制度研究、民法问题研究等方面取得了可喜的成就，对诸子百家及其代表人物的法律思想的研究也更为透彻和深入。

从总体上看，研究层次有所加深，研究水平有较大提高。在各种研究成果中，对刑事法的研究依然占有较大的比重，且侧重在立法、刑罚、司法等方面。同时，有关民法的研究也明显增多，对行政法、环境法[①]等领域亦有所涉及。不足之处是有些研究受模式、套路的影响，没能展开真正的学术争鸣，此外在事实研究方面还存在着一些薄弱之处。

一、综合研究

各种具有中国法制通史性质的著作，都在开篇或首章谈到先秦法制史的问题。据不完全统计，近年来这类著作有张晋藩主编的《中国法制通史》[②]、《中国法制史》（第三版）[③]，曾宪义主编的《中国法制史》[④]，朱勇主编的

---

　①　如韩晓燕曾在《先秦环境保护法规及思想述略》（《甘肃联合大学学报》（社科版）2007年第3期）中谈了先秦环境保护法规及思想，认为古代的环境保护思想先秦时就已存在，早在遥远的夏、商、周三代，就已出现世界上较早的有关环境保护的法规。

　②　张晋藩主编：《中国法制通史》，法律出版社1998年版。

　③　张晋藩主编：《中国法制史》，中国政法大学出版社2007年版。

　④　曾宪义主编：《中国法制史》，中国人民大学出版社2006年版。

《中国法制史》①，周子良主编的《中国法制史》②，郭成伟主编的《中国法制史》③，汪世荣主编的《中国法制史》④ 等近百部。这些论著中都有关于先秦法制史的研究和介绍。

此外还有许多专门探讨先秦法律问题的论著发表。武树臣的《"横的法"与"纵的法"——先秦法律文化的冲突与终结》、《从"判例法"时代到"成文法"时代——对春秋法制改革的再探索》，⑤ 对先秦法文化和法律形式问题进行了探讨。对于"横的法"问题，杨师群和武树臣还进行了一场商榷与答复的讨论。⑥ 黄震的《西周孝道与判例精神》⑦，杜文忠的《神判与早期习惯法——兼论中西法律文化传统比较的一个侧面》⑧，汪世荣的《中国古代判例法制度》⑨，则考察了先秦的判例与习惯法问题。

高鸿钧在《先秦和秦朝法治的现代省思》⑩ 一文中考察并分析了先秦和秦朝法治产生的历史背景、主要原则、运作机制、价值取向以及实践效果等，认为传统法治中的一些原则、义理和机制与现代法治有相通之处，可为现代法治所用。胡启明和田也壮对此提出不同意见，⑪ 认为以民主自由为核心的正义是现代法治必不可少的灵魂，古今法治有本质的差别。

氏族制度对中国传统法律的影响，是过去很少有人研究的一个问题，董长春在《氏族社会与中国传统法律》⑫ 一文中提出，氏族在中国古代社会文明化的进程中长期存在，氏族结构在进入国家的过程中并没有消失，而是在社会变迁运动中逐步地演变成了公族、家族的形态，对中国古代的法律架

---

① 朱勇主编：《中国法制史》，法律出版社 2006 年版。
② 周子良主编：《中国法制史》，法律出版社 2006 年版。
③ 郭成伟主编：《中国法制史》，中国法制出版社 2003 年版。
④ 汪世荣主编：《中国法制史》，北京大学出版社 2007 年版。
⑤ 武树臣：《武树臣法学文集》，光明日报出版社 1998 年版。
⑥ 杨师群：《评"横的法"：对商周法律文化的思考——与武树臣先生商榷》，《南京大学法律评论》1998 年春季号。武树臣：《再论"横的法"：对先秦法律文化的再探讨——对杨师群先生的答复》，《南京大学法律评论》1998 年春季号。
⑦ 黄震：《西周孝道与判例精神》，《法律史论集》第 4 卷，法律出版社 2002 年版。
⑧ 杜文忠：《神判与早期习惯法——兼论中西法律文化传统比较的一个侧面》，《法律史论集》第 5 卷，法律出版社 2004 年版。
⑨ 汪世荣：《中国古代判例法制度》，《判例与研究》1996 年第 1 期。
⑩ 高鸿钧：《先秦和秦朝法治的现代省思》，《中国法学》2003 年第 5 期。
⑪ 胡启明、田也壮：《也论"先秦和秦朝法治的现代省思"——兼与高鸿钧先生商榷》，《哈尔滨工业大学学报》（社科版）2004 年第 4 期。
⑫ 董长春：《氏族社会与中国传统法律》，《云南社会科学》2004 年第 5 期。

构、法律精神和法律规范形式都产生了极深刻的影响。

关于这一时期的成文法运动，学术界进行的研究比较多。张晋藩主编的《中国法制史》①，在记述春秋末年成文法产生这一重大历史事件时，对成文法公布最早的郑晋两国历史、地理、政治、经济等社会环境作了深入分析。虽然两国作为夏、商、周三代文化的沉积带，都具有良好的文化传统和比较高的社会文化水平，且同处一个时代，都以公布成文法作为自己的改革措施，但郑、晋两国国情不同。郑国改革的动因是要增强自己的实力，避免成为强国争霸的牺牲品；而晋国社会新旧势力的矛盾和斗争则是改革的动力所在。

胡谦在《典范政治衰落与春秋战国成文法运动》② 一文中指出，春秋战国时期是中国传统社会成文法兴起的阶段，成文法兴起是社会多种因素综合作用的结果。作者试图从西周到春秋战国时期政治运行方式的变化出发，探讨典范政治衰落对成文法兴起所起的影响。

先秦时期的军事法制也受到一些学者的关注。孙君在《先秦时期军事伦理与军事法制发展关系探要》③ 中认为，在先秦时期中国军事法制从秘密走向公开、从零散走向集中、从不成文走向成文的发展过程中，古代中国早期的军事伦理思想起了不容忽视的作用。从法制实践活动所体现的总体精神或指导思想来看，先秦军事法制反映了军事伦理从神伦到人伦的变迁轨迹；从法律文本所体现的法制规范内容来看，先秦军事法制也受到了日趋精致的军事伦理思想的影响而不断充实。

二、法律制度史研究

（一）法律起源问题研究

李明德的《中国法律起源模式探索》④，把法律起源的模式定义为法律产生的具体途径或方式。作者认为研究中国法律起源的模式，不仅要指明它

---

① 张晋藩主编：《中国法制史》（第三版），中国政法大学出版社 2007 年版。
② 胡谦：《典范政治衰落与春秋战国成文法运动》，《广西政法管理干部学院学报》2004 年第 5 期。
③ 孙君：《先秦时期军事伦理与军事法制发展关系探要》，《辽宁师范大学学报》（社科版）2003 年第 3 期。
④ 李明德：《中国法律起源模式探索》，载《法律史论集》第 1 卷，法律出版社 1998 年版。

是由什么样的途径或方式产生的，还要指明它与西方法律的起源有何不同。为达到这一研究的目的，作者从"氏族战争与法律起源"、"氏族习惯与法律起源"、"中西法律起源模式比较"三个方面对中国法律起源的模式进行了认真的研究和探索。

武树臣在《寻找最初的"法"——对古"法"字形成过程的法文化考察》① 一文中，对古"法"字的形成过程进行了法文化考察，提出了独到的见解。

徐晓光和韦宗林在《上古苗族国家与法的雏形探微》② 中认为，苗族是一个古老的民族，在中国上古部落联盟后期曾建立过"三苗国"，国家和法的萌芽都比当时的夏族早，并最先发明和创造了"五兵"和"五刑"，在中国早期国家的建立与法的产生中起着重要的作用。苗族的先民与夏族一起，在中国国家与法的产生和发展中作出过重要的贡献。

讨论法律起源问题的还有张建国的《中国法系的形成与发达》③，作者力图在前人研究的基础上，吸收最新的学术成果，通过对资料的运用和分析，追求有见地的观点。另外，田成有的《酋邦战争与中国早期国家法律的起源》④、夏新华和刘冰青的《论中国刑法起源之特性》⑤ 等文章也讨论了法律起源问题。

（二）礼制问题研究

在这一专题中，比较重要的研究成果有：张晋藩的《中国法律的传统与近代转型》⑥，该书将中国法律传统概括为 12 个基本方面，其中详细地考察了"引礼入法，礼法结合"的问题。马小红的《礼与法》⑦，对礼制问题进行了深入的思考，提出了很多新颖的观点，认为传统的中国社会是礼教下的社会，传统的中国法是一种礼教的法。

---

① 武树臣：《寻找最初的"法"——对古"法"字形成过程的法文化考察》，载《武树臣法学文集》，中国政法大学出版社 2003 年版。

② 徐晓光、韦宗林：《上古苗族国家与法的雏形探微》，《吉首大学学报》（社科版）2004 年第 3 期。

③ 张建国：《中国法系的形成与发达》，北京大学出版社 1997 年版。

④ 田成有：《酋邦战争与中国早期国家法律的起源》，《广东民族学院学报》（社科版）1996 年第 1 期。

⑤ 夏新华、刘冰青：《论中国刑法起源之特性》，《怀化师专学报》1998 年第 1 期。

⑥ 张晋藩：《中国法律的传统与近代转型》，法律出版社 1997 年版。

⑦ 马小红：《礼与法》，经济管理出版社 1997 年版。

邵方在《儒家思想与礼制——兼议中国古代传统法律思想的礼法结合》① 中，主要探讨中国古代儒家思想的核心——礼的产生与秩序化。作者通过对儒家思想的追本溯源，认为礼的起源与礼所象征的秩序等级的确立和深化是儒家思想确立与完善的基石。通过对儒家的秩序和平理论、儒家思想中的礼与法、孔子"道德金律"的伦理学意义等几部分论述，考察了儒家思想与礼制的渊源关系。

金尚理认为，传统中国之治国平天下的途径有四：礼乐刑政，而礼为首。在先秦，主要以礼为法，其后法逐步从礼中脱离出来，但礼是立法的基本依据，礼法成为传统文化中至高无上的行为规范。中国古代法制与西方不同，其独特性表现为法不是统一性的行为规范，而是差别性的行为规范；法本身不是至高无上的，而是被置于礼之下，是礼的延伸；更为重要的是，法律体系主要由"礼"与"刑"两部分构成，失礼即可入刑。礼是最重要的行为准则。②

宁全红的《周礼是怎样形成的》③ 认为，周礼是在继承殷礼的基础上，在周初政治、经济及文化条件的制约之下，在平衡各种政治势力的权力和利益的基础上产生的。王长利在《西周法律的主要形式——礼》④ 中认为，礼是周朝的典章制度和礼仪规范，内容极为广泛，大而包括国家的根本法，小而遍及待人接物的生活细节，几乎整个上层建筑的领域都在它的支配下。刘翠萍则通过对儒家的仁爱理论、孝亲思想、礼与仁的统一观、社会责任意识、道德修养理论以及孔子对周礼的赞美性言论的剖析，发现儒家伦理学说正是对周礼"亲亲"、"尊尊"原则的理论探讨与说明，其目的在于解释、说明和论证周礼所倡导的社会伦理的合理性。⑤

张荣贵在《从先秦"天人合一"探源"礼法结合"——构建和谐社会的历史启迪》⑥ 中认为，中国自古注重天人关系，"天人感应"、"天人合一"理念是"礼法结合"产生的直接原因。礼法结合曾经在历史上起过非常重要的作用，也对我们今天建立和谐社会有启迪作用。

---

① 邵方：《儒家思想与礼制——兼议中国古代传统法律思想的礼法结合》，《中国法学》2004年第6期。

② 金尚理：《失礼则入刑——略论先秦礼法制度及其对后世的影响》，《中州学刊》1999年第6期。

③ 宁全红：《周礼是怎样形成的》，《河北法学》2007年第1期。

④ 王长利：《西周法律的主要形式——礼》，《管子学刊》2002年第2期。

⑤ 刘翠萍：《谈儒家伦理学说与周礼》，《榆林学院学报》2003年第4期。

⑥ 张荣贵：《从先秦"天人合一"探源"礼法结合"——构建和谐社会的历史启迪》，《新余高等专科学校学报》2006年第1期。

孙军红在《论先秦社会转型与"礼"的理论变迁》①中说到，先秦时期是中国历史上大转型的时期，随着氏族社会传统的早期宗法制向发达的地域国家制过渡，作为先民的礼仪规范也发生了变化。

（三）刑法和刑罚制度研究

2000 年出版的乔伟的《中国刑法史稿》②，以专题的形式详细地梳理了中国古代刑法的六个重要方面。作者认为，中国刑法与国家同时产生于夏朝，在商朝得到了发展，在西周则达到了完备的阶段。该阶段立法的基本特点在于其残酷性和秘密性。随着春秋时期公布成文法活动，法律的秘密性被打破，标志着封建社会刑法的萌芽。而李悝的《法经》则集春秋以来各国成文法典之大成，为秦汉以后的刑事立法打下了基础。作者指出，中国古代的刑法思想产生于夏，发展于商，西周时刑法思想已基本形成。而把这种思想系统化、理论化则集中体现于孔子的法律思想。在孔子之后，孟子提出了系统的"仁政"学说，以"人性善"为理论基础来主张"省刑罚"，而与之相对的是商鞅以"性恶论"为基础，主张"专任法治"，之后荀子集儒家思想之大成，韩非集法家思想之大成，各自提出了自己的刑法思想。

徐祥民的《略论春秋刑罚的特点》③，利用《左传》、《国语》等文献中的材料，分析了春秋刑罚与战国以后刑罚的不同之处，认为春秋刑罚具有非法定性、非必行性、非规范性和半国家性四个特点。他的另一篇文章《春秋时期的刑罚概念》④，认为春秋时期人们尚未对刑罚概念的内涵和外延作出严格的界定。

柳正权在《先秦盗罪考》⑤中，认为先秦盗罪由于史料阙如，少有人探究。现在所见史料中，盗是在多种意义上使用的，既指侵犯财产的行为，也指危害政权的政治性犯罪。先秦侵犯财产罪最早包括在奸罪中。盗出现后，开始泛指危害行为，并有侵犯财产的含义。同时，侵犯财产的罪名还有"攘"、"寇"、"纳室"、"不富于其邻"等。直至战国晚期，盗才确指侵犯财产的行为，并逐渐依据行为手段分为强取和窃盗。而《法经》中盗的使用，则是向传统意义上的回归。

① 孙军红：《论先秦社会转型与"礼"的理论变迁》，《哈尔滨学院学报》2007 年第 4 期。
② 乔伟：《中国刑法史稿》，载《乔伟文集·卷一》，山东大学出版社 2000 年版。
③ 徐祥民：《略论春秋刑罚的特点》，《法学研究》2000 年第 5 期。
④ 徐祥民：《春秋时期的刑罚概念》，《现代法学》2000 年第 2 期。
⑤ 柳正权：《先秦盗罪考》，《法学评论》2002 年第 4 期。

　　李鸣在《先秦肉刑源流刍议》① 中提出，先秦时期肉刑经历了由产生到发展变化的漫长过程，不同历史阶段的法律思想对罚罪手段的选择产生了直接的影响，特别是君本位的君主专制理论使肉刑的野蛮性和残酷性充分显现出来，并使之成为维护专制统治的工具。

　　蒋铁初对刑讯起源于西周提出质疑②。刑讯起源于西周是法史学界较为普遍的观点，其论据主要来自《礼记·月令》、《周礼》及西周铭文的记载。蒋铁初认为，现有记载尚不能证明西周及春秋时期存在着刑讯，根据有关记载，只能说明战国时刑讯开始作为一种事实行为出现在司法审判中，其制度化则始于秦统一之后。

　　在刑罚问题的研究上，学者们对先秦时期的监狱制度争论比较大。万安中在《论西周监狱管理制度及其启示》③ 一文中认为，在西周监狱管理中，形成了囚系制、圜土制和嘉石制等三大制度，展现了一个东方文明古国狱制的标本。

　　温慧辉在《试论夏商周时期的监狱制度》④ 中提出，监狱是国家机器的重要组成部分，从夏至周，随着国家职能的逐步增强，监狱管理制度也在不断地完善。但由于生产力水平低下，尽管经过三代的发展，监狱从形式到内容都有了很大的发展变化，但从总体上看，还不是独立的机关，更谈不上系统的管理制度。因此，夏商周时期的监狱还只是监狱的雏形。他还在《试论先秦时期的监狱制度》⑤ 一文中指出，从商代始，监狱在限制囚犯自由的同时，也强制被囚者服劳役。周代已实行惩罚和教育相结合的原则，这对后世的狱政产生了深远的影响。

　　张耘天对"夏台""羑里"等狱名进行了考辨。⑥ 严新堂、赵景仙、吕淑芳等对中国监狱的发源地进行了考证，认为起源于河南地区的中国夏朝和商朝监狱，是中国进入阶级社会后出现的最早的监狱，河南是中国监狱的发源地。⑦

　　但宁汉林、魏克家在《中国刑法简史》⑧ 中认为，根据刑罚体系发展的一般规律，监狱是不可能在国家产生之时就立即出现的。作者根据《尚

---

① 李鸣：《先秦肉刑源流刍议》，《西南民族学院学报》（哲社版）2000 年第 9 期。

② 蒋铁初：《质疑刑讯起源于西周说》，《人文杂志》2007 年第 2 期。

③ 万安中：《论西周监狱管理制度及其启示》，《当代法学》2004 年第 5 期。

④ 温慧辉：《试论夏商周时期的监狱制度》，《唐都学刊》2004 年第 3 期。

⑤ 温慧辉：《试论先秦时期的监狱制度》，《殷都学刊》2004 年第 2 期。

⑥ 张耘天：《"夏台""羑里"狱名辨》，《中国监狱学刊》1996 年第 1 期。

⑦ 严新堂、赵景仙、吕淑芳：《中国监狱发源地史考》，《河南司法警官职业学院学报》2004 年第 1 期。

⑧ 宁汉林、魏克家：《中国刑法简史》，中国检察出版社 1999 年版。

书》、《周礼》中的刑罚记述，认为西周之前以死刑和肉刑为中心的刑罚体系，决定了不可能产生监狱，只有在进入了春秋时期，有所谓"居作刑"出现时，才产生了监狱。同时，对于有的论著将古代羁押罪犯的场所作为监狱的雏形，认为是国家产生的重要标志之一的说法提出了不同意见。作者指出，在国家形成时，既无监狱，也无羁押待决犯的固定场所，把监狱或羁押待决犯的固定场所作为国家起源的标志之一，是不符合历史实际的。

（四）司法制度研究

在对中国历史上的司法制度进行系统研究的著作中，张晋藩主编的《中国司法制度史》①，是其中具有开拓性的代表作。书中对夏商时期、西周时期、春秋战国时期的司法制度有比较全面的考察分析，关于西周的诉讼制度还专门介绍了一向被忽略的民事诉讼制度。

在论文方面，关于先秦时期司法制度的研究主要集中在司法职官制度、审判制度、原心定罪和起诉制度等方面。徐祥民的《春秋时期的司寇是法官吗?》② 认为，不仅西周时期的司寇不是法官，春秋时期的司寇也不是法官。先秦文献所载春秋司寇都是治安官，他们担当的都是治安警察的角色，其工作主要表现为以直接的行政力量打击盗贼等，或者执行来自其他机关的惩罚犯罪的命令。司寇不是治安兼审判的机关，也不是战国及其以后的法官的前身。不管是用司法与行政职能分化的观点，还是用国家职能进化的眼光，都不能得出春秋时期的司寇是法官的结论，不能给《周礼》所载司寇机关来自春秋制度的判断以肯定性的证明。吴秋红在《论先秦诸子的执法观》③ 中指出，由于古代司法不独立，先秦诸子希望通过强调执法以保证司法公正。为此，他们提出了慎重执法、秉公执法、严格执法、积极执法等执法原则，这些执法原则对中国古代司法和法制产生了深远影响。

杜文忠考证了神判的起源，认为神判是一种古老的、世界性的法人类学现象，神判的诸种形式反映了神判和早期法律的一些特点。神判中的血迹判、铁火判、宣誓判起源于原始巫术形式，而神判中的捞沸判则可能起源于早期人类生活实践。④ 宁全红的《春秋时期的狱讼初探》⑤ 一文认为，春秋

---

① 张晋藩主编：《中国司法制度史》，人民法院出版社 2004 年版。
② 徐祥民：《春秋时期的司寇是法官吗?》，《郑州大学学报》（哲社版）2002 年第 1 期。
③ 吴秋红：《论先秦诸子的执法观》，《高等函授学报》（哲社版）2002 年第 3 期。
④ 杜文忠：《神判起源考略》，《思想战线》2002 年第 6 期。
⑤ 宁全红：《春秋时期的狱讼初探》，《重庆师范大学学报》（哲社版）2006 年第 6 期。

时期，政治经济制度发生变化，战乱频仍，一些贵族为争夺更多的权力和利益，导致狱讼案件发生。各级司法官依照礼审理和裁决狱讼案件，使因狱讼而被破坏的礼治秩序得以回复。周阿红的《略论西周时期的司法制度》①一文，从总体上考察了西周时期司法权力的归属、诉讼审判原则和刑罚的执行等。

张荣贵在《从先秦"心学"看"原心论罪"之必然》②中指出，"心学"的发展在先秦已十分兴盛，它对中国法律的影响是显而易见的。如"原心论罪"的出现，究其思想根源，是注重"心性"的直接结果。从"心性"说的兴起到"原心论罪"的产生有一个百家争鸣的过程，这一过程为"原心论罪"的产生打下了坚实的理论与实践的基础。

还有学者对不同诸侯国的司法审判制度进行比较研究。刘金华的《楚秦审判法律制度比较研究》③，通过对楚秦两国的审判制度进行比较后指出，楚秦两国并重法制，但秦法网严密，至于细末；楚则法网恢恢，疏而不漏。刘玉堂、贾济东的《楚秦起诉制度比较研究》④认为，在春秋战国时期，楚国和秦国的起诉制度已相当完备，起诉形式已有了公诉与自诉之分，自诉案件中出现了本诉与反诉，司法机构受理起诉的条件也有了制度性规定。他们在另一篇文章《楚秦刑事诉讼证据比较研究》⑤中指出，在春秋战国时期的刑事诉讼活动中，楚国和秦国已建立了确保诉讼证据合法性的制度，探索出了获取诉讼证据的方法与策略，并已善于运用不同的诉讼证据种类揭露犯罪。贾济东还对楚国和秦国的诉讼管辖和强制措施作了比较研究。⑥

1987 年 1 月，湖北省楚国故都纪南城北的荆门十里铺包山岗二号楚墓发现了大批竹简，这批竹简记录了战国时楚国的司法制度，如受期制度、读告制度等；同时，这批竹简也为了解楚国的司法职官制度提供了重要线索。南玉泉的《楚国司法制度探析》⑦，利用湖北仓山楚简，探讨了楚国的司法

---

① 周阿红：《略论西周时期的司法制度》，《安徽史学》1998 年第 4 期。

② 张荣贵：《从先秦"心学"看"原心论罪"之必然》，《无锡商业职业技术学院学报》2006年第 5 期。

③ 刘金华：《楚秦审判法律制度比较研究》，《荆州师范学院学报》（社科版）1999 年第 6 期。

④ 刘玉堂、贾济东：《楚秦起诉制度比较研究》，《中南民族大学学报》（人文社科版）2004年第 2 期。

⑤ 刘玉堂、贾济东：《楚秦刑事诉讼证据比较研究》，《湖北大学学报》（哲社版）2004 年第 2期。

⑥ 贾继东：《楚秦诉讼管辖和强制措施之比较研究》，《法商研究》1997 年第 3 期。

⑦ 南玉泉：《楚国司法制度探析》，《政法论坛》2000 年第 4 期。

制度及相关问题。

张家国在《试析"叔向断狱"的法律意义——兼论春秋时晋国的法律制度》① 一文中指出，"叔向断狱"是古史记载中的一则典型案例，对该案例进行全面、深入地解读，有利于我们了解晋国传统法律文化的基本内容以及春秋时晋国的法律制度的概貌，从而明了晋法家理论的提出、政治上的实践是有其历史根源的。

舒国滢、宇培锋在《"司法时令说"及其对中国古代司法制度的影响》② 一文中提出，"司法时令说"对于封建法律的实质并无多大意义，但它却以其神秘主义的方式为封建法律的权威性和合理性提供了佐证。夏淑云、任莉桃论述了两周时期的司法警察制度及其特点，③ 台湾学者那思陆、欧阳正的《中国司法制度史》④、程维荣的《中国审判制度史》⑤ 也都或多涉及先秦司法制度问题。

（五）民事法律制度研究

张晋藩主编的《中国民法通史》⑥ 和孔庆明等编著的《中国民法史》⑦，都对先秦时期的民事法律制度进行了考察。内容涉及这一时期的债权物权、婚姻与继承、民事关系的调整、神权法思想对民事关系的影响等。

从总体上看，关于先秦的民事法律制度，学术界的关注点仍主要是在婚姻及财产方面。张希坡的《中国婚姻立法史》⑧ 采用纵横结合、相互交叉的方式，全方位展现了中国历史上婚姻立法的概貌，其中包括对西周婚姻法制的论述。孙平的《西周婚姻法制探考》⑨ 认为，西周建于奴隶制高度发展的历史阶段，西周的婚姻法制是奴隶社会婚姻法制的典型代表，对西周以后的历史有深远的影响。冯卓慧的《商代婚姻观念、制度与古代东西方各国婚

---

① 张家国：《试析"叔向断狱"的法律意义——兼论春秋时晋国的法律制度》，《江西师范大学学报》（哲社版）2003 年第 2 期。

② 舒国滢、宇培锋：《"司法时令说"及其对中国古代司法制度的影响》，《政法论坛》1996 年第 4 期。

③ 夏淑云、任莉桃：《两周时期司法警察制度及其特点》，《中国监狱学刊》2000 年第 3 期。

④ 那思陆、欧阳正：《中国司法制度史》，台湾空中大学 2001 年版。

⑤ 程维荣：《中国审判制度史》，上海教育出版社 2001 年版。

⑥ 张晋藩主编：《中国民法通史》，福建人民出版社 2003 年版。

⑦ 孔庆明等编著：《中国民法史》，吉林人民出版社 1996 年版。

⑧ 张希坡：《中国婚姻立法史》，人民出版社 2004 年版。

⑨ 孙平：《西周婚姻法制探考》，《河北大学学报》（哲社版）1999 年第 4 期。

姻观念、制度异同考析》①一文，通过考察中国商代与古代印度、希腊、罗马的婚姻观念和婚姻制度，认为古代东西方婚姻观的最初立足点是一致的，但是婚姻观念的初始一致并未导致婚姻制度的一致。作者分析了造成制度不同的两个主要原因：宗教因素和政治制度的差异。钟铁蕙在《先秦妇女在婚姻家庭中的法律地位》②中认为，对后世影响至深的婚姻家庭方面的法律制度在先秦时期就已初具规模；但"男尊女卑"的传统在先秦时期并不是像后世那样被严格遵守，先秦妇女在婚姻家庭中的法律地位虽不能完全与男子相比，但也并非是全然没有权利和地位。从历史的角度来看，先秦妇女在婚姻家庭中的法律地位呈现出过渡性的特点。

　　郭建的《中国财产法史稿》③，是大陆地区对中国古代财产制度进行集中和专门研究，并且与现代民法原理进行对接和比照的一部著作，其中也涉及先秦财产法。张培田、陈金全在《先秦时期债流转的史实探析》④中提出，中国先秦时期债权债务关系随社会经济的发展而不断复杂化，解决债权债务的案例日益增多，实践中出现了不自觉的债的分类调整，这体现出中国独特的调整债的法文化特征。他们在《先秦的债及其法律调整源流刍探》⑤一文中指出，中国先秦时期，债权债务关系随社会经济的发展而发达，解决债权债务的案例增多，调整债流转的法律原则和制度已成体系，为以后这方面制度的进一步发展奠定了基础。

三、法律思想研究

（一）周公思想研究

　　郝明朝在《〈尚书〉所见之周公思想》⑥中提出，今文《尚书》的12篇《周书》中，有9篇为史官记录的周公诰辞。从周公的这些诰辞及其同

　　①　冯卓慧：《商代婚姻观念、制度与古代东西方各国婚姻观念、制度异同考析》，《法律科学》2002年第4期。

　　②　钟铁蕙：《先秦妇女在婚姻家庭中的法律地位》，《邵阳学院学报》（社科版）2007年第3期。

　　③　郭建：《中国财产法史稿》，中国政法大学出版社2005年版。

　　④　张培田、陈金全：《先秦时期债流转的史实探析》，《法学研究》2005年第2期。

　　⑤　张培田、陈金全：《先秦的债及其法律调整源流刍探》，《西南民族大学学报》（人文社科版）2005年第4期。

　　⑥　郝明朝：《〈尚书〉所见之周公思想》，《管子学刊》1998年第2期。

成王、召公的谈话中，虽不能见周公思想之全貌，然其一些重要的，有些甚至是难能可贵的思想，如敬德保民的天命观、立政唯贤的用人思想、守业艰难的忧患意识等，却得到了比较充分的展示。田兆阳在《周公的"敬天保民"与周初的开明统治》① 中认为"敬天保民"思想的提出，不仅奠定了西周初年政治发展的理论基础，对于尔后的政治思想也产生了十分重要的影响，春秋战国的民本思想就是其逻辑的发展。郭昊奎的《周公的神权思想》② 认为，周公的神权思想是周公在殷王朝统治失败的教训下，对殷商神权思想的一种继承、修正和发展。周公的神权思想基本上是理性思考的结果。所以，在他的神权思想中体现了"德"的思想，天不可信和天难谌的思想，天人相连和重人的思想。类似讨论周公思想的文章还有刘新的《试论周公的"明德慎罚"思想》③ 和肖满省的《周公民本思想研究》④ 等。

（二）诸子百家思想研究

关于先秦诸派、诸子的法律思想，很多专著中都有所涉及。如张国华的《中国法律思想史新编》⑤、杨鹤皋的《中国法律思想史》⑥、马小红的《中国古代法律思想史》⑦、韦政通的《中国思想史》⑧、萧公权的《中国政治思想史》⑨、俞荣根的《中国法律思想史》⑩、武树臣的《中国法律思想史》⑪、刘泽华的《中国古代政治思想史》⑫ 等，据粗略统计，类似的专著有几十部。

由于先秦是一个"百家争鸣、百花齐放"的时代，所以关于先秦法律思想史的研究，也是角度各异。徐复观的《中国人性论史·先秦篇》⑬，是一部专门讨论人性论的著作，作者以人格为中心加以审视，尤其是注重以先

① 田兆阳：《周公的"敬天保民"与周初的开明统治》，《行政论坛》1998 年第 1 期。
② 郭昊奎：《周公的神权思想》，《内蒙古财经学院学报》（综合版）2005 年第 3 期。
③ 刘新：《试论周公的"明德慎罚"思想》，《法律史论集》第 2 卷，法律出版社 1999 年版。
④ 肖满省：《周公民本思想研究》，《呼伦贝尔学院学报》2006 年第 5 期。
⑤ 张国华：《中国法律思想史新编》，北京大学出版社 1998 年版。
⑥ 杨鹤皋：《中国法律思想史》，北京大学出版社 2000 年第 2 版。
⑦ 马小红：《中国古代法律思想史》，法律出版社 2004 年版。
⑧ 韦政通：《中国思想史》，上海书店出版社 2003 年版。
⑨ 萧公权：《中国政治思想史》，新星出版社 2005 年版。
⑩ 俞荣根：《中国法律思想史》，法律出版社 2000 年版。
⑪ 武树臣：《中国法律思想史》，法律出版社 2004 年版。
⑫ 刘泽华：《中国古代政治思想史》，南开大学出版社 2001 年版。
⑬ 徐复观：《中国人性论史·先秦篇》，上海三联书店 2001 年版。

哲在自己生命生活中体验所得为根据，把握先秦哲人完整生命体中的内在关联，所以能提要钩玄，要言不烦，先秦各家的法律思想也跃然纸上。

关于先秦法律思想史的研究，学者关注比较多的仍集中在儒、道、法三家。台湾学者李明辉的《儒家视野下的政治思想》①一书认为，传统儒家以"内圣外王"为理想，原本就包含一套政治思想。赵明的《先秦儒家政治哲学引论》②，旨在建构先秦儒家政治哲学的意义逻辑，凸显先秦儒家政治哲学的基本"问题意识"。类似的专著还有武树臣的《儒家法律传统》③、崔大华的《儒学引论》④、赵明义的《孟子思想研究》⑤、俞荣根的《儒家法思想通论》⑥、韩星的《先秦儒法源流述论》⑦等。

"仁政"、"王道"、法律道德化等思想在儒家法思想占有重要地位。俞荣根在《"法先王"——儒家王道政治的理想法》⑧一文中提出，大凡一代政治都有自己的理想模式。它是这一代政治的法权根据，是最高法、理想法。而古代中国的儒家政治以法先王、圣人为法权根据，他们法先王、法圣人，或"以先王为法"、"以圣人为法"。文章对"法先王"的价值、历史命运作了深入探讨，对儒家关于"理想人格、理想政治、理想法"、"复古与开新"及"圣王与王圣"等思想进行了研究和剖析。作者认为，以"王圣"观替代"圣王"观，是儒家的一种悲哀。

崔永东在《儒家道德法思想及其现代价值》⑨中认为，"道德法"是泛道德主义观念影响法律领域的一种表现。儒家的法律思想实际上是一种道德法思想，它主要包括以下内容：在立法方面，主张把道德的法律化作为基本的价值追求；在司法方面，主张把"中庸"与"慎刑"作为司法公正的实现途径；在治国方面，主张把刑法辅助下的德教优先作为基本的治国方略。而刘广安则从权利与义务关系的角度、道德与法律关系的角度、刑民关系的角度、天人关系的角度、家族关系和等级关系的角度等方面对儒家法的特点

①　李明辉：《儒家视野下的政治思想》，北京大学出版社 2005 年版。
②　赵明：《先秦儒家政治哲学引论》，北京大学出版社 2004 年版。
③　武树臣：《儒家法律传统》，法律出版社 2003 年版。
④　崔大华：《儒学引论》，人民出版社 2001 年版。
⑤　赵明义：《孟子思想研究》，山东大学出版社 2002 年版。
⑥　俞荣根：《儒家法思想通论》，广西人民出版社 1998 年版。
⑦　韩星：《先秦儒法源流述论》，中国社会科学出版社 2004 年版。
⑧　俞荣根：《"法先王"——儒家王道政治的理想法》，《法律史论集》第 1 卷，法律出版社 1998 年版。
⑨　崔永东：《儒家道德法思想及其现代价值》，《中国人民大学学报》2000 年第 1 期。

进行了重新解读。①

　　张培田、车才洪在《浅析先秦儒家"信"的思想》② 一文中谈到，儒家思想将仁、义、礼、智、信视为人的天性，孔子、孟子、荀子等都重视对"信"的思想的阐释。概括言之，信就是保证自己承诺的真实性，具体有守信之信、等级之信、人伦之信、宽仁政之信、交易之信等。就本质上讲，儒家思想的"信"是为仁义服务的，依附于伦理思想，反映在法律上就是不嗜杀人、宽猛相济、无讼思想、反对不教而诛和父子相隐、君臣相隐等。但是，儒学在阐释"信"的思想时突出了精神信念对人的作用，在一定程度上含有唯心的成分。

　　刘港在《礼治德治人治——试论先秦儒家法律思想》③ 一文中指出，儒家法律思想的发展，可分为先秦儒家法律思想和秦汉以后的正统儒家法律思想两个阶段。前一阶段以孔孟为代表，后一阶段以荀况为代表。儒家法律思想的主要观点是"礼治"、"德治"、"人治"。这三者互相渗透、互相作用，不可分割。同时，儒家法律思想也不排除法治。

　　老子是中国古代最重要的思想家之一，古往今来，人们对老子的争论最多，误解也最深。陈鼓应的《老子评传》④ 以全球文化的眼光和现代学术的方法，对老子的思想进行了系统的梳理与讨论，力图展现原原本本的老子思想。作者利用郭店楚简等新出土文献，努力澄清古往今来对老子思想的种种误解，充分揭示了老子思想对中国文化乃至世界文化的重要贡献，并对老子思想进行了重新定位。

　　龙大轩在《道与中国法律传统》⑤ 中指出，"道"是先秦道家提出的且在历史上运用十分频繁的一个哲学概念，讲求"天人合一"，强调自律、内控，约束人欲的膨胀，以维护人与人、人与自然之间的和谐秩序。法律制度在"道"的指导下，形成"道法"传统，沿着三个路径变化、发展：从政治属性上，法作为政治的附属，走上专制法统的路子；从传统法制的内容上，走上轻权利重义务的义务本位的路子；从法律体系的构织上，走上法网宽疏的路子。"道"成为中国古代法的精神。

---

① 刘广安：《儒家法律特点的再认识》，《比较法研究》2005 年第 3 期。
② 张培田、车才洪：《浅析先秦儒家"信"的思想》，《政法论丛》2005 年第 5 期。
③ 刘港：《礼治德治人治——试论先秦儒家法律思想》，《湖南经济管理干部学院学报》2006 年第 6 期。
④ 陈鼓应：《老子评传》，南京大学出版社 2001 年版。
⑤ 龙大轩：《道与中国法律传统》，《现代法学》2004 年第 2 期。

　　李晓明在《先秦道家法律思想研究——兼审道家对儒家礼治学说的总体态度》① 中，对先秦道家法律思想进行了重新的审视和解析，认为道家由其无为哲学出发，主张"无为而治"，因之，对儒家礼治学说就总体而言持消极甚至否定态度，但这种消极和否定并非如传统学术认定的那样绝对，特别是早期道家对儒家礼治学说不仅没有采取传统学术认定的那种鲜明反对态度，而且给予了相当程度的兼容。

　　至于法家学派方面，学者讨论的重点是法家的法治精神、理论特色及其思想来源。武树臣、李力在《法家思想与法家精神》② 这部专著中，对法家思想加以系统的论述并概括了法家精神的基本特征。通过考察和研究，作者认为，整个封建时代，封建王朝一面标榜孔孟儒家学说，一面推行法家的治国之术，即所谓"外儒内法"、"明倡儒经、暗行法术"。其实，采取"外儒内法"态度的不仅仅为王朝的统治者，许多思想家也是如此，尤其是当社会生活处于动荡之时，更是如此。

　　何勤华在《法家法治理论评析》③ 一文中，从法学史角度，对先秦法家提出的法治理论的基本内容、思想前提、实现法治的方法和途径、法家法治理论的历史进步性、法家法治理论与古代西方法治学说的异同点，以及法家法治理论对中国古代法学所发生的负面影响等作了比较详细的评述，阐述了法家法治理论和西方法治学说各自出现的历史必然性和存在的合理性。

　　刘广安认为，法家的法治思想是中国传统法律思想发展的高峰，在中国法律思想史上占有特别重要的地位，与现代法治思想的一般理论和原则有许多相通的地方。因此，在前哲时贤认识的基础之上，有必要对法家法治思想中有关君权至上与法律至上的问题、君主本位与国家本位的问题、重刑治国与轻刑治国的问题作进一步的分析。④ 艾永明认为法家的重刑思想值得借鉴；⑤ 蒋重跃认为，战国法家有变法和定法主张，它们是辩证的统一。这种辩证统一表现在以下两对概念的关系中：一是法的更改和确立；二是法的动和静。⑥

---

　　① 李晓明：《先秦道家法律思想研究——兼审道家对儒家礼治学说的总体态度》，《河北法学》2004 年第 4 期。

　　② 武树臣、李力：《法家思想与法家精神》，中国广播电视出版社 1998 年版。

　　③ 何勤华：《法家法治理论评析》，《华东政法学院学报》1999 年第 1 期。

　　④ 刘广安：《法家法治思想的再评说》，《华东政法学院学报》2006 年第 2 期。

　　⑤ 艾永明：《法家的重刑思想值得借鉴》，《法学》1996 年第 11 期。

　　⑥ 蒋重跃：《论法家思想中的变法与定法》，《中国哲学史》2002 年第 1 期。

　　关健英在《先秦法家的法治精神内涵》① 中指出：先秦法家的"法治"，虽然在字面上与现代意义的"法治"别无二致，但从实质上来看，"以法治国"不但与真正的法治精神相去甚远，甚至完全是背道而驰。作为一种治国方略，先秦法家的"以法治国"是与德治相对应的一个概念。作者通过分析"以法治国"的内涵和精神实质，指出先秦法家"以法治国"的"法治"从来都为人治主义所主宰，是人治的法治，专制的法治。

　　徐祥民的《法家学派的由来及其界限》② 一文认为，战国时期形成了不同的学术主张和有师承关系的儒者和墨者群体，但并不存在以家标名的学派，更不存在有明确师承关系或其他内部联系的法家学派。儒、墨、道、法等家的划分产生于汉代的学术总结，而百家划分的基本标准是学术。法家区别于他家的界限是"言"和"不别亲疏，不殊贵贱，一断于法"的治术。

　　谭宝刚在《先秦法家诞生的社会根源及其思想渊源》③ 中谈到，春秋战国时期社会发生剧烈的变革，井田制瓦解，宗法分封制动摇，礼治的经济基础和血缘亲属基础遭到严重削弱，其合力促成了"礼崩乐坏"局面的形成。要建立一种适应新的社会形势发展的统治秩序，只有寻求另一种途径和方式，于是主张"建法立制，富国强人"的法家应运而生。战国时期法家思想主要源于春秋时期改革家的思想，此外，还有儒、墨、道三家的思想。

　　赵晓耕在《三晋法文化的源与流——先秦法家思想集大成者韩非的思想渊源》④ 中，系统分析了先秦时期在三晋地域形成的法家思想，及这一思想的集大成者韩非思想的渊源；阐述了古代山西地域孕育出的法家思想与中原地区早期法家理论和儒、道、墨各派思想的相互承继关系。周子良等所写《三晋法家思想的华与实》⑤ 一文，也考察了法家与三晋的历史渊源，认为三晋法家思想是法家思想的主体。

　　先秦各家各派之间不是截然对立的，而是互相借鉴、互相吸收的。正因为如此，人们也常把各家放在一起进行对比研究。魏义霞在《礼法·法

---

　　① 关健英：《先秦法家的法治精神内涵》，《北方论丛》2004 年第 3 期。

　　② 徐祥民：《法家学派的由来及其界限》，《山东大学学报》（人文版）2002 年第 1 期。

　　③ 谭宝刚：《先秦法家诞生的社会根源及其思想渊源》，《许昌学院学报》2004 年第 4 期。

　　④ 赵晓耕：《三晋法文化的源与流——先秦法家思想集大成者韩非的思想渊源》，《山西大学学报》（哲社版）2004 年第 3 期。

　　⑤ 周子良、王华、焦艳鹏：《三晋法家思想的华与实》，《山西大学学报》（哲社版）2002 年第 3 期。

天·法术——先秦法制模式及其影响》①中谈到，儒家礼法模式与法家法术模式的差异，质而言之即道德与法律之争。两家的具体观点和争论对中国人的法制观念产生了巨大而深远的影响。在现实生活中，道德有理想化的品质，法律注重现实和事实，各自满足不同的社会需要。

张京华在《从理想到现实——论孔孟荀韩"仁""义""礼""法"思想之承接》②中指出，先秦儒法等学派都是在春秋战国"周文疲弊"背景下应时而起的"务为治"的政治学说。其中，孔子的核心概念是"仁"，政治理想是"仁政"；孟子侧重的概念是"义"，政治理想是"王政"；荀子侧重的概念是"礼"，政治理想是"礼制"；韩非的核心概念是"法"，政治理想是"法治"。"仁"、"义"、"礼"、"法"的变化来源于理想与现实关系的调整。孔、孟、荀、韩四人的具体主张虽然不同，但都坚持人道实践原则。

彭永、田浩认为儒法同源，并对早期儒法关系进行了考察。他们认为，早期法家由于其产生的时代背景的特殊性，深受儒家思想影响，其源头之一即是儒家经世致用的外王思想，其思想体系具有与儒家融合和互补的特点。早期法家注重联系社会现实，积极参与政治实践，其目标和出发点与儒家殊道而同源。早期法家代表人物通常具有儒家背景，因而其社会实践带有儒家痕迹，同战国中后期的法家有明显的差异，从严格意义上说，早期法家是儒法家。③

除了对儒、道、法三家学说的研究以外，对其他各家的法律思想，法律史学界也有所涉及，值得一提的有张少瑜的《兵家法律思想通论》。④中国古代兵家具有丰富的法律思想，对先秦法制理论和古代军法制度都有深刻影响，但由于多种原因，长期以来被学界所忽视。该书充分运用传世的兵书材料，结合其他文物和文献，对兵家学派从历史学、军事学和法学的多重角度进行了专门的研究。该书不仅探讨了兵家主要代表人物及其经典著述中的法律思想，揭示了先秦兵家与后世兵家的共性及源流演变关系，还分析了兵家法思想与中国古代法律文化传统的相互关系，以及兵家法思想与军事技术战术、军事活动特性的关系等问题，在此基础上提出了一系列的新观点，如兵

---

① 魏义霞：《礼法·法天·法术——先秦法制模式及其影响》，《哲学研究》2005 年第 4 期。
② 张京华：《从理想到现实——论孔孟荀韩"仁""义""礼""法"思想之承接》，《孔子研究》2001 年第 3 期。
③ 彭永、田浩：《儒法同源：早期儒法关系考》，《求索》2003 年第 5 期。
④ 张少瑜：《兵家法律思想通论》，人民出版社 2006 年版。

家法思想对法家法思想具有源头性的影响、兵家法思想构成了军事法学的基本原理等。

（三）诸子百家代表人物研究

陈鸿彝在《孔孟治安学解读》①、《荀子治安学解读》② 中认为，先秦儒学系统论述了礼制、仁政、德教主张，为中华法系提供了最初的思想资料和原型构架。

高恒在《富之教之、允执其中及其他》③ 一文中认为，孔子的治国思想主要体现在富之教之、允执其中、正名之治和为政以德四个方面。其中，以关于"允执其中"的论述颇具特色。作者认为，"中庸之道"作为治国的理念，与治国的工具"礼"是相契合的。"礼"的"制中"特性，使得两者永远不会发生冲突。

吴斌分析了孟子的"伦理法思想"，④ 认为他所主张的法律观点对我们今天建设有中国特色的法治国家有借鉴意义。徐祥民的《荀子的"分"与环境法的本位》⑤ 认为，如果说荀子用"分"的方法解决人们的欲求与有限的物的关系是出于他的个人选择，或者是他所处的时代的选择，是从他所接受或创立的学说中所导出的必然结论，这种选择和结论具有人为的特点，那么，环境法以义务为本位，采用资源分配的方法而不是采取收益分配的方法，则是由客观的物质条件决定的，是由人与自然之间的关系决定的。

关于法家代表人物，学术界关注得比较多的仍是商鞅和韩非。徐进在《商鞅法制理论的缺失》⑥ 一文中，把商鞅的法制理论概括为功利主义的法律工具论、强国弱民的制民论、只见民不见社会的人性论和以止奸为度的重刑论。徐祥民认为，在商鞅的法治论中，实现治的目的的基本方法是"禁使"。使就是使民为上用，用民从事的主要是农战；禁是使之不为，主要是禁民从事农战以外的各种活动，其中主要的可以概括为 24 禁。⑦ 萧伯符从法治的功用、法治的人性论基础、法治的纲要、法治的目的四个方面，对商

---

① 陈鸿彝：《孔孟治安学解读》，《江苏公安专科学校学报》2001 年第 1 期。
② 陈鸿彝：《荀子治安学解读》，《江苏公安专科学校学报》2001 年第 6 期。
③ 高恒：《富之教之、允执其中及其他》，《法律史论集》第 1 卷，法律出版社 1998 年版。
④ 吴斌：《孟子法律思想浅议》，《承德民族师范高等专科学校学报》2000 年第 1 期。
⑤ 徐祥民：《荀子的"分"与环境法的本位》，《当代法学》2002 年第 12 期。
⑥ 徐进：《商鞅法制理论的缺失》，《法学研究》1997 年第 6 期。
⑦ 徐祥民：《商鞅法治论中的"禁使"》，《山东公安专科学校学报》2002 年第 3 期。

鞅的法治理论进行了探讨。①

吴建璠的《商鞅改法为律考》② 是一篇辩驳文章，作者力图捍卫"商鞅受李悝《法经》以相秦，改法为律"的"通说"，批驳"商鞅改法为律绝无可能"的论断。该文未点明批驳的对象，但与祝总斌先生的《关于我国古代的"改法为律"问题》③ 观点显然相左。因为祝先生认为："律"字的法律用法出现在公元前 260 年左右，至公元前 3 世纪中方被广泛地接受为成文法的名称。因此，在公元前 4 世纪中，即商鞅的时代，"不仅他本人没有'改法为律'，而且其他各国也没有'改法为律'。稍早的时代，也没有它的萌芽、前兆"。

四、文献研究

李力撰写的《出土文物与先秦法制》④ 一书，在占有大量资料的基础上，通过对出土文物与法制资料的梳理分析，对法制史研究中的种种基本史料的误用情况作了必要的纠正。他的论文《夏商法律研究中的若干问题》⑤，对文献所见夏朝的法律，文献所见商朝的法律，甲骨文所见商朝的刑罚、商朝的军法和商朝的司法审判活动等进行了考察。他还在《法律史论集》发表了《20 世纪甲骨文法律史料的整理及其研究——纪念殷墟甲骨文发现 100 周年》⑥ 一文，全面回顾了 20 世纪甲骨文法律史料的整理及研究情况，评介了其中存在的问题并对未来的发展趋势加以展望。

崔永东所写的《出土法律史料中的刑法思想》⑦，对铭文、简牍和帛书中的法律史料所反映的刑法思想进行了研究。

《尚书》是我国历史上最早的一部文献汇编，对夏、商、周三代的政治活动、经济情况、军戎征伐、社会形态等均有所涉及，也涉及礼乐刑罚等方

---

① 萧伯符：《商鞅法治理论及其现代借鉴》，《中国法学》2002 年第 2 期。

② 吴建璠：《商鞅改法为律考》，《法律史论集》第 4 卷，法律出版社 2002 年版。

③ 祝总斌：《关于我国古代的"改法为律"问题》，《北京大学学报》（哲社版）1992 年第 2 期。

④ 李力：《出土文物与先秦法制》，大象出版社 1997 年版。

⑤ 李力：《夏商法律研究中的若干问题》，《法律史论集》第 1 卷，法律出版社 1998 年版。

⑥ 李力：《20 世纪甲骨文法律史料的整理及其研究——纪念殷墟甲骨文发现 100 周年》，《法律史论集》第 4 卷，法律出版社 2002 年版。

⑦ 崔永东：《出土法律史料中的刑法思想》，《北京大学学报》（哲社版）1999 年第 1 期。

面的情况。关于《尚书》的研究，有武树臣的《〈尚书〉与古代法律文化》①、周学军的《〈尚书·吕刑〉中的"五过"新解》②、王定璋的《象以典刑——论〈尚书〉中的刑罚观》③ 和《从敬天保民到敬德保民——〈尚书〉中神权政治的嬗变》④ 等。龙安生在《〈尚书·甘誓〉并非"连坐"制度之源》⑤ 中，从"连坐"的概念、有关史实、语言文字、历史背景、中国法制史以及法理等方面分析"予则孥戮汝"中"孥戮"二字的含义，从而提出《尚书·甘誓》不是"连坐"制度的最早文献记载。

陈鸿彝认为《尚书》为中华法系提供了原型构架，他指出《尚书》是我国最先提出并系统论述"罪"、"刑"概念的上古文献。长期以来，人们习惯于以"仁"、"礼"来概括儒学，而忽视先秦儒学对刑法的全方位论述，甚至认为"中华法系"源于后起的法家。其实，正是《尚书》从法哲学的思考到国体、政体的制度性论证，从立法、司法、执法的基本原则到具体刑法条例的制定及其适用，从刑事犯罪到民事规范到司法诉讼程序，都有基础性的探讨。应该说，以《尚书》为代表的先秦儒学，为中华法系提供了最初的思想资料和体系框架。⑥

张家国在《〈尚书〉：夏、商、周三代法律文本的诠释》⑦ 中，从法律文本的角度对《尚书》进行了诠释。作者认为《尚书》不仅包含行政法律规范、军事法律规范，而且还包含有刑事法律规范。因此，可以将《尚书》作为夏、商、周三代法律文本来解读，从而有利于我们窥见夏、商、周三代法制建设的全貌。

《吕刑》作为流传至今的最古老的刑书，在研究三代法律时，显然具有特殊重要的地位。马小红的《〈吕刑〉考释》⑧ 分为三个部分：第一，考订了《吕刑》制定年代，以确定其史料价值；第二，将《吕刑》译成白话文，同时重新进行点校；第三，在前人考释的基础上，对《吕刑》逐字逐句进行考证。

---

① 武树臣：《〈尚书〉与古代法律文化》，《法律史论集》第 4 卷，法律出版社 2002 年版。

② 周学军：《〈尚书·吕刑〉中的"五过"新解》，《现代法学》1996 年第 1 期。

③ 王定璋：《象以典刑——论〈尚书〉中的刑罚观》，《中华文化论坛》1999 年第 4 期。

④ 王定璋：《从敬天保民到敬德保民——〈尚书〉中神权政治的嬗变》，《天府新论》1999 年第 6 期。

⑤ 龙安生：《〈尚书·甘誓〉并非"连坐"制度之源》，《韶关学院学报》（社科版）2003 年第 1 期。

⑥ 陈鸿彝：《〈尚书〉：为中华法系提供原型构架》，《江苏警官学院学报》2004 年第 2 期。

⑦ 张家国：《〈尚书〉：夏、商、周三代法律文本的诠释》，《法学评论》2000 年第 3 期。

⑧ 马小红：《〈吕刑〉考释》，《法律史论集》第 1 卷，法律出版社 1998 年版。

李振宇在《〈吕刑〉与当代治国方略》①中指出，《吕刑》是我国最古老的文献汇编《尚书》中的一篇，是体现"明德慎罚"治国思想的重要文献。

史学善的《"周公制礼"考辨——兼与杨华先生商榷》②，对"周公制礼"问题进行了考证性研究，重新肯定了周公制礼的事实。作者指出："周公制礼"是千古不变之论，"无反证不疑"应是解读文化传承史的基本原则。武树臣的《〈周礼〉与古代法律文化》③、魏笺的《略论〈周礼〉的法学价值》④、孙瑞的《〈周礼〉中市场法制管理文书探究》⑤，都是从《周礼》入手来窥探中国古代的法律文化。

丁海斌在《〈周礼〉中记载的法律文书与档案》⑥中指出，《周礼》是一部记载先秦政治制度的经典，其中也记载了一些司法诉讼活动的文书和档案，可用于法律史与档案史的研究。

还有学者从法律史的角度对《易经》进行研究。丛希斌的《明德慎罚观念在〈易经〉中的体现》⑦，考察了《易经》中的明德慎罚思想。他的《〈易经〉中记载的商周自由刑》⑧，则对《易经》的部分卜辞中所记载的商周时代的圜土之刑、坐嘉石之刑等进行了探讨。崔永东探讨了周初流行的"明德慎罚"思潮对《易经》的影响。⑨另外他的《帛书〈易传〉与帛书〈德行〉中的犯罪预防思想》⑩、《帛书〈周易〉中的法思想》⑪，张家国和李红卫的《〈周易〉古经之刑罚内容述论》⑫等都是讨论《易经》与西周时期

①　李振宇：《〈吕刑〉与当代治国方略》，《晋阳学刊》2002年第3期。
②　史学善：《"周公制礼"考辨——兼与杨华先生商榷》，《青岛海洋大学学报》（社科版）2000年第4期。
③　武树臣：《〈周礼〉与古代法律文化》，《法律史论集》第5卷，法律出版社2004年版。
④　魏笺：《略论〈周礼〉的法学价值》，《政法论丛》1998年第3期。
⑤　孙瑞：《〈周礼〉与市场法制管理文书探究》，《法制与社会发展》2003年第3期。
⑥　丁海斌：《〈周礼〉中记载的法律文书与档案》，《辽宁大学学报》（哲社版）1999年第2期。
⑦　丛希斌：《明德慎法观念在〈易经〉中的体现》，《法律史论集》第4卷，法律出版社2002年版。
⑧　丛希斌：《〈易经〉中记载的商周自由刑》，《天津师范大学学报》（社科版）2004年第3期。
⑨　崔永东：《帛书〈易经〉与西周法制》，《孔子研究》2001年第5期。
⑩　崔永东：《帛书〈易传〉与帛书〈德行〉中的犯罪预防思想》，《政法论坛》2001年第2期。
⑪　崔永东：《帛书〈周易〉中的法思想》，《法律史论集》第4卷，法律出版社2002年版。
⑫　张家国、李红卫：《〈周易〉古经之刑罚内容述论》，《黄冈师范高等专科学校学报》1997年第2期。

的法制问题。

王启发《〈礼记·月令〉与古代自然法思想》① 一文，从思想史意义上解读《礼记·月令》。作者认为，《礼记·月令》总体上反映出中国古代社会对其所生存的自然环境的认识，以及有计划安排社会生活的意识，以神本主义和农事中心主义为核心精神，以顺应自然、不违时令、不误农时为原则，以四时感应及阴阳思想为基本意识，而"天罚"的思想又反映了古人在自然法观念下的自省与警世的意识。因此，作者认为《礼记·月令》是中国古代的自然法典之集大成者，并对后世政治产生了深远影响。

田沐臣、马增强在《从礼经看西周时期的司法制度》② 一文中，认为先秦文化的整体性表现为礼乐文明，礼在当时的功用几乎是万能的、无所不包的。尤其是在以"尊礼文化"为特点的西周时期，礼是治国之本，规范着国家的根本制度，是政治法律的根本指导思想。对此，礼经作了较详细的记录。本文通过对礼经的研究，进一步揭示了西周司法制度的轮廓。

崔永东对马王堆汉墓出土的《老子》的两个抄本（即甲本和乙本）进行了分析，认为它有不少优于今本之处。③

高矞的《仁法哲学：〈论语〉中孔子法思想新解》④ 一文，从《论语》中重新解读孔子的法思想，认为孔子的法是建立在"仁政"的基础上，因而是一种仁法哲学。蒋重跃的《从〈书〉、〈诗〉的天命论看古代中国的正统观》⑤，根据对《书》、《诗》的考察，认为殷周之际人们开始相信天命是天下的最高统治权——王权的合法依据，天命转移的根据在于能否敬德保民，这样的正统思想在古代其他文明中还不曾见到。中国文明所具有的统一性和连续性的特点，在某种意义上说，得益于殷周之际形成的天命正统观。

王沛在《〈鹖冠子〉与战国时期的"法"观念》⑥ 一文中认为，"法"概念是战国时期黄老学说的核心理论之一，其对法家学说影响尤大。但由于双方基本着眼点不同，导致后期发展各异。作为战国末期的黄老作品，《鹖

---

① 王启发：《〈礼记·月令〉与古代自然法思想》，《炎黄文化研究》2002 年第 8 期。

② 田沐臣、马增强：《从礼经看西周时期的司法制度》，《西北大学学报》（哲社版）2000 年第 1 期。

③ 崔永东：《帛书〈老子〉甲乙本中的法律思想试析》，《政法论坛》1999 年第 4 期。

④ 高矞：《仁法哲学：〈论语〉中孔子法思想新解》，《法律史论集》第 5 卷，法律出版社 2004 年版。

⑤ 蒋重跃：《从〈书〉、〈诗〉的天命论看古代中国的正统观》，《求是学刊》2007 年第 3 期。

⑥ 王沛：《〈鹖冠子〉与战国时期的"法"观念》，《华东政法学院学报》2005 年第 6 期。

冠子》中的"法"观念更充分地体现出自身学派的特点，并已发秦汉后新理论之先声。

杨慧清在《〈法经〉名称由来驳议》① 中指出："法"、"经"二字，在春秋战国时期应用广泛，并各有其通行含义；主张"法后王"、"法要明白易知"，是法家的思想倾向和特点。因此，法家李悝所著的《法经》，其名称不可能是任何其他字的借字或借义，而应该是它们在当时的通行含义。何勤华的《〈法经〉略考》② 和《〈法经〉新考》③ 也是这方面研究的成果。

1993 年冬，湖北省荆门市郭店一号楚墓出土竹简七百多枚，经整理者的辛勤努力，已由文物出版社于 1998 年 5 月出版《郭店楚墓竹简》一书，内容包括《缁衣》、《五行》、《老子》、《太一生水》等先秦儒、道两家的典籍与前所未见的古佚书共 18 篇。崔永东据此写了《〈郭店楚墓竹简〉与儒家的犯罪预防学说》④《〈郭店楚墓竹简〉在先秦法律思想史研究上的价值》⑤ 等文，从法史的角度对这部分材料进行了研究。

---

① 杨慧清：《〈法经〉名称由来驳议》，《韶关学院学报》（社科版）2001 年第 4 期。

② 何勤华：《〈法经〉略考》，《法律史论集》第 1 卷，法律出版社 1998 年版。

③ 何勤华：《〈法经〉新考》，《法学》1998 年第 2 期。

④ 崔永东：《〈郭店楚墓竹简〉与儒家的犯罪预防学说》，《法律史论集》第 3 卷，法律出版社 2001 年版。

⑤ 崔永东：《〈郭店楚墓竹简〉在先秦法律思想研究上的价值》，《法学研究》2000 年第 2 期。

第四章　秦汉法律史研究

秦汉时期是中国古代正统法律思想和传统法制确立的时期，秦汉法律史在中国法律史研究中占有重要地位，一向为学术界所重视。20 世纪以来，简帛材料的出土为秦汉法律史研究提供了新的契机。据不完全统计，近十年来，学术界关于秦汉法律史发表论文 400 多篇，出版著作 70 余部，其中与出土材料有关的选题占有相当大的比例。① 出土材料的大量使用，使秦汉法律史研究出现了前所未有的繁荣。

一、简帛法制资料的整理与研究

（一）简帛法制资料整理

1. 龙岗秦简

1989 年，湖北省文物考古研究所等单位在云梦龙岗 6 号墓出土秦代竹简 283 枚，木牍 1 枚。与睡虎地云梦秦简不同的是，它们是秦统一以后所颁布的法律文书，整理小组将简文分为《禁苑》、《驰道》、《马牛羊》等 5 篇。2001 年文物出版社出版了《龙岗秦简》，对这批简文作了考释。

2. 湘西里耶秦简

2002 年，湖南省湘西龙山县里耶战国古城一号井出土了大批文物，其中有 36000 枚简牍，绝大部分为从秦始皇二十五年（前 220 年）到秦二世二年（前 208 年）期间官府留下的档案文书，主要内容包括郡县设置、司法文书、法律条文等，为研究秦朝的法律制度、政治、经济、军事、天文、地理等提供了弥足珍贵的第一手资料。这是我国至今发现时间最早的地方官府档案。目前这批简牍正在考释、整理之中。从发掘简报来看，其法制内容十分丰富。

---

① 以 2003 年为例，这一年发表的关于秦汉法律史的 40 多篇论文中，其标题直接与简帛有关的就达半数以上。这充分说明了新资料的发现对秦汉法史研究的重要性，同时秦汉法史研究中呈现出的"舍"新资料则无亮点的局面也值得学界反思。

3. 张家山汉简

1984 年和 1988 年在湖北江陵张家山出土了汉简 2787 枚。古代文献记载依稀反映刘邦起兵后是按楚制来建制的，江陵汉简《奏谳书》案例十六记有四人因守荥阳而得的爵位"皆故楚爵，属汉比士，非诸侯子"，这确证刘邦先行楚制，后来又有一个向秦制转化的过程。关于汉初律令我们只知道是萧何依照秦律草刻的，这次出土的《二年律令》、《律令二十□种》、《津关令》、《奏谳书》等，不仅反映了汉律对秦律的继承性，而且还反映了不同于秦律的汉律在萧何及以后一段时间的发展过程，这对于研究汉律的来源及形成具有重要意义。尤其是其中的《奏谳书》为研究汉代诉讼审判制度及司法机关的运行机制等提供了极为可靠的材料。2001 年文物出版社出版了《张家山汉墓汉简（二四七号墓）》，为研究者提供了第一手材料。

4. 敦煌悬泉汉简

1990 年到 1992 年，甘肃省文物考古研究所在敦煌与安西交界的悬泉寺遗址发掘出土了 35000 余枚汉简，内容包括诏书、司法文书、律令、官府文书等。尤其是大量的邮驿文书和簿籍的发现，将对汉朝的邮驿制度、中西交通以及民族关系研究产生深远影响。目前这批汉简正在考释、整理之中，已经公布的有《敦煌悬泉汉简释文选》[1]、《敦煌悬泉汉简释粹》[2]。

5. 尹湾汉墓简牍

1993 年，江苏省连云港市东海县尹湾村 2 号和 5 号汉墓出土了 133 枚竹简和 24 枚木牍，共约 4 万多字，内容也很丰富，包括《集簿》、《东海郡属县乡吏员定簿》、《永始四年兵车器集簿》。为研究汉朝的上计制度、官吏的设置、官吏的奖惩、行政建制等提供了宝贵的第一手材料。目前尹湾汉墓简牍已经整理公布。[3]

（二）简帛法制资料研究

高敏的《漫谈〈张家山汉墓竹简〉的主要价值与作用》[4] 一文，从刍蒿制度、土地制度、赐爵制度、租税制度等方面，阐述了《二年律令》的

---

① 甘肃省文物考古研究所：《敦煌悬泉汉简释文选》，《文物》2000 年第 5 期。

② 胡平生、张德芳：《敦煌悬泉汉简释粹》，上海古籍出版社 2001 年版。

③ 连云港市博物馆、东海县博物馆、中国社会科学院等：《尹湾汉墓简牍》，中华书局 1997 年版。

④ 高敏：《漫谈〈张家山汉墓竹简〉的主要价值与作用》，《郑州大学学报》（哲社版）2002 年第 3 期。

史料价值。

朱红林的《张家山汉简〈二年律令〉集释》① 按照张家山汉简《二年律令》的顺序，搜集了近年来研究张家山汉简《二年律令》的成果并逐条梳理，集各家注释之大成，为学界进一步研究打下了基础。蔡万进著《张家山汉简〈奏谳书〉研究》② 一书也吸收了近年来关于张家山汉简的研究成果。

王子今的《张家山汉简〈贼律〉"偏捕"试解》③ 对张家山汉简中的"偏捕"一词进行了词义辨析。作者认为，张家山汉简《二年律令》中《贼律》所见"偏捕"，整理小组释文写作"偏（徧）捕"，似乎理解为全数逮捕。然而这一解释与《盗律》中有关简文存在着矛盾。"偏"之字义，又有"偏，佐也"，"偏，亦裨也"的解释。取"佐"、"裨"之义解释张家山汉简《贼律》所见"偏捕"，可能更为恰当。

湛玉书的《张家山汉简〈奏谳书〉中的司法程序词语研究》④ 对《奏谳书》中的审判术语进行了研究，认为张家山汉简《奏谳书》为我们更好地了解西汉的法律制度，特别是诉讼制度提供了可能。

张全民的《"毋二尺告劾"试解》⑤ 对汉简中两次出现的"毋二尺告劾"之文进行了解读，认为其含义为不要依法起诉。其中的"二尺"指中下层官吏手中持有的律令文书，它在长度上与中央政府直接颁布的文书有别。

阎步克的《〈二年律令·秩律〉的中二千石秩级阙如问题》⑥ 对张家山汉简《二年律令·秩律》的内容进行了考辨。关于汉代的秩级，《二年律令·秩律》中最高秩是二千石，有学者认为，《秩律》缺中二千石诸简。作者经过研究认为，汉初原无中二千石一秩，故《秩律》这部分并不存在缺简。

王子今、范培松的《张家山汉简〈贼律〉"叚大母"释义》⑦ 一文认

---

① 朱红林：《张家山汉简〈二年律令〉集释》，社会科学文献出版社 2005 年版。
② 蔡万进：《张家山汉简〈奏谳书〉研究》，广西师范大学出版社 2006 年版。
③ 王子今：《张家山汉简〈贼律〉"偏捕"试解》，《中原文物》2003 年第 1 期。
④ 湛玉书：《张家山汉简〈奏谳书〉中的司法程序词语研究》，《河南社会科学》2005 年第 6 期。
⑤ 张全民：《"毋二尺告劾"试解》，《史学集刊》2003 年第 3 期。
⑥ 阎步克：《〈二年律令·秩律〉的中二千石秩级阙如问题》，《河北学刊》2003 年第 5 期。
⑦ 王子今、范培松：《张家山汉简〈贼律〉"叚大母"释义》，《考古与文物》2003 年第 5 期。

为，亲族称谓是社会称谓中的重要内容，历代亲族称谓屡有变动。研究不同历史时期亲族称谓形式和内涵的演变，可以帮助我们理解当时的宗族结构和社会关系。作者对张家山汉简中的"叚大母"一词的词义及其内涵进行了研究。

李均明的《〈二年律令·具律〉中应分出〈囚律〉条款》① 一文从传世文献、其他出土简牍记载及简册的遗存状况三个方面，认为今张家山汉简《二年律令·具律》的六部分条款当属《囚律》（或名《网律》），属于《具律》的条款反而很少。

曹旅宁的《张家山汉律研究》② 收集了作者 24 篇有关张家山汉简的文章，涉及汉律制作年代、《贼律》、《盗律》、《户律》、《史律》、《传食律》、《捕律》、《亡律》、《具律》等。此外，他还专门考察了《二年律令·盗律》的 18 个条文，论证了"群盗"的概念及其构成要件，认为"群盗"是指五人以上，以暴力手段故意伤害致人残废、故意抢劫的行为，并指出盗律生动地反映了秦汉时期的群盗集团与农民起义之间的关系。③

崔永东著《金文简帛中的刑法思想》④ 一书，从思想史的角度对金文简帛进行了研究。该书内容包括周代金文中的刑法思想、云梦秦简中的刑法思想、银雀山汉简中的刑法思想、武威汉简中的刑法思想、帛书《老子》甲乙本中的刑法思想、帛书《皇帝四经》中的刑法思想等。作者提出了许多新的观点，如周代金文中的刑法思想可以概述为"明德慎罚"；儒家与法家思想的合流并非始于汉朝，在秦简中已经反映出两种思想互相交融的迹象；战国时期齐国已经出现了有期徒刑；等等。同一作者所著《简帛文献与古代法文化》⑤ 一书对竹简中的法律思想与法律制度、帛书中的法律思想和法律制度、竹简所反映的儒法两家思想的法律化、帛书中的法律自然主义理论与中国古代法制等问题进行了研究。

罗鸿瑛主编的《简牍文书法制研究》⑥ 按照部门法体例，将出土文物中的法制资料与传世文献相互印证，在综合前人研究成果的基础上，对许多制

① 李均明：《〈二年律令·具律〉中应分出〈囚律〉条款》，《郑州大学学报》（哲社版）2002年第 3 期。

② 曹旅宁：《张家山汉律研究》，中华书局 2005 年版。

③ 曹旅宁：《张家山汉简盗律考》，《南都学坛》2003 年第 1 期。

④ 崔永东：《金文简帛中的刑法思想》，清华大学出版社 2000 年版。

⑤ 崔永东：《简帛文献与古代法文化》，湖北教育出版社 2003 年版。

⑥ 罗鸿瑛主编：《简牍文书法制研究》，华夏文化艺术出版社 2001 年版。

度提出了自己的看法。如养老制度、继承制度、诉讼制度等，指出汉朝已经出现契约文书格式，并且可能在汉朝已经出现了市券。

　　有关简帛研究的全面综述可以参见沈颂金编《二十世纪简帛学研究》①，该书附录有 1998 年到 2003 年简帛学论著目录，为简帛学研究者提供了便利。王震亚的《竹木春秋——甘肃秦汉简牍》②、马今洪的《简帛发现与研究》③、李均明的《古代简牍》④、何双全的《简牍》⑤、赵超的《简牍帛书发现与研究》⑥ 都对简帛的出土和整理情况作了介绍。国学大师王国维的著作《简牍检署考》也在整理之后以《简牍检署考校注》⑦ 之名再次出版。英国学者鲁惟一的《汉代行政纪录》于近期出版了中文翻译本。⑧ 此外，1999 年法律出版社出版的《中国法制通史》第二卷和第三卷，汪桂海的《汉代官文书研究》⑨，张建国的《帝制时代的中国法》⑩，中国政法大学法律古籍研究所编《中国古代法律文献研究》⑪，廖名春的《出土简帛丛考》⑫，中国文物研究所编《出土文献研究》第 6 辑和第 7 辑⑬，张伯元主编的《法律文献整理与研究》⑭，陈公柔的《先秦两汉考古学论丛》⑮，张伯元的《出土法律文献研究》⑯ 等，都收录了一些相关的成果。

---

① 沈颂金：《二十世纪简帛学研究》，学苑出版社 2003 年版。
② 王震亚：《竹木春秋——甘肃秦汉简牍》，甘肃教育出版社 1999 年版。
③ 马今洪：《简帛发现与研究》，上海书店出版社 2002 年版。
④ 李均明：《古代简牍》，文物出版社 2003 年版。
⑤ 何双全：《简牍》，敦煌文艺出版社 2004 年版。
⑥ 赵超：《简牍帛书发现与研究》，福建人民出版社 2005 年版。
⑦ 王国维：《简牍检署考校注》，上海古籍出版社 2004 年版。
⑧ ［英］鲁惟一著，于振波、车今花译：《汉代行政纪录》，广西师范大学出版社 2005 年版。
⑨ 汪桂海：《汉代官文书研究》，广西教育出版社 1999 年版。
⑩ 张建国：《帝制时代的中国法》，法律出版社 1999 年版。
⑪ 中国政法大学法律古籍研究所编：《中国古代法律文献研究》，中国政法大学出版社 2004 年版。
⑫ 廖名春：《出土简帛丛考》，湖北教育出版社 2004 年版。
⑬ 中国文物研究所编：《出土文献研究》第 6 辑、第 7 辑，上海古籍出版社 2004、2005 年版。
⑭ 张伯元主编：《法律文献整理与研究》，北京大学出版社 2005 年版。
⑮ 陈公柔：《先秦两汉考古学论丛》，文物出版社 2005 年版。
⑯ 张伯元：《出土法律文献研究》，商务印书馆 2005 年版。

二、秦代法律史研究

　　近年来对秦代法律史进行系统研究的著作有曹旅宁的《秦律新探》①。该书内容包括秦律的起源、秦律中的家族及阶级法、秦律中的资源统制法、秦律的刑罚和秦律与汉律的关系等。在探讨秦律的起源时，作者运用人类学的方法，指出《公车司马猎律》起源于秦人在田猎生产时的劳动纪律。作者详细地论述了"葆子"即春秋战国时期以子弟为"质任"的问题；还对"商鞅携《法经》入秦说"提出了质疑；此外还指出"商鞅改法为律"是子虚乌有之事。作者还提出了一系列新观点，如："假门逆旅"是流民，并非是商人，而且睡虎地秦简中抄录的两条魏律只适用于魏国；秦代奴婢与后代奴婢地位没有本质差别，不可以此为根据来确定古代史的分期；秦代的弃市源于献祭的绞杀之刑，宫刑与髡刑源于古代人的信仰；商鞅变法多沿袭秦的旧法；等等。

　　关于秦代的法律形式，何勤华的《秦汉时期的判例法研究及其特点》②一文认为，从秦汉开始，中国就明确认可判例的法律效力，并出现了对判例法的研究活动。南玉泉的《秦令的演化及其在法律形式中的地位》③对秦令进行了比较深入的研究。蔡万进的《里耶秦简秦令三则探析》④认为，里耶秦简的出土表明秦令是确实存在的，是秦代法律的重要补充形式。秦令内容丰富，涉及徭役、兵役征发，人口买卖、户籍管理等。作为一种法律形式，秦令对汉代法律也有重要的影响。

　　关于秦代行政类规范，黑广菊的《略谈秦的"以法治吏"》⑤一文，以考古资料结合文献资料，从法律的角度考察了秦基层官吏的选任、岗位责任、考核和赏罚等，说明了"以法治吏"对秦的影响及"法"在国家建设中的重大作用。孙延波、任怀国的《秦代人事立法初探（上）》和《秦代人事立法初探（下）》⑥认为，以往由于史料缺乏，史学界对于秦代官僚制度

---

① 曹旅宁：《秦律新探》，中国社会科学出版社版 2002 年版。

② 何勤华：《秦汉时期的判例法研究及其特点》，《法商研究》1998 年第 5 期。

③ 南玉泉：《秦令的演化及其在法律形式中的地位》，《考古与文物》2005 年第 2 期。

④ 蔡万进：《里耶秦简秦令三则探析》，《许昌学院学报》（哲社版）2004 年第 6 期。

⑤ 黑广菊：《略谈秦的"以法治吏"》，《聊城师范学院学报》（哲社版）2000 年第 2 期。

⑥ 孙延波、任怀国：《秦代人事立法初探（上）》，《政法论丛》1996 年第 5 期；《秦代人事立法初探（下）》，《政法论丛》1996 年第 6 期。

的研究很不充分，湖北云梦睡虎地秦墓竹简的出土，多少弥补了史料之不足。文章仅就秦简及有关史料对秦代人事立法作了初步探索。秦自商鞅变法以来，在废除世卿世禄制度的同时，实行了官吏任免制度，并且以法律的形式确定下来。通过对秦简的研究，作者发现秦代在选拔任用官吏方面有诸种限制，文中对此作了详细阐述。白焕然的《论秦代狱吏考核制度》① 认为，秦朝是我国历史上第一个统一的中央集权的封建王朝，它的法律制度、官吏考核制度对封建社会乃至今天都有影响。秦朝官吏考核制度既包括一般行政官员的考核制度又包括监狱官吏的考核制度。在司法实践中，狱吏考核制度与司法实践存在着严重的矛盾，表现了封建社会王朝政治的虚伪性和欺骗性。周生春的《云梦秦简行政法文献新论》② 认为，云梦秦简中的《为吏之道》是道德规范而非行政法文献，《语书》和《法律答问》中部分条文属于行政法规。秦简中的行政法规以政府职能部门和官吏行为规范为主要内容，主要涉及财务、经济、行政，并以地方政府与低级官吏为主要对象，以惩罚为主要手段，具有形式多样、诸法合体等特点，其条文可按《周礼》中的治典、教典、政典、刑典和事典分为五类。作者认为云梦秦简并非迄今为止我国发现的最早的法律文书。

　　阎步克的《从〈秩律〉论战国秦汉间禄秩序列的纵向伸展》③ 对战国秦汉时期禄秩序列的变化进行了考察，认为张家山汉简《二年律令·秩律》的面世，使我们得以找到一个新的参考点，更清晰地揭示战国秦汉间禄秩序列的纵向伸展过程。禄秩的最高秩由秦国之千石，进而发展到二千石、中二千石，直至御史大夫和丞相也形成秩级；同时低端的一些细碎秩级消失了，禄秩的上下段趋于匀称。禄秩具有面向于"吏"的"吏禄"性质。禄秩的变化过程显示，更多高级官僚被王朝以"吏"的形象定性定位，同时中央官的秩级不断向上伸展，而郡县王国官的秩级却相形下降，中央对地方的强势地位，在官阶安排上也得到了保障。

　　关于秦代刑法，方潇的《秦代刑事责任能力身高衡量标准之质疑——兼论秦律中身高规定的法律意义》④ 一文，就秦代刑事责任能力的衡量标准

---

① 白焕然：《论秦代狱吏考核制度》，《中国监狱学刊》2001 年第 5 期。
② 周生春：《云梦秦简行政法文献新论》，《浙江大学学报》（人文社科版）2005 年第 1 期。
③ 阎步克：《从〈秩律〉论战国秦汉间禄秩序列的纵向伸展》，《历史研究》2003 年第 5 期。
④ 方潇：《秦代刑事责任能力身高衡量标准之质疑——兼论秦律中身高规定的法律意义》，《江苏社会科学》1999 年第 4 期。

问题提出了新看法。作者指出，中国法制史学界普遍认为，秦代以行为人的身高作为承担刑事责任的衡量标准，其主要依据是睡虎地秦墓竹简中的若干律文。但是，如果对这些律文仔细加以研究，则无论如何都得不出秦代人的身高与刑事责任的有无存在必然关联的结论。作者认为，秦律中有关身高规定的法律意义在于：行为人如果触犯了刑律，其身高与刑事责任的大小有一定联系；在一定条件下，身高可以作为应否承担民事责任的衡量标准。张全民的《秦律的责任年龄辨析》① 对秦律中有关责任年龄的规定作了探讨。严国庆的《从云梦秦简看秦的赎刑制度》② 依据秦简律文及有关史料，从赎刑的种类、取赎的方式、取赎的范围、取赎刑徒的管理等几个方面，对秦代的赎刑制度进行了考察。

张功的《秦朝"盗"考论》③ 一文认为，秦朝不堪赋敛盘剥的普通百姓、逃亡刑徒、与专制政府对抗的少年是秦朝"盗"的主体，除普通窃盗外，大量群盗的存在是秦朝"盗"的特点，秦朝有专门的法律、官吏以制裁、控制"盗"，数量众多的"盗"对秦朝社会各方面造成很大的影响。该作者的另一篇文章《秦朝逃亡犯罪探析》④ 研究了秦代的逃亡犯罪问题，认为郡县制取代分封制，宗族庇护下的公社成员转变为国家直接管理的编户齐民，秦政府赋敛无度，法网严酷，加之文化高压政策的迫害，导致了逃亡犯罪的大量增加。曹旅宁的《秦律宫刑非淫刑辨》⑤ 通过研究秦简中的有关资料，就宫刑的性质提出了新的看法。

在民事及经济规范研究方面，童光政的《简论秦代契约法》运用睡虎地秦墓竹简资料，对秦代买卖、借贷、保管、雇佣等契约进行了考察，认为"秦代契约无论是形式、种类、调整的内容还是法律责任都较前代有所发展和进步"。⑥ 曹旅宁的《秦律中所见的家族法》⑦ 一文认为，中国古代法律家族化的特征不是汉代法律儒家化以后才出现的，早在秦代就已经确立。朱奎泽的《云梦秦律：经济运作的理性精神》⑧ 以云梦秦律为据，就其中有关

① 张全民：《秦律的责任年龄辨析》，《吉林大学社会科学学报》1998 年第 1 期。
② 严国庆：《从云梦秦简看秦的赎刑制度》，《江苏广播电视大学学报》2000 年第 2 期。
③ 张功：《秦朝"盗"考论》，《甘肃高等师范学校学报》2003 年第 4 期。
④ 张功：《秦朝逃亡犯罪探析》，《首都师范大学学报》2002 年第 6 期。
⑤ 曹旅宁：《秦律宫刑非淫刑辨》，《史学月刊》2002 年第 6 期。
⑥ 童光政：《简论秦代契约法》，《研究生法学》1996 年第 2 期。
⑦ 曹旅宁：《秦律中所见的家族法》，《学术研究》2002 年第 4 期。
⑧ 朱奎泽：《云梦秦律：经济运作的理性精神》，《兰州铁道学院学报》2003 年第 2 期。

经济运作所贯彻的理性精神进行了探讨。王柏中、隋文家的《秦朝利用法律手段对经济行为的规范管理》① 一文认为，秦朝重视运用法律规范社会经济行为，内容宽泛而具体，有利于经济活动有序进行，但政府的过分干预，抑制了商品经济活动自身内在的活力。

关于秦代司法，孙瑞的《从〈睡虎地秦墓竹简〉看秦国控告文书》② 对《睡虎地秦墓竹简》中的控告文书作了简要分析。张伯元的《〈秦简·法律答问〉与秦代法律解释》③ 对秦代法律解释的特征及解释方法进行了研究。闫晓君《秦汉时期的刑事侦查》④ 则从听取控告、现场勘察、现场走访、发现疑点寻找线索、审讯技巧、类推与实证和物证检验等七个方面对秦汉时期的刑事侦查制度作了详细介绍。

关于对秦代法治的思考，也有一些成果发表。史广全《秦朝法治失败原因的理性思考》⑤ 一文认为，秦朝法治失败有多方面的原因，既有法治观念上的偏颇也有法治实践中的失误。高鸿钧的《先秦和秦朝法治的现代省思》⑥ 一文认为，中国具有悠久的历史传统，其中蕴藏着丰厚的法治资源。文章考察并分析了先秦和秦朝法治产生的历史背景、主要原则、运作机制、价值取向以及实践效果等，指出传统法治中的一些原则、义理和机制与现代法治有相通之处，可为现代法治所用。尹硕的《小议秦律严苛背后的法治精神》⑦ 一文认为，秦律在中国法制史上占有十分重要的位置，所谓"明法度、定律令、皆以始皇起"。长期以来，对于秦律的认识与评价似乎已成定论，即秦律是一部条目繁杂琐细、刑罚极其苛酷的法律。作者认为，从刑罚角度来看，秦律之严酷毋庸争辩，但从秦律产生的历史背景和法治理念等方面考察，秦律严苛的背后，蕴涵着不少值得推崇的法治精神和法制原则，在历史上有深远影响。

① 王柏中、隋文家：《秦朝利用法律手段对经济行为的规范管理》，《鞍山师范学院学报》2000 年第 2 期。

② 孙瑞：《从〈睡虎地秦墓竹简〉看秦国控告文书》，《吉林大学社会科学学报》1998 年第 2 期。

③ 张伯元：《〈秦简·法律答问〉与秦代法律解释》，《华东政法学院学报》1999 年第 3 期。

④ 闫晓君：《秦汉时期的刑事侦查》，《寻根》2001 年第 1 期。

⑤ 史广全：《秦朝法治失败原因的理性思考》，《求是学刊》2001 年第 3 期。

⑥ 高鸿钧：《先秦和秦朝法治的现代省思》，《中国法学》2003 年第 5 期。

⑦ 尹硕：《小议秦律严苛背后的法治精神》，《中学历史教学参考》2004 年第 11 期。

三、汉代法律史研究

（一）法律思想研究

崔永东的《论汉代法律思想与法律制度的变革》① 一文认为，在汉代，法律思想与法律制度均发生了重大变化，这一变化奠定了"中华法系"的基础，儒家道德思想从此成了中国传统法律文化的主流。《〈王杖十简〉与〈王杖诏书全册〉法律思想研究》② 一文通过对 20 世纪 50 年代和 80 年代在甘肃武威缠山村磨嘴子汉墓出土的两批木简的研究，考察了儒家的刑法思想对汉代刑事立法的影响。《张家山汉简中的法律思想》③ 以《二年律令》、《奏谳书》及其他出土秦汉简帛为核心，结合存世文献，论证了汉初为法律儒家化之开端。作者还认为，汉律继承了秦律"明主治吏不治民"思想，强调对官吏的严格管理，表现出对秦律强烈的继承性。

姜晓敏的《班固"法自然"观初探》④ 考察了班固"法自然"观的表现、思想基础、理论价值等。

于语和的《论汉代的经学与法律》⑤ 认为，作为两汉封建意识形态核心内容的经学，对汉代法律思想、法律制度和法律实践产生了极其深刻的影响。今文经学的神学化，导致"大德小刑"论盛行，并成为我国正统法律思想的重要组成部分。今文经学的阴阳五行化，使先秦时的"德刑时令说"得以发展，并对汉代及后代的司法活动产生了影响。经学的独尊造成儒家经典的法典化，它不仅成为立法的理论基础，而且变成直接用来决案断狱的法条。经学维护等级制度，促使礼与法进一步结合，形成了"出礼入刑"的局面。东汉古文经学的勃兴，使注经成为时尚，由注经发展到注律，促进了律学的产生。

侯欣一的《孝与汉代法制》⑥ 一文认为，孝在中国古代处于十分重要的地位。在中国古人看来，人之德最大莫过于孝，人之恶最大亦莫过于不孝。

---

① 崔永东：《论汉代法律思想与法律制度的变革》，《孔子研究》2000 年第 1 期。
② 崔永东：《〈王杖十简〉与〈王杖诏书全册〉法律思想研究》，《法学研究》1999 年第 2 期。
③ 崔永东：《张家山汉简中的法律思想》，《法学研究》2003 年第 5 期。
④ 姜晓敏：《班固"法自然"观初探》，《政法论坛》2000 年第 4 期。
⑤ 于语和：《论汉代的经学与法律》，《南开学报》（社科版）1997 年第 4 期。
⑥ 侯欣一：《孝与汉代法制》，《法学研究》1998 年第 4 期。

因而，重孝，即褒奖孝行、严惩不孝便自然成了中国古代法律的特点及重要任务之一。文章对孝与汉代法制的关系进行了较详细的研究。李文玲的《汉代孝伦理的法律化》① 认为，儒家孝伦理创立之初，其治世功用并未受到统治阶层的重视，直到汉代，儒家思想成为治国的主导思想，孝伦理才逐渐法律化，并在司法实践中得到贯彻实施，使"以孝治天下"成为汉代治国的一大特色。

田莉姝的《论汉朝法律儒家化的体现》② 一文认为，法律儒家化是中国古代法律发展的一个重要过程，儒家思想向法律的渗透影响着中国法律的走向，汉朝是法律全面儒家化的开端。文章从立法思想、法律解释、法律内容和司法制度等四个方面对汉朝法律的儒家化进行了阐述。

胡旭晟《试论西汉法制与其官方哲学之关系》③ 一文认为，儒学作为封建官方哲学在西汉还处于逐渐形成、不断巩固的阶段，而西汉法制基本格局的奠定则远远早于西汉儒家官方哲学的诞生，这就决定了儒家哲学对西汉法制的影响只能是间接的和局部渗透的。单以"德主刑辅"与封建五刑在西汉立法中没有得到正式确认，即可看出儒家学说在当时尚未成为统治阶级进行立法的根本指导思想。但是，就整个中国封建社会而言，儒家官方哲学对法制的影响是极为深远的，并且越到后来，随着儒家学说作为统治思想的地位日益巩固，它对封建法制的渗透也越来越深、越来越广。

马克林的《汉代法制转型中的宗教因素》④ 对宗教在法制发展中的作用进行了探讨，作者认为，法律与宗教、道德等作为社会控制的重要手段，在历史上经历了由混合到分离的嬗变过程。在西汉中期的法制转型中，随着儒家学说定于一尊，被囊括在儒家思想之中的宗法性宗教对汉代法制产生了直接影响，赋予法律以神秘的力量，使汉代法制具有宗教性特征。

（二）法律来源及法律形式研究

关于汉代法律的来源，学术界的讨论多集中在汉律与秦律的关系问题上。闫晓君《略论秦律对汉律的影响》⑤ 一文认为，关于汉律与秦律的关系，历史上早有所谓"汉承秦制"的说法，即汉律的制订以秦律为基础，

① 李文玲：《汉代孝伦理的法律化》，《江淮论坛》2003 年第 6 期。
② 田莉姝：《论汉朝法律儒家化的体现》，《贵州大学学报》（社科版）2005 年第 3 期。
③ 胡旭晟：《试论西汉法制与其官方哲学之关系》，《文史博览》2005 年第 1 期。
④ 马克林：《汉代法制转型中的宗教因素》，《西北师范大学学报》（社科版）2004 年第 2 期。
⑤ 闫晓君：《略论秦律对汉律的影响》，《甘肃政法学院学报》2005 年第 5 期。

有所继承，有所发展。实际上，汉初的立法思想是对秦代"重刑轻罪"法律思想的拨乱反正，汉律本着"罪大者罚重，罪小者罚轻"的原则对秦律进行修正、继承和发展，而且经历了从汉初到武帝时期这样一个较长的过程。文章通过睡虎地竹简秦律与张家山竹简汉律的比较研究，通过对秦、汉律条文沿革的考述来具体说明汉律对秦律的继承和发展。

车佐贤的《从出土简牍看秦汉法律制度的继承和发展》[①] 依据出土简牍和传世文献，从三个方面论述了汉代法律制度对秦律的继承和发展。首先，汉朝不仅《九章律》是在秦律的基础上修订而成，而且"天子诏所增损，不在律上者为令"、汉武帝"废黜百家，独尊儒术"等体现的大一统思想反映在法律思想上的"法令由一统"和秦王朝如出一辙。其次，文章从定罪量刑的有关原则论述了秦汉法律在确定刑事责任资格、自首从轻、亲亲得相首匿等方面的相似之处和不同之点，阐述了前后两代法律的发展继承关系。最后，文中结合出土文书中的有关案例，比较了秦汉律令条文中对几种罪行的量刑处罚，进一步说明秦汉法律内容上的源渊承袭关系。作者得出结论认为，秦汉两朝虽然有根本不同的立国理论和政治主张，但从法律思想、立法原则以及具体法律内容看，却有多方面的承袭关系。

高敏的《汉初法律系全部继承秦律说——读张家山汉简〈奏谳书〉札记之一》[②] 从文献记载、萧何制定汉律九章的时间及《奏谳书》简文三个方面，对传统"汉承秦制"的说法作了验证，指出《奏谳书》所反映出来的汉律，全部继承秦律而来，这是汉初法律的最大特点。

蔡万进、吴亮合撰的《从张家山汉简看楚汉法统关系》[③] 一文，指出张家山汉简历谱中"新降为汉"之"汉"，是指刘邦刚刚建立的汉王朝，而非楚汉之争期间的汉王国。《奏谳书》中"楚时去亡，降为汉"之"楚" 不应仅限于楚汉战争之"楚"，还应包括陈胜"张楚"之楚，楚怀王"义帝"之楚。张家山汉简中的材料反映了汉初官方及民间对楚汉法统关系的基本看法，为今人了解西汉文帝、武帝时期对楚汉法统关系的认识及其历史影响提供了宝贵的线索。

崔永东《张家山出土汉律的特色》[④] 一文，对秦律和汉律作了比较，认

---

① 车佐贤：《从出土简牍看秦汉法律制度的继承和发展》，《甘肃社会科学》2002 年第 3 期。

② 高敏：《汉初法律系全部继承秦律说——读张家山汉简〈奏谳书〉札记之一》，《秦汉史论丛》第 6 辑，江西教育出版社 1994 年版。

③ 蔡万进、吴亮合撰：《从张家山汉简看楚汉法统关系》，《中州学刊》2002 年第 2 期。

④ 崔永东：《张家山出土汉律的特色》，《政法论坛》2002 年第 5 期。

为汉律在维护家庭伦理、惩治官员犯罪、抑制吏治腐败等方面有自己的特色，尤其是"严于治吏"的思想对今天的法制建设仍具有积极的借鉴意义。

张建国的《试析汉初"约法三章"的法律效力——兼谈"二年律令"与萧何的关系》① 一文认为，《二年律令》中的"二年"并不是指吕后二年，而是汉高祖二年。它与萧何所制定的法令有密切的关系，这些法律奠定了汉代法律的基础。同一作者的《叔孙通定〈傍章〉质疑——兼析张家山汉简所载律名》② 一文认为，叔孙通并未制定《傍章》，《傍章》只是汉律里的一类，相对于正律而得名。张家山汉简中所见的律篇名，凡不属于正律即《九章律》篇名的，应当就是《傍章》中的篇名。

关于汉代的法律形式，学者们进行了广泛的探讨。秦进才《汉代皇权与法律形式》③ 一文对汉代的律、令、科、比、品约等进行了考察，并分析了其相互间的关系。

刘笃才的《汉科考略》④ 一文认为，科是汉代的法律形式之一，在汉魏法律体系转变中发挥了积极的作用。但在法律史学界，对于汉科是否一种独立的法律形式一直存在争议。依据《汉书》和《后汉书》中的史料，可以证实汉科确实存在。科和比不同，是从律令中衍生出来的定罪正刑之法。曹魏以及蜀、吴的科皆是对汉科的继承。同一作者的《论汉代法律体系的几个问题》⑤ 一文，依据出土史料，再次阐明了汉代有科的观点，认为汉科不仅是定罪正刑之法，同时是计功行赏之法。汉代法律形式除律令之外，还有科比和品约。品约是由各都尉府分别制定的一种法律形式，唐代的烽式就是基于汉代的品约而逐渐形成的军事规范。

闫晓君的《两汉"故事"论考》⑥ 一文认为，在两汉时期，除律、令、科、比之外，"故事"也是一种重要的法律形式，在汉代政治法律生活中起重要作用。汉王朝设"掌故"一职"主故事"。文章在搜集两汉"故事"的基础上，主要考述了"故事"的形成与废止、"故事"的内容、"故事"

---

① 张建国：《试析汉初"约法三章"的法律效力——兼谈"二年律令"与萧何的关系》，《法学研究》1996 年第 1 期。

② 张建国：《叔孙通定〈傍章〉质疑——兼析张家山汉简所载律名》，《北京大学学报》（哲社版）1997 年第 6 期。

③ 秦进才：《汉代皇权与法律形式》，《河北法学》2004 年第 2 期。

④ 刘笃才：《汉科考略》，《法学研究》2003 年第 4 期。

⑤ 刘笃才：《论汉代法律体系的几个问题》，《当代法学》2004 年第 4 期。

⑥ 闫晓君：《两汉"故事"论考》，《中国史研究》2000 年第 1 期。

的法律效力与地位等问题。

吴秋红的《论汉代的判例法》① 一文认为，汉代是我国古代判例法的发展时期。汉代判例法的迅速发展改变了古代的法律形式，对成文法起了补充、延续、修改和完善的作用，使儒家道德法律化。《秦汉时期判例适用的方法及得失》② 认为，秦汉时期判例适用的方法形式多样，既有简单的援引比附，又有形式推理和实质推理的运用。判例的运用填补了法律空白、丰富了法学理论、促进了律学的发展。但由于在适用判例时技术方面存在着不足，没有处理好成文法和判例的关系，不可避免地带来了消极影响。

闫晓君《略论秦汉时期地方性立法》③ 一文认为，地方性法规是秦汉时期封建法律体系的重要组成部分，它一般是由地方行政长官（郡守、县令等）以语书、教、条教、记、府书、科令、条式等形式发布，内容主要包括劝课农桑、移风易俗、设立学校教化及其他一些"民间小事"。秦汉时期的地方立法一般限制在地方行政长官的权限内，除非皇帝特别授权。在有些时期，地方立法一度盛行，以致出现了"擅为条教"的现象。东汉末年，地方官吏更是妄行非法。

《蛮夷律》是我国古代适用于少数民族地区的一项专门法规，目前仅见于湖北江陵张家山汉简《奏谳书》中的一桩案例。曾代伟、王平原的《〈蛮夷律〉考略——从一桩疑案说起》④ 从民族学、法律史学的角度，运用考古发掘的简牍资料，结合传世文献，对《蛮夷律》的内容、适用对象和范围及其历史作用进行了考察。

徐世虹的《汉代的立法形式与立法语言》⑤ 依据简牍法制史料和典籍文献，分析了汉代的立法形式与立法语言间的关系，认为汉代的法律构成主要是律典和令典，由于律典为基本法典，因此它的语言严谨周密，逻辑性强；而出于以律治民、传习法律的需要，汉律的语言又具有简明易懂、平实质朴的特点。而令往往来源于皇帝的诏令，因此语言明显地带有立法者的主观意志与价值取向，更直接地体现了令的性质特征。文章进而指出，汉代律令语言存在着异同，这或多或少地折射出法家和儒家两种截然不同的文化源流。

---

① 吴秋红：《论汉代的判例法》，《黄冈师范学院学报》2001 年第 2 期。
② 吴秋红：《秦汉时期判例适用的方法及得失》，《海南师范学院学报》（社科版）2003 年第 4 期。
③ 闫晓君：《略论秦汉时期地方性立法》，《江西师范大学学报》（哲社版）2000 年第 3 期。
④ 曾代伟、王平原：《〈蛮夷律〉考略——从一桩疑案说起》，《法律科学》2004 年第 3 期。
⑤ 徐世虹：《汉代的立法形式与立法语言》，《内蒙古大学学报》（社科版）1997 年第 1 期。

王如鹏的《汉代礼法结合对社会的多元建构》① 一文认为，汉代的礼法结合不仅表现在思想和制度的层面上，更重要的是体现在法律的具体运作过程中，而这种全方位的礼法结合的生成也是多方面的作用力综合影响的结果。乡民社会的价值观念、社会结构与思想文化和国家相配合塑造了汉代礼法结合的法律运作模式。

（三）行政法律制度研究

于琨奇在《尹湾汉墓简牍与西汉官制探析》② 一文中，根据尹湾汉墓简牍中有关东海郡辖长吏名籍，对各级官吏的姓名、籍贯、官职等分项列表进行了统计与分析，探讨了东海郡行政区划名称、吏员统计表的差异及部分官吏的秩次、职能统属关系等。并以郡太守属下少府机构的设置为例，说明从统一前的秦到西汉，地方行政机构重心有一个从县到郡的变化过程。

阎步克的《论张家山汉简〈二年律令〉中的"宦皇帝"》③ 对张家山汉简《二年律令》中多处出现的"宦皇帝者"进行了考释。作者结合《汉书·惠帝纪》等材料，认为汉初的"宦皇帝者"，主要包括中大夫、中郎、外郎、谒者、执楯、执戟、武士、驺、太子御骖乘、太子舍人等，他们构成了一个侍臣系统，从而与作为行政吏员的"吏"相区分。其与"吏"的一个重要区别，就是"吏"有禄秩，而"宦皇帝者"最初无禄秩，后来则通过"比吏食俸"形成"比秩"。"宦皇帝者"是滋生"比秩"的温床。对这种"宦"、"吏"两分格局的来源及变迁进行研究，对于认识战国秦汉间官僚政治和官阶制的发展具有特殊意义。

李均明的《张家山汉简所反映的二十等爵制》④ 一文对张家山汉简中反映的爵位的登记序列与权益、拜赐与削夺、继承与转移、爵位的增免和赎免刑罚等问题作了详细考察，认为汉承秦制，在治安事务中以斩、捕罪人的多少拜赐爵位，并对爵位的继承作了详细规定。有爵者享有法律特权，可按一定的条件减、免、赎刑罚，但如犯不孝等有违伦理的罪行及执法犯法、官吏监守自盗等不得以爵位减免。高敏的《从〈二年律令〉看西汉前期的赐爵制度》⑤ 认为，张家山汉墓竹简的刊布为了解汉代的赐爵制度提供了新的史

① 王如鹏：《汉代礼法结合对社会的多元建构》，《学术交流》2005 年第 11 期。
② 于琨奇：《尹湾汉墓简牍与西汉官制探析》，《中国史研究》2000 年第 2 期。
③ 阎步克：《论张家山汉简〈二年律令〉中的"宦皇帝"》，《中国史研究》2003 年第 3 期。
④ 李均明：《张家山汉简所反映的二十等爵制》，《中国史研究》2002 年第 2 期。
⑤ 高敏：《从〈二年律令〉看西汉前期的赐爵制度》，《文物》2002 年第 9 期。

料，有助于我们弄清两方面的问题：一是西汉前期还有"卿"这个爵名的残留，而且在二十等爵制的爵名之外；二是获爵者的权益表现是多方面的。朱绍侯的《西汉初年军功爵制的等级划分——〈二年律令〉与军功爵制研究之一》[①]一文，依据张家山汉简中关于军功爵制的简文，认为官爵、民爵两大等级，特别是"民爵八级"的划分，实际上是西汉中期以后军功爵制轻滥的产物。《二年律令》披露了西汉初年军功爵曾划分为侯级爵、卿级爵、大夫爵和小爵四大类，与刘劭《爵制》中提到的四个等级基本吻合。这对于研究军功爵制各不同等级享有不同的政治、经济待遇是非常有益的，使军功爵制的研究又向前跨越了一大步。作者的另一篇文章《从二年律令看与军功爵制有关的三个问题》[②]，通过《二年律令》中所见的爵与官逐级对比关系，以及各级军功爵拥有者关于嫡长子、嫡子、庶出众子对爵位继承的各种规定，论证了在吕后当政的时期，军功爵在政治、经济等领域仍然有重要地位，并受到社会的尊重。

谢桂华的《尹湾汉墓简牍和西汉地方行政制度》[③]一文分析了西汉地方行政建置，用图表列举了太守府、都尉府、县邑侯国和盐铁官的吏员设置情况，指出汉代太守府实际所用属吏远远超过了定员数。太守、太守丞等佐官由中央政府任命，太守府的属吏则由太守选任。同时，他还澄清了乡、里与亭的隶属统辖问题，《集簿》将乡、里与亭、邮分别列项进行统计，说明乡统辖里，而亭、邮是与乡、里属于不同性质的行政系统，从而解决了史学界长期争论不休的难题。周振鹤在《西汉地方行政制度的典型案例——读尹湾汉墓出土木牍》[④]一文中，由吏员配备详细考察了乡、亭、里制度和县级行政区划的等第，由亭的数目考察了县邑侯国幅员大小与吏员总数的变化及盐铁官的性质和盐官数目。作者指出，《木牍》是研究西汉地方行政制度的宝贵资料，有东海郡县两级政府极为详尽的吏员配备情况，有利于阐明当时的政区面貌。此外，还有部分吏员的升迁、劳绩记录以及东海郡人口、土地和财政收支材料，与《汉书·地理志》等史籍互相发明，具有重要的证史、

---

① 朱绍侯：《西汉初年军功爵制的等级划分——〈二年律令〉与军功爵制研究之一》，《河南大学学报》（社科版）2002年第5期。

② 朱绍侯：《从二年律令看与军功爵制有关的三个问题》，《河南大学学报》（社科版）2003年第1期。

③ 谢桂华：《尹湾汉墓简牍和西汉地方行政制度》，《文物》1997年第1期。

④ 周振鹤：《西汉地方行政制度的典型案例——读尹湾汉墓出土木牍》，《学术月刊》1997年第5期。

补史作用。

我国台湾地区学者廖伯源在《简牍与制度——尹湾汉墓简牍官文书考证》一书中，利用出土的尹湾汉简，结合传世文献，对汉代仕进制度、郡县属吏制度、地方官吏之籍贯限制、东海郡官文书等进行了卓有成效的研究。该书大陆增订版《简牍与制度》① 增加了对《东海郡下辖长吏不在署、未到官者名籍》的考证论文一篇。

高恒的《汉代上计制度论考——兼评尹湾汉墓木牍〈集簿〉》② 依据尹湾汉墓出土的简牍史料对汉代上计制度进行了深入研究。

高敏的《尹湾汉简〈考绩簿〉所载给我们的启示——读尹湾汉简札记之三》③ 认为，从东海郡吏员《考绩簿》的内容来看，此簿的定名不甚准确；此簿所载，可以确证西汉县尉之设置有左、右之分，且始于西汉；由此簿关于诸县"输钱都内"的记载，可明了汉代地方向中央上缴钱财的制度梗概；通过此簿所载，确证汉代也存在"赀戍"之制，可补史籍之缺；此簿所载"送徒民敦煌"，有可能是汉代的谪戍之制；此簿所载人名多单名的情况，有助于研究汉代民情风俗。

范学辉、曾振宇的《论秦汉地方监察系统与监察法》④ 一文认为，秦汉时期已形成从中央到地方完整的监察系统，并重视制订监察法。特别是汉代，有相对独立的监察法规，对官吏的不称职、失职、以权谋私、肆行残贼等行为有严密的处理方式，其目的是为了保证地方行政系统的高效运转。

彭浩的《读张家山汉简〈行书律〉》⑤ 对西汉官文书传递制度进行了研究。作者认为，西汉文书传递有以邮行、乘传马行及以次传行三种方式，在行书速度、安全等方面都有具体规定，违者要受处罚。文中还指出邮、亭、传有区别，是互不相统属的三种系统，不能笼统地归入邮传机构。马怡的《"始建国二年诏书"册所见诏书之下行》⑥ 对诏书下行制度作了探讨。徐绍敏的《汉朝的档案立法》⑦ 考察了汉代文书档案方面的法律。

_____

① 廖伯源：《简牍与制度——尹湾汉墓简牍官文书考证》，广西师范大学出版社 2005 年版。
② 高恒：《汉代上计制度论考——兼评尹湾汉墓木牍〈集簿〉》，《东南文化》1999 年第 1 期。
③ 高敏：《尹湾汉简〈考绩簿〉所载给我们的启示——读尹湾汉简札记之三》，《东南文化》1999 年第 1 期。
④ 范学辉、曾振宇：《论秦汉地方监察系统与监察法》，《三峡学刊》1996 年第 3 期。
⑤ 彭浩：《读张家山汉简〈行书律〉》，《文物》2002 年第 9 期。
⑥ 马怡：《"始建国二年诏书"册所见诏书之下行》，《历史研究》2006 年第 5 期。
⑦ 徐绍敏：《汉朝的档案立法》，《浙江档案》2000 年第 6 期。

李均明的《汉简所反映的关津制度》① 一文，以张家山汉简及敦煌、居延出土的简牍为对象，认为汉代关津皆有一定的建筑形式，设有管理机构及驻防人员，职能为军事防御、控制人员往来、查验违禁物品、缉拿罪犯等。吏民出入关津须出示证件并通过检查，常用的凭证有符、传、致、节等。关津的违禁行为主要有无证或用伪证非法出入、走私黄金及其他物品、关吏卒渎职与失职等，均制定有相应的惩罚措施。该作者的《张家山汉简所见规范人口管理的法律》② 一文指出，汉初人口管理的法律是从控制户口及防止逃亡两个方面入手的，人口登记通常采取居住地登记的原则，包括姓名、性别、年龄及健康状况等，对人口逃亡隐匿者予以罚惩。

（四）经济与社会法律制度研究

高敏在《从张家山汉简〈二年律令〉看西汉前期的土地制度——读〈张家山汉墓竹简〉札记之三》③ 一文中指出，在我国古代土地制度研究中，往往为授田制问题、名田制问题、私土地买卖问题所困扰，关键都在于史料缺乏。张家山汉简《二年律令》的出土，为我们提供了解决上述三个难题的全新史料。作者利用这些史料对西汉前期的土地制度进行了补充性研究。

于振波的《张家山汉简中的名田制及其在汉代的实施情况》④ 专门对汉代的名田制进行了研究，认为张家山汉简中的田宅制度是对秦制的继承与损益。名田制是以军功爵制为基础，在地广人稀的条件下制定的，随着爵制的轻滥，人口的增加和垦田扩展的趋缓，名田制开始面临自身无法克服的矛盾——"合法"的土地兼并。当名田制的田宅标准越来越脱离现实，又不能根据形势而变革时，占田过限的违法土地兼并也就不可避免了。文、景以后，名田制仍在实行，但没有根据现实需要及时作出调整，到元、成时期，随着徙陵制度的终止和占田过限者不受约束地发展，名田制最终遭到破坏。尽管如此，国家在经营"公田"的过程中，仍然在某种程度上参考了名田制的原则；"名田"、"限田"的思想在士大夫的头脑中仍然根深蒂固；名田制对魏晋以后的土地制度也产生了深远的影响。

---

① 李均明：《汉简所反映的关津制度》，《历史研究》2002 年第 3 期。

② 李均明：《张家山汉简所见规范人口管理的法律》，《政法论坛》2002 年第 5 期。

③ 高敏：《从张家山汉简〈二年律令〉看西汉前期的土地制度——读〈张家山汉墓竹简〉札记之三》，《中国经济史研究》2003 年第 3 期。

④ 于振波：《张家山汉简中的名田制及其在汉代的实施情况》，《中国史研究》2004 年第 1 期。

朱红林的《从张家山汉律看汉初国家授田制度的几个特点》① 以新公布的张家山汉简有关材料为主，结合其他出土材料及传统文献，从亩制的大小、按爵位等级授田宅、田宅的有条件买卖、刍蒿税的征收等几个方面对汉初国家授田制度的特点进行了探讨。

杨振红的《月令与秦汉政治再探讨——兼论月令源流》② 一文利用出土资料探讨了月令的性质及其源流等，认为尹湾《集簿》"以春令"的内容体现的是西汉国家的春季救济政策，而非鼓励增殖户口的政策。西汉王朝施行的月令一方面源自秦以来的法令制度和习俗，一方面则是根据传世月令和儒家经书结合现实而制定。通过出土秦汉律令与传世月令以及《管子》等书的比较研究，可发现《吕氏春秋·十二纪》来源于战国齐而非秦，《吕纪》成书时世上可能已流传有以"明堂"名义命名的月令书，它出自战国齐阴阳五行家邹衍一派，可能就是汉宣帝时丞相魏相所上《明堂月令》。

温乐平、程宇昌的《从张家山汉简看西汉初期平价制度》③ 认为，先秦时期已经有了平价制度的雏形，并开始纳入法制轨道。从张家山汉简可以看出，西汉初期的平价制度已基本上法制化。汉政府评定市场上商品的平价，对未进入流通领域的财产、物品等也可以按其商品平价来折算。结合有关文献记载，可以清楚地了解汉初平价制度的具体运行情况及对稳定物价所起的作用。

陈伟的《张家山汉简〈津关令〉涉马诸令研究》④ 对汉代马政进行了探讨。作者指出，江陵张家山 247 号汉墓出土的竹书《二年律令》，有多条令文涉及西汉初期王朝对关中地区马匹买卖及其出入津关的规定。这在很大程度上扩展了我们对汉初马政的了解，并为进一步认识王朝与关外郡国的关系提供了新线索。

臧知非《张家山汉简所见西汉矿业税收制度试析——兼谈西汉前期"驰山泽之禁"及商人兼并农民问题》⑤ 一文认为，西汉前期工商业主通过授田制度获得山川林泽等矿产资源的所有权，以"占租"的方式向国家缴

① 朱红林：《从张家山汉律看汉初国家授田制度的几个特点》，《江汉考古》2004 年第 3 期。

② 杨振红：《月令与秦汉政治再探讨——兼论月令源流》，《历史研究》2004 年第 3 期。

③ 温乐平、程宇昌：《从张家山汉简看西汉初期平价制度》，《江西师范大学学报》2003 年第 6 期。

④ 陈伟：《张家山汉简〈津关令〉涉马诸令研究》，《考古学报》2003 年第 1 期。

⑤ 臧知非：《张家山汉简所见西汉矿业税收制度试析——兼谈西汉前期"驰山泽之禁"及商人兼并农民问题》，《史学月刊》2003 年第 3 期。

纳定额税，走上富贵之路。而授田制之下的农民，则因为实行按户按顷征收以货币形态为主的定额田税（租）制度而不可避免地成为工商业主的兼并对象，走上"卖田宅、鬻子孙"的破产流亡之路。税收制度是西汉前期"法律贱商人，商人已富贵，尊农夫，农夫已贫贱"的深层原因。

高敏的《西汉前期的"傅年"探讨——读〈张家山汉墓竹简〉札记之六》① 对汉代服役者傅籍的标准进行了探讨，以往学术界关于这个问题有以年龄为标准和以身高为标准两种看法，作者认为，根据张家山汉墓竹简的记载，可以确证傅籍者以年龄为标准。至于西汉前期一般庶民的傅年标准是多少岁，《傅律》并无明确记载，作者认为应是十五岁，并在《二年律令》中找到了证据。同一作者的《论西汉前期刍、稿税制度的变化发展——读〈张家山汉墓竹简〉札记之二》② 一文，比较了睡虎地秦简《田律》与张家山汉简《二年律令田律》中关于刍、稿制度的异同，认为从秦到汉初，刍、稿税制度朝着日益加重的方向发展，而文景时期刍、稿制度的巨大变化，是在汉初刍、稿制度逐步演变的基础上形成的。张家山汉简《二年律令田律》弥补了史书记载的缺漏。

王子今的《秦汉时期的社会福利法规》③ 认为，秦汉时期社会福利受到执政者重视。除了帝王诏令中多见强调优遇"鳏寡孤独、穷困之人"等词句外，有关社会福利的立法和执法的历史记录，也说明随着大一统政治体制的健全和政治思想的成熟，政府行政内容中已经将关于社会福利的政策置于比较显著的地位。对于秦汉时期社会福利法规的分析，不仅有益于深化对秦汉政治和秦汉社会的认识，也有益于中国社会福利史的研究。

（五）刑事法律制度研究

1. 犯罪与罪名

张功的《秦汉不孝罪考论》④ 对秦汉时期的不孝罪作了较为详细的探讨。作者认为，中国古代家国合一的族姓统治形式和忠孝一体的哲学观念，是不孝入罪的社会背景。不孝罪随着时代的发展、孝观念的变迁而变迁。它

---

① 高敏：《西汉前期的"傅年"探讨——读〈张家山汉墓竹简〉札记之六》，《新乡师范高等专科学校学报》2002 年第 3 期。

② 高敏：《论西汉前期刍、稿税制度的变化发展——读〈张家山汉墓竹简〉札记之二》，《郑州大学学报》2002 年第 4 期。

③ 王子今：《秦汉时期的社会福利法规》，《浙江社会科学》2002 年第 4 期。

④ 张功：《秦汉不孝罪考论》，《首都师范大学学报》（社科版）2004 年第 5 期。

在先秦社会是一种轻罪，到了战国时期的秦，始被刑法认真对待。两汉四百余年，不孝罪又随着以礼入法的进程越来越受到重视，涵盖的内容越来越多。西汉初不孝罪只限于不养亲、殴骂杀伤尊亲、诬告尊亲、不听教令等罪名。刑律似乎对轻慢父母之类没有特殊关注，尤其是居丧奸、居丧嫁娶、居丧生子、别籍异财等更是社会正常现象而不被刑律所涉及。西汉中期以后，这些罪名相继入律，至东汉"与母别居"也成为不孝罪的内容之一。之后各代，沿着汉代以礼入法的进程步步深入，对于不孝罪的惩治愈来愈重，到唐律终入"十恶不赦"之条，永不得翻身。徐世虹的《秦汉简牍中的不孝罪诉讼》① 一文认为，中国古代法律中的不孝罪诉讼，因对家长权的特殊倾斜而呈现出有别于一般刑事诉讼的形态。本文对此作了详细论述。

关于汉代的"谋反"、"大逆"、"不道"及"大逆不道"，学界从沈家本、杨鸿烈到当代的法律史学者，一直未有统一认识。吕丽的《汉"谋反"、"大逆"、"大逆不道"辨析》② 和魏道明的《汉代的不道罪与大逆不道罪》③ 等文章运用史料对这些罪名进行了专门的分析论证，提出了自己的看法。

潘良炽的《秦汉诽谤、妖言罪同异辨析》④ 一文认为，诽谤、妖言均是中国古代较早的罪名，前者始于西周晚期，后者始于秦。两罪的相同之处在于均系对当政者进行非难与攻击。两者的不同之处则在于，从内容看，诽谤罪所涉多为历史与现实中的人与事，妖言罪所涉则多以神事附会人事；从形式看，诽谤罪多系个人行为，妖言罪则多由个人制造或传播妖言（妖书）以惑众，且多有谋逆的企图或举动，所牵连的范围大于诽谤罪。

闫晓君的《试论张家山汉简〈钱律〉》⑤ 通过与唐律比较，对汉简所反映的汉代私铸钱犯罪及有关法律规定进行了探讨。

关于汉代的职务犯罪，王子今的《汉初查处官员非法收入的制度——张家山汉简〈二年律令〉研读札记》⑥ 一文，通过对张家山汉简《二年律

---

① 徐世虹：《秦汉简牍中的不孝罪诉讼》，《华东政法学院学报》2006 年第 3 期。

② 吕丽：《汉"谋反"、"大逆"、"大逆不道"辨析》，《社会科学战线》2003 年第 6 期。

③ 魏道明：《汉代的不道罪与大逆不道罪》，《青海社会科学》2003 年第 2 期。

④ 潘良炽：《秦汉诽谤、妖言罪同异辨析》，《中华文化论坛》2004 年第 4 期。

⑤ 闫晓君：《试论张家山汉简〈钱律〉》，《中国人民大学报刊复印资料——法理学、法史学》2004 年第 4 期。

⑥ 王子今：《汉初查处官员非法收入的制度——张家山汉简〈二年律令〉研读札记》，《政法论坛》2002 年第 5 期。

令》所见《盗律》、《杂律》中有关惩治官吏受贿和行贿行为的法律条文的解读，认为国家杜绝官员非法收入、清除因此而导致的政治腐败的措施之一，是在官员选任时尽量择取廉士。但是相关律文对官员"盗臧（赃）直（值）"660 钱以上数额较高的罪案，惩罚力度是不够的，反映出立法和执运方面存在的问题。胡仁智的《由简牍文书看汉代职务罪规定》① 一文对汉简中职务犯罪的规定，以及对职务犯罪行为的事后控制进行了探讨。

闫晓君的《秦汉盗罪及其立法沿革》② 将张家山汉简《盗律》与相关文献记载相结合，认为通过汉《盗律》与唐律的比较，可以看出秦汉时期各种类型的盗罪的特点，《盗律》的沿革轨迹也清晰可见。

贾丽英的《秦汉时期"悍罪"论说》③ 一文认为，先秦至秦汉时期的"悍罪"是扰乱社会秩序和家族关系的犯罪，存在于古代成文法由不完善向完善发展的过程中，并主要由时人悍勇好斗之民俗以及良贱等级制度不甚严格所致。该罪的犯罪主体主要是"悍妻"与"悍虏"。

2. 刑罚

张建国的《秦汉弃市非斩刑辨》④ 对弃市的刑种进行了考辨。沈家本在《历代刑法考·刑法分考》中考证"弃市"时，根据《周礼·掌戮》郑注："杀以刀刃，若今弃市也"，认为汉之弃市乃斩首之刑。本文作者根据史料的记载和有关实例，认为秦汉弃市是绞刑，而不是斩刑。

杨颉慧的《张家山汉简中"隶臣妾"身份探讨》⑤ 利用张家山汉简对汉初（汉文帝刑法改革前）"隶臣妾"的身份进行了探讨。认为"隶臣妾"是一种刑徒，刑期有限，同时具有官奴隶身份，但又不同于奴隶社会中的奴隶。

韩树峰的《秦汉律令中的完刑》⑥ 探讨了《睡虎地秦墓竹简》与《张家山汉墓竹简》记载的"完"刑，认为这种刑罚既非单纯的"耐"刑，亦非单纯的"髡"刑，更不是单纯指身体发肤完好无损，其含义因时而变。秦代的"完"即"耐"，汉初的"完"为"耐"或"髡"，至汉文帝改革法律，"完"成为现代意义上的身体发肤完好无损之意。"完"刑的演变反映

① 胡仁智：《由简牍文书看汉代职务罪规定》，《法商研究》2001 年第 3 期。
② 闫晓君：《秦汉盗罪及其立法沿革》，《法学研究》2004 年第 6 期。
③ 贾丽英：《秦汉时期"悍罪"论说》，《石家庄学院学报》（社科版）2006 年第 1 期。
④ 张建国：《秦汉弃市非斩刑辨》，《北京大学学报》（哲社版）1996 年第 5 期。
⑤ 杨颉慧：《张家山汉简中"隶臣妾"身份探讨》，《中原文物》2004 年第 1 期。
⑥ 韩树峰：《秦汉律令中的完刑》，《中国史研究》2003 年第 4 期。

了秦汉时期法律的发展变化。同一作者的《秦汉徒刑散论》① 对徒刑的等级及其和肉刑的关系等进行了论述。认为在秦汉徒刑序列中，城旦舂、鬼薪白粲为一个等级，隶臣妾、司寇则属于另一个等级，它们与死刑一起共同构成了秦汉刑罚体系中的三个等级。三个等级的构成为加刑和附加刑等非正式刑名提供了存在的空间，也体现出秦汉刑罚由轻到重循序渐进的特征。就肉刑和徒刑的关系而言，秦及汉初正处于肉刑地位逐渐下降、徒刑地位逐渐上升的过渡时期，其具体表现是，秦及汉初刑罚以徒刑为主，以肉刑为辅；特别是汉初，更将肉刑的使用上移至城旦舂。到汉文帝时期，肉刑的废除终于水到渠成。

张建国的《论西汉初期的赎》② 利用张家山汉简的材料，对汉初的赎刑进行了考察分析，认为赎作为一种特殊的财产刑在适用中表现为一种混合形态，既可以作为实刑的换刑，也可以作为一种单独的刑罚。前者适用于特定的人和特定的事（即疑罪），后者则可能产生于刑罚的扩张。该文推测，正是疑罪从赎的存在构成了汉初赎刑存在的基础。

高叶青的《汉代的罚金和赎刑——〈二年律令〉研读札记》③ 认为，罚金和赎刑是中国古代法制史上的重要刑罚，是对犯罪行为的一种经济制裁，属财产刑。由于史料缺乏，这一问题在张家山汉墓竹简等简牍出土以前一直未得到系统研究。汉代的罚金分七个等级：半两、一两、二两、四两、八两、一斤、二斤。它既适用于一般百姓，也针对官吏的罪行进行处罚，不限定一定的身份和阶层，所不同的是汉代罚金所涉及的官吏名称较秦律为多，但大都是较低级的官吏。汉代罚金的适用罪名很多，有以下犯上、任人不廉、盗窃、学业不精、打架斗殴等罪行，涉及政治、经济以及文化教育各方面。汉代的赎刑小到赎耐、赎迁，大到赎死，几乎全部刑罚都可以赎。赎宫、赎死已不像秦代只有特权阶级才可以赎，汉代原则上平民百姓也可以赎死、赎宫。汉代赎刑的表现形式多种多样，以黄金为主，铜钱为辅，兼及爵位、竹、谷、缣、粟、马、军功等形式。

孙剑伟的《汉代赎罪问题考述》④ 结合传世文献与简牍材料对汉代赎罪问题进行了较全面的探讨，并对密切相关的汉代赎刑制度作了必要的分

---

①　韩树峰：《秦汉徒刑散论》，《历史研究》2005 年第 3 期。
②　张建国：《论西汉初期的赎》，《政法论坛》2002 年第 5 期。
③　高叶青：《汉代的罚金和赎刑——〈二年律令〉研读札记》，《南都学坛》2004 年第 6 期。
④　孙剑伟：《汉代赎罪问题考述》，《北京大学研究生学报》2006 年第 2 期。

析。汉代"赎罪"有三种含义：一是指依照法律条文处以"赎刑"之罪，是一个概括性的"罪"的概念；二是指舍弃本刑而易科赎刑或以其他法定的方式除罪，是一种刑罚执行方式；三是指在法律制度外，通过缴纳钱财、削除爵位、提供战功或劳役及其他途径除罪、减刑。这三种意义上的"赎罪"在汉代一直存在，而其具体内容则随着法律制度的变革和时代变迁而变化。

张仁玺的《秦汉家族成员连坐考略》① 一文认为，秦汉统治者为巩固其统治，继承了产生于奴隶社会的连坐法，并对其加以发展。秦汉家族成员的连坐涉及父子、夫妻、兄弟姐妹、祖孙、从兄、宗族等各种亲属关系。与连坐有关的罪名有盗窃、罪犯逃亡、挟书、谋反、巫蛊、祝诅、首匿、见知不举、诽谤、妄言、非所宜言、妖言、降敌等。连坐法的施行，是封建统治者维护其统治的需要。李均明的《张家山汉简〈收律〉与家族连坐》② 一文也对家族连坐制度进行了研究。

李均明的《张家山汉简所反映的适用刑罚原则》③ 一文，从张家山汉简《二年律令》和《奏谳书》中关于刑罚的记载，总结出汉初适用刑罚的若干原则：以罪行相应、维护特权为基础，实行故意从重、过失从轻、严惩团伙、重判再犯、从严治吏、宽宥老幼、自出减刑、立功赎罪、诬告反坐、故纵同罪、亲亲相匿、重科不孝等原则。其中既包含罪行法定的因素（依法律条款定罪，注重犯罪动机、犯罪形态及危害结果，严格区分已遂与未遂），又存在收孥连坐、维护特权的规定（表现在贵族、官员、有爵者可在一定条件下减、免刑罚）。南玉泉的《张家山汉简〈二年律令〉所见刑法原则》④ 一文，对刑事责任年龄、故意与过失、数罪并罚、诬告反坐、证言不实反坐、连坐上诉不实加刑、触犯皇权和人伦及尊长从重、群盗从重、自首从轻等原则作了分析，认为汉初的刑法原则与秦律基本相同，反映了汉承秦制的特点。

3. 刑制改革

关于汉文帝的"除肉刑"改革，后世评说不一，大多认为是由于'缇萦上书"，引起文帝"悲怜"，体现了文帝的"德政"。孙光妍的《论汉代

① 张仁玺：《秦汉家族成员连坐考略》，《思想战线》2003 年第 6 期。
② 李均明：《张家山汉简〈收律〉与家族连坐》，《文物》2002 年第 9 期。
③ 李均明：《张家山汉简所反映的适用刑罚原则》，《郑州大学学报》2002 年第 4 期。
④ 南玉泉：《张家山汉简〈二年律令〉所见刑法原则》，《政法论坛》2002 年第 5 期。

刑罚制度改革的历史背景》① 一文认为，从封建制度确立到汉初，已历经三百多年，其间立法指导思想从"重刑治民"发展为"无为而治"，为刑罚制度改革提供了理论基础；而封建经济的恢复与发展、政局的稳定，则为刑罚制度改革奠定了社会基础。张建国在《汉文帝除肉刑的再评价》② 一文中指出，西汉文帝废除肉刑一事，作为中国刑罚史上著名的改革举措而引人瞩目，前人和今人的评价很多，而在成为一门学科之后的中国法制史研究中，各种评价基本对文帝改革刑制持肯定态度。作者在此基础上对其中的一些问作了深入的探讨。王泽武的《汉文帝"易刑"再考》③ 一文认为，西汉孝文帝十三年五月的除肉刑法，为汉初虚伪而怯懦的刑制改革画了一个并不圆满的句号。所谓除肉刑，实乃易刑。所易之刑唯墨、劓、刖三者，其他肉刑如宫刑依旧入律。易刑令后，被刑之人非死即残。被后人誉为"治世"的文帝朝真所谓"外有轻刑之名，内实杀人"。

　　张继海的《试论新莽时期的刑法问题》④ 一文认为，王莽在继承以前法律的基础上新设了若干刑律，使刑罚更加残酷。执法情况一度比较好，但随着改制失败，执法变得日益混乱。官吏腐败是法滥刑酷的重要原因，而王莽本人也有不可推卸的责任。

（六）民事法律制度研究

　　徐世虹的《对汉代民法渊源的新认识》⑤ 一文，以《户律》为中心，对汉代的民法渊源进行了考察，认为《户律》条文中既有民事立法，也有刑事立法，还有民刑合体的规定，并推测民法的渊源有可能来自皇帝的诏令。

　　徐世虹的《张家山二年律令简所见汉代的继承法》⑥ 一文，对汉代继承法进行了研究，认为汉代的继承关系有两种：一是身份继承，有爵位与户的不同；二是财产继承，有"生分"（指父母在世而诸子分家析产）和执行遗嘱两种方式。其共同特点为：一是家长拥有财产的处分权；二是诸子平均分

---

①　孙光妍：《论汉代刑罚制度改革的历史背景》，《北方论丛》1999 年第 1 期。

②　张建国：《汉文帝除肉刑的再评价》，《中外法学》1998 年第 3 期。

③　王泽武：《汉文帝"易刑"再考》，《江西社会科学》2002 年第 8 期。

④　张继海：《试论新莽时期的刑法问题》，《北京大学研究生学报》2000 年第 1 期。

⑤　徐世虹：《对汉代民法渊源的新认识》，《郑州大学学报》（哲社版）2002 年第 3 期。

⑥　徐世虹：《张家山二年律令简所见汉代的继承法》，《政法论坛》2002 年第 5 期。

配财产。臧知非的《张家山汉简所见西汉继承制度初论》① 一文认为，从张家山汉简《二年律令·户律》看出，西汉已建立系统的继承法。继承方式分为法定继承和遗嘱继承两种。继承内容既有身份继承也有财产继承。身份继承包括二十级爵位和一般户主的身份在内，二十级爵位除彻侯和关内侯的爵位世袭罔替之外，其余均降级不均等继承；一般意义的财产继承原则是诸子均分。继承人及继承顺序按血缘亲等确定而兼顾权利和义务相一致的原则，未婚女子有一定的继承权。西汉的继承制度对爵位降级继承的规定，使军功地主的后代逐渐失去爵位；他们由于大量继承财产和凭借父祖的政治权势，成为西汉前期严重影响乡里社会的豪民地主的重要组成部分。

李均明的《张家山汉简所规范继承关系的法律》②、鲁西奇的《汉代买地券的实质、渊源与意义》③、王彦辉的《论汉代的分户析产》④ 等文章也对汉代的财产制度进行了探讨。

李国锋的《试论汉初对家庭关系的法律调整》⑤ 通过对汉初《二年律令》中有关条文的考察，认为西汉政府在黄老无为的政治环境中，对法家思想和用法律手段维护家庭关系仍然十分重视，目的是为了维护家庭的稳定，加强户籍管理，保证国家的财政税收和徭役征发。

高凯的《〈二年律令〉与汉代女性权益保护》⑥ 一文认为，在距今2188年的《二年律令》中，可以找到若干汉代女子充当户主、女子可以继承夫爵、子爵和财产等法律条文。因而，在没有新的考古发现之前，可以把《二年律令》视为中国历史上第一部涉及保护女性权益的成文法。

文霞的《简论秦汉奴婢的法律地位》⑦ 一文提出，应对秦汉时期奴婢的法律地位问题进行研究。以前学术界对此时期奴婢的数量、来源、从事的工作等具体问题研究较多，而对于法律层面上奴婢的地位等问题，探讨较少。文章从奴婢的生命权、财产权和婚姻权着手，对这一问题进行了探讨。戴开柱的《从刘秀解决奴婢问题看东汉初年的法制建设》⑧ 一文认为，刘秀先后

---

① 臧知非：《张家山汉简所见西汉继承制度初论》，《文史哲》2003 年第 6 期。
② 李均明：《张家山汉简所规范继承关系的法律》，《中国历史文物》2002 年第 1 期。
③ 鲁西奇：《汉代买地券的实质、渊源与意义》，《中国史研究》2001 年第 1 期。
④ 王彦辉：《论汉代的分户析产》，《中国史研究》2006 年第 4 期。
⑤ 李国锋：《试论汉初对家庭关系的法律调整》，《河南师范大学学报》（哲社版）2004 年第 4 期。
⑥ 高凯：《〈二年律令〉与汉代女性权益保护》，《光明日报》2002 年 11 月 5 日。
⑦ 文霞：《简论秦汉奴婢的法律地位》，《学术论坛》2006 年第 2 期。
⑧ 戴开柱：《从刘秀解决奴婢问题看东汉初年的法制建设》，《江西社会科学》2003 年第 3 期。

九次下诏释放奴婢和禁止残害奴婢，剗除前代社会的痼瘤——奴婢问题，此举为后世君主所效法，又为历代史家所称道。然效法者多从稳固自己的政权着想，称道者又主要从"省刑"、"轻法"角度阐扬，而从法制建设角度分析评价甚少。

（七）司法与诉讼制度研究

周少元、汪汉卿的《〈春秋决狱〉佚文评析》① 一文，通过对《春秋决狱》六篇佚文的考察分析，认为以经决狱产生于特定的历史背景，是针对特殊案件而实行的，其结果是创造了若干司法准则，影响了中国封建法律的基本走向，促进了法律解释学的发展。"春秋决狱"在推进法制文明进程的同时，也造成了一些弊端。

吕志兴的《"春秋决狱"新探》② 一文认为，"春秋决狱"所决的都是政治、司法中的疑难案件，应称为"引经决疑"才更准确；"春秋决狱"在汉武帝以前即已存在，汉武帝时开始盛行，但仅是政治、司法惯例，至魏晋南北朝时才形成法律制度；"春秋决狱"至唐朝基本结束，其余绪则延至南宋；"春秋决狱"在历史上所起的作用是积极的，应当予以肯定。史广全的《春秋决狱对礼法融合的促动》③ 认为，春秋决狱是中国传统法律文化发展进程中的一个重要环节。它通过以礼司法的契入点和以礼统法的审判方法以及对以礼注律的推动，最终达到了以礼入律、礼律融合的目的。封志晔的《汉代"春秋决狱"的重新解读》④ 认为，"春秋决狱"是古代法律史上以礼入法的有益尝试，礼法之间的融合与冲突开创了法制文明的先河，给后人留下了宝贵的经验和教训。传统否定论对"春秋决狱"的看法是片面的。

苏凤格的《论两汉司法与引礼入法途径》⑤ 一文认为，两汉时期是"德"（礼的实质）进入法律的初期阶段，这主要体现在司法领域里。两汉时期的"引经决狱"具有中国传统的人文性和为政治服务的实用性，所以能够在司法领域里顺利实行。司法官是"引礼入法"的桥梁，两汉时期很注重司法官的经学素养；同时，两汉的"引经决狱"具有原则性的倾向，为以后礼法完全融合的《唐律疏议》的产生提供了前提。

---

① 周少元、汪汉卿：《〈春秋决狱〉佚文评析》，《安徽大学学报》（哲社版）2000 年第 2 期。
② 吕志兴：《"春秋决狱"新探》，《西南师范大学学报》（人文社科版）2000 年第 5 期。
③ 史广全：《春秋决狱对礼法融合的促动》，《哈尔滨学院学报》2002 年第 7 期。
④ 封志晔：《汉代"春秋决狱"的重新解读》，《中州学刊》2003 年第 5 期。
⑤ 苏凤格：《论两汉司法与引礼入法途径》，《韶关学院学报》（社科版）2002 年第 5 期。

　　李均明的《简牍所反映的汉代诉讼关系》① 以张家山汉简《二年律令》、《奏谳书》等简牍资料为中心，结合传世文献的记载，从诉讼各方、告劾、逮捕、讯鞫、论报、奏谳、乞鞫和执行等八个方面，勾勒出汉代诉讼关系的基本轮廓。徐世虹的《汉代民事诉讼程序考述》② 考察了汉代的民事诉讼程序。张建国的《汉简〈奏谳书〉和秦汉刑事诉讼程序初探》③ 就《奏谳书》的标题进行了解读，认为应视作"奏书"和"谳书"两类，作者在此基础上对秦汉时期的告劾、讯、鞫、论、报等刑事诉讼程序进行了探讨。同一作者的《关于汉简〈奏谳书〉的几点研究及其他》④ 分析了《奏谳书》中第 17、18 和 21 三个案例，对释文、标点作了修正，并就其中的部分名词进行了考证，探讨了案例所反映的法律的严酷性、法定继承顺序等问题。张积的《汉代法制杂考》⑤ 选取诸阙、覆、录囚三个专项来论证汉代法制，对史料进行了新的追索。万竹青的《汉代儒家化的诉讼制度初探》⑥ 对汉代诉讼制度的儒家化特性进行了考察。

　　刘长江的《汉代法政体制述论》⑦ 对汉代司法体系进行了探讨，认为廷尉是汉代最高司法机关，但并非唯一有司法审判权的机关，丞相、御史、尚书等行政长官亦兼理司法。汉代所创制的疑狱谳报、录囚、杂治（议）、春秋决狱、秋冬行刑等制度，对中国封建法政体制产生了深远的影响。赵光怀的《狱吏与汉代司法系统》⑧ 考察了司法系统中的狱吏，认为司法从属于行政是中国古代政治制度的一大特色。汉代各级政府中均设有专门负责司法的掾吏，我们统称之为"狱吏"，他们是汉代司法系统的重要组成部分。汉王朝对这些狱吏十分重视，贵治狱之吏是汉代政治的一个重要特征。这些"狱吏"不仅在司法运作中发挥着重要作用，还影响到社会生活、政治生活中的许多方面，对汉代社会产生了重要影响。

　　陈长琦、赵恒慧的《两汉县级管辖下的司法制度》⑨ 对汉代的县级司法

　　① 李均明：《简牍所反映的汉代诉讼关系》，《文史》第 60 辑，中华书局 2002 年版。
　　② 徐世虹：《汉代民事诉讼程序考述》，《政法论坛》2001 年第 6 期。
　　③ 张建国：《汉简〈奏谳书〉和秦汉刑事诉讼程序初探》，《中外法学》1997 年第 2 期。
　　④ 张建国：《关于汉简〈奏谳书〉的几点研究及其他》，《国学研究》第 4 卷，北京大学出版社 1997 年 8 月版。
　　⑤ 张积：《汉代法制杂考》，《北京大学学报》（哲社版）1999 年第 1 期。
　　⑥ 万竹青：《汉代儒家化的诉讼制度初探》，《广西社会科学》2003 年第 5 期。
　　⑦ 刘长江：《汉代法政体制述论》，《成都大学学报》（社科版）2005 年第 5 期。
　　⑧ 赵光怀：《狱吏与汉代司法系统》，《河南师范大学学报》（哲社版）2005 年第 4 期。
　　⑨ 陈长琦、赵恒慧：《两汉县级管辖下的司法制度》，《史学月刊》2002 年第 6 期。

进行了考察，认为汉代县级司法有一整套既定的程序，关于立案、审理及爰书、证据、乞鞫、监禁等都有规定。案件的审结与县令长的素质密切相关。

律璞的《两汉司法官员立法功能探析》① 对过去很少有人研究的汉代司法官员立法问题进行了探讨，认为两汉司法官员积极参与立法，在司法领域通过制作判例创制法律，为推动儒家思想法律化作出了积极贡献。

赵恒慧《试论两汉与亲属有关的司法程序》② 一文认为，汉代亲属关系同司法程序之间的关系密切。汉代的司法官吏往往根据当事人之间的亲属关系来决定是否受理，在审判时，又根据当事人的亲属关系来决定判罚轻重。此外，汉代还形成了一些不成文的旨在维护特定亲属关系的司法规定及惯例，如亲亲相隐、代刑、株连等。

赵光怀的《"告御状"：汉代之诣阙上诉制度》③ 一文探讨了汉代的诣阙上诉制度。作者认为，诣阙上诉是汉代司法程序中的一种特殊形式，它源于"谳狱"制度。诣阙上诉制度是对常规司法程序的补充，由最高统治者裁决，也是冤假错案获得平反的最后机会。孙展的《上书与秦汉法制》④ 一文认为，上书是秦汉时期较为普遍的一种政治文书，这种文书深刻地影响了当时的法制。在立法过程中，上书者可以通过一定的程序，建议法令的设定与更改；在司法活动中，上书还可以起到起诉、辩护、上诉、申诉的作用。这种活动由于有利于加强皇帝对官僚系统的控制而得到皇权的支持。

刘凡振、刘广平的《西汉举报立法初探》⑤ 从秦入手，探讨了西汉举报立法的渊源。李晓英的《汉代证据制度探析》⑥ 对汉代证据制度进行了研究。孟志成的《论秦汉法律的适用时效》⑦ 根据出土文献、传世典籍中有关律令的记载和其他史料，对秦汉时期实行的适用法律不溯及既往、不追究赦前犯罪、罪犯死亡后不追诉等规定进行了考察，认为这些规定既符合经济原则，有利于司法机关集中精力审理现行案件，又能防止犯罪分子逃避法律制裁，在法制建设史上具有积极意义。杨国誉、晋文的《汉代赦制略论》⑧ 认

---

① 律璞：《两汉司法官员立法功能探析》，《宁夏社会科学》2005 年第 4 期。
② 赵恒慧：《试论两汉与亲属有关的司法程序》，《南都学刊》2002 年第 5 期。
③ 赵光怀：《"告御状"：汉代之诣阙上诉制度》，《山东大学学报》（哲社版）2002 年第 1 期。
④ 孙展：《上书与秦汉法制》，《人文杂志》2002 年第 3 期。
⑤ 刘凡振、刘广平：《西汉举报立法初探》，《殷都学刊》2001 年第 4 期。
⑥ 李晓英：《汉代证据制度探析》，《郑州大学学报》（哲社版）2005 年第 5 期。
⑦ 孟志成：《论秦汉法律的适用时效》，《南都学坛》2004 年第 5 期。
⑧ 杨国誉、晋文：《汉代赦制略论》，《学海》2004 年第 3 期。

为，汉代是赦免经常化、制度化的时期，对秦亡教训的反思、经学治国原则的施行以及种种现实需求的驱动，使得赦的应用空前兴盛，并形成了专擅、随意和"盛时赦少，乱时赦多"的特点，对汉代社会诸方面都产生了深刻影响。

张建国的《居延新汉简"粟君债寇恩"民事诉讼个案研究》① 一文，用个案分析的方法对汉代的民事诉讼进行了探讨。作者就所考察的案件的性质、文书的类别、各文书的相互关系、文书所反映的案件在诉讼程序中所处的阶段、案件当事人争议的内容、案件所反映的其他问题等进行了分析考辨，丰富和加深了关于汉代民事诉讼的研究。

---

① 张建国：《居延新汉简"粟君债寇恩"民事诉讼个案研究》，《中外法学》1996 年第 5 期。

第五章　魏晋南北朝法律史研究

魏晋南北朝法律制度研究在中国法律史研究中占有重要地位。陈寅恪在《隋唐制度渊源略论稿》中曾对构成隋唐法制源流的两汉魏晋南北朝的法律制度进行了条理分明的考证。但自此以后，长时间内，有关这一阶段的法律制度的考证性学术成果几无所见，虽然国内外学者的研究成果不可谓不多，特别是日本学者的研究堪称细致入微，但多重枝节而未及根本，多重表面而鲜触内核，往往给人以隔靴搔痒之感。客观地说，魏晋南北朝法律史研究，近年来有分量的成果不多。主要原因是没有学术热点出现，即没有出现因对现实有直接借鉴作用而受到社会关注的热点；同时，关于这个阶段的研究，也少有新史料的发现，不像汉代法律史的研究，因为有《张家山汉简》等出土材料的发现而吸引了学者们的广泛注意。但总的说来，近十年中，魏晋南北朝的法律史研究还是有了一些新的发展，只是所取得的成就不是十分突出而已。

一、法制史研究

（一）整体性研究

乔伟主编的《魏晋南北朝法制史》是《中国法制通史》①的第3卷，从其内容来看，也是第一部魏晋南北朝法制全史。此书以这一历史时期存续过的国家性政权的法律制度为基本研究单位，分别对曹魏政权、蜀汉政权、东吴政权、西晋政权、东晋政权、十六国统治区、刘宋政权、南齐政权、南梁政权、南陈政权、北魏政权、北齐政权、北周政权的法律制度进行了考察，对三国两晋南北朝时期近400年的法律史作了比较全面的研究介绍，使这一在"中国法律发达史上居于承前启后的重要地位"的历史时期的法律制度比较清晰地得到展现。由于史料不完整，作者们"钻到古书堆中去大海捞

---

① 《中国法制通史》为10卷本，总主编张晋藩，法律出版社1999年1月出版。

针，搜集资料，然后再考证、梳理、分析、编纂，费时五年，修改数次，终于形成了这样一部著作"。① 这部著作的出版，对于魏晋南北朝法律史的研究意义重大，也为学习和研究这一时期的法律史提供了基本素材。但该书也存在一些问题，主要是由于以存续过的国家性政权组织为基本研究单位，难免存在着历史文献的多寡、详略的不同，各部分的论述极不均衡，一些章节的设置显得较为勉强，这也导致了全书的重点不够突出，特点不够鲜明。

《两汉魏晋南北朝法制考》，此书为杨一凡主编之《中国法制史考证》②的甲编第三卷。其中收录了多篇关于魏晋南北朝法制的考证文章，如张建国的《魏晋五刑制度略论》、程维荣的《北魏中央监察机构——御史台研究》、祝总斌的《晋律考论》（包括《晋律的"宽简"》、《晋律的"周备"》、《晋律的"儒家化"》三篇独立论文）、邓奕琦的《北朝法制考述》、邓文宽的《北魏末年修改地、赋、户令内容的复原与研究》、曾代伟的《北魏律渊源辨》和陈仲安的《麟趾格制定经过考》。该书中的一些成果代表了近期以来魏晋南北朝法律史研究的高水准。特别是祝总斌的《晋律考论》堪称经典之作。张建国的《魏晋五刑制度略论》也具有较高的学术水平。邓奕琦的《北朝法制考述》极为完整、细致，为北朝法制的研究打下了良好基础。

《中国法制史考证》丙编为"日本学者考证中国法制史重要成果选译"，其中第二卷为《魏晋南北朝隋唐卷》，本卷主编为日本学者冈野诚，全书收集了日本学者关于魏晋南北朝法制的考证论文三篇：滋贺秀三的《关于曹魏新律十八篇篇目》和《再论魏律篇目》，堀敏一的《晋泰始律的制定》。日本学者的研究成果在中国法史学界也产生了一定的影响。

张建国的《中国法系的形成与发达》③ 一书，对中国法从形成走向发达过程中的汉代法制与处于承前启后重要阶段中的三国时代的法制进行了专门研究。在清楚明了地对这一历史时期的法制状况加以描述的基础上，作者力图在前人研究的基础上，吸收最新的学术成果，通过对资料的运用和分析，追求有见地的观点。如关于军法与刑罚、军法与古代作战方式的关系的探讨就是如此。在法律的总体考察方面，作者否定了长期以来一直认为三国沿用汉律很少改变的说法，指出"科"的出现带来三国法制的大改观，曹魏律令的制定代表了律令体系发展的一个新阶段。作者试图纠正一些前人研究中

---

① 《中国法制通史》第三卷《魏晋南北朝法制史》"绪言"，法律出版社 1999 年版。
② 杨一凡主编：《中国法制史考证》，中国社会科学出版社 2002 年版。
③ 张建国：《中国法系的形成与发达》，北京大学出版社 1997 年版。

的错误，并提出了一些比较重要的值得研究和思考的新问题。该书作者还曾在《再析晋修泰始律对两项重要法制的省减》① 一文中，对祝总斌在《略论晋律的"宽简"和"周备"》中的观点提出质疑，并进行了学术上的辩证。这种学术上的探讨值得提倡。

　　邱立波的《试论汉魏晋礼律关系的演进》② 是一篇颇见学术功力的论文。作者认为，礼律在两汉为初步融合，曹魏以名法糅合礼律，两晋则是礼律的进一步融合，为唐律"一准乎礼"奠定了坚实的基础。该文的重心在于细致论述曹魏"术兼名法"的理论和实践，以及晋律中礼教原则与名法理论的交融合流对礼律关系演进的重要意义。作者认为，魏晋以降，在礼学式微的同时，律学开始摆脱礼的影响。《晋书·刑法志》载："刑法者，国家之所重也，而私议之所轻贱；狱吏者，百姓之所悬命，而选用者之所卑下。王政之弊，未必不由此也。"作者据此认为："德主刑辅的传统主张已开始受到怀疑，刑法和狱吏也被称为是国家之所贵重和百姓之所悬命。汉代传统的礼律为混通之学的风气也渐次受到非难，律学正在从礼学中解放出来，获得独立发展的势头方兴未艾。"③ 在对各个时期的礼律关系进行了深入的探究后，作者得出的学术结论是：礼律关系的问题，并非从来就有，它的产生与凸显仅是春秋中后期的事。而律与律学，一则由于礼学的冲击，再则由于汉代统治者对秦朝速亡的警惕，一直处于婢女的地位，得不到独立的发展。随着东汉的灭亡，这种法学观与法律实践也当然走到了尽头。魏武帝由于主客观两方面的因素，都使他从指导思想到司法实际，极力摆脱汉儒的负面影响，而完全以名家和法家的方法为指归，来分析和解决法律问题。晋朝一方面继承汉代以礼教立国的方针，将礼教作为一切法律活动的指导；但另一方面，晋人又不像汉儒那么迂腐，使经典与刑律在立法、司法和法律的修改、法制的改革各个环节对应得毫厘不爽。他们援入了曹魏律中的名法学理论，希望能在名法客观性、精确性和统一性的支撑下，筑起道道礼教的防线，规范并引导全社会的行为，实现礼治，达到刑措的理想。同时，作者也强调："我们必须看到汉律学的发达，其内里实是经学的发达，律的发展最终要以经学的发展为转移。在汉代经学走上穷途末路的时候，它的法制终因

---

　　① 张建国：《再析晋修泰始律对两项重要法制的省减》，《北京大学学报》1990 年第 6 期。

　　② 邱立波：《试论汉魏晋礼律关系的演进》，载叶孝信、郭建主编《中国法律史研究》，学林出版社 2003 年版。

　　③ 叶孝信、郭建主编：《中国法律史研究》，学林出版社 2003 年版，第 187 页。

礼学的冲击而使整个格局都被毁坏，最终难以维持。在曹魏时期，律学初次摆脱经学束缚，由'明达法理'的学者和'律博士'博究精研；在晋代，律学凭借名学的支持，得以与经学暂时隔离，也有很大进步。这两个时期在中国法制史上意义不同寻常。但无论在魏在晋，法律所摆脱的，仅仅是汉儒式的礼教对刑律的过细干预，三纲六纪等礼教大端和基本规范都还未触动。尤其是君主的不可动摇的地位，更是任何一个朝代都绝对坚持的根本原则。从而在标示法律尊严的同时，也埋下了破坏法制的隐患。这是中国传统法制根本无法突破的一大难题。"①

北朝的法制建设是南北朝法制发展的一个高峰，而北魏法制是北朝法制的基础。以少数民族的统治集团而创造对中国法律传统影响甚大的法律制度，实为可赞叹者。但长时期中，学术界对北朝法制一直缺乏系统完整的研究。邓奕琦的《北朝法制研究》② 弥补了这一缺憾。

《北朝法制研究》是一部关于魏晋南北朝时期北朝法制的比较完整的研究成果。该书主要内容如下：第一章，北朝法制研究之回顾，包括北朝法制研究之概况、对北朝法制研究之反思、研究思路等；第二章，五胡十六国对封建法律文化的鉴取，包括北朝统治者引用汉族封建律令进行统治、以运律手段推行封建礼教、仿汉制建立司法和监察机关、十六国法制对北朝之影响等；第三章，拓跋鲜卑的习惯法，包括鲜卑法的文化承载体——风俗与习惯、鲜卑成文刑法、司法机关与狱讼制度、拓跋鲜卑习惯法的特点等；第四章，北魏前期的法制建设，包括阳儒阴法、重法肃刑的施政方针、立法司法概况、北魏前期法制建设的特点和作用等；第五章，北魏孝文帝的法制改革，包括"礼教为先"、"治因事改"、礼入于法、立法治吏、慎刑恤狱、务从宽仁、礼法结合等有关北魏法制变革的具体内容；第六章，北魏后期封建法律儒家化的基本完成，包括儒学复兴与议礼热潮、北魏律定本——正始律、实体法中所见礼法结合之推进等；第七章，北朝法制在北齐、北周的总结和创新，包括北齐、北周刑律体系的形成，十种重罪之总结，从十条重罪看北周律对北齐律的影响，封建五刑体系的改造与定型，隋律兼采齐周之制——北周律地位再评价等；第八章，南北朝法制比较，包括封建正统儒学处理家国关系的原则——家国并举、忠重于孝，"孝先于忠"伦理观羁控两晋南朝法制，北朝法制"国家·家族本位"的定型化等；第九章，北朝法

---

① 叶孝信、郭建主编：《中国法律史研究》，学林出版社 2003 年版，第 206 页。

② 邓奕琦：《北朝法制研究》，中华书局 2005 年版。

制之历史地位。书后还附有北朝法制大事记。北朝法制是汉唐之间中国封建法制从初创走向成熟的重要环节。本书全面系统地阐述了北朝法制的源流、发展、成就和历史地位，探索了北朝法制从初建到完成的演变规律。作者一方面广泛吸取前人的研究成果；另一方面，在对南北朝时期的政治、经济、文化等方面进行充分历史考察的基础上，广征博引，周密考证，形成了自己对北朝法制若干问题的独到见解。这部论著对中国法制史以及魏晋南北朝史研究，都具有填补空白的意义。邓奕琦关于这一时期的法律文化和制度还曾发表过《五胡十六国对封建法律文化的借鉴与继承》①和《苻秦监察略论》② 等研究成果，值得研究者予以重视。

汪世荣、许光县的《北齐法制的异化及其当代启示》③，对北齐法制的异化问题进行了探讨。在中国古代法制的发展史上，北齐是一个比较重要的朝代。从宏观来讲，北齐法制上承汉魏、下启隋唐；从微观来讲："名例律"的创制，重罪十条的出现，十二篇体例的奠基，五刑制度的草创，律、令、格、式的统一，廷尉正式改称大理寺，刑部及其他五部（列曹）的初具规模，都是北齐法制对中国传统法的发展和贡献。作者认为：豪族的专横、酷吏的擅断、立法与司法的脱节，是北齐法制异化的主要表现。鲜卑贵族对法制的漠视、法律与民族关系的畸形发展、司法执法体制的混乱，是北齐法制异化的主要原因。

魏晋南北朝时期的法律史资料十分散乱，给研究者带来了很大的困难。为了解决这一问题，浦坚先生编成了《三国两晋南北朝法制丛钞》④。该书将这一时期的法制史料分为立法概括、行政立法、刑事立法、土地和赋税立法、民事立法、婚姻家庭继承立法和诉讼立法等七部分，非常方便读者阅读和使用。值得提及的是，除了历史典籍以外，作者还搜集了许多文物史料，使这部资料集对于魏晋南北朝法制实践的研究更具参考价值。如安徽陵县麻桥镇东吴墓的"东吴赤乌八年萧整买地铅券"、镇江东吴西晋墓的"西晋元康元年李达买地砖券"、吐鲁番出土文书中的雇佣契约性质的"高昌延昌二十五年（582年）康长受岁从道人孟忠边出券"等。

---

① 邓奕琦：《五胡十六国对封建法律文化的借鉴与继承》，《北朝研究》1993年第3期。

② 邓奕琦：《苻秦监察略论》，《北朝研究》1992年第1期。

③ 汪世荣、许光县：《北齐法制的异化及其当代启示》，《陕西理工学院学报》（社科版）2005年第4期。

④ 此为浦坚先生出版的《中国古代法制丛钞》四卷本之一部分，该书由光明日报出版社2001年8月出版。

（二）立法与法律形式研究

马韶青的《晋令的法典化研究》[①] 从三个方面对晋令的法典化问题进行了探讨。关于晋令，研究者不是很多，其中原因可能是史料较为稀少，要在有限的资料中挖掘出有学术价值的东西，难度确实比较大。作者从晋令产生的社会背景及晋令的来源入手，阐明了晋令的法律性质，并得出了"晋继承了汉帝国崩溃后在魏国开始的律令改革事业，并且加以完成。而晋令则更多地体现了对魏令的继承与发展"这一学术判断。在此基础上，作者进而把研究重点过渡到本文的主题上，从"编排结构的体系化"与"内容的稳定与固定性"这两个侧面对晋令的法典化进行了研究分析。为了通过比较说明晋令编纂体例的系统化，作者还制作了"汉令表"和"晋梁隋唐令典篇目表"，这两份列表对于了解这方面的情况很有帮助。此外，文中还对晋令法典化的原因进行了探讨。

董念清的《魏律略考》[②] 一文对魏律的篇目进行了考证。他认为，关于魏律的篇目，已见史料中的记载有相互矛盾的地方。《晋书·刑法志》中称："凡所定增十三篇，就故五篇，合十八篇。于正律九篇为增，于傍章科令为省矣。"其所谓"故五篇"没有明确指出具体篇目。而《唐六典》注云："魏命陈群等采汉律为魏律十八篇，增萧何律《劫掠》、《诈伪》、《毁亡》、《告劾》、《系讯》、《断狱》、《请赇》、《警事》、《偿赃》等九篇也。"此九篇在《晋书·刑法志》也有记载。但其余九篇的篇目，后人在考证中得出的结论有所出入。程树德即不同于沈家本的看法，在对沈氏的考证作出评议后认为，魏律十八篇的具体篇目为：《具律》、《劫掠》、《诈伪》、《毁亡》、《告劾》、《系讯》、《断狱》、《请赇》、《警事》、《偿赃》、《免坐》、《盗律》、《贼律》、《囚律》、《捕律》、《杂律》、《户律》、《兴律》。董念清不同意这种观点。他所认定的魏律十八篇为：《刑名》、《劫掠》、《诈伪》、《毁亡》、《告劾》、《系讯》、《断狱》、《请赇》、《警事》、《偿赃》、《留律》、《免坐》、《盗律》、《贼律》、《捕律》、《杂律》、《户律》、《兴擅律》。作者通过对史料的分析说明其理由，有一定的学术参考意义。

吕丽的《汉魏晋"故事"辨析》[③] 一文，对两汉魏晋南北朝时期的

---

① 马韶青：《晋令的法典化研究》，《法律史论集》第 6 卷，法律出版社 2006 年版。
② 董念清：《魏律略考》，《法学杂志》1996 年第 5 期。
③ 吕丽：《汉魏晋"故事"辨析》，《法学研究》2002 年第 6 期。

"故事"进行了认真的梳理，进而对其进行了有创新意义的辨析性研究。作者试图通过剖析"故事"的性质及其在司法中的实际运用情况，说明"故事"与品式章程、制诏、律令等法律形式之间的关系，认为"故事"与"例"、"比"等法律形式之间有许多相类似的地方。作者的观点是："故事"属于旧事，是本朝或先王的已行之事，但旧事未经必要的程式确定，不能成为"故事"，只有在司法中被实际援引时才能成为"故事"。"故事"的范围极为宽泛，既可以是本朝的旧事，也可以是前朝、前几朝甚至是上古时期的旧事。而品式章程、制诏、律令主要是本朝，特别是在位皇帝主政时期制定的，最远不过溯及开国之君对前朝法律的沿用而已。可以认定，品式章程、制诏、律令是现行的法律，具有法律的强制性与现实约束力；而"故事"，严格地说，不能算是一种法律形式，只是有一些例外，如晋的《故事》三十卷与交趾人的"马将军故事"可以认定具有法律性质。"故事"在司法中只是可以作为历史依据而被比照援引。作者还认为，"故事"与"例"、"比"在多数情况下具有相同的法律属性。但是，例有常例，比有常比，以此成为确实的法律形式，而"故事"没有成为"常故事"者，也就没有成为法律形式的途径了。同一作者还曾与王侃共同署名发表《汉魏晋"比"辨析》[①] 一文，对"比"这种法律形式在魏晋南北朝时期的发展变化进行了很有说服力的分析和研究。作者对魏晋南北朝时期法律形式的研究是近期魏晋南北朝法律史研究中的一个亮点。

　　叶炜的《北周"大律"新探》[②] 对北周的法律作出了新的探讨。隋朝虽源于北周，但由于北周法制复古过甚，失去了实际运用的价值，故未能成为隋朝法律的直接渊源。这一学术判断几成定论。但该文作者认为：在隋唐法律制度渊源的研究中，以往学者多重北齐律而轻北周《大律》，往往把北齐律视为隋唐律最主要的甚至是唯一的来源。本文对北周律、北齐律以及隋开皇律三者加以比较，认为北周律是北朝法律制度发展的合理一环。不仅如此，隋开皇元年律是以北周律为基础而修订的。开皇三年律在篇章形式上吸收了北齐律，而在内容上则依然是对北周律的继承和发展。因此，若从内容判断，北周《大律》对隋律和唐律的影响要在北齐律之上。北周刑律是北朝法律发展中的一个合乎逻辑的环节。它直接构成了开皇元年修律的基础，而且在开皇三年律吸收了《北齐律》的成果之后，它的许多基本内容依然

---

① 王侃、吕丽：《汉魏晋"比"辨析》，《法学研究》2000 年第 4 期。
② 叶炜：《北周"大律"新探》，《文史》2001 年第 1 辑。

被保留下来了，影响着此后的刑律发展。我们没有理由把它视同"另类"，看成"怪胎"。近年学者在讨论隋唐制度渊源问题的时候，不仅继续重视南朝和北朝的差别，而且也越发关注东西政权不同的地方，特别是北周制度对隋唐两朝的重大影响。本文的研究希望为这种讨论提供新的证据，说明从刑律角度看，在重视北齐的同时，北周对隋唐刑律同样有着深刻的影响，其作用并不在北齐之下。作者的观点与通行的论点不同，其资料有端，考证有据，也可成一家之言。

（三）具体法律制度研究

李建渝的《魏晋南北朝时期的土地立法及其作用》① 一文对魏晋南北朝时期的土地立法进行了研究。作者认为：魏晋南北朝时期"所颁布的各项经济法律制度当中，土地立法方面的成就最为突出，所取得的社会经济效用也最为显著。如先后颁布了屯田令、占田令、占山令与均田令等一系列重要的土地法令。这些法令，有的是在继承了前代制度的基础上又不断地加以发展和完善，如屯田令；有的则是在总结了以往的土地立法经验基础上的创新之举，如占田令和占山令与均田令。这些法令的制定和实施，对于调整当时的土地占有和使用关系，组织与推动农业生产的顺利发展，及维持政权与社会的稳定，都发挥了极其重要的作用"。

薛菁的《魏晋南北朝刑法体制研究》② 是论述魏晋南北朝时期刑法体制形成、发展及其特点的专著。本书以专题研究的方式对魏晋南北朝时期的法律思想、刑法制度的相关问题进行了较为系统的研究。有评论认为："其中不乏新颖的选题和独到的见解，能发前人之所未发。"在"肉刑废复之争"这一专题研究中，作者将引起争议的缘由归结为汉末魏晋时期"刑罚体系存在的缺陷"、"法家思想的抬头与人口的遽减"、"某些肉刑的反复"和"传统观念及法先王思想的影响"四个方面。提出"无论是主张还是反对恢复肉刑，论者莫不笃信儒家经义，都本着正统的儒家思想强调为政以仁，制刑以德"的理念，这场争议恰恰"反映出儒家思想对中国古代法律的浸润"，争议的结果是肉刑未能在法律上恢复，充分"体现了中国古代法律儒家化的发展趋势"。这一论断是中肯的，反映出作者对中国古代史、法律史

---

① 李建渝：《魏晋南北朝时期的土地立法及其作用》，《法律史学研究》第 1 辑，中国法制出版社 2004 年版。

② 薛菁：《魏晋南北朝刑法体制研究》，福建人民出版社 2006 年版。

跨学科研究所具有的功力。

徐斌在《南北朝监察概论》①一文中，对南朝有关监察制度中的法律规定进行了细致的考述。认为南朝发展了"风闻言事"的监察手段，通过诏令打破"常式"，专职监官得"风闻言事"之权，不凭具体过失，只要一通评论就构成了威胁。如此，弹奏兴盛一时，弹事之文竟成风行之文体。另外，本文还对南北朝监察机构、组织方式、活动原则，以及监察官员的品秩、职责和活动方式等进行了研究。

李小树著《秦汉魏晋南北朝监察史纲》②，从以下几个层面对魏晋南北朝时期监察制度的发展变化进行了考察。"其一，制度层面，包括监察机构和监察人员的设置，监察法规的制定与实施，监察制度的演变等；其二，思想层面，包括监察思想的发展与变化，在这种思想指导之下，监察人物的行为及其影响；其三，社会层面，包括监察与现实政治与社会的互动关系，监察在每一特定时代的状况及其作用，等等。"对魏晋南北朝时期"反腐败"思想进行归纳和总结是这部著作的一个特点。

李益强的《汉魏晋南北朝司法审判制度考——兼论世族政治对法制的影响》③是一篇具有实证意义的考据性文章。作者花费大量精力，将搜集的史料细心整理，制成表格，并就所研究的问题进行定量分析。该论文分为前后两篇，前篇论述两汉的司法审判制度；后篇对魏晋南北朝司法制度进行分析研究，是文中较为精彩的部分。文中所列"魏晋南北朝廷尉、督官尚书升迁品秩表"、"魏晋南北朝廷尉（大理）、都官尚书身份表"和"魏晋南北朝中央主要司法审判官员司法才干统计表"是在对史料进行学理性梳理和归纳的基础上制成的，作者将现代政治学、社会学的研究方法合理地运用于法制史的研究中，有较高的学术价值。文后还列有两个附表，附表甲为"汉魏晋南北朝廷尉卿（大理）表"，收录了西汉廷尉五十一人，曹魏廷尉卿十一人，西晋廷尉卿十二人，东晋廷尉卿十七人，宋廷尉卿十四人，南齐廷尉卿五人，梁廷尉卿十一人，陈廷尉卿五人，后魏廷尉卿十八人，北齐廷尉卿八人；附表乙为"南北朝都官尚书表"，收录宋都官尚书十一人，南齐都官尚书十二人，梁都官尚书十六人，陈都官尚书十一人（计周弘正），后

① 徐斌：《南北朝监察概论》，《浙江学刊》1996 年第 1 期。

② 李小树：《秦汉魏晋南北朝监察史纲》，社会科学文献出版社 2000 年版。

③ 李益强：《汉魏晋南北朝司法审判制度考——兼论世族政治对法制的影响》，载叶孝信、郭建主编《中国法律史研究》，学林出版社 2003 年版。

魏都官尚书三十三人，北齐都官尚书六人。应该说，这是关于汉魏晋南北朝司法审判官员的最为详尽的统计，它给后来的研究者提供了诸多研究上的便利。

陈俊强的《皇权的另一面：北朝隋唐恩赦制度研究》①，通过对北朝隋唐恩赦制度的研究，分析中国中古皇权的性质，并且尝试指出皇权是如何得以贯彻、帝王统治如何得以落实的。在本书中，作者做了大量正本清源的基础工作。指出，"所谓'恩赦'，泛指人君所颁布的大赦、曲赦、降罪、录囚等，乃皇帝专属的仁德措施。古代帝王肆赦频繁，举凡践祚、立储、郊祀等，往往有赦。恩赦在刑罚上的效力非常强，常常是杀人不死，伤人不刑，甚至十恶重罪，亦蒙原赦。其实，恩赦的效力与范围远不止此。不少人误以为中国古代恩赦只是免除或减轻罪囚的刑罚而已，即使专门的法制史著作亦所难免……"作者认为，君主降赦，无疑破坏法制，属不合理措施，而将君主的恩赦纳入律令规范，使君权有所约束，不致漫无节制，应视为不合理措施的合理化过程。但恩赦又是皇帝个人专属的恩德，因此，终究无法将恩赦完全法制化。在这部著作中，有关北朝恩赦制度的论述极为详尽。全书共五章：恩赦的颁布与北朝隋唐的政治，其中包括"恩赦的源流"、"北朝恩赦频率的起伏变化"（386—581年）等内容；恩赦与礼制；大赦的内容与效力；曲赦、降罪、录囚的检讨；从恩赦看重罪。书中还穿插了一些关于北朝恩赦的制表与附录，亦有重要的参考价值。

二、法律思想与律学研究

刘笃才的《论张斐的法律思想》②，归纳整理了张斐法律思想的基本内容，并着重探讨了魏晋玄学对律学发展的积极影响。作者称，作为哲学的玄学，对于学术领域中的其他学科，包括律学，其积极影响不在于理论，而在于其理论形态；不在于其思维的具体内容，而在于其思维的方式方法。它对于律学摆脱汉代经学的束缚，走出"引经注律"的狭隘限制，形成注重概念、讲求逻辑的学术风格，建构自己的理论体系，起了促进作用。张斐的律学研究成果就是这种有益影响的一个例证。

---

① 陈俊强：《皇权的另一面：北朝隋唐恩赦制度研究》，北京大学出版社 2007 年版。
② 刘笃才：《论张斐的法律思想》，《法学研究》1997 年第 6 期。

邓奕琦的《西晋南朝"孝先于忠"伦理观及其对司法的影响》① 认为，两晋南朝社会形成的"孝先于忠"的伦理观，对社会思想意识及生活都有重要影响，这种影响也直接体现在司法活动中，形成了这一时期社会法律生活的基本特点，并最终影响了后世法律的走向。作者还对两晋南朝对于不孝罪加重量刑以及为孝可以屈忠屈法的情况进行了论述。并就"孝先于忠"的伦理观形成的原因提出了自己的见解。他认为，造成这种状况的历史原因主要有：其一，大力鼓吹以孝为中心的名教是为去除曹魏政治的影响；其二，厉督行孝是为掩盖篡权失忠；其三，强化孝道是门阀世族维持门第的需要。

张红方的《北魏政权法律思想变迁析》② 指出，北魏政权进行了九次修律活动，每一次修律都反映了落后的鲜卑族在法律思想方面向汉化方向的转变，北魏政权法律思想的这一变迁过程为落后的民族（或地区）向先进民族（或地区）的文化学习提供了典范。这个课题还有许多可以研究探讨的空间，希望以后能看到更深入的研究成果出现。

林明在《多元思想背景下的伦理法制——兼议东晋南朝法律思想的时代特点》③ 一文中指出，东晋南朝时期，玄学成为当时具有时代特色的主流学术和政治思潮，但此时的思想界又呈多元化局面，玄、儒、佛、道各家思想对意识形态及政治领域各个层次的影响和作用并不相同。在统治者治国的实际指导思想方面，儒家学说仍然占据主导地位。这不仅表现在江左君臣们仍以儒家学说作为治国立论的出发点，还表现在儒家思想对当时立法和司法实践产生着直接的影响。在处理具体案件时，司法者主张情、理、法结合，提出了符合伦理人情的原则和方法。这一时期儒家思想的作用和影响推动着封建法律伦理化进入新的阶段。作者的研究思路比较开阔，没有仅仅就法律谈法律，而是把法律思想与当时的社会思潮联系在一起，具有一定的学术启发性。

何勤华编的《律学考》④，收录了关于魏晋南北朝时期律学发展的四篇论文，代表了对这一时期律学研究的水平。这四篇论文为：蒋集耀的《中

---

① 邓奕琦：《西晋南朝"孝先于忠"伦理观及其对司法的影响》，《法律学习与研究》1992 年第 5 期。

② 张红方：《北魏政权法律思想变迁析》，《琼州大学学报》2004 年第 1 期。

③ 林明：《多元思想背景下的伦理法制——兼议东晋南朝法律思想的时代特点》，《法学论坛》2004 年第 1 期。

④ 何勤华编：《律学考》，商务印书馆 2004 年版。

国古代魏晋律学研究》；刘笃才的《论张斐的法律思想——兼及魏晋律学与玄学的关系》；高恒的《张斐的"律注要略"及其法律思想》和穆宇的《张斐法律思想述评》。

有关南北朝法律史的研究，对北朝的研究和考证远远多于南朝。其原因盖源于北朝法律在形式与内容和对后代法律的影响方面要优于南朝法律。但实际上，南朝法律也有其固有的特点，其儒家化的特征对中国法律传统的形成有着不小的影响。陈寅恪指出："隋唐刑律近承北齐，远祖后魏，其中江左因子虽多，止限于南朝前期，实则南朝后期之律学与前期无大异同。"①对于这种判断，学术界大多表示认可，但也有一些不同的见解。张君虎在《南朝律学研究》②中认为，南北朝时期，社会动荡，战乱频发，群雄割据，各个王朝为求生存图发展，都比较重视立法建制。由于民族、文化以及社会环境等各方面的不同，北方少数民族统治者入主中原后，锐意求治，在中国古代法制史上留下了"南北朝诸律，北优于南"的定论。那么南朝的律学真的就如人们所想的那样衰落了吗？这段时期的律学思想又是怎么形成的？南朝律学在此期间有些什么建树？对南朝的法制又有什么影响？这些都是值得研究的问题。

此外，关于这一时期的法律思想，值得关注的研究成果还有：石经海的《曹操法治思想论析》③、文慧科的《关于西晋刑律制定人选的思考》④、周岚的《德教刑辅，依法治国——试述苏颂的立法思想及立法实践》⑤、陈景良的《崔述反"息讼"思想论略》⑥等。

三、新史料的发现

魏晋南北朝法制在中国法律制度史中居于举足轻重的地位。如果说汉律

①　陈寅恪：《隋唐制度渊源略论稿》，中华书局1963年版，第101页。
②　张君虎：《南朝律学研究》，中国法律文化网首发。因为网络学术的出现还是一个新事物，在学术规则、规范、学术水平的认定等方面还没有得到学术界的共识，故而本章对此类学术成果没有多做选评，只收录此一篇，也是一种尝试。
③　石经海：《曹操法治思想论析》，《阜阳师范学院学报》（社科版）2002年第4期。
④　文慧科：《关于西晋刑律制定人选的思考》，《西南民族学院学报》（哲社版）2002年第4期。
⑤　周岚：《德教刑辅，依法治国——试述苏颂的立法思想及立法实践》，《当代法学》2000年第3期。
⑥　陈景良：《崔述反"息讼"思想论略》，《法商研究》2000年第5期。

在精神上已趋向儒家化，则魏晋法制无论在精神上及形式上都开始使中国法律儒家化成为一种现实，并真正形成中国古代的法律传统。陈寅恪在《隋唐制度渊源略论稿》中称："司马氏以东汉末年之儒学大族创建晋室，统制中国，其所制定之刑律尤为儒家化，既为南朝历代所因袭，北魏改律，复采用之，辗转嬗蜕，经由（北）齐隋，以至于唐，实为华夏刑律不祧之正统。"① 可以说，魏晋南北朝的法制在中国法制史中有着承前启后的地位。与这种地位相对应，对这一时期法律史的研究，也应该受到足够的重视。

近年来关于魏晋南北朝法律史的研究，成果不算丰富，原因固然多样，但没有新史料的发现是其中最重要的原因。而目前的一些考古发现有可能成为改变这种局面的契机。

2007 年，甘肃省疏勒河管理局在玉门市花海乡毕家滩进行农田开发时，发现地下有古代葬墓，省考古研究所获悉后，于同年 6 月对该遗址进行抢救性发掘。发掘面积达上万平方米，共发掘出 53 座葬墓。经初步断定，这些葬墓属于 360 年至 400 年之间的西凉和北凉时期，与以往在河西发掘的这个时期的带有茔圈和风土的葬墓不同的是，这些墓是土坑墓。一葬墓中，在一块由三四片木板钉在一起的棺板上，发现写有 5 万余字，是正规、漂亮的写经体，从已释读的 5000 余字初步判定是晋律，主要有三部分：诸侯律、捕亡律、系讯律。据《晋书》记载 268 年曾颁布晋律，但晋律全文早已遗失，此次发现的晋律不仅有正文，还有注释，其书写时间比晋律颁布时间晚 120 多年。当时中原地区由于五代十六国战乱，早已不用晋律，这个材料的发现说明当时河西地区还在继续使用晋律。

目前，这项考古成果还没有对学术界完全公布，但研究者们已经在翘首企盼了。

---

① 陈寅恪：《隋唐制度渊源略论稿》，中华书局 1963 年版，第 100 页。

第六章　隋唐五代法律史研究

关于近十年来隋唐五代法律史研究的情况，可用三句话予以概括：一是出版了十余部专著，发表了 300 余篇论文，不仅成果的数量较多，而且在民事法律制度、经济法律制度、司法制度、监察制度和敦煌法律文书研究方面取得了新的进展。二是学者们关注的仍是唐代法律制度的研究，隋朝和五代法史研究的成果很少。就出版的专著而论，除有 3 部专著涉及隋和五代外，其他均为唐代法制史研究著作。三是研究这一时期法律思想的成果较少，尚未见有这方面的专著问世，有关论文也较少。根据上述情况，本章在"综合研究"部分专门就著作类成果加以介绍。对于以论文形式发表的成果及其创见，分别从立法、刑事法律制度、行政法律制度、经济法律制度、民事法律制度、婚姻家庭法律制度、司法制度、监察制度、法律思想、判牍等方面予以介绍。

一、法制史研究

（一）综合研究

陈鹏生主编的《中国法制通史》第 4 卷《隋唐》①，是一部比较全面地阐述隋唐五代法制的成果。该书 16 章，前 4 章为隋代法制。第 1 章论述了隋朝的立法思想和立法概况，对开皇律和大业律的制定、隋朝的法律形式等也作了较为详细的介绍。第 2 章论述了隋朝法律的基本内容与特征，着重介绍了隋朝的刑罚、罪名和法律的适用原则。第 3 章阐述了隋朝的司法制度和监察制度。第 4 章阐述了从"开皇之治"到隋末法制的发展过程，论述了隋文帝和隋炀帝时期的法制状况、隋代法制的特点及对周边国家的影响。该书的第 5 章至第 13 章为唐朝法制。对唐代的立法思想、立法概况、刑事法

---

① 陈鹏生主编：《中国法制通史》第 4 卷《隋唐》，收入张晋藩总主编《中国法制通史》第 4 册，法律出版社 1999 年版。

律、行政法律、经济法律（土地、赋税、工商、专买、对外贸易、货币）、民事法律（民事行为规范、人的法律、物的法律、债的法律）、婚姻家庭法律（婚姻法律、家庭法律、亲属法律、继承法律）、司法制度（中央和地方司法机关、控告与强制措施、审判、执行、司法教育）及唐代法制的特点和历史地位等作了详述。该书的第 14 章至第 16 章为五代法制。对后梁、后唐、后晋、后周、十国的立法和这一历史时期的法律形式、法律的基本内容（刑法总论、犯罪规定、经济与民事法律）、法制的特点及司法制度（中央和地方司法机关、诉讼审判制度、刑罚的执行与赦免）等作了介绍。

杨一凡、尤韶华主编的《中国法制史考证》甲编第 4 册《隋唐法制考》①，对隋唐法制研究中的若干疑义问题进行了考证。该书考证的专题有：《隋代法制考》、《〈唐律疏议〉制作年代考》、《唐律渊源考》、《唐律赃罪诸考》、《唐律实施考述》、《唐田令考》、《唐〈开元二十五年令〉·田令考》、《传世文献中所见唐式考》、《唐祠部式考》、《天宝令式表与天宝法制》、《唐代使职制度考》、《唐张鷟、白居易两大判词考》等。

在唐律研究方面代表性的著作有：钱大群的《唐律与唐代法律体系研究》和《唐律研究》，王立民的《唐律新探》，郑显文的《唐代律令制研究》。

《唐律与唐代法律体系研究》是钱大群"唐律系列研究"成果的第 5 种。该研究系列的前 4 种成果即《唐律译注》②、《唐律论析》③、《唐律与中国现行刑法比较论》④、《唐律与唐代吏治》⑤。已于 1998 年至 1994 年间分别出版。《唐律与唐代法律体系研究》收入《论唐代法律体系与〈唐六典〉的性质》、《唐律立法量化技术初探》、《谈〈唐律疏议〉三条律疏的修改问题》和论述唐律廉政机制等方面的论文 10 篇。该书系统地论述了唐律的法文化价值，表述了作者诸多重要的学术观点。

钱大群著《唐律研究》⑥，全书分为 4 编。第 1 编为立法研究，论述了唐代法律体系与唐律，唐律的制订、修改和解释，唐律的结构，唐律的基本原则与法律效力。第 2 编为刑罚及刑罚运用研究，论述了刑罚的种类及其适

① 杨一凡、尤韶华主编：《中国法制史考证》甲编第 4 册，中国社会科学出版社 2003 年版。

② 钱大群：《唐律译注》，江苏古籍出版社 1988 年版。

③ 钱大群：《唐律论析》，南京大学出版社 1989 年版。

④ 钱大群：《唐律与中国现行刑法比较论》，江苏人民出版社 1991 年版。

⑤ 钱大群：《唐律与唐代吏治》，中国政法大学出版社 1994 年版。

⑥ 钱大群：《唐律研究》，法律出版社 2000 年版。

用、量刑、累犯、自首及公罪与私罪、数罪并罚、缓刑与赦免。第3编为犯罪研究，论述了犯罪主体与主观方面、犯罪客体与客观方面、罪与非罪、犯罪形态。第4编为刑律的任务与特点的研究，论述了维护封建专制统治与社会秩序、监督吏治以保证行政效率、维护封建婚姻家庭制度、维护封建的经济基础，唐律的特点。

王立民著《唐律新探》，该书1993年初版①，2001年再版②，2007年为第3次修订出版③。此书初版共14章。第1章考察了唐律的法律思想，第2章至第4章探讨了唐律有关部门的一些问题。第5章至第8章重点考察了唐律的一些具体的内容，第9章至第12章考察了唐律的实施、唐律与制敕的关系及唐律对唐政治经济的影响等问题，第13章和第14章考察了唐以后的一些朝代对唐律的变革、唐律与法国民法典的比较。2001年版增加了唐律与唐令格式性质中的三个问题、唐律的条标、唐律中的《论语》、唐律的内容密而不漏等4章。2007年版又增加了关于唐律的一些问题（下）和唐律与历史的融合两章。该书从法律思想、法典结构、法典内容、唐律与唐后及国外法典的比较等角度对唐律加以探索，提出了作者的见解。

在唐代民事、经济法律制度研究方面的成果有：张中秋的《唐代经济民事法律述论》④，岳纯之的《唐代民事制度论稿》⑤。

张中秋的《唐代经济民事法律述论》一书，分为两部分。第一部分为唐代的经济法律研究，对唐代的土地法律（疆域与社会经济形势，重农与土地开发，土地占有与均田律令的基本内容，均田制的法律保障与实施，经济的衰退与均田律令的废止）、赋役法律（租庸调法的基本内容及其法律保障，两税法的渊源、内容及实施）、工商法律（手工业法律和商业法律）、专卖法律（盐铁专卖，茶酒的税收与专卖，政府对粮食经济的干预）、对外贸易法律进行了阐述。第二部分为唐代民事法律制度研究，对唐代民事主体、客体与民事法源及唐代有关物权的法律（所有权、典权、质权与抵押权）、债权的法律、婚姻家庭法律、亲属法律、民事诉讼制度进行了论述。

岳纯之的《唐代民事制度论稿》，全书16章，分为上下两编。上编11

---

①　王立民：《唐律新探》，上海社会科学院出版社1993年版。
②　王立民：《唐律新探》，上海社会科学院出版社2001年版。
③　王立民：《唐律新探》，北京大学出版社2007年版。
④　张中秋：《唐代经济民事法律述论》，法律出版社2002年版。
⑤　岳纯之：《唐代民事制度论稿》，人民出版社2006年版。

章，探讨了唐代的婚姻与继承问题，内容有：唐代法定适婚年龄考，婚姻中的父母之命与子女意志，媒人与婚姻的成立，婚姻仪式与《仪礼》，婚姻成立的禁止条件，婚姻的效力，离婚制度，再嫁问题，纳妾制度，婚外性行为及其社会控制，财产的法定继承和遗嘱继承及其纠纷与解决。下编 5 章，探讨了隋唐五代的契约与侵权，内容有：隋唐五代契约法总论，买卖契约的基本内容和履行情况及法律控制，借贷契约的基本内容、履行情况及法律控制，唐代的侵权行为的类型划分、责任归属及责任形式。

已出版的研究唐代法律史的著作还有：刘俊文的《唐代法制研究》① 和《〈唐律疏议〉笺解》②，钱大群、艾永明的《唐代行政法律研究》③，胡宝华的《唐代监察制度研究》④ 等。

（二）立法研究

张先昌的《〈开皇律〉的修订及其在中国法制史上的地位》⑤、李春凌的《略论贞观年间法制的几个特点》⑥、张少瑜的《唐朝前期军事法执行状况及主要影响因素》⑦、赵剑敏的《开元立法与行政法典阐论》⑧、刘焕曾的《武则天对唐朝法制的破坏》⑨、侯雯的《五代时期的法典编订》⑩ 等文考察了隋唐五代不同时期的立法概况，何峰的《论吐蕃法律的渊源、形式和立法原则》⑪ 一文探讨吐蕃法律。

徐忠明的《关于唐代法律体系研究的评述及其他》⑫、李玉生的《唐代法律体系研究》⑬ 论述唐代的法律体系。钱大群的《唐律立法量化技术运用

① 刘俊文：《唐代法制研究》，台湾文津出版社 1999 年版。
② 刘俊文：《〈唐律疏议〉笺解》，商务印书馆 1996 年版。
③ 钱大群、艾永明：《唐代行政法律研究》，江苏人民出版社 1996 年版。
④ 胡宝华：《唐代监察制度研究》，商务印书馆 2005 年版。
⑤ 张先昌：《〈开皇律〉的修订及其在中国法制史上的地位》，《法学研究》2002 年第 4 期。
⑥ 李春凌：《略论贞观年间法制的几个特点》，《中国社会科学院研究生院学报》1998 年第 4 期。
⑦ 张少瑜：《唐朝前期军事法执行状况及主要影响因素》，《南京大学法学评论》2001 年春季号。
⑧ 赵剑敏：《开元立法与行政法典阐论》，《上海大学学报》（哲社版）2004 年第 3 期。
⑨ 刘焕曾：《武则天对唐朝法制的破坏》，《锦州师范学院学报》（哲社版）1999 年第 2 期。
⑩ 侯雯：《五代时期的法典编订》，《首都师范大学学报》（哲社版）2001 年第 3 期。
⑪ 何峰：《论吐蕃法律的渊源、形式和立法原则》，《中国藏学》2007 年第 1 期。
⑫ 徐忠明：《关于唐代法律体系研究的评述及其他》，《法制与社会发展》1998 年第 5 期。
⑬ 李玉生：《唐代法律体系研究》，《法学家》2004 年第 5 期。

初探》① 及侯欣一的《唐律与明律立法技术比较研究》② 则探讨立法技术。
赵俊波的《晚唐律赋的散体化倾向》③ 阐述了晚唐律赋。

王立民的《论唐律的礼法关系》④ 一文探讨唐律的礼法关系，提出这种
关系的基本一面是：礼是法的指导，法是对礼的维护，并对礼与法的矛盾及
其解决进行了探讨。徐忠明的《略论唐朝法律与礼的关系》⑤ 一文从三个方
面讨论唐朝法律与礼的关系问题：其一，从《唐律》的基本纲领看礼法结
合；其二，从《唐律》的规范来源看礼法结合；其三，从唐朝法律的其他
方面看礼法结合。探讨唐律与礼的关系的论文还有：苏亦工的《唐律"一
准乎礼"辨正》⑥，陈成国的《从〈唐律疏议〉看唐礼及相关问题》⑦ 及
《从〈唐律疏议〉看唐礼及相关问题（续）》⑧，邱玉梅的《唐律"一准乎
礼"的立法特点及产生的主要原因》⑨，赵宁芳的《试论唐律的血缘主义特
征》⑩，李忠建《论〈唐律疏议〉的儒家伦理化》⑪ 等。

钱大群的《〈唐律疏议〉结构及书名辨析》⑫、高汉成的《也谈中国古
代律典的性质和体例——以〈唐律疏议〉和〈大清律例〉为中心》⑬、李广
成的《〈唐律疏议〉的法律解释方法论析》⑭ 分别考察《唐律疏议》结构、
体例和解释方法。王立民的《唐律内容疏而不漏的质疑》⑮，对唐律的内容

① 钱大群：《唐律立法量化技术运用初探》，《南京大学学报》（哲社版）1996 年第 4 期。
② 侯欣一：《唐律与明律立法技术比较研究》，《法律科学》1996 年第 2 期。
③ 赵俊波：《晚唐律赋的散体化倾向》，《江海学刊》2004 年第 2 期。
④ 王立民：《论唐律的礼法关系》，《浙江学刊》2002 年第 2 期。
⑤ 徐忠明：《略论唐朝法律与礼的关系》，《中山大学学报》（哲社版）1997 年第 1 期。
⑥ 苏亦工：《唐律"一准乎礼"辨正》，《政法论坛》2006 年第 3 期。
⑦ 陈成国：《从〈唐律疏议〉看唐礼及相关问题》，《湖南大学学报》（哲社版）1999 年第 1
期。
⑧ 陈成国：《从〈唐律疏议〉看唐礼及相关问题（续）》，《湖南大学学报》（哲社版）1999
年第 2 期。
⑨ 邱玉梅：《唐律"一准乎礼"的立法特点及产生的主要原因》，《黑龙江省政法管理干部学
院学报》2000 年第 3 期。
⑩ 赵宁芳：《试论唐律的血缘主义特征》，《临沧师范高等专科学校学报》（哲社版）2007 年
第 1 期。
⑪ 李忠建：《论〈唐律疏议〉的儒家伦理化》，《沙洋师范高等专科学校学报》（哲社版）
2007 年第 3 期。
⑫ 钱大群：《〈唐律疏议〉结构及书名辨析》，《历史研究》2000 年第 4 期。
⑬ 高汉成：《也谈中国古代律典的性质和体例——以〈唐律疏议〉和〈大清律例〉为中心》，
《上海交通大学学报》（哲社版）2003 年第 5 期。
⑭ 李广成：《〈唐律疏议〉的法律解释方法论析》，《求索》2006 年第 4 期。
⑮ 王立民：《唐律内容疏而不漏的质疑》，《南京大学法律评论》1998 年秋季号。

和特点进行了探讨。

董志翘的《〈唐律疏议〉词语考释》① 选取《唐律疏议》中法制词语七例，参以其他文献用例，加以考释，厘正了前人疏解不当及未尽之处。研究唐代法律语言的成果还有：董志翘的《〈唐律疏议〉词语杂考》②，王东海的《〈唐律疏议〉》法律词语反义谱系关系分析》③，刘愫真的《论〈唐律疏议〉语言承继的跨越性特征》④。

李玉生的《关于唐代律令格式的性质问题——与王立民教授商榷》⑤ 一文，探讨了唐代律令格式的法律性质问题。认为律是刑法典，而令、格、式都是包含多种部门法规范的综合性法典。该文针对"律令格式皆刑法"说的持论依据，提出了商榷意见，论证了唐代律令格式的法律性质。

戴建国的《唐〈开元二十五年令·田令〉研究》⑥ 一文指出，宁波天一阁藏宋《天圣令》中保存了大量已佚唐《开元二十五年令》原文，附录的唐《田令》文献弥足珍贵。该文记录了唐田令48条令文，对经宋改动行用的7条唐田令进行了复原。在此基础上将其与《唐令拾遗》等书相对照，作了考释。该文探讨了《田令》令文是否完整及令与其他法律规范——律、格、式的关系，认为唐令是唐代法律体系的主干。研究唐代法律形式的论文还有：侯雯的《唐代格、式的编纂》⑦、王斐弘的《敦煌写本〈神龙散颁刑部格残卷〉研究——唐格的源流与递变新论》⑧ 等。

侯雯的《唐代格后敕的编纂及其特点》⑨ 一文认为：唐前期的立法活动是以修订律、令、格、式为主要内容，而中唐以后，格后敕不仅成为立法活动的主要内容，法律效力也日渐提高。格后敕承袭并发展了格的特点——适应性、变通性、灵活性，它能够及时地体现朝廷的意志，适应变化了的社会

① 董志翘：《〈唐律疏议〉词语考释》，《古籍整理研究学刊》2003年第1期。
② 董志翘：《〈唐律疏议〉词语杂考》，《南京师范大学学报》（哲社版）2002年4期。
③ 王东海：《〈唐律疏议〉》法律词语反义谱系关系分析》，《鲁东大学学报》（哲社版）2006年第3期。
④ 刘愫真：《论〈唐律疏议〉语言承继的跨越性特征》，《平顶山师范高等专科学校学报》（哲社版）1999年第1期。
⑤ 李玉生：《关于唐代律令格式的性质问题——与王立民教授商榷》，《金陵法律评论》2002年秋季卷。
⑥ 戴建国：《唐〈开元二十五年令·田令〉研究》，《历史研究》2000年第2期。
⑦ 侯雯：《唐代格、式的编纂》，《文史知识》1997年第8期。
⑧ 王斐弘：《敦煌写本〈神龙散颁刑部格残卷〉研究——唐格的源流与递变新论》，《现代法学》2005年第1期。
⑨ 侯雯：《唐代格后敕的编纂及其特点》，《北京师范大学学报》（哲社版）2002年第1期。

状况。但无论是从体系的完整性还是法律自身的稳定性与严肃性而言，均不如唐前期。唐代格后敕的编纂改变了法律编纂的格局，给后世以深远的影响。

关于《唐六典》的撰修经过，历代文献记载简略，且缺乏时间的界定。钟兴龙的《〈唐六典〉撰修始末考》[①] 全面梳理各类文献记述，以《唐六典》历任主持撰修者为标志，把《唐六典》撰修经过划分为五个阶段，认为五阶段的划分可以正确地反映《唐六典》撰修的经过及各阶段对《唐六典》撰修的贡献。《唐六典》的撰修历经 16 年，四易主持人，14 人参与撰修工作，是集贤院撰修著作中历时最长、用功最为艰难的一部集体创作。徐适端的《略论〈唐六典〉的编纂特色》[②] 一文考察了典制专著《唐六典》的编纂特色。

围绕《唐六典》的性质，学界提出了不同的见解。宁志新的《〈唐六典〉仅仅是一般的官修典籍吗？》[③] 一文，对钱大群的《〈唐六典〉性质论》[④] 中认为《唐六典》不是行政法典的观点提出质疑，钱大群的《〈唐六典〉不是行政法典——答宁志新先生》[⑤] 对宁文作了回复。在这场学术讨论中，宁志新另有《〈唐六典〉性质刍议》[⑥] 一文，袁文兴写有《关于唐六典的几个争议问题》[⑦] 一文。

霍耀林的《唐律对古代日本律的影响》[⑧] 一文从唐律的形式、内容、基本精神等几个方面，分析了唐律对日本律令的影响。同类论文有郑显文的《从唐律到日本律——关于日本律成立的几个问题》[⑨]、金眉的《日本对唐代服制的继受与变通》[⑩]。

（三）刑事法律制度研究

近年来发表的研究隋唐刑事法律制度的论文较多，本部分从犯罪、刑罚

---

① 钟兴龙：《〈唐六典〉撰修始末考》，《古籍整理研究学刊》2006 年第 3 期。
② 徐适端：《略论〈唐六典〉的编纂特色》，《史学史研究》2007 年第 1 期。
③ 宁志新：《〈唐六典〉仅仅是一般的官修典籍吗？》，《中国社会科学》1994 年第 2 期。
④ 钱大群：《〈唐六典〉性质论》，《中国社会科学》1989 年第 6 期。
⑤ 钱大群：《〈唐六典〉不是行政法典——答宁志新先生》，《中国社会科学》1996 年第 6 期。
⑥ 宁志新：《〈唐六典〉性质刍议》，《中国史研究》1996 年第 1 期。
⑦ 袁文兴：《关于唐六典的几个争议问题》，《甘肃理论学刊》1998 年第 6 期。
⑧ 霍耀林：《唐律对古代日本律的影响》，《井冈山学院学报》（哲社版）2007 年第 7 期。
⑨ 郑显文：《从唐律到日本律——关于日本律成立的几个问题》，《比较法研究》2004 年第 2 期。
⑩ 金眉：《日本对唐代服制的继受与变通》，《比较法研究》2007 年第 1 期。

两个方面予以综述。

（1）研究犯罪方面的代表性论文及其创见

在关于隋唐律中的"十恶"研究方面，发表的论文主要有：周东平的《隋〈开皇律〉十恶渊源新探》①，刘高远的《从唐律的"十恶"罪条看中国封建法制的特征》②，徐永康的《唐律"十恶"罪刑研究》③，马继云的《唐律对"不孝"罪的界定》④，石东梅的《论唐代的谋反罪》⑤，江润南的《唐律对利用图谶进行颠覆犯罪的打击》等⑥。

周东平的《隋〈开皇律〉十恶渊源新探》一文认为，隋《开皇律》首创的"十恶之条"的罪名，就其渊源而论，人们通常认为是沿袭《北齐律》"重罪十条"，但忽视了"十恶"的名称，是借用了佛教中的"十恶"。他在《隋〈开皇律〉与佛教的关系论析》⑦一文中，进一步系统地探讨了被视为《开皇律》翻版的唐律与佛教之间有直接关系的"盗毁天尊佛像"、"私入道"两条条文，并论证了《开皇律》首创的"十恶之条"的罪名的实质来源与形式来源问题。

官吏赃罪是唐律中的重要罪名。周东平在《关于中国古代赃罪的若干问题》⑧一文中，辨析了唐律中赃的定义和对赃罪计赃科罪的常例与特例，指明唐律设立"六赃"的意义；分析了唐代官吏借国家财政收入之机擅自赋敛的行为以枉法论的定性问题。他在《唐代の坐贓について（关于唐代的坐贓）》⑨一文中，梳理了秦汉以来关于坐贓的史料，论证了秦汉以来坐赃定义的演变，得出坐赃自唐律规定六赃后，始有传统上广义坐赃与唐律以后法律上的狭义坐赃之分。通过对唐代60多个坐赃案例适用罪名和刑罚的考析，指出唐代法制史料中坐赃案例反映的罪名不与作为六赃之一的"坐

① 周东平：《隋〈开皇律〉十恶渊源新探》，《法学研究》2005年第4期。
② 刘高远：《从唐律的"十恶"罪条看中国封建法制的特征》，《焦作大学学报》（哲社版）1997年第4期。
③ 徐永康：《唐律"十恶"罪刑研究》，《河南省政法管理干部学院学报》1999年第6期。
④ 马继云：《唐律对"不孝"罪的界定》，《江海学刊》2000年第2期。
⑤ 石东梅：《论唐代的谋反罪》，《燕山大学学报》（哲社版）2007年第2期。
⑥ 江润南：《唐律对利用图谶进行颠覆犯罪的打击》，《湖南科技大学学报》（哲社版）2005年第8期。
⑦ 周东平：《隋〈开皇律〉与佛教的关系论析》，收入中国法律史学会编《中国文化与法治》，社会科学文献出版社2007年版。
⑧ 周东平：《关于中国古代赃罪的若干问题》，《中国历史上的法制改革与改革家的法律思想》，山东大学出版社1999年版。
⑨ 周东平：《唐代の坐贓について（关于唐代的坐贓）》，［日］《古代文化》1999年第1期。

赃"罪名相吻合，存在广义和狭义两种坐赃罪名混用的情形。这种现象反映了传统法律文化在对待"贪官污吏"的问题上道德规范和法律规范不能科学区分的缺陷，曲折地反映了传统法律文化在人们心目中的潜移默化的影响。他在《唐律赃罪诸考》①一文中对围绕着唐律中赃的定义和赃罪、污罪考论、唐代坐赃考析等问题，作了进一步的探讨。

　　研究唐代官吏赃罪的论文较多，主要有：徐川的《唐律"坐赃罪"简论》②，黄明儒《浅析〈唐律〉中赃罪的处罚原则》③，张兆凯的《论唐律赃罪的特点及其现代价值》④，黄明儒的《浅析〈唐律〉中赃罪的处罚原则》⑤，刘毅然的《唐代惩治受贿罪研究》⑥，洪学秋的《唐代打击官吏经商谋利的法律规定》⑦，王丽英的《唐代反腐败法律制度初探》⑧，翁俊雄的《唐代肃贪法律及其运作》⑨，赵伟的《浅析唐律对贪污贿赂性质犯罪的规定》⑩，武志坚的《〈唐律〉中贪污贿赂罪浅析》⑪，高华璐的《〈唐律〉惩贪治吏思想浅析》⑫，江义红的《唐律惩治贪污贿赂行为的现实意义》⑬，毕连芳《论唐代的反贪污立法》⑭，朱作鑫的《浅论〈唐律疏议〉中反腐败方面的规定》⑮，罗欣的《唐律中之贪污贿赂犯罪初探》⑯，王毓明的《唐代惩

　　① 周东平：《唐律赃罪诸考》，收入《中国法制史考证》甲编第4册，中国社会科学出版社2003年版。
　　② 徐川：《唐律"坐赃罪"简论》，《山东法学》1996年第4期。
　　③ 黄明儒：《浅析〈唐律〉中赃罪的处罚原则》，《法学评论》2002年第1期。
　　④ 张兆凯：《论唐律赃罪的特点及其现代价值》，《长沙理工大学学报》（哲社版）2006年第4期。
　　⑤ 黄明儒：《浅析〈唐律〉中赃罪的处罚原则》，《法学评论》2002年第1期。
　　⑥ 刘毅然：《唐代惩治受贿罪研究》，《晋阳月刊》1998年第3期。
　　⑦ 洪学秋：《唐代打击官吏经商谋利的法律规定》，《安徽大学学报》（哲社版）1998年第4期。
　　⑧ 王丽英：《唐代反腐败法律制度初探》，《内蒙古大学学报》（哲社版）2002年第5期。
　　⑨ 翁俊雄：《唐代肃贪法律及其运作》，《商丘师范高等专科学校学报》（哲社版）1999年第1期。
　　⑩ 赵伟：《浅析唐律对贪污贿赂性质犯罪的规定》，《长治学院学报》（哲社版）2005年第1期。
　　⑪ 武志坚：《〈唐律〉中贪污贿赂罪浅析》，《云南财贸学院学报》2004年第6期。
　　⑫ 高华璐：《〈唐律〉惩贪治吏思想浅析》，《法制与经济》2006年第8期。
　　⑬ 江义红：《唐律惩治贪污贿赂行为的现实意义》，《信阳农业高等专科学校学报》（哲社版）2005年第4期。
　　⑭ 毕连芳：《论唐代的反贪污立法》，《法学杂志》2002年第1期。
　　⑮ 朱作鑫：《浅论〈唐律疏议〉中反腐败方面的规定》，《兰州学刊》2004年第5期。
　　⑯ 罗欣：《唐律中之贪污贿赂犯罪初探》，《法学评论》2000年第4期。

治经济犯罪的立法与实践》① 等。

《唐律》对共同犯罪作了详细的规定，很多内容对我们今天的刑法理论和实践都有一定的借鉴意义。《唐律》中的共同犯罪，是指二人以上共同实施犯罪的行为。对共同犯罪人以区分首从为原则，将共犯与身份密切联系在一起。共同犯罪还依据罪情的不同，区分为共谋共同正犯、事后共犯、陷害教唆等。探讨唐律共同犯罪的论文主要有：张芳英的《唐律中的共同犯罪探析》② 明廷强、张玉珍的《唐律共同犯罪探析》、③，袁力的《唐律共同犯罪探析》④，许利飞的《论唐律中的共同犯罪》⑤，梁洪行的《唐律共同犯罪的立法特点分析》⑥，罗浩的《唐律与现行刑法之共同犯罪比较研究》⑦，马聪的《唐律对共同犯罪成员的处罚》⑧，王昭振的《论唐律中的"首犯"与"从犯"》⑨ 等。

探讨唐代犯罪问题的论文还有：魏地的《唐律中的罪过形式研究》⑩，陈长征、马轶伦的《唐代职务犯罪研究》⑪，孙季萍的《唐律中的官吏失职犯罪》⑫，胡世凯的《"明主治吏不治民"：论唐律中的官吏渎职罪》⑬，邹剑锋的《"爱吏不爱民"的〈唐律〉——对"明主治吏不治民"的〈唐律〉的再考察》⑭，张衡的《浅谈唐律中不作为犯罪的几个问题》⑮，郑丽的《唐

---

① 王毓明：《唐代惩治经济犯罪的立法与实践》，《上海政法学院学报》2006 年第 1 期。

② 张芳英：《唐律中的共同犯罪探析》，《湖北师范学院学报》（哲社版）2005 年第 2 期。

③ 明廷强、张玉珍：《唐律共同犯罪探析》，《齐鲁学刊》2005 年第 1 期。

④ 袁力：《唐律共同犯罪探析》，《皖西学院学报》（哲社版）2006 年第 3 期。

⑤ 许利飞：《论唐律中的共同犯罪》，《法学评论》1999 年第 4 期。

⑥ 梁洪行：《唐律共同犯罪的立法特点分析》，《广播电视大学学报》（哲社版）2003 年第 2 期。

⑦ 罗浩：《唐律与现行刑法之共同犯罪比较研究》，《黑龙江省政法管理干部学院学报》2004 年第 6 期。

⑧ 马聪：《唐律对共同犯罪成员的处罚》，《郑州航空工业管理学院学报》（社科版）2004 年第 4 期。

⑨ 王昭振：《论唐律中的"首犯"与"从犯"》，《南都学坛》2007 年第 3 期。

⑩ 魏地：《唐律中的罪过形式研究》，《当代法学》2002 年第 7 期。

⑪ 陈长征、马轶伦：《唐代职务犯罪研究》，《山东工商学院学报》2006 年第 5 期。

⑫ 孙季萍：《唐律中的官吏失职犯罪》，《山东法学》1998 年第 3 期。

⑬ 胡世凯：《"明主治吏不治民"：论唐律中的官吏渎职罪》，《锦州师范学院学报》（哲社版）2000 年第 3 期。

⑭ 邹剑锋：《"爱吏不爱民"的〈唐律〉——对"明主治吏不治民"的〈唐律〉的再考察》，《浙江万里学院学报》2005 年第 5 期。

⑮ 张衡：《浅谈唐律中不作为犯罪的几个问题》，《西北民族大学学报》2004 年第 5 期。

律中的请求罪》①、古淑惠的《论唐律中的不作为犯罪》②、刘运亚的《试论唐律中的破坏市场管理秩序罪》③ 等。

（2）研究刑罚方面的代表性论文及其创见

研究唐律中身份与刑罚关系的主要论文有：张伯晋、福津的《"准五服制罪"于唐代法律中之流变》④，郑定、马建兴的《略论唐律中的服制原则与亲属相犯》⑤，赵鹏的《试论"血缘关系"在唐律中的体现》⑥，李伟迪的《论唐律的血缘主义特征》⑦，刘斌的《浅议唐律中的刑事责任年龄》⑧，姚建龙的《唐律与现行刑法未成年人刑事责任制度的比较》⑨，林安民的《唐律和现行刑法对未成年人保护之比较》⑩，邹敏贵的《关于唐律"化外人相犯"条的再思考》⑪，沈寿文的《唐律疏议"化外人"辨析》⑫，陈秋云的《略论唐律中刑案其他参与人的地位与责任之规定》⑬，海文卫的《从〈唐律疏义〉看唐代封爵贵族的法律特权》⑭，杨晓辉的《〈唐律疏义〉有关女性犯罪规定的梳理》⑮，黄会奇的《枉法娶人妻妾及女处罚应不同——对〈唐律疏议笺解〉一条注释的异议》⑯ 等。

---

① 郑丽：《唐律中的请求罪》，《河南公安高等专科学校学报》2006 年第 2 期。

② 古淑惠：《论唐律中的不作为犯罪》，《中国刑事法杂志》2004 年第 1 期。

③ 刘运亚：《试论唐律中的破坏市场管理秩序罪》，《江苏师范学院学报》（哲社版）2005 年第 1 期。

④ 张伯晋、福津：《"准五服制罪"于唐代法律中之流变》，《法制与社会》2007 年第 2 期。

⑤ 郑定、马建兴：《略论唐律中的服制原则与亲属相犯》，《人大复印报刊资料》2004 年第 1 期。

⑥ 赵鹏：《试论"血缘关系"在唐律中的体现》，《理论月刊》2004 年第 6 期。

⑦ 李伟迪：《论唐律的血缘主义特征》，《船山学刊》2002 年第 11 期。

⑧ 刘斌：《浅议唐律中的刑事责任年龄》，《湖北师范学院学报》（哲社版）2004 年第 1 期。

⑨ 姚建龙：《唐律与现行刑法未成年人刑事责任制度的比较》，《文史博览》2007 年第 3 期。

⑩ 林安民：《唐律和现行刑法对未成年人保护之比较》，《青少年犯罪问题》2002 年第 1 期。

⑪ 邹敏贵：《关于唐律"化外人相犯"条的再思考》，《民族研究》2006 年第 5 期。

⑫ 沈寿文：《唐律疏议"化外人"辨析》，《云南大学学报》（法学版）2006 年第 3 期。

⑬ 陈秋云：《略论唐律中刑案其他参与人的地位与责任之规定》，《华北电力大学学报》（社科版）2002 年第 1 期。

⑭ 海文卫：《从〈唐律疏义〉看唐代封爵贵族的法律特权》，《广西民族学院学报》（哲社版）1999 年第 1 期。

⑮ 杨晓辉：《〈唐律疏义〉有关女性犯罪规定的梳理》，《安徽警官职业学院学报》2006 年第 6 期。

⑯ 黄会奇：《枉法娶人妻妾及女处罚应不同——对〈唐律疏议笺解〉一条注释的异议》，《黄冈师范学院学报》2004 年第 1 期。

　　研究唐律刑罚原则的主要论文有：黄凯的《论唐律中的自首》①，曹坚的《唐律自首制度研究》②，陆江的《论〈唐律疏议〉中的自首制度》③，黄凯的《论唐律中的自首》④，黄明儒的《浅析〈唐律〉中过失犯罪的法律用语》⑤，沈莺的《唐律与现行刑法对过失犯罪规定的比较研究》⑥，方毓敏的《唐律与现行刑法关于正当防卫之规定比较》⑦、明廷强的《唐律数罪并罚制度探析》，⑧朱作鑫的论《〈唐律疏议〉中的累犯制度》⑨等。

　　研究唐律刑罚适用的主要论文有：赵立新、高京平的《唐宋流刑之变迁》⑩，赵旭的《唐宋死刑制度流变考论》⑪，张健、张佳、李滨的《唐代赎刑制度考评议》⑫，洪佳期的《〈唐律疏议〉中的留养制度》⑬，等等。

　　研究隋唐刑事法律制度的论文有：夏淑云的《隋朝狱制：治与乱并存》⑭，马小红的《唐王朝的法与刑》⑮，杨黛的《辽代刑法与〈唐律〉比较研究》⑯，侯雯的《浅议唐文宗在刑法方面的措施》⑰，张利兆的《〈唐律疏议〉之犯罪预防特色与现实借鉴》⑱，郑志《〈唐律疏议〉之犯罪预防特色

————————

①　黄凯：《论唐律中的自首》，《河南公安高等专科学校学报》2005 年第 6 期。

②　曹坚：《唐律自首制度研究》，《福建公安高等专科学校学报》2000 年第 3 期。

③　陆江：《论〈唐律疏议〉中的自首制度》，《辽宁警察高等专科学院学报》2007 年第 2 期。

④　黄凯：《论唐律中的自首》，《河南公安高等专科学校学报》2005 年第 6 期。

⑤　黄明儒：《浅析〈唐律〉中过失犯罪的法律用语》，《法学评论》1998 年第 2 期。

⑥　沈莺：《唐律与现行刑法对过失犯罪规定的比较研究》，《山东科技大学学报》（哲社版）2003 年第 18 期。

⑦　方毓敏：《唐律与现行刑法关于正当防卫之规定比较》，《黑龙江省政法管理干部学院学报》2005 年第 5 期。

⑧　明廷强：《唐律数罪并罚制度探析》，《齐鲁学刊》1996 年第 2 期。

⑨　朱作鑫：《〈唐律疏议〉中的累犯制度》，《西安文理学院学报》（哲社版）2005 年第 1 期。

⑩　赵立新、高京平：《唐宋流刑之变迁》，《山西师范大学学报》（哲社版）2007 年第 3 期。

⑪　赵旭：《唐宋死刑制度流变考论》，《东北师范大学学报》（哲社版）2005 年第 4 期。

⑫　张健、张佳、李滨：《唐代赎刑制度考评议》，《湘潭师范学院学报》（哲社版）2006 年第 4 期。

⑬　洪佳期：《〈唐律疏议〉中的留养制度》，《枣庄师范专科学校学报》（哲社版）2004 年第 4 期。

⑭　夏淑云：《隋朝狱制：治与乱并存》，《中国监狱学刊》2007 年第 2 期。

⑮　马小红：《唐王朝的法与刑》，《政法论坛》2006 年第 2 期。

⑯　杨黛：《辽代刑法与〈唐律〉比较研究》，《杭州大学学报》（哲社版）1998 年第 2 期。

⑰　侯雯：《浅议唐文宗在刑法方面的措施》，《首都师范大学学报》（哲社版）1998 年第 4 期。

⑱　张利兆：《〈唐律疏议〉之犯罪预防特色与现实借鉴》，《犯罪研究》2005 年第 6 期。

与现实意义》①、黄书建的《〈唐律疏议〉与犯罪预防》② 等。

（四）行政法律制度研究

探讨唐代吏制和以法治吏方面的主要论文有：孙燕的《略论唐朝的吏治》③，江山的《唐朝依法治吏评析》④，王旭伟的《唐代以法治吏的经验和启迪》⑤，蒋建新、周宝砚的《唐王朝"依法治吏"的经验与启示》⑥，沈大明的《〈唐律〉对官吏的监督、处罚及其实现》⑦，章翊中的《从〈唐律〉看唐王朝对官吏的严格管理》⑧，彭炳金的《论唐代官吏职务连坐法律制度》⑨，沈大明的《〈唐律〉对官吏的监督、处罚及其实现》，张艳云的《唐中后期的罚俸及其对唐律的发展》⑩，弓伟的《唐代惩官行政法律手段及其对唐律的影响》⑪，潘世钦的《〈唐律〉惩贪治吏思想浅析》⑫，等等。

唐朝制定了较为完善的交通法规，如禁止车马在城内及人口众多的闹市区高速行驶，商旅出行须凭借官府颁发的有效证件，陆路交通实行"右侧通行"、水上通行实行上行回避下行的交通规则。唐《水部式》中对渡津、桥梁的管理维护作了明确的规定。在新发现的吐鲁番出土文书 73TAM509 号《康失芬行车伤人案》残卷中，还记载了唐代对于交通肇事罪适用保辜制度的法律程序。郑显文的《敦煌吐鲁番文书中所见的唐代交通管理的法律规定》⑬ 一文对此进行了探讨。

在唐代行政法律制度研究方面的论文还有：齐建东的《唐代行政编制

① 郑志：《〈唐律疏议〉之犯罪预防特色与现实意义》，《中山大学学报论丛》2004 年第 2 期。

② 黄书建：《〈唐律疏议〉与犯罪预防》，《上海青年管理干部学院学报》2003 年第 4 期。

③ 孙燕：《略论唐朝的吏治》，《黑龙江省政法管理干部学院学报》2005 年第 1 期。

④ 江山：《唐朝依法治吏评析》，《重庆社会科学》2000 年第 2 期。

⑤ 王旭伟：《唐代以法治吏的经验和启迪》，《沈阳师范大学学报》（哲社版）2003 年第 4 期。

⑥ 蒋建新、周宝砚：《唐王朝"依法治吏"的经验与启示》，《社会科学》2001 年第 5 期。

⑦ 沈大明：《〈唐律〉对官吏的监督、处罚及其实现》，《哈尔滨学院学报》（哲社版）2004 年第 11 期。

⑧ 章翊中：《从〈唐律〉看唐王朝对官吏的严格管理》，《南昌职业技术师范学院学报》（哲社版）1999 年第 1 期。

⑨ 彭炳金：《论唐代官吏职务连坐法律制度》，《人文杂志》2004 年第 5 期。

⑩ 张艳云：《唐中后期的罚俸及其对唐律的发展》，《陕西师范大学学报》1996 年第 2 期。

⑪ 弓伟：《唐代惩官行政法律手段及其对唐律的影响》，《中南民族大学学报》（人文社科版）2006 年第 1 期。

⑫ 潘世钦：《〈唐律〉惩贪治吏思想浅析》，《江西师范大学学报》（哲社版）1997 年第 2 期。

⑬ 郑显文：《敦煌吐鲁番文书中所见的唐代交通管理的法律规定》，《西南师范大学学报》（哲社版）2005 年第 6 期。

制度的借鉴意》①，阚红柳的《略论唐代档案立法》②，何宝梅的《从〈唐律疏义〉看唐代公务文书处理的法制化》③ 及《从〈唐律疏议〉》和〈大清律例〉看中国古代文秘工作的法制化》④，朱作鑫的《从〈唐律疏议〉看唐代市政管理》⑤ 等。

（五） 经济法律制度研究

《唐令·田令》的完整复原使我们对唐田令有了完整的认识，也使许多长期有争议的重大问题得以解决。杨际平的《〈唐令·田令〉的完整复原与今后均田制的研究》⑥ 一文认为，从《唐令·田令》可以确认唐一代《田令》未作实质性修改，唐律令承认私田合法存在；《唐令·田令》既有原则性规定，也有实施细则；《田令》对民户各种应受田对象、应受田额等的规定都很具体，无须《户部式》补充，更不容《户部式》进行变通。《唐令·田令》的完整复原给今后的研究提出了新的课题，即要研究的不是均田制是否实行，而是均田制如何实行，主要按《田令》哪些条款施行。为此，就必须研究当时各地的土地占有情况，政府是否有足够的闲置的官田、荒地可授。作者指出，在介绍《田令》第 2 条、第 27 条时不应有所遗漏，这样才能避免读者对《田令》与均田制产生误解。杨际平的《唐田令的"户内永业田课植桑五十根以上"——兼谈唐宋间桑园的植桑密度》⑦ 一文提出，唐田令规定的永业田植桑，是 20 亩植桑 50 根以上，而不是每亩植桑 50 根以上。

唐《田令》中涉及永业田植树的条款，见于《通典》和《唐律疏议》，但二者的记述不无分歧。论者或以《通典》所记衍"每亩"，《唐律疏议》所记脱"每亩"，或以南北"亩植"变化，而持新旧田令之说，从不同角度

---

① 齐建东：《唐代行政编制制度的借鉴意》，《江苏警官学院学报》2003 年第 6 期。

② 阚红柳：《略论唐代档案立法》，《档案学研究》1999 年第 1 期。

③ 何宝梅：《从〈唐律疏义〉看唐代公务文书处理的法制化》，《浙江档案》2002 年第 10 期。

④ 何宝梅：《从〈唐律疏议〉》和〈大清律例〉看中国古代文秘工作的法制化》，《秘书》1998 年第 10 期。

⑤ 朱作鑫：《从〈唐律疏议〉看唐代市政管理》，《上海城市管理职业技术学院学报》（哲社版）2005 年第 1 期。

⑥ 杨际平：《〈唐令·田令〉的完整复原与今后均田制的研究》，《中国史研究》2002 年第 2 期。

⑦ 杨际平：《唐田令的"户内永业田课植桑五十根以上"——兼谈唐宋间桑园的植桑密度》，《中国农史》1998 年第 3 期。

来加以调和。林鸿荣的《唐〈田令〉永业田植树管窥》① 一文认为调和是可能的，但要害不是"每亩"或"亩植"，而应是"每丁"。该文提供了一些证据，以支撑"每丁"说。林鸿荣的《隋唐五代时期的林业法制》② 一文认为，唐代法律体系中，律、令、格、式、格后敕并行，不少条文涉及林业，但与田制配套的植树规定则因田制变化在唐前期与唐后期显著不同。作者认为，五代十国沿袭了中晚唐的林业法制。

研究市场管理法律制度的论文主要有：李青的《完善市场管理法的借鉴——唐律管窥》③，张力的《论唐律对市场管理的规范》④，尚琤的《简论〈唐律疏议〉中有关经济欺诈的立法》⑤，郑雅的《商品打假始于"唐律" 纸币防伪见于宋代》⑥、王兴国的《〈唐律〉中有关保护消费者权益的内容探析》⑦，岳纯之的《关于唐代市场的几个问题》⑧ 等。研究唐代对外贸易法律制度的论文主要有：王国奇的《唐律涉外法律规范的意义》⑨，张中秋的《唐代对外贸易的法律调整述论》⑩，刘信业的《唐朝对外贸易的法律调整》⑪ 等。

已发表的探讨唐代经济法律制度的论文还有：章翊中的《从〈唐律〉看唐初统治集团对经济的法律干预及其特点》⑫，万海峰、郑艺的《唐代中期的盐法改革》⑬，刘立霞的《论唐代的两税法》⑭，等等。

---

① 林鸿荣：《唐〈田令〉永业田植树管窥》，《中国农史》2000 年第 3 期。

② 林鸿荣：《隋唐五代时期的林业法制》，《北京林业大学学报》（哲社版）2006 年第 1 期。

③ 李青：《完善市场管理法的借鉴——唐律管窥》，《新东方》2004 年第 4 期。

④ 张力：《论唐律对市场管理的规范》，《安庆师范学院学报》（哲社版）2003 年第 5 期。

⑤ 尚琤：《简论〈唐律疏议〉中有关经济欺诈的立法》，《首都经济贸易大学学报》2007 年第 4 期。

⑥ 郑雅：《商品打假始于"唐律" 纸币防伪见于宋代》，《中国防伪》2004 年第 3 期。

⑦ 王兴国：《〈唐律〉中有关保护消费者权益的内容探析》，《兰州学刊》1997 年第 5 期。

⑧ 岳纯之：《关于唐代市场的几个问题》，《中国经济史》2006 年第 1 期。

⑨ 王国奇：《唐律涉外法律规范的意义》，《益阳师范高等专科学校学报》（哲社版）1998 年第 2 期。

⑩ 张中秋：《唐代对外贸易的法律调整述论》，《江海学刊》1996 年第 1 期。

⑪ 刘信业：《唐朝对外贸易的法律调整》，《郑州航空工业管理学院学报》（哲社版）2006 年第 3 期。

⑫ 章翊中：《从〈唐律〉看唐初统治集团对经济的法律干预及其特点》，《江西科技师范学院学报》（哲社版）2002 年第 5 期。

⑬ 万海峰、郑艺：《唐代中期的盐法改革》，《理论导报》2004 年第 1 期。

⑭ 刘立霞：《论唐代的两税法》，《黑龙江省政法管理干部学院学报》2005 年第 1 期。

（六）民事法律制度研究

金眉的《论唐代民事法律的发展及其特点》① 一文依据相关史料，把唐代民事立法分为前后两个时期：前期是民事法律制度全面确立时期，后期是特别法和习惯的上升时期。张中秋的《透视唐代经济民事法律》② 一文认为以现代法学的视线，可透视到唐代经济、民事法律中一些共同的和各自的特征，体现出国家与社会、官方与民间、整体与个体、权力与权利、公与私两极主从式的一元化结构。其功能表现为一种社会控制法，价值上表达了传统中国特有的文化理想。

张中秋的《唐代民事法律主客体与民事法源的构造》③ 一文依据民事契约文书并从唐代法律体系的角度，概括出制度与事实上的唐代民事主体、客体和民事法源的基本面貌及其构造。作者认为，唐代民事主体是不同类别的多层次结构，这一结构是相对开放的等级社会在民事法上的投影；民事客体由物、人（奴婢）和行为三类组成；民事法源由成文法和不成文法构成。

陈宁英的《唐代律令中的奴婢略论》④ 一文，对唐代律令中关于奴婢人身权、财产权等作了阐述。其《唐代律令中的贱民略论》⑤ 一文对唐代律令中贱民在人格权、身份权、财产权等方面的状况进行了分析。探讨这类命题的论文还有：李天石的《从唐律与罗马法比较看唐代奴婢的身份》⑥，王春花的《试论〈唐律疏议〉中对"疾残"人的政策》⑦ 等。

敏春芳的《敦煌契约文书中的"证人""保人"流变考释》⑧ 一文，对《中国历代契约会编考释》（简称《契约会编》）中有关"保人"和"证人"在不同时期的不同称呼进行考察。杨惠玲的《敦煌契约文书中的保人、见人、口承人、同便人、同取人》⑨ 一文认为，吐蕃归义军时期的敦煌民间私

①　金眉：《论唐代民事法律的发展及其特点》，《法学》2001 年第 11 期。

②　张中秋：《透视唐代经济民事法律》，《法学》2002 年第 1 期。

③　张中秋：《唐代民事法律主客体与民事法源的构造》，《法制与社会发展》2005 年第 4 期。

④　陈宁英：《唐代律令中的奴婢略论》，《广西民族学院学报》（哲社版）1997 年第 4 期。

⑤　陈宁英：《唐代律令中的贱民略论》，《中南民族学院学报》（哲社版）1998 年第 3 期。

⑥　李天石：《从唐律与罗马法比较看唐代奴婢的身份》，《比较法研究》2002 年第 1 期。

⑦　王春花：《试论〈唐律疏议〉中对"疾残"人的政策》，《江南大学学报》（哲社版）2007 年第 4 期。

⑧　敏春芳：《敦煌契约文书中的"证人""保人"流变考释》，《敦煌学集刊》2004 年第 2 期。

⑨　杨惠玲：《敦煌契约文书中的保人、见人、口承人、同便人、同取人》，《敦煌研究》2002 年第 6 期。

契相当普遍。契约中保人、口承人、同便人、同取人均为履约的担保人，保人年龄 8 岁至 60 岁，身份复杂，多为被保人之亲属，反映了当时浓厚的家族观念、宗法思想。契约中见人、知见人为契约的见证人，身份上有节度幕府职官，下有村、里、乡官和百姓。

　　岳纯之的《试论隋唐五代买卖活动及其法律控制》① 和《试论隋唐五代买卖合同制度》② 两文指出：隋唐五代时期形成了许多买卖原则和程序，其内容有自愿原则、公平原则、诚信原则和牙人中介、讨价还价、签订契约、瑕疵担保等。当时对买卖活动进行了多方面的法律控制，如严禁破坏市场秩序，控制买卖活动主体，限制买卖活动标的，约束买卖活动中介，加强买卖程序管理，禁止无端违毁契约，整顿官民买卖活动等。

　　陈永胜的《敦煌买卖契约法律制度探析》③ 一文通过对敦煌买卖契约的分析，认为敦煌买卖契约制度是构成我国古代民商法律制度的重要组成部分。其契约要素条款齐全，合意制度、担保制度、时效制度等类似现代契约的制度得到了较充分的体现，从"官有政法，人从私契"这一点看，公法与私法分类的萌芽在当时已经出现。

　　从唐代卖买契约的令文和有关律文规定，可见当时卖买契约与国家法律的基本关系。唐代订立卖买契约的程序及活动，基本是依照法律令进行的。霍存福的《再论中国古代契约与国家法的关系——以唐代田宅、奴婢买卖契约为中心》④ 一文认为，古代契约活动的依据主要是国家法，而不是所谓的"民间法"。

　　隋唐五代借贷契约的成立必须具备双方当事人的合意，还须有借贷方提供的担保和把已达成的协议制定成书面契约。借贷契约大致包括五项内容，即借贷事由条款、借贷事实条款、还贷约定条款、违约责任条款和立约人、担保人乃至见证人的签字画押。借贷契约一般能够得到履行，但违反契约的事情也时有发生。各种史料记述的违约行为主要有迟延、不履行或不如约履行以及欺诈。隋唐五代各朝原则上实行契约自治，但也对借贷契约进行控制，包括对借贷主体的控制、对借贷利息的控制和对借贷契约履行的控制。

---

　　① 　岳纯之：《试论隋唐五代买卖活动及其法律控制》，《中国社会史研究》2005 年第 2 期。

　　② 　岳纯之：《试论隋唐五代买卖合同制度》，《天津市政法管理干部学院学报》2004 年第 2 期。

　　③ 　陈永胜：《敦煌买卖契约法律制度探析》，《敦煌研究》2000 年第 4 期。

　　④ 　霍存福：《再论中国古代契约与国家法的关系——以唐代田宅、奴婢买卖契约为中心》，《法制与社会发展》2006 年第 6 期。

岳纯之的《论隋唐五代借贷契约及其法律控制》① 一文对上述问题作了比较全面的阐述。

唐代律令对契约的规制或指导的总的情况是：部分的民间事务由法律调整，部分则由习俗调整。国家承认"私契"的地位及其及其确认的规则，契约内容和契约活动是在法律规制下进行的。国家通过受理（官为理）、不受理（官不为理）表达契约自由的限度，契约的规则与律令往往是相衔接的。但在实践中，契约内容对法律又有遵守与抵触两种情况。在契约的履行方式、利息限制、质物交付与处理、保人代偿等问题上，这种冲突都比较明显。契约中还有"抵赦"条款，专门应对国家对私人债负的赦免效力问题。以上是霍存福《论中国古代契约与国家法的关系——以唐代法律与借贷契约的关系为中心》② 一文的基本观点。此外，陈永胜的《敦煌文献中民间借贷契约法律制度初探》③ 一文，对敦煌民间借贷契约的内容及其法律制度进行了探讨。

霍存福的《敦煌吐鲁番借贷契约的抵赦条款与国家对民间债负的赦免：唐宋时期民间高利贷与国家控制的博弈》④ 一文认为，敦煌吐鲁番借贷契约中的"公私债负停征，此物不在停限"、"后有恩赦，不在免限"等抵赦条款，是民间社会对抗国家赦免私债的契约表现。始于北魏时期的国家对私债的赦免，针对的是"偿利过本，翻改券契"等民间高利贷行为。唐、五代及南宋、元初赦令延续了这一传统，致使抵赦条款也出现在无息借贷契约中，反映了民间防御意识的加强。

陈永胜的《敦煌写本〈寅年令弧宠宠卖牛契〉中的瑕疵担保制度》⑤ 一文认为，敦煌写本《寅年令弧宠宠卖牛契》（S. 1475 号文书）是对《唐律疏议》有关契约立法的民间实践。这件买卖契约文书以生命物为标的，约定了标的物所有权的转移及瑕疵担保规则。研究同一命题的论文还有刘玉堂、陈绍辉的《略论唐代瑕疵担保制度》。⑥

---

① 岳纯之：《论隋唐五代借贷契约及其法律控制》，《中国社会史研究》2004 年第 3 期。

② 霍存福：《论中国古代契约与国家法的关系——以唐代法律与借贷契约的关系为中心》，《当代法学》2005 年第 1 期。

③ 陈永胜：《敦煌文献中民间借贷契约法律制度初探》，《甘肃政法学院学报》2000 年第 3 期。

④ 霍存福：《敦煌吐鲁番借贷契约的抵赦条款与国家对民间债负的赦免：唐宋时期民间高利贷与国家控制的博弈》，《甘肃政法学院学报》2007 年第 2 期。

⑤ 陈永胜：《敦煌写本〈寅年令弧宠宠卖牛契〉中的瑕疵担保制度》，《甘肃政法学院学报》2003 年第 3 期。

⑥ 刘玉堂、陈绍辉：《略论唐代瑕疵担保制度》，《武汉大学学报》（哲社版）2002 年第 1 期。

岳纯之的《唐代的权利侵害及其法律责任》[①] 一文认为，唐代各种侵权行为可从不同角度分为多种类型，其中比较重要的为三类：一是团体侵权和自然人侵权；二是对人身权的侵害和对财产权的侵害；三是对社会的侵权、对团体的侵权和对自然人的侵权。在唐代，权利侵害的责任归属受到多种因素的影响，执行公务、正当防卫、不可抗力、受害人有无过错、行为人的责任能力等都不同程度地影响到权利侵害责任的承担，其中影响比较普遍的是损害事实、因果关系、故误过失以及身份地位等四大要素。唐代的权利侵害主要会导致两种不利后果：一是刑事责任，但这一时期也同时出现了某种权利侵害刑事责任民事化的倾向，这突出地表现在收赎制度上。二是民事责任，包括赔偿损失、返还财产、恢复原状和排除妨碍四种形式。

吴萍的《唐律"赔偿"制度研究》[②] 一文从唐律中赔偿制度的适用范围、构成要件、赔偿的分类与数额、赔偿责任的免除以及对赔偿的法律监督等方面，对唐律代赔偿制度进行了探讨。研究唐代赔偿制度的论文还有：郑显文的《唐代债权保障制度研究》[③]，姜素红、曾惠燕的《古罗马法和唐律有关诚信规定之比较》[④]，姚秀兰的《唐律"民事责任"研究——兼与日耳曼法的比较》[⑤]，余欣的《敦煌出土契约中的违约责任条款初探》[⑥]，杨际平的《也谈敦煌出土契约中违约责任条款：兼与余欣同志商榷》[⑦]，徐静莉的《试论唐代的民事侵权责任：以唐律动物致害责任为典型》[⑧]，苏亦工的《得形忘意：从唐律情结到民法典情结》[⑨]，等等。

（七）婚姻家庭法律制度研究

婚约是指男女双方以结婚为目的而作的事先约定。唐代的婚姻成立是广

---

① 岳纯之：《唐代的权利侵害及其法律责任》，《南开学报》（哲社版）2006 年第 2 期。

② 吴萍：《唐律"赔偿"制度研究》，《江西社会科学》2000 年第 5 期。

③ 郑显文：《唐代债权保障制度研究》，《西北师范大学学报》（哲社版）2003 年第 1 期。

④ 姜素红、曾惠燕：《古罗马法和唐律有关诚信规定之比较》，《时代法学》2005 年第 6 期。

⑤ 姚秀兰：《唐律"民事责任"研究——兼与日耳曼法的比较》，《当代法学》2002 年第 9 期。

⑥ 余欣：《敦煌出土契约中的违约责任条款初探》，《史学月刊》1997 年第 4 期。

⑦ 杨际平：《也谈敦煌出土契约中违约责任条款：兼与余欣同志商榷》，《中国社会经济史研究》1999 年第 4 期。

⑧ 徐静莉：《试论唐代的民事侵权责任：以唐律动物致害责任为典型》，《中北大学学报》（哲社版）2006 年第 3 期。

⑨ 苏亦工：《得形忘意：从唐律情结到民法典情结》，《中国社会科学》2005 年第 1 期。

义上的婚姻成立，即婚姻的成立是合定婚、结婚为一体的，既包括夫妻关系的建立，也包括婚约关系的建立。正因如此，立法者十分重视婚约关系，以律典这一根本大法的形式对婚约的订立、形式、效力及违约责任等问题作了详细规定。刘玉堂的《法律视野下的唐代婚姻制度：以婚约立法为个案》①、莫晓斌的《浅议唐代婚姻制度与社会习尚的矛盾现象》②、哈玉红的《浅议〈唐律〉中的婚姻法律制度》③ 对此作了比较全面的阐述。

唐代曾两度颁布有关婚龄的诏令，但其规定的婚龄性质并不相同。岳纯之的《唐代法定适婚年龄考》④ 一文认为，唐太宗贞观元年（627 年）规定的"男年二十、女年十五"是劝勉结婚的年龄，不是严格意义上的适婚年龄；唐玄宗开元二十二年（734 年）规定的"男年十五、女年十三"才是真正的适婚年龄。

唐代法律把互报婚书、订立私约、接纳聘财作为衡量婚姻关系是否成立的法律要件，若符合这三种情况之一，其婚姻关系就受法律的保护。但从法律规定和传统婚仪看，这也只能视作为男女双方对婚姻关系的许诺。张艳云《从敦煌的婚书程式看唐代许婚制度》⑤ 一文认为，《唐律疏议》中的相关规定既是对这种许婚事实的承认，又是对这种许婚制度的保护。敦煌发现的"通婚书"与"答婚书"，既可看做是唐代婚书的样文，也可看做是法律规定在民间得到实施的范例。

岳纯之的《关于唐代婚姻成立禁止条件的探讨》⑥ 一文指出：在唐代，同姓不婚包括同宗、共姓和姓音同字不同三种情况，有人认为唐律所称同姓，乃谓"同宗共姓"，亦"即尝同祖"者而言，其实并不正确。亲属不婚限制的是与异姓之间的婚姻行为，反对尊卑为婚。唐律和唐令都有官民不婚的规定，但互有不同，可能在开元二十二年（734 年）以前执行的是唐律的规定，之后则执行的是唐令的规定。唐代存在有妻更娶妻的情况，但只是个别现象，有妻不婚的禁令基本得到贯彻。唐律没有僧尼不婚的规定，由于唐朝自开国后

① 刘玉堂：《法律视野下的唐代婚姻制度：以婚约立法为个案》，《理论月刊》2005 年第 6 期。

② 莫晓斌：《浅议唐代婚姻制度与社会习尚的矛盾现象》，《长沙大学学报》（哲社版）2003 年第 3 期。

③ 哈玉红：《浅议〈唐律〉中的婚姻法律制度》，《甘肃高等师范专科学校学报》（哲社版）2005 年第 1 期。

④ 岳纯之：《唐代法定适婚年龄考》，《历史教学》2006 年第 5 期。

⑤ 张艳云：《从敦煌的婚书程式看唐代许婚制度》，《敦煌研究》2002 年第 6 期。

⑥ 岳纯之：《关于唐代婚姻成立禁止条件的探讨》，《烟台大学学报》（哲社版）2006 年第 1 期。

就一直要求僧尼严守戒律，故僧尼的身份在事实上已经构成婚姻的法定障碍。从现见唐代法律文献看，僧尼不婚确实得到了比较严格的执行。

　　岳纯之的《论唐代纳妾制度》① 一文论证了唐代纳妾四个方面的原因，即无子、相悦、代妻和纵欲。唐代纳妾需要经过一定的程序，纳妾一般要经家人同意，并订立契约。在大多数情况下，媒人中介也是必要的。

　　金眉的《论唐代婚姻终止的法律制度》② 一文探讨了唐律关于"七出三不去"及和离、义绝的法理与历史演变，剖析了家族主义精神对唐代法律的渗透。研究同一命题论文的还有刘玉堂、陈绍辉的《论唐律的离婚立法：以"七出"之制为中心》③ 一文。

　　唐代离婚需经一定的程序。双方同意、制作手书、上报官府是和离、七出类离婚的必经程序，朝廷批准是官员离婚必经的特殊程序，官方裁决是处理离婚纠纷必经的程序。金眉的《论唐代离婚的程序与效力》④ 一文认为，唐代的离婚一般会导致三种法律后果：一是夫妻人身关系及夫妻各自与对方亲属的姻亲关系归于消灭，女方回到娘家，双方都重新恢复结婚以前的权利和义务；二是夫妻财产关系消灭，妻子把出嫁时带来的资装带走，甚至可以得到某种补偿；三是血亲关系及与此相联系的某些关系和各种权利义务仍旧各自延续。

　　敦煌出土的10世纪前后的离婚文书多称为"放妻书"。杨际平的《敦煌出土的放妻书琐议》⑤ 一文认为此"放"字乃"放归本宗"之意，本身并无贬意。"放妻书"开列的离婚理由都是夫妻不谐，属"和离"范畴，与"七出"、"义绝"等全然无涉，故离婚时语气都较为缓和，绝不见"斥"、"逐"、"弃"之类词句。离婚书的主要用途一是用于户籍除附，二是供再婚之用。封建礼教是汉魏以降历代律令的主要理论依据之一，但礼教毕竟不同于律、令，也不必都入律、令。律、令的各条款亦不必都一本于"礼"。就剥夺妇女的婚姻自主权而言，"礼"和律、令是一致的。但就剥夺寡妇的再嫁权而言，祸首就是"礼"而不是律、令。

　　有关唐代和离的律条载于《唐律疏议》，表明唐代婚制中和离制度已经

---

① 岳纯之：《论唐代纳妾制度》，《历史教学》2005 年第 1 期。

② 金眉：《论唐代婚姻终止的法律制度》，《南京社会科学》2001 年第 11 期。

③ 刘玉堂、陈绍辉：《论唐律的离婚立法：以"七出"之制为中心》，《江汉论坛》2004 年第 2 期。

④ 金眉：《论唐代离婚的程序与效力》，《河北大学学报》（哲社版）2006 年第 1 期。

⑤ 杨际平：《敦煌出土的放妻书琐议》，《厦门大学学报》（哲社版）1999 年第 4 期。

确立。张艳云的《从敦煌〈放妻书〉看唐代婚姻中的和离制度》① 一文认为，这种离婚形式在敦煌《放妻书》中体现得尤为明确：离婚原因首先是"夫妻不和"；离婚形式是双方情愿，"请两家父母，六亲眷属，故勒手书"；立书契约称为《放妻书》或《夫妻相别书》等，并在书契中明确妻子可再嫁；离婚时的财产分割也有一定的规定。所有这些，在一定程度上反映了唐代和离制度在敦煌实施的实际情况。

岳纯之的《论唐代婚外性行为及其社会控制》② 一文探讨唐代婚外性行为，阐述了其发生的五个主要原因，即道德匮乏、婚姻不幸、长期分居、拥有特权和制度许可。根据行为对象的不同，唐代婚外性行为可分为六类，即亲属之间、主仆之间、上级与部属之间、与妓女之间、僧俗及僧人之间和一般人之间。唐朝从三个方面对其进行了控制，即大力提倡贞操，反对偷情私通；改革婚姻习俗，减少旷男怨女；惩罚婚外性行为当事人及有关人员。

金眉的《唐、清两代关于异族通婚的法律》③ 一文认为唐律把有关华夷通婚的规定置于《唐律》的卫禁篇中，实是将异族通婚排除在普通婚姻之外，将其视作有可能影响国家边防的要事，重在对国家安全的考虑。

探讨唐代婚姻家庭制度方面的论文还有：叶英萍的《唐之婚姻家庭法探析》④，马霞的《唐代婚姻家庭制度的法律文化意义及其当代启示》⑤，刘培丽的《〈唐律疏议〉之婚姻家庭法中儒家法律思想解读》⑥，王云飞、罗浪、丰霏的《唐代继承法探析》⑦，李润强的《唐代家庭财产的法律继承和遗嘱继承》⑧，张永萍的《西夏和唐代婚姻制度的异同研究——以〈唐律〉和西夏〈天盛改旧定新律令〉比较为中心》⑨，等等。

---

① 张艳云：《从敦煌〈放妻书〉看唐代婚姻中的和离制度》，《敦煌研究》1999 年第 2 期。

② 岳纯之：《论唐代婚外性行为及其社会控制》，《齐鲁学刊》2006 年第 5 期。

③ 金眉：《唐、清两代关于异族通婚的法律》，《法学》2006 年第 7 期。

④ 叶英萍：《唐之婚姻家庭法探析》，《海南大学学报》（哲社版）2001 年第 1 期。

⑤ 马霞：《唐代婚姻家庭制度的法律文化意义及其当代启示》，《宁夏社会科学》2006 年第 2 期。

⑥ 刘培丽：《〈唐律疏议〉之婚姻家庭法中儒家法律思想解读》，《内蒙古农业大学学报》（哲社版）2006 年第 1 期。

⑦ 王云飞、罗浪、丰霏：《唐代继承法探析》，《大连海事大学学报》（哲社版）2004 年第 4 期。

⑧ 李润强：《唐代家庭财产的法律继承和遗嘱继承》，《甘肃政法学院学报》2005 年第 1 期。

⑨ 张永萍：《西夏和唐代婚姻制度的异同研究——以〈唐律〉和西夏〈天盛改旧定新律令〉比较为中心》，《甘肃农业》2006 年第 7 期。

（八）司法制度研究

唐代中央政府的司法机构由大理寺、刑部和御史台三个机关组成，地方的司法审判由州县的行政长官兼任。唐代司法的一般程序分为起诉、审判、复审、执行四个阶段。从法律上确立了比较完整、严密的司法制度，如法官审判责任制、御史台官员监督参与司法、会审制度、上诉制度、复审制度、死刑复核复奏制度等。冯辉的《唐代司法制度述论》[①] 一文对唐代的司法制度作了较为全面的论述。

陈玺的《唐代司法"三司"制度考论》[②] 一文认为，唐代司法活动中，"三司受事"是指由中书舍人、给事中、御史组成接授诉讼的常设上诉机构。"三司推事"是指由刑部、御史台、大理寺组成接受差遣推鞫大案的临时组织。"三司受事"主要作为常设的最高上诉机构存在，必要时可以奉诏理问要案；"三司推事"自始至终是接受差遣审断重大案件的临时机构，终唐之世并未有承担上诉审职能的明确授权。

张春海的《也论唐代司法体系中的"三司"》[③] 一文提出，以安史之乱为分界线，三司的发展可分为前后两个阶段，无论在性质还是在职能上都有很大的不同：高宗到玄宗时期，三司在相当长的时段内主要是代理皇帝受理诉状的秘书性机构，之后三司逐渐演变成为了一级介于皇帝与尚书省之间的审级。肃宗以后，三司逐渐演变为由御史台、刑部以及大理寺的官员组成。唐代的三司走过了一条从皇帝的秘书性机构到常设性司法机构再到临时性司法机构的历程。王宏治《唐代司法中的"三司"》[④] 一文着重论述在唐代司法中存在的两个性质不同的三司，它们虽然都与司法有紧密联系，但其在唐代中央官僚机构中的地位和作用却是不一样的，人们常将二者混淆，故有必要对它们进行剖析，以便正确阐述司法审判制度。刘后滨的《唐代司法"三司"考析》[⑤] 一文认为，唐代司法中的三司复杂多变，不同时期的职能亦有变化，即使在同一时期也有几个不同的三司。该文依据所见史料，考证了三司的组成和职能在不同时期的变化。

唐中后期宦官参与司法是这一时期宦官专权在司法领域的具体表现。虽

---

① 冯辉：《唐代司法制度述论》，《史学月刊》1998 年第 1 期。
② 陈玺：《唐代司法"三司"制度考论》，《云南大学学报》（哲社版）2007 年第 4 期。
③ 张春海：《也论唐代司法体系中的"三司"》，《河北法学》2006 年第 12 期。
④ 王宏治：《唐代司法中的"三司"》，《北京大学学报》（哲社版）1988 年第 4 期。
⑤ 刘后滨：《唐代司法"三司"考析》，《北京大学学报》（哲社版）1991 年第 2 期。

然不同时期宦官以不同的名义和形式进行参与，但参与的程度是与唐代中后期宦官势力的消长相联系的。张艳云的《论唐中后期的宦官参预司法》① 一文的观点是：宦官超越其职掌参预司法，不仅打乱了原有的中央司法系统，侵夺了大理寺、御史台、刑部的司法权，还直接破坏了唐中后期的法律制度，加深了政局的不稳。

张艳云的《试论唐代京兆府的司法权》② 一文指出：唐代的京兆府既是一级行政单位，又是中央政府机关的所在地，因而有着重要而特殊的地位。其司法权也体现了与此相一致的特色，表现为京兆府对所辖境内的司法有相对的独立性，有时还可代替中央司法机关行使部分权力。

张健彬的《唐代县级政权的司法权限》③ 一文认为，从唐代律典中规定的县级政权的司法权限与司法实际运作中的司法权限看，唐代地方政权之间司法权的划分比较模糊，越级上诉现象相当普遍。由于皇帝和高级官员往往违反司法程序，使得县官获得了实际上的死刑处分权，并动辄采取逼供手段审理案件，由此造成唐代司法制度的混乱。

叶春弟的《论五代军巡院的司法和执法职能及其特征》④ 一文提出，五代时期在面临如何应对战争环境中突发事件情况下，在司法和执法领域中军巡院被赋予广泛的权力，对于一些紧急或重大案的及时和有效审理发挥了重要作用。

保辜制度是中国传统法律中一项独特的法律制度。刘高勇、李燕的《论唐代保辜制度的完善及其立法借鉴》⑤ 一文认为，至唐代保辜制度已正式入律，具有较强的可操作性，在实践中也引入了比较完善的保人担保制度，这使唐代的保辜制度从立法到司法都取得了较好的成效。张艳云、宋冰的《论唐代保辜制度的实际运用——从〈唐宝应元年（762）六月康失芬行车伤人案卷〉谈起》⑥ 一文认为，《唐律疏议》关于保辜适用的范围、保辜期限的确立、加害人罪名的最终认定等一系列问题的规定，是对前代保辜制度的发展。吐鲁番阿斯塔那 509 号墓出土的《唐宝应元年（762）六月康失

---

① 张艳云：《论唐中后期的宦官参预司法》，《陕西师范大学学报》（哲社版）2001 年第 1 期。

② 张艳云：《试论唐代京兆府的司法权》，《唐都学刊》2002 年第 2 期。

③ 张健彬：《唐代县级政权的司法权限》，《山东大学学报》（哲社版）2002 年第 5 期。

④ 叶春弟：《论五代军巡院的司法和执法职能及其特征》，《甘肃政法成人教育学院学报》2007 年第 4 期。

⑤ 刘高勇、李燕：《论唐代保辜制度的完善及其立法借鉴》，《华北电力学院学报》（哲社版）2007 年第 1 期。

⑥ 张艳云、宋冰：《论唐代保辜制度的实际运用——从〈唐宝应元年（762）六月康失芬行车伤人案卷〉谈起》，《河北师范大学学报》（哲社版）2003 年第 6 期。

芬行车伤人案卷》，是以案例的形式说明保辜制度在唐代司法实践中的运用情况，从一个侧面反映了唐代基层组织的执法现状。周东平、张艳的《保辜制度与一年零一天规则的比较研究》① 一文，把以唐律为中心的保辜制度与英美法系尤其英国刑事法中的一年零一天规则进行横向比较研究，该文在简要介绍保辜制度和一年零一天规则的基础上，着重阐释两者之间的异同，并依据现代刑法原理，论述了中国古代保辜制度和英美法系的一年零一天规则对我国现代刑法的借鉴价值。此外，李永伟的《唐代"保辜制度"解读二则》②、陈永胜的《〈宝应元年六月高昌县勘问康失芬行车伤人案〉若干法律问题探析》③、黄清连的《说"保辜"——唐代法制史料试释》④、郑显文的《从〈73TAM509：8（1）、（2）号残卷〉看唐代的保辜制度》⑤ 等文，也对唐代的保辜制度进行了探讨。

邵治国的《唐代监狱制度述要》⑥ 一文认为，唐代监狱制度较之前代进一步完善。唐代监狱的性质既有古代监狱的共性，又与现代监狱有着本质的区别。史料中记载的唐代狱政管理制度的内容主要是：分押分管制度、械具制度、报囚制度、安全制度、居作制度和狱囚生活制度。赵旭的《论唐宋时期监狱制度的滞后与徒刑执行方式的变异》⑦ 一文认为，徒刑是唐宋时期的官方法典规定的刑罚，由于这一时期监狱制度的不完善及其在发展阶段上的滞后，使得徒刑的执行方式发生了改变：即唐代徒刑在地方的执行与流刑混一或以徙边代替。宋代的"折杖法"实行以后，徒刑的执行改为杖脊加配役。造成上述情况的原因在于唐宋时期的监狱制度是虚化的，监狱不是执行徒刑的场所，而是禁系犯罪嫌疑人的机构。针对这种情况，北宋末期"圜土"制度不失为中国近代意义上监狱制度的一种尝试。

---

① 周东平、张艳：《保辜制度与一年零一天规则的比较研究》，收入戴建国主编：《唐宋法律史论集》，上海辞书出版社 2007 年版。

② 李永伟：《唐代"保辜制度"解读二则》，《巢湖学院学报》（哲社版）2003 年第 5 期。

③ 陈永胜：《〈宝应元年六月高昌县勘问康失芬行车伤人案〉若干法律问题探析》，《敦煌研究》2003 年第 5 期。

④ 黄清连：《说"保辜"——唐代法制史料试释》，《第二届唐代学术会议论文集》下册，文津出版社 1993 年版。

⑤ 郑显文：《从〈73TAM509：8（1）、（2）号残卷〉看唐代的保辜制度》，收入韩延龙主编：《法律史论集》第 3 卷，法律出版社 2001 年版。

⑥ 邵治国：《唐代监狱制度述要》，《河北师范大学学报》（哲社版）2004 年第 6 期。

⑦ 赵旭：《论唐宋时期监狱制度的滞后与徒刑执行方式的变异》，《辽宁大学学报》（哲社版）2006 年第 4 期。

　　王宏志的《略述唐代的司法监督制度》① 一文指出，唐代已形成了比较
完善的法律监督机制，朝廷以中书门下作为立法机关对司法进行监督，尚书
省作为行政机关对司法进行监督，御史台作为专职监察机关对司法进行监
督，巡察使以中央的派出机构对地方州县的司法活动进行监察，从而构成了
一个全方位、多层次的监察网络。

　　唐代以严密的立法、规范和监督各级官吏的司法活动。李亚龙、杨剑的
《唐代司法中的时限制度探析》② 一文对时限制度进行了分析和归纳。易海
辉的《略论唐代司法官责任制度及其现实借鉴》③ 一文认为，古代司法官责
任制度定型于唐代，达到了相当完备的程度，几乎穷尽了诉讼的各个环节。
王琳的《论唐代司法效率及其现代价值》④ 一文提出，唐律中关于司法效率
的规定已比较严密，明确规定官吏判案的期限和超期判案所应承担的法律责
任。为了保障有关判案期限的法律规定得到落实，又建立了勾检制度。

　　研究唐代司法制度的论文还有：李艳芳的《论唐律中的"出入人
罪"》⑤，明廷强、张玉珍的《试析唐律的"官司出入人罪"》⑥，陶昆、赵科
晨的《唐代"拷囚"制度评析》⑦，叶昌富的《唐律慎刑论》⑧，等等。

（九）　监察制度研究

　　在隋代监察制度研究方面发表的论文有：张先昌的《隋朝监察制度述
论》⑨，袁刚的《隋朝监察制度简论》⑩，杨希义、翟麦玲的《试论隋唐时期
的考课与监察制度在反腐倡廉中的作用与流弊》⑪，等等。张先昌文认为，
隋朝监察制度与前代比较有了很大变化，表现在：一是整顿御史台机构建

---

　　① 　王宏志：《略述唐代的司法监督制度》，《浙江学刊》2004 年第 5 期。

　　② 　李亚龙、杨剑：《唐代司法中的时限制度探析》，《湖北成人教育学院学报》（哲社版）2003
年第 2 期。

　　③ 　易海辉：《略论唐代司法官责任制度及其现实借鉴》，《乐山师范学院学报》（哲社版）2006
年第 4 期。

　　④ 　王琳：《论唐代司法效率及其现代价值》，《广西政法管理干部学院学报》2003 年第 3 期。

　　⑤ 　李艳芳：《论唐律中的"出入人罪"》，《河南公安高等专科学校学报》2003 年第 5 期。

　　⑥ 　明廷强、张玉珍：《试析唐律的"官司出入人罪"》，《齐鲁学刊》2003 年第 3 期。

　　⑦ 　陶昆、赵科晨：《唐代"拷囚"制度评析》，《法制与经济》2007 年第 4 期。

　　⑧ 　叶昌富：《唐律慎刑论》，《咸宁师范高等专科学校学报》（哲社版）1996 年第 2 期。

　　⑨ 　张先昌：《隋朝监察制度述论》，《法学研究》2005 年第 2 期。

　　⑩ 　袁刚：《隋朝监察制度简论》，《北京大学学报》（哲社版）1999 年第 6 期。

　　⑪ 　杨希义、翟麦玲：《试论隋唐时期的考课与监察制度在反腐倡廉中的作用与流弊》，《西北
大学学报》1997 年第 3 期。

制，淡化御史的天子监察官身份，强调独立行使监察权；废除御史台官属由台主任命之制，改由中央吏部考核任命，或由三省长官推荐，皇帝敕授；制定地方监察法规"六察"。二是强化了监察机关和监察官的各项职责与权力。从实施效果和作用看，文帝时代好于炀帝时代，二帝统治的前期好于后期。袁刚文认为，隋制集汉魏以来监司变化之大成，革除前代弊政，在文帝开皇年间和炀帝大业年间进行了两轮改革，特别是隋炀帝"三台"之制多有创革。隋制对唐制产生了重要影响，以往学界重唐轻隋，其实从制度创新的角度看，隋制更具特色。

胡仓泽的《唐代监察体制的变革》① 一文论述了唐代监察体制四个方面的变革：首先，监察体制中御史监察系统的统一和完整是到唐代才完成的。唐代御史机构所属有台、殿、察三院，分工明确，各司其职，制度健全，职权扩大。其次，监察体制中言谏监察系统进一步发展，有专门的言谏机关，谏官种类增加，权力增大。除了言事谏诤权的行使外，封驳诏书权的健全也加强了宰相间的相互制约和对皇帝决策的监督。再次，地方监察制度的完备和崇重。最后，监察官吏行使权力的独立性和规范性为以往历代所不及。学界发表的同类论文还有：眭明泉的《试论唐王朝监察体制的特点》②，孙军、于恩忠《唐朝的监察制度及积极作用》③，周宝砚的《唐王朝监察制度的运作及特点》④，等等。

胡仓泽的《唐代监察制度对皇帝的制约》⑤ 一文探讨了唐代的监察制度对皇帝的制约机制，认为主要体现在三个方面。一是谏官众多，职责明确，谏诤内容广泛，谏官的言事谏诤权得到较好发挥。二是门下省给事中对诏书的封驳，通过封驳纠正帝王决策的失误。三是御史台官吏对诏令的拒受，通过拒受失宜的诏令以维护封建法制，避免冤滥事件的发生。刘长江的《中晚唐监察体制与宦官专权》⑥ 一文认为，安史之乱后监察权力逐渐被宦官所侵夺、削弱，监察官丧失独立奏弹的权力，监察体制遭到严重破坏，致使中晚唐呈现出宦官专权的危局。

---

① 胡仓泽：《唐代监察体制的变革》，《福建师范大学学报》（哲社版）2001 年第 3 期。
② 眭明泉：《试论唐王朝监察体制的特点》，《燕山大学学报》2002 年第 3 期。
③ 孙军、于恩忠：《唐朝的监察制度及积极作用》，《政法论丛》1998 年第 3 期。
④ 周宝砚：《唐王朝监察制度的运作及特点》，《南京政治学院学报》2002 年第 5 期。
⑤ 胡仓泽：《唐代监察制度对皇帝的制约》，《福建师范大学学报》2000 年第 3 期。
⑥ 刘长江：《中晚唐监察体制与宦官专权》，《山东师范大学学报》2002 年第 5 期。

　　江鹏的《唐朝地方监察制度历史进步性探析》①一文指出，唐朝建立了一套较为系统的地方监察体系，积极进行监察立法实践，确立监察官吏任职必须具备从政阅历的任职条件，建立对监察官员的监督机制，注重对监察官吏进行严格考核。

　　唐代御史在官僚制与社会舆论中表现出两种不同的形象。在官僚制中，御史始终处于"清官"和"清望官"序列，后期御史大夫与中丞的官阶较之前期还有所提高。从社会舆论的角度看，前期称之为"法官"的御史，后期则被称为"法吏"；前期"御史出都，若不动摇山岳，震慑州县，诚旷职耳"，而后期出使在外的御史却常常受到来自各方的漫骂乃至殴打。胡宝华的《唐代御史地位演变考》②一文认为，文献中关于御史的这两种不同的记载并无抵牾之处。一方面反映出唐代中央力图提高御史的地位，强化中央集权的统治；另一方面又无力改变中晚唐时期出现的"轻法学，贱法吏"现状。在这种政治气候的影响下，唐后期的御史构成、秉公执法观念以及社会地位等都呈现出明显弱化的趋势。

　　五代御史台的设官基本沿袭唐制，然其品阶却有不小的变化，且外台兼职更加泛滥，致使监察效力大打折扣。杜文玉的《五代御史台职能的发展与变化》③一文认为从其职能看，除了推鞫狱讼的范围进一步扩大外，还有不断事务化的发展趋势，承担了许多本不属其职责范畴的事务性工作，加之当时藩镇林立，强臣跋扈，尾大不掉，使御史台难以正常行使职能。

二、法律思想研究

　　有唐一代，前有"贞观之治"，后有"开元盛世"。马珺的《浅论唐代"安人宁国，以法为先"的法律思想》④一文认为，贞观、开元盛世的形成与唐朝统治者奉行"安人宁国，以法为先"的法律主张不无关系。该文从重视法律调整、宽刑慎罚、注重法律的连续性与稳定性、立法形式规范化四个方面对这一法律主张进行了论证。

---

　　①　江鹏：《唐朝地方监察制度历史进步性探析》，《湖北社会科学》2001 年第 11 期。

　　②　胡宝华：《唐代御史地位演变考》，《南开学报》2005 年第 4 期。

　　③　杜文玉：《五代御史台职能的发展与变化》，《文史哲》2005 年第 1 期。

　　④　马珺：《浅论唐代"安人宁国，以法为先"的法律思想》，《河南省政法管理干部学院学报》2000 年第 5 期。

　　马建兴的《唐律伦理法思想的社会学分析》① 一文认为，唐律体现的伦理法思想根源于天人合一的世界观、耕农社会的宗法思想、儒家法律化思想的影响，也与唐初的时代背景紧密相关。礼教思想主要体现在立法"一准乎礼"、同罪因身份而异罚、依礼教原则解释律条等方面。唐律伦理法思想的基本精神与特色是家族主义、礼刑合一、义务本位、男尊女卑、仁恕教化等。

　　已发表的探讨唐代法律思想的论文还有：马建兴的《略论〈唐律〉中的礼教思想》②、陈红太的《从秦汉律到唐律的变化看齐儒学对中国刑律的影响》③、任映艳的《从〈唐律疏议〉看中国古代的孝亲思想》④、韦宇洁的《唐律之依血缘立法思想》⑤、高绍先的《〈唐律疏议〉与中国古代法文化》⑥、苏亦工的《唐律"一准乎礼"辩证》⑦ 等。

　　一些学者对唐代的政治家、文学家的法律思想进行了探讨，主要论文有：许敏的《从立法、司法与守法看唐太宗的法治思想》⑧、杨圣琼的《论〈贞观政要〉中唐太宗的法律思想——兼与隋文帝法律思想比较》⑨、陈玉的《唐太宗法律思想初探》⑩、贺润坤的《论魏征的法律思想》⑪、王一清的《魏征法治观法律政治思想面面观》⑫、罗俊杰的《论魏征的法律思想及现实意义》⑬、刘港《白居易法律思想钩沉》⑭、王祥东的《韩愈、柳宗元、白居

　　① 马建兴：《唐律伦理法思想的社会学分析》，《唐都学刊》2004 年第 5 期。
　　② 马建兴：《略论〈唐律〉中的礼教思想》，《中南大学学报》（哲社版）2003 年第 3 期。
　　③ 陈红太：《从秦汉律到唐律的变化看齐儒学对中国刑律的影响》，《政法论坛》2006 年第 6 期。
　　④ 任映艳：《从〈唐律疏议〉看中国古代的孝亲思想》，《兰州交通大学学报》（哲社版）2007 年第 2 期。
　　⑤ 韦宇洁：《唐律之依血缘立法思想》，《法制与社会》2007 年第 2 期。
　　⑥ 高绍先：《〈唐律疏议〉与中国古代法文化》，《现代法学》1997 年第 2 期。
　　⑦ 苏亦工：《唐律"一准乎礼"辩证》，收入《中国法制史考证》甲编第 4 卷，社会科学出版社 2003 年版。
　　⑧ 许敏：《从立法、司法与守法看唐太宗的法治思想》，《云南师范大学学报》（哲社版）2000 年第 1 期。
　　⑨ 杨圣琼：《论〈贞观政要〉中唐太宗的法律思想——兼与隋文帝法律思想比较》，《华夏文化》2004 年第 1 期。
　　⑩ 陈玉：《唐太宗法律思想初探》，《内蒙古电大学刊》（哲社版）1996 年第 5 期。
　　⑪ 贺润坤：《论魏征的法律思想》，《陕西广播电视大学学报》（哲社版）2004 年第 4 期。
　　⑫ 王一清：《魏征法治观法律政治思想面面观》，《西安教育学院学报》（哲社版）2003 年第 4 期。
　　⑬ 罗俊杰：《论魏征的法律思想及现实意义》，《湖南教育学院学报》（哲社版）2001 年第 1 期。
　　⑭ 刘港：《白居易法律思想钩沉》，《文史博览》2006 年第 20 期。

易法律思想之探究》①，王锡九的《刘克庄的"唐律"观》② 等。

三、判牍研究

判是制判者对一个案件、事件是非曲直的判决与裁定，通常分为判目与判词两部分。张鹭的《龙筋凤髓判》是唐代典型的拟判集之一。全书共 4 卷，收入判文 79 则，通篇用骈体文写就，判目真实具体，判词征引繁富，最终处理意见简括明确。书中不仅反映了张鹭深厚的法学功底，也反映了唐高宗到玄宗开元时期人们对一些社会问题的基本认识，从拟判角度为后人提供了有关唐代科举、铨选的资料。

霍存福的《〈龙筋凤髓判〉判目破译——张鹭判词问目源自真实案例、奏章、史事考》③ 一文认为，张判词适值唐代判文发展的第一阶段，即"取州县案牍疑议"为问目者，与后来判文"取经籍为问目"不同。《龙筋凤髓判》判文问目源自当时真实案例、奏状、史事者，昭昭可考。唯张鹭为避讳，虽保留涉案人原姓，却略省、更改其名，在很大程度上掩盖了它的真面目。实际上，张判词问目是武周、中宗两朝的实录，具有极高的史料价值。探讨《龙筋凤髓判》的论文还有：霍存福的《张鹭〈龙筋凤髓判〉与白居易〈甲乙判〉异同论》④，郭成伟的《唐律与〈龙筋凤髓判〉体现的中国传统法律语言特色》⑤，贾俊侠、张艳云的《〈龙筋凤髓判〉探析》⑥，等等。

袁枚在知县生涯中撰写过许多判牍。顾震的《袁枚判牍论析》⑦ 一文对现存袁枚判牍的形式和特点进行了分析，并对其所显示的技巧和思想倾向进行了初步归纳。

P. 2754 是后人集录安西都护府官文书的判集残卷，判文中提及的人物、

① 王祥东：《韩愈、柳宗元、白居易法律思想之探究》，《胜利油田师范专科学校学报》2000 年第 2 期。

② 王锡九：《刘克庄的"唐律"观》，《安徽师范大学学报》（哲社版）2007 年第 2 期。

③ 霍存福：《〈龙筋凤髓判〉判目破译——张鹭判词问目源自真实案例、奏章、史事考》，《吉林大学学报》1998 年第 2 期。

④ 霍存福：《张鹭〈龙筋凤髓判〉与白居易〈甲乙判〉异同论》，《法制与社会发展》1997 年第 2 期。

⑤ 郭成伟：《唐律与〈龙筋凤髓判〉体现的中国传统法律语言特色》，《法学家》2006 年第 5 期。

⑥ 贾俊侠、张艳云：《〈龙筋凤髓判〉探析》，《西安文理学院学报》2005 年第 4 期。

⑦ 顾震：《袁枚判牍论析》，《南京师范大学文学院学报》2006 年第 4 期。

事件、地点大都有据可查，属于实判文书。解梅的《P. 2754〈唐安西判集残卷〉研究》① 一文认为，此判集残卷的内容涉及唐代的烽堠制度、官吏考课制度、职田制度、军队管理制度、义征兵制、刑事审判及管辖制度等，是研究唐代政治法律制度及其在边疆地区实施情况的可靠资料。

《文明判集残卷》是针对唐初疑难案件而拟制的，其内容涉及唐初社会关系、社会生活的方方面面。张艳云的《〈文明判集残卷〉探究》② 一文认为，《文明判集残卷》中的判文格式固定，判词论证逻辑严密，法律意识深厚，法理分析透彻，评价判断明确。探讨这一《判集残卷》的论文主要有：王斐弘的《辉煌与印证：敦煌〈文明判集残卷〉研究》③、《敦煌写本〈文明判集残卷〉研究》④，齐陈骏的《读〈伯3813号唐判集〉札记》⑤，董念清的《从唐代的判集看唐代对法律的适用》⑥，陆庆夫的《从敦煌写本判文看唐代长安的粟特聚落》⑦，李并成的《敦煌遗书中的民法文卷考》⑧，马克林的《敦煌法律文书研究综述》⑨，陈永胜的《敦煌法制文书研究回顾与展望》⑩ 等。

判是盛行于唐代官场以四六骈文书写的司法文书，也是应试考生科举及第之后、授官之前"覆其吏事"的重要科目。判有官场堂判、应试之判的区分，"文理优长"、短小精干是所有判词的基本要求。不少官场堂判、应试之判都有值得重视的史料价值。林鸿荣的《唐判发微——略论几则涉林判词的史料价值》⑪ 一文在概述唐判的一般情况之后，侧重考察了五则涉及林业的应试唐判。苗怀明的《唐代选官制度与中国古代判词文体的成熟》⑫ 一文指出，唐代所特有的注重判词写作的选官制度和文化风尚，直接促成了判词本身的成熟。

---

① 解梅：《P. 2754〈唐安西判集残卷〉研究》，《敦煌研究》2003年第5期。
② 张艳云：《〈文明判集残卷〉探究》，《敦煌研究》2000年第4期。
③ 王斐弘：《辉煌与印证：敦煌〈文明判集残卷〉研究》，《现代法学》2003年第4期。
④ 王斐弘：《敦煌写本〈文明判集残卷〉研究》，《敦煌研究》2002年第3期。
⑤ 齐陈骏：《读〈伯3813号唐判集〉札记》，《敦煌学刊》1996年第1期。
⑥ 董念清：《从唐代的判集看唐代对法律的适用》，《社科纵横》1996年第1期。
⑦ 陆庆夫：《从敦煌写本判文看唐代长安的粟特聚落》，《敦煌学辑刊》1996年第1期。
⑧ 李并成：《敦煌遗书中的民法文卷考》，《社科纵横》2004年第3期。
⑨ 马克林：《敦煌法律文书研究综述》，《中国史研究动态》1999年第5期。
⑩ 陈永胜：《敦煌法制文书研究回顾与展望》，《敦煌研究》2000年第2期。
⑪ 林鸿荣：《唐判发微——略论几则涉林判词的史料价值》，《北京林业大学学报》2005年第3期。
⑫ 苗怀明：《唐代选官制度与中国古代判词文体的成熟》，《河南社会科学》2002年第1期。

　　唐代判牍采用骈体，文采绚烂。现今所存唐判多为文人模拟之作，称为拟判。赵久湘的《唐代拟判体例文辞探析》① 一文以拟判为例，对唐代判牍的体例特点、文辞风格作了探讨。研究唐判法律语言的论文还有：赵久湘的《唐代判牍体例文辞研究》②、吴承学的《唐代判文文体及源流研究》③ 等。

　　此外，彭炳金的《论唐代明法考试制度的几个问题》④、郑显文的《再谈唐代的明法考试制度：兼答彭炳金先生》⑤ 两文对唐代明法考试制度进行了探讨。

① 赵久湘：《唐代拟判体例文辞探析》，《重庆交通大学学报》2004 年第 1 期。
② 赵久湘：《唐代判牍体例文辞研究》，《涪陵师范学院学报》2003 年第 6 期。
③ 吴承学：《唐代判文文体及源流研究》，《文学遗产》1999 年第 6 期。
④ 彭炳金：《论唐代明法考试制度的几个问题》，《政法论坛》2002 年第 2 期。
⑤ 郑显文：《再谈唐代的明法考试制度：兼答彭炳金先生》，《政法论坛》2002 年第 6 期。

第七章　宋辽西夏金元法律史研究

近十年来，宋、辽、西夏、金、元法律史研究成果较之唐代法史研究成果而言相对较少，但著作和论文的数量仍然可观。本章仅就已出版的 10 余部专著、论文集和发表的 260 余篇论文的内容和创见予以介绍。

这一历史时期法史研究成果的数量以宋代法史研究成果为多。在这些成果中，研究宋代法史的专著和论文集 10 余部，论文 160 余篇；研究元代法史的专著两部，论文 50 余篇；研究西夏的论文 40 余篇；研究辽金法律史的数量较少，约 20 余篇。

就上述成果的内容而论，主要集中于法制史研究领域，法律思想史研究成果较少。20 世纪 90 年代前的相当长的时间内，学界对这一历史时期法史的研究主要局限于刑事法律。近年来，研究领域进一步扩展，在民事法律制度、经济管理法律制度、司法制度、监察制度研究方面取得了重要突破，特别是在探讨物权法、债权法、财政法、民事诉讼制度、判例制度等方面提出了不少新的见解。

一、宋代法律史研究

（一）综合性研究

郭东旭的《宋代法制研究》①。全书 12 章，内容分别是：立法总论、行政法、刑法中的罪名法、刑罚制度、经济法、财政法、法的主体、婚姻家庭法、物权法、债权法、刑事诉讼法、民事诉讼法。作者总结了宋代法制的几个特点：以敕代律是宋代立法的重大变化；自立刑制、重典治民是宋代刑法上的突出特征；扭转财政困难是宋代经济法的主要任务；保护私有权是宋代民法的核心内容；重视证据是宋代诉讼法的重要特色；官办律学和民办讼学是宋代法律文化的重要内容。该书从多方面对宋代法制作了论述，其中对法

---

① 郭东旭：《宋代法制研究》，河北大学出版社 1997 年版。

的主体、婚姻家庭法、物权法、债权法、民事诉讼法的论述在书中占了相当大的比例。

戴建国的《宋代法制初探》①。"作者序言"说，该书是探讨宋代法制的阶段性成果的小结，其中多数文章已经发表，此次结集出版仍保持原样，仅个别地方作了史料的补充和文字的更正，依据各篇文章的论题，分为法源、刑罚、制度三大类。法源篇有《宋代编敕初探》、《〈宋刑统〉制定后的变化——兼论北宋中期以后〈宋刑统〉的法律地位》、《天一阁藏明钞本〈官品令〉考》、《宋〈天圣令·赋役令〉初探》、《论宋的断例》、《〈金玉新书〉新探》；刑罚篇有《宋代刑罚体系研究》、《宋代从刑考述》、《宋折杖法的再探讨》；制度篇有《宋代刑事审判制度研究》、《宋代诏狱制度述论》、《宋代的狱政制度》、《宋代赎刑制度述略》、《宋代家族政策初探》、《宋代家法族规试探》、《关于岳飞案问题的几点看法》、《宋代的提点刑狱司》、《宋代的公证机构——书铺》。上述相关论文的观点将在后文提及。

吕志兴的《宋代法制特点研究》②。该书分为 7 个部分，分别对宋代的立法、行政、民事、刑事、经济、诉讼法律制度的特点进行述论，并对宋代法制作了总体的评价。作者认为：其一，宋代立法特点是：常设专门立法机构，立法程序日趋严密；继受前代法律，保持律典、敕令相对稳定；顺应社会发展要求，适时、频繁立法；法律形式多样，法典编纂强调以类相从。其二，行政法律制度的特点是：分散国家机关事权，削弱相权，采用二府、三司体制，三大权力核心分立，以及增设行政、司法机关，分散事权，限制、削弱宰相权力；强化官吏管理制度，官员设置冗滥，制定细密经济法规以防官吏犯赃；强化对官吏的监督，监察制度臻于完善；实行"强干弱枝，以文制武"的军事制度。其三，民事法律制度的特点是：民事主体范围扩大，建立孤幼财产官府监护制度；充实物权内容；不动产典、卖制度独立、完备；契约形式普遍化、法律化；户绝资产继承制度进一步发展、完善。其四，刑事法律制度的特点是：刑法原则及其适用规定进一步完善；刑罚制度趋于严酷；加重对盗贼、谋反及其他严重危害统治秩序犯罪的处罚；对官吏犯罪的处罚更为宽大。其五，经济法律制度的特点是：加强对土地的宏观管理，如鼓励垦荒，加强土地清查、登记；海上贸易管理法规已成体系。其六，诉讼法律制度的特点是：分散司法事权，加强对司法的监督，如增设司

① 戴建国：《宋代法制初探》，黑龙江人民出版社 2000 年版。
② 吕志兴：《宋代法制特点研究》，四川大学出版社 2001 年版。

法机关、设立并列司法机关、同僚异事、增设监察机构等；规定严密的诉讼程序和制度，防止冤滥；证据及检验制度完备；民事诉讼诉讼制度自成一系，进一步完善了宣级管辖、诉权、审理、调解制度。

薛梅卿、赵晓耕主编的《两宋法制通论》①。该书分为法律思想、行政律法、军事律法、监察制度、工商赋役律法、民事律法、刑事律法、司法制度、监狱制度9章论述。在工商赋役法律制度部分阐述了手工业管理、市场交易管理、禁榷专卖、海外贸易、货币金融、赋税财政等方面的法律制度。在民事法律部分，阐述了丁年与物权、土地交易、债法、婚姻法、继承法以及民事律法发达的原因。在司法制度方面，阐述了司法组织体系、诉讼制度、审判制度、证据制度、复审复核制度、司法官培养选拔制度。该书把军事律法纳入叙述范围，对宋代法制的特征和历史地位作了评述。

尤韶华主编的《宋辽金元法制考》②，此书系杨一凡总主编的《中国法制史考证》甲编第5册。本卷历史跨度较大，分别对宋、辽金及元代的法制进行了考证。其中以宋代的内容最多，共17篇，内容是关于《刑统赋》及其解疏本、《金玉新书》、《官品令》、《庆元条法事类》、宋代编敕、宋代指挥、宋例、倚当抵当、审判制度、提点刑狱司、公正书铺、狱政、诏狱制度、赎刑制度、资格制度、宽典治吏、南宋司法裁判引用的法条等考证成果。辽金3篇，主要有辽代刑法制度、金代立法、金《泰和律》徒刑附加决杖考证成果。元代7篇，主要有《大元通制》、《通制条格》、元代刑法体系、元代不动产买卖程序、元代审判制度、元代断事官、元代收嫂婚等考证成果。

赵旭的《唐宋法律制度研究》③。本书从制度沿革和社会影响的双重角度，分析了法律文本的制定、刑罚、罪名、诉讼和审判程序、赦宥制度、特权法、连坐制度、法官制度等问题。该书8章，内容分别是：从"律令格式"到"敕令格式"（唐宋法律文本体系的演变），"十恶"与唐宋司法实践中罪名的确认，唐宋法律制度中的特权原则与公平理念，"五刑"与唐宋刑罚体系的文明程度，唐宋司法程序与官民的法律意识，唐宋法律制度中的家族特色，赦宥与唐宋皇帝的司法权，唐宋时期的法司建制与法官选拔。

① 薛梅卿、赵晓耕主编：《两宋法制通论》，法律出版社2002年版。
② 杨一凡主编：《中国法制史考证》甲编第5册，中国社会科学出版社2003年版。
③ 赵旭：《唐宋法律制度研究》，辽宁大学出版社2006年版。

　　薛梅卿的《宋刑统研究》①。此书分为 13 个专题：宋律典《建隆重祥定刑统》的编修颁行，《宋刑统》的"贯彼旧章"，《宋刑统》体例的改变，《宋刑统》对《唐律疏议》的部分变通，《宋刑统》对唐律刑事法律制度的发展，《宋刑统》对唐律户婚民事律条的增新，《宋刑统》对唐律诉讼规范的完密，《宋刑统》终宋之世的实施，《宋刑统》的流传和影响，《宋刑统》刑制"折杖法"辨析，《宋刑统》惩贪偏宽的规定与宋朝矜贷赃吏之法的导向，沈家本对《宋刑统》的研究与传播，《宋刑统》点校质疑。该书以大量的史实阐述了《宋刑统》的编纂过程、内容、发展、实施和影响。

　　赵晓耕的《宋代官商及其法律调整》②。全书分为 7 章，内容是：官商的经济基础；官商产生的思想基础，传统义利观念的变革；官商的政治基础；官商在官僚政治结构中的考察；禁榷法律与官商的经营范围；官商的特点与社会影响；官商的法律调整及其历史评价。作者认为：中国独特的官僚结构和社会经济结构，造就了官商这一社会成分。官商作为一种社会历史现象，源远流长。由崇官贱商到官商结合，这其中的政治权衡、经济利害彼此错综复杂的关系，形成了一种中国社会特有的官商一体的政治文化现象。

　　郭东旭的《宋朝法律史论》③。该书为论文集，收录论文 20 篇：《论宋朝法律文化特征》、《论宋代的讼学》、《〈宋刑统〉的制定及其变化》、《宋代立法简论》、《宋代编敕制度述略》、《论熙宁初年刑名之争》、《论北宋盗贼重法》、《论宋代防治官吏经济犯罪》、《论宋代秘密宗教与法禁》、《宋代刺配法述论》、《宋代的编管法》、《宋代酷刑论略》、《论宋代乡村客户的法律地位》、《论宋代婢仆的社会地位》、《宋代财产继承法初探》、《宋代买卖契约制度的发展》、《宋代财政监督法述论》、《论南宋的越诉法》、《论南宋明公的审判精神》、《论宋代赦降制度》。上述相关论文的观点将在后文提及。

　　周密的《宋代刑法史》④。本书主要研究《宋刑统》的刑法制度和刑法思想，兼论宋代的其他刑事法规，还介绍了与宋同时期的辽、金和西夏的刑法制度等。该书分为 6 编：绪论，刑统总论，刑统分论——律令，刑统分论——刑政，宋律补遗，辽、金、西夏刑法的概况。

---

①　薛梅卿：《宋刑统研究》，法律出版社 1997 年版。
②　赵晓耕：《宋代官商及其法律调整》，中国人民大学出版社 2001 年版。
③　郭东旭：《宋朝法律史论》，河北大学出版社 2001 年版。
④　周密：《宋代刑法史》，法律出版社 2002 年版。

贾玉英的《宋代监察制度》①。该书分上下两篇，上篇论述宋代中央监察制度，内容是：御史制度，谏官制度及台谏合一，台谏与宋代政治，封驳制度。下篇论述宋代地方监察制度，内容是：监司制度，转运司制度，提点刑狱司制度，提举常平司制度、走马承受制度；府州军监级监察制度。该书对宋代中央和地方监察制度的特征与利弊作出了评述。此外，研究宋代监察制度的著作还有：刁忠民的《宋代台谏制度研究》②，虞云国的《宋代台谏制度研究》③。《宋代台谏制度研究》一书分为 9 章，对宋代台谏官的选任、宋代台谏言事制度、宋代台谏的职事回避、宋代台谏系统的地位和作用等作了深入探讨。

（二）立法研究

陈绍方的《略论宋代立法特点》④ 一文认为，宋朝的立法活动呈现出鲜明的时代特征，尤其是频繁编敕、逐步提升敕的法律地位、勤于编纂综合性法典等，对当时和后世都产生了深刻影响。全面阐述宋代立法的情况，可以纠正前人称"宋代法司无甚建树"的误说。

王俊的《略论五代法制对宋朝的影响》⑤ 一文认为，五代时期统治者比较重视法制建设，立法活动非常活跃。"刑统"编纂体例的创新、编注编敕及相关司法制度的完善等，对宋朝法制的发展产生了重要影响。李俊的《宋刑统的变化及法史料价值探析》⑥ 一文对《宋刑统》作了探讨。

赵旭的《论北宋法律制度中"例"的发展》⑦ 一文认为，中华法系是一种把成文法与判例法有机结合的法律体系，二者相得益彰。宋代已产生了成文的《断例》，当代学者对宋代判例法的性质和意义往往认识不足。宋代"例"的发展可以看做是中国古代判例及其实践步入成熟时期，具有立法上的成文法化和实践上的自觉因循的特点。吴秋红的《论宋以例破法原因》⑧一文对宋例作了讨论。

---

① 贾玉英：《宋代监察制度》，河南大学出版社 1996 年版。
② 刁忠民：《宋代台谏制度研究》，巴蜀书社 1999 年版。
③ 虞云国：《宋代台谏制度研究》，上海社会科学出版社 2001 年版。
④ 陈绍方：《略论宋代立法特点》，《暨南学报》（哲社版）1998 年第 4 期。
⑤ 王俊：《略论五代法制对宋朝的影响》，《法学杂志》2007 年第 4 期。
⑥ 李俊：《宋刑统的变化及法史料价值探析》，《吉林大学社会科学学报》1998 年第 5 期。
⑦ 赵旭：《论北宋法律制度中"例"的发展》，《北方论丛》2004 年第 1 期。
⑧ 吴秋红：《论宋以例破法原因》，《黄冈师范学院学报》（哲社版）2004 年第 5 期。

　　戴建国的《天一阁藏明钞本〈官品令〉考》① 一文，对宁波天一阁所藏明抄本《官品令》进行了考证。认为此文献正是久已湮没的宋代法律典籍《天圣令》。作者详细考证了这部残存令典的体例、篇目以及它所保存的《唐开元二十五年令》原文，指出这个残本的发现不仅对了解北宋的典章制度和人口等问题具有重要参考价值，而且对于唐令的研究和复原具有极为重要的意义。

　　吕志兴的《宋格初探》② 一文认为，宋初编敕是当时最主要、最经常的立法形式，格的地位及作用明显衰微。神宗元丰以后，对格的编订又明显增加，其编纂体例等也有变化。这一变化的原因，是神宗对编敕、令、格、式的性质作了重新界定，使格的性质发生显著变化：格完全行政法化，成为令的实施细则。格的性质的变化，其内在原因是编敕的刑法化。由于宋格成为令的实施细则，原为令的实施细则及公文程式的式则成为纯粹的公文程式。由于编敕、格性质及立法功能的变化，使得宋朝的立法模式也发生变化，即由宋初主要通过编敕进行立法的模式，变成对敕、令、格、式统一编订的立法模式。

　　吕志兴的《宋"式"考论：兼论唐式之性质》③ 一文认为，宋代前期，式沿用唐式的内容和形式。神宗元丰以后，宋式在性质、编纂体例、修订模式上都发生了重大变化，由令的细则性规定变成为法定公文程式。宋式的变化，是宋代对编敕、格等法律形式的性质、功能进行调整的结果。宋式的变化使得宋令的内容更加整齐划一，令、式分工更加明确，两者关系更加协调、合理。

　　孔学、李乐民的《宋代全国性综合编敕纂修考》④ 一文，考述了宋代全国性综合编敕纂修概况。宋代全国性综合编敕计有《建隆编敕》、《重修淳熙敕令格式》等 19 部，加上内容重复的三部条法事类，宋代实际行用过的编敕有 22 部。这些编敕至迟在宋仁宗天圣编敕时已在编敕所进行，并形成一套制度。编纂体例经历了从依照《刑统》的体例编修到按敕、令、格、式的分类编修的变化，南宋孝宗时出现"条法事类"。附加项目的增多也表

　　① 戴建国：《天一阁藏明钞本〈官品令〉考》，《历史研究》1999 年第 3 期。
　　② 吕志兴：《宋格初探》，《现代法学》2004 年第 4 期。
　　③ 吕志兴：《宋"式"考论：兼论唐式之性质》，《西南师范大学学报》（哲社版）2006 年第 3 期。
　　④ 孔学、李乐民：《宋代全国性综合编敕纂修考》，《河南大学学报》（哲社版）1998 年第 4 期。

明了其体例的变化，其取材基本上是一定时期的"宣敕"。前一编敕可行用者、徽宗时的御笔和手诏、南宋时的指挥亦成了编敕取材的对象。

《庆元条法事类》是南宋时期谢深甫等编纂的一部法律书。该书以事分门，门下分类，每类汇集有关敕、令、格、式、随敕申明和旁照法。便于检阅是其优点，过于庞杂是其缺陷。今存《庆元条法事类》是一部残书，但由于所收条法均是在两宋实行过的法律，且是集庆元二年以前所有编敕大成的律书，因此具有很高的史料价值。孔学的《〈庆元条法事类〉研究》① 一文对此加以探讨。

刘笃才的《宋〈吏部条法〉考略》② 一文考察了《吏部条法》与两宋有关立法的关系及自身的结构特点，认为宋代官吏任用与管理方面的立法经历了一个从无到有的过程，形成了繁简并用的局面，《吏部条法》已具备了法典的性质。

孔学的《宋代专门编敕机构——详定编敕所述论》③ 一文讨论了宋代专门编敕机构。详定编敕所是宋代负责"删立法令"的机构，设立于仁宗天圣五年（1027 年），其名称历经从详定编敕所到详定敕令所的演变。它由提举、同提举、详定官、删定官和一定数量的胥吏组成。通过对"宣敕"的删、润、编进行编敕，并在立法方面上取得了重大成绩。这是在宋代立法链条上使散敕上升为一般法律的重要环节，同时也是终端环节。

律敕关系的争论是老话题。孔学的《论宋代律敕关系》④ 一文通过对唐宋之际法律形式演变的考察，认为神宗"更目"后，敕均为"刑名敕"，兼唐代之律，可以单独据以断罪，不再求助于律文，律也就存在于敕之外。法律系统也从唐代的律、令、格、式系统，逐渐演变成神宗更目后的律、敕、令、格、式系统。《宋刑统》在修改中行之两宋。律敕关系随着编敕的不同发展阶段而变化。神宗更目后，敕具有优先适用权，律与敕的关系是新法与旧律的关系。新法主要补旧律之不足，周旧律之未备，新法对旧律进行修订乃至部分取代。

魏殿金的《律·敕兼行——宋代刑法体系简论》⑤ 一文认为，律即《刑统》及宋代以敕代律的传统观点，实是对有关史实的误解，有欠妥当。律、

---

① 孔学：《〈庆元条法事类〉研究》，《史学月刊》2000 年第 2 期。
② 刘笃才：《宋〈吏部条法〉考略》，《法学研究》2001 年第 1 期。
③ 孔学：《宋代专门编敕机构——详定编敕所述论》，《河南大学学报》2007 年第 1 期。
④ 孔学：《论宋代律敕关系》，《河南大学学报》（哲社版）2001 年第 3 期。
⑤ 魏殿金：《律·敕兼行——宋代刑法体系简论》，《齐鲁学刊》2000 年第 3 期。

敕兼行，互为补充，是宋代"正刑定罪"的刑法体系之基本格局和特点。《刑统》中的律条，实是唐律 502 条的沿用；敕则是对律文未尽、未便之处的补充和修改。《宋刑统》是律、敕兼行的产物。

宋代从中央到地方，构筑起比较完备的法律发布、接收和告示的信息渠道。宋法律制定后，统一由进奏院递送传达，采取榜示公告的形式公布于众。宋在大赦诏书的颁布、大赦仪式、法律的接收登录和编集保管等方面制定了较为完备的制度，使法律信息畅通无阻。这是戴建国的《宋代法律制定、公布的信息渠道》① 一文的研究结论。

（三）刑事法律制度研究

宋代律、敕兼行的刑法体系，造成其基本刑罚"五刑"的名实相对分离：五刑二十等的刑种及刑等承唐律之旧名，其执行方法和内容则按宋代敕文之新规。魏殿金的《宋代"五刑"的名实分离》② 一文认为，宋代"五刑"的这种名实分离，在一定程度上体现了刑罚手段轻缓化的趋向。

五代以前的东晋已有类似凌迟的脔割存在，但仅偶尔为之，到五代时期才成为一种法外之刑。孔学的《论凌迟之刑的起源及在宋代的发展》③ 一文认为，最先有凌迟之刑的是契丹，起源于其本民族的习惯法，且契丹最先使用凌迟作为死刑的名称。宋代凌迟之刑在宋太宗晚期开始使用，仁宗时开始以诏令的形式规定其适用范围，神宗时凌迟之刑的适用范围扩大，南宋相沿无改。凌迟之刑在宋代仅以敕令的形式存在，所以俗称法外之刑。但宋代大量使用凌迟是以奏断进行的，反映了凌迟之刑的适用范围仍在形成过程中。盗贼及兵变的频繁是凌迟之刑在宋代存在和发展的重要原因。宋代凌迟之刑的使用对元明清刑制产生了重要影响。

加役流作为北宋刑法制度的一项重要内容，在北宋刑罚体系中有其特殊性。李文凯的《北宋加役流新探》④ 一文分析了北宋加役流的特点与功能，并在揭示加役流刑弊端基础之上，探讨了北宋统治者为此采取的若干对策。戴建国的《宋代加役流刑辨析》⑤ 一文针对李文凯提出的有关宋代加役流刑的观点提出了不同看法，认为加役流刑作为法官量刑判案的基本刑之一，仅

①　戴建国：《宋代法律制定、公布的信息渠道》，《云南社会科学》2005 年第 2 期。
②　魏殿金：《宋代"五刑"的名实分离》，《南京财经大学学报》2003 年第 2 期。
③　孔学：《论凌迟之刑的起源及在宋代的发展》，《史学月刊》2004 年第 6 期。
④　李文凯：《北宋加役流新探》，《中国史研究》2001 年第 1 期。
⑤　戴建国：《宋代加役流刑辨析》，《中国史研究》2003 年第 3 期。

仅是沿用了唐律的罪名和刑罚名称，在实际执行中，以折杖法折代其部分刑罚，并视犯罪情节轻重，附加刺配等刑罚，以增强惩治力度。加役流与刺配是两种不同种属的刑罚，不存在前者被后者取代的问题。

北宋初建，太祖赵匡胤定"折杖法"，并正式列入建隆四年颁行的《宋刑统》《名例律》"五刑门"内。"折杖"（即《宋刑统》五刑中的"决脊或臀杖"）究属什么性质，作何解释，学术界一直有分歧。散见在法学辞典、专著、教科书和文章中的论点，主要有"附加刑"之说和"代用刑"之说。薛梅卿的《北宋建隆"折杖法"辨析》① 一文就这两种说法加以考察、辨析。魏殿金的《宋代"折杖法"考辨：兼与薛梅卿先生商榷》② 一文提出了不同的意见。吕志兴的《折杖法对宋代刑罚重刑化的影响》③ 一文认为，《折杖法》的制定与实施使得宋代五刑体系名存实亡，主要表现为：主刑种类减少，刑种配置不合理。为遏制犯罪，宋政府通过颁敕和编敕规定或创设新刑种，形成以臀杖、脊杖、编管、配刑、死刑为主的刑罚体系，凌迟亦成为常用刑，结果使宋代刑罚较唐代更为严酷。宋代制定与实施《折杖法》本欲轻刑，但导致刑种配置缺乏科学性，刑罚轻重失衡，反而促使刑罚重刑化。戴建国的《宋折杖法再探讨》④ 一文认为宋代律、敕兼行，互为补充，"配"是由宋代敕文规定适用的刑罚方法。魏殿金的《试析宋代配的刑罚内容》⑤ 一文指出，对于配的刑罚内容，当前学术界普遍认为：配即刺配，是决杖、刺面、流配三者并用的一种混合刑。这实际是一种误解，决杖并不是配的内容，配有刺面、不刺面之分，配也非流配。配即配军，是强制犯罪者隶属于军籍，充当役卒的一种刑罚方法。吕志兴的《宋代配刑制度探析》⑥ 一文认为，宋初"折杖法"的施行，使五刑中的笞、杖、流刑设而不用，只剩下死刑、杖刑（包括脊杖和臀杖）和徒刑，徒刑的适用面也极窄，刑罚体系因此轻重失衡。宋朝政府将前代的配刑加以规范广泛适用，配刑遂成为宋代最主要的刑种。配刑在起源、性质、内容等方面均不同于流刑，也比流刑残酷。但由于配刑弥补了"折杖法"施行后刑罚体系等级结

---

① 薛梅卿：《北宋建隆"折杖法"辨析》，《政法论坛》1983 年第 3 期。

② 魏殿金：《宋代"折杖法"考辨：兼与薛梅卿先生商榷》，《南京大学法律评论》2003 年春季号。

③ 吕志兴：《折杖法对宋代刑罚重刑化的影响》，《现代法学》2007 年第 5 期。

④ 戴建国：《宋折杖法再探讨》，《上海师范大学学报》（哲社版）2000 年第 6 期。

⑤ 魏殿金：《试析宋代配的刑罚内容》，《中国史研究》2001 年第 4 期。

⑥ 吕志兴：《宋代配刑制度探析》，《西南师范大学学报》（哲社版）2004 年第 1 期。

构不合理的缺陷，并能满足国家不断增长的工、杂役的需要，一定程度上减轻了人民的赋役负担，故配刑具有一定的合理性。

官当、赎铜是宋代换刑的两种法定形式。魏殿金的《宋代的换刑制度》① 一文认为，宋代律敕兼行之下，其换刑制度既有唐律之制的因袭，也有宋代敕文的适时变革。官当适用的刑罚范围扩大，但适用的官范围缩小；赎铜在适当调整适用对象范围的同时，扩大了赎"刑"的范围，名为"赎铜"实则纳钱。

北宋是一个"盗贼"犯罪非常突出的历史时期。郭东旭的《论北宋"盗贼"重法》② 一文认为，为了重点打击"盗贼"犯罪，北宋统治者制定了"盗贼"重法，以特别法的形式进行重法统治，并与法外用刑相结合，更突出了对"盗贼"罪的打击。同类文章有张晓丽的《宋代重法区与平安区的划分及影响》③、章深的《北宋"盗贼重法"解析：兼论"刑乱国用重典"的法律传统》④、王晓勇的《略论北宋的"盗贼重法"制度》⑤。

宋朝的计赃论罪法，具有明显的因袭唐律的特征，但因唐宋社会的变迁，宋代的计赃论罪法亦发生了不同程度的变化。郭东旭的《宋朝以赃致罪法略述》⑥ 一文认为，其变化趋向主要表现在对"强盗"、"窃盗"赃罪惩罚的趋于加重，对官吏贪赃罪处罚的由重趋轻，约"六赃"坐罪范围的扩大，征赃法、计赃法、平赃法的日趋完善。宋朝计赃论罪法的这些变化，亦展现出宋朝法律变化的时代特征。

关于刑事法律制度研究方面的论文还有：苗苗、赵晓耕的《从"阿云之狱"看宋代刑法中的自首制度》⑦，黄立的《从宋代的流民安置看城乡分治与农民犯罪》⑧，丁立学的《浅析宋代法制建设与社会治安》⑨，万川的

① 魏殿金：《宋代的换刑制度》，《南京财经大学学报》2005 年第 5 期。
② 郭东旭：《论北宋"盗贼"重法》，《河北大学学报》（哲社版）2000 年第 5 期。
③ 张晓丽：《宋代重法区与平安区的划分及影响》，《淮北煤炭师范学院学报》（哲社版）2003 年第 2 期。
④ 章深：《北宋"盗贼重法"解析：兼论"刑乱国用重典"的法律传统》，《开放时代》2005 年第 1 期。
⑤ 王晓勇：《略论北宋的"盗贼重法"制度》，《中州学刊》2002 年第 6 期。
⑥ 郭东旭：《宋朝以赃致罪法略述》，《河北大学学报》（哲社版）2003 年第 3 期。
⑦ 苗苗、赵晓耕：《从"阿云之狱"看宋代刑法中的自首制度》，《河南省政法管理干部学院学报》2005 年第 3 期。
⑧ 黄立：《从宋代的流民安置看城乡分治与农民犯罪》，《汉江论坛》2006 年第 6 期。
⑨ 丁立学：《浅析宋代法制建设与社会治安》，《昭通师范高等专科学校学报》（哲社版）2007 年第 2 期。

《浅谈两宋时期警政的主要特点》①，黄山松、胡宁宁的《略论宋代州县公吏违法》②。

（四）民事法律制度研究

宋代御用物之外的一切财产，都成为买卖的标的物。尤其是对于主要生产资料的买卖，宋代法律不仅规定必须订立契约，而且买卖契约的订立程序、契纸制度、过税离业制度、契税制度、印押制度等进一步规范化。郭东旭的《宋代买卖契约制度的发展》③ 一文认为宋代买卖契约制度的完善，反映了宋代商品交换关系的发达。

宋代阶级结构、土地制度的变化，商品经济的发展，促进了契约关系的成熟。杨卉青的《宋代社会变革与契约法的发展述论》④ 一文认为宋代契约关系广泛存在于农业、手工业、商业和服务业中，契约种类增多，国家注重对契约关系的法律调整保障了契约的履行。

现存的回鹘文买卖契约分为土地买卖与人口买卖两种，主要出土于新疆吐鲁番地区，其内容涉及土地私有制、私人占有奴隶、农村经济以及当地各民族的文化关系等方面，是一批珍贵的宋元时代的史料。刘戈的《吐鲁番回鹘文买卖契约所展示的重要社会经济文化状况》⑤ 一文对此作了探讨。

戴建国的《宋代的田宅交易投税凭由和官印田宅契书》⑥ 一文对宋代的投税凭由和官印田宅契书作了考述，认为田宅交易纳税后所给投税凭由，实乃后世"契尾"之滥觞。官印田宅契书不是买卖双方成交时所使用的契约标准文本，而是政府用来行使管理职能，监督买卖双方合理缴纳税租、公平履行赋役义务的法律文书，也是证明田宅交易合法性的凭证。

宋代土地交易非常活跃，有复杂灵活的交易方式：绝卖、活卖、倚当。与此相适应，法律上有关土地交易的程式化要件、实质性要件及相关诉讼问题规定得都比较完备。程式化要件有先问亲邻、订立契约、纳税投印、过割赋役。实质性要件要考虑交易人的意愿、权利能力、是否离业等因素。郑

---

① 万川：《浅谈两宋时期警政的主要特点》，《北京人民警察学院学报》2006年第3期。

② 黄山松、胡宁宁：《略论宋代州县公吏违法》，《中共浙江省委党校学报》1999年第5期。

③ 郭东旭：《宋代买卖契约制度的发展》，《河北大学学报》（哲社版）1997年第3期。

④ 杨卉青：《宋代社会变革与契约法的发展述论》，《理论导刊》2007年第8期。

⑤ 刘戈：《吐鲁番回鹘文买卖契约所展示的重要社会经济文化状况》，《中国经济史研究》2006年第4期。

⑥ 戴建国：《宋代的田宅交易投税凭由和官印田宅契书》，《中国史研究》2001年第3期。

定、柴荣的《两宋土地交易中的若干法律问题》①一文从立法和司法实践的双重角度对这些问题进行了分析。

赵晓耕的《两宋法律中的田宅细故》②一文认为，两宋时期的史实证明，中国古代立法和司法实践都非常重视财产问题，旧说将田宅视为细故只具有伦理上的导向，事实并非如此。中国古代对财产问题未采用民法调整方式，乃是由于中国传统更加重礼治和人治，并以此解决私人财产纠纷。此类论文还有李赐福的《宋代私有田宅的亲邻权利》③、赵晓耕的《"默示同意"的认定：宋代房屋租赁纠纷案件之解读》④、李国锋的《宋代债法的渊源及宋代债法发展的历史动因》⑤。

《天圣令》有关令文，反映了北宋时期还存在着良贱制度，这种制度到南宋时才完全消亡。戴建国的《"主仆名分"与宋代奴婢的法律地位——唐宋变革时期阶级结构研究之一》⑥一文认为，鉴于原先的针对贱口奴婢的法律无法适用于具有良人身份的雇佣奴婢，宋统治者通过立法，对雇佣奴婢的法律地位作出明确规定。在"主仆名分"制约下，雇佣奴婢被纳入家族同居范围，与雇主结成密切的依附关系。雇主侵害雇佣奴婢依常人法处置，雇佣奴婢侵害雇主则依家族同居法加重惩处。即使是主雇关系已解除，"主仆名分"的影响仍然存在。宋代奴婢的法律地位随着良贱制度的存亡而上下波动，有所变化。

宋代的残疾人分为残疾、废疾、笃疾三类。他们依法不纳身丁税，不服差役，犯罪时可得到减免和享受一定的社会救济。残疾人的法律行为又受到一定的限制，如不享有科举入仕和恩荫入仕的资格，不得参与一般民事案件的诉讼、不能出庭作证等。郭东旭、杨高凡的《宋代残疾人法初探》⑦一文认为，宋代残疾人法律发达与宋代民事法律发达、推行仁政、民本思想盛行、社会力量关注弱势群体等有密切的关系。

---

① 郑定、柴荣：《两宋土地交易中的若干法律问题》，《江海学刊》2002年第6期。
② 赵晓耕：《两宋法律中的田宅细故》，《法学研究》2001年第2期。
③ 李赐福：《宋代私有田宅的亲邻权利》，《中国社会科学院研究生院学报》1999年第1期。
④ 赵晓耕：《"默示同意"的认定：宋代房屋租赁纠纷案件之解读》，《人民法院报》2003年第8期。
⑤ 李国锋：《宋代债法的渊源及宋代债法发展的历史动因》，《河南师范大学学报》（哲社版）2006年第3期。
⑥ 戴建国：《"主仆名分"与宋代奴婢的法律地位——唐宋变革时期阶级结构研究之一》，《历史研究》2004年第4期。
⑦ 郭东旭、杨高凡：《宋代残疾人法初探》，《史学月刊》2003年第8期。

已发表的有关宋代民事法律制度研究方面的论文还有：宋东侠的《宋代妇女的法律地位论略》①，郭尚武的《论宋代保护奴婢人身权的划时代特征：据两宋民法看奴婢的人身权》②，王兴文的《论宋代客户人身依附关系的特点》③，郭尚武的《论宋代民事立法的划时代贡献》④。

（五）经济管理法律制度研究

刘云生的《宋代招标、投标制度论略》⑤ 一文，从名义考辨、法律程式、价值理念三方面考察盛行于宋代之招、投标制度，探寻其内蕴之民法理念及其外在之制度构架，并就其历史贡献及其现实借鉴意义进行了归纳和阐述。

戴建国的《宋代籍帐制度探析——以户口统计为中心》⑥ 一文认为，宋代形成了一套完备的籍帐统计申报体系。五等丁产簿制度从宋政权建立初年起，就作为主户的户籍制度而存在。丁籍是地方州县催科征税依据的簿书，亦是宋代客户的归属户籍；丁帐则是指依据丁籍制成的报呈丁口统计文书。宋太祖乾德元年诏书始规定成丁年龄界限，旨在更改《宋刑统》的相关法律条款，其规定仅适用于每年所奏户帐统计。上报户部的丁帐只统计户数及成丁数，是全国每年户口统计数据的基本来源。县造税租簿是具有预算性质的用来推收税租的文书。税租帐则是汇总统计帐。

版权保护形成于宋。宋代图书出版的普及、盗版的盛行，促成了当时有限度的版权保护。陈宁的《宋代版权保护成因初探》⑦ 一文对此作了探讨。冯念华的《盗版对宋代版权保护现象的影响》⑧ 一文认为，宋代出现的版权保护现象，除与宋代鼓励出版的文化政策、高度发展的商品经济、相当完备的法律制度以及印刷和造纸等技术因素相关外，还与当时版权所有者版权保护意识的萌发密不可分。这种版权保护意识是受宋代频繁的盗版行为的刺激

---

①　宋东侠：《宋代妇女的法律地位论略》，《青海师范学院学报》（哲社版）1997 年第 3 期。

②　郭尚武：《论宋代保护奴婢人身权的划时代特征：据两宋民法看奴婢的人身权》，《晋阳学刊》2004 年第 3 期。

③　王兴文：《论宋代客户人身依附关系的特点》，《黑河学刊》2003 年第 1 期。

④　郭尚武：《论宋代民事立法的划时代贡献》，《山西大学学报》2005 年第 3 期。

⑤　刘云生：《宋代招标、投标制度论略》，《广东社会科学》2005 年第 5 期。

⑥　戴建国：《宋代籍帐制度探析——以户口统计为中心》，《历史研究》2007 年第 3 期。

⑦　陈宁：《宋代版权保护成因初探》，《图书与情报》2007 年第 2 期。

⑧　冯念华：《盗版对宋代版权保护现象的影响》，《图书馆工作与研究》2006 年第 3 期。

产生的。邓建鹏的《宋代的版权问题——兼评郑成思与安守廉之争》① 一文
认为，雕版印刷技术促使宋代出版业迅速发展。为禁止当时的盗版现象，宋
代一些营利出版商试图寻求官府的保护。出版商的努力反映了基于私人知识
财产的版权观念已经产生。然而宋代的版权形态，仅仅表现为某些营利出版
商的版权利益主张与个别地方官府偶尔、零散的行政庇护相结合，并没有导
致版权法或知识产权制度的催生。研究这类问题的论文还有：冯念华的
《我国宋代版权保护与现代版权法的比较》②，林辰的《宋代的版权史料》③，
祝尚书的《论宋代的图书盗版与版权保护》④，徐枫的《论宋代版权意识的
形成和特征》⑤，曹之的《朱熹反盗版》⑥。

　　此外，已发表的研究宋代经济管理法律制度方面的论文还有：赵晓耕的
《两宋商事立法述略》⑦，龚振中、张文勇的《宋代商税法律制度及历史借
鉴》⑧，马珺的《试论两宋法律中的重海商色彩》⑨，贾玉英的《宋代提举常
平司制度初探》⑩，任满军的《简析宋朝〈市舶条法〉的基本范畴》⑪，黄纯
艳的《论北宋初期的茶叶贸易法令》⑫、《论宋代茶法的地区差异》⑬ 和《论
宋代的私茶法与私茶》⑭，郭正中的《宋代私盐律述略》⑮。

（六）司法研究

1. 司法体制

宋代的司法机构、审判制度、监察制度较之前代也有新的发展：中央司

---

①　邓建鹏：《宋代的版权问题——兼评郑成思与安守廉之争》，《环球法律评论》2005 年第 1 期。

②　冯念华：《我国宋代版权保护与现代版权法的比较》，《图书馆工作与研究》2005 年第 1 期。

③　林辰：《宋代的版权史料》，《中国图书评论》2002 年第 9 期。

④　祝尚书：《论宋代的图书盗版与版权保护》，《文献》2000 年第 1 期。

⑤　徐枫：《论宋代版权意识的形成和特征》，《南京大学学报》（哲社版）1999 年第 3 期。

⑥　曹之：《朱熹反盗版》，《出版参考》2003 年第 15 期。

⑦　赵晓耕：《两宋商事立法述略》，《法学家》1997 年第 4 期。

⑧　龚振中、张文勇：《宋代商税法律制度及历史借鉴》，《河南教育学院学报》（哲社版）2006
年第 4 期。

⑨　马珺：《试论两宋法律中的重海商色彩》，《中州学刊》2005 年第 6 期。

⑩　贾玉英：《宋代提举常平司制度初探》，《中国史研究》1997 年第 3 期。

⑪　任满军：《简析宋朝〈市舶条法〉的基本范畴》，《盐城师范学院学报》（哲社版）2006 年
第 2 期。

⑫　黄纯艳：《论北宋初期的茶叶贸易法令》，《厦门大学学报》（哲社版）1999 年第 1 期。

⑬　黄纯艳：《论宋代茶法的地区差异》，《云南社会科学》2001 年第 5 期。

⑭　黄纯艳：《论宋代的私茶法与私茶》，《云南社会科学》2000 年第 5 期。

⑮　郭正中：《宋代私盐律述略》，《江西社会科学》1997 年第 4 期。

法机构建立了审刑院，地方设立了专职司法人员；审判活动中实行了独具特色的鞫（审）谳（判）分司制度与翻异别勘制度，打开了越诉之门；建立了较为完善的监察机制。傅日晶的《试论宋代司法制度的发展》① 一文对此作了论述。刘长江的《宋代法政体制述论》② 一文认为，宋代建立了比较均衡的法政体制，在司法审判中充分体现了分权制衡的原则，所实行的鞫谳分司、录问与翻异别勘、皇帝决狱、宰相参与司法等制度都起到了慎刑的作用。在这种体制下，再复杂的案件也能得到妥善处理。

审刑院设于宋太宗淳化二年（991 年），废于神宗元丰三年（1080 年）。在北宋前期，它取代刑部成为国家最高司法机构，与大理寺一起负责天下上奏疑难案件的复审工作。审刑院除了复审奏狱外，还承担多项与法律相关的职责，如编修法律、实施行政法令、参与组织各种考试和赦降诏书的审阅工作等。祁琛云的《北宋前期审刑院的附带法律职责》③ 一文，将这些相关职责称为审刑院的附带法律职责。同类的论文主要有：祁琛云的《北宋前期中央司法复审体制的演变及运作》④，傅礼白的《北宋审刑院与宰相的司法权》⑤，黄玉环的《提点刑狱公事与审刑院御史台推勘官》⑥，祁琛云的《北宋前期奏狱复审制度》⑦，叶向明的《宋代中央政府对地方司法活动的管理和监督》⑧。

宋初接管了后周的地方司法官队伍，又设立了新的地方司法官职位，由此形成两个人事系统：一是以诸参军官为主的州曹司法官系统，二是以判官、推官为主的幕职司法官系统。郑迎光、贾文龙的《宋代州级司法属官体系探析》⑨ 一文认为，在宋代地方法官人员构成形成了相互制约的法官队伍配置的前提下，地方审判的行政流程中出现了"审"和"判"的权力分

---

① 傅日晶：《试论宋代司法制度的发展》，《学术探索》2006 年第 3 期。

② 刘长江：《宋代法政体制述论》，《西南民族大学学报》（哲社版）2005 年第 11 期。

③ 祁琛云：《北宋前期审刑院的附带法律职责》，《淮北煤炭师范学院学报》（哲社版）2006 年第 5 期。

④ 祁琛云：《北宋前期中央司法复审体制的演变及运作》，《求索》2007 年第 1 期。

⑤ 傅礼白：《北宋审刑院与宰相的司法权》，《山东大学学报》（哲社版）2000 年第 2 期。

⑥ 黄玉环：《提点刑狱公事与审刑院御史台推勘官》，《贵州民族学院学报》（哲社版）2005 年第 5 期。

⑦ 祁琛云：《北宋前期奏狱复审制度》，《兰州学刊》2007 年第 2 期。

⑧ 叶向明：《宋代中央政府对地方司法活动的管理和监督》，《中央政法管理干部学院学报》1998 年第 1 期。

⑨ 郑迎光、贾文龙：《宋代州级司法属官体系探析》，《中州学刊》2007 年第 3 期。

离格局，形成了鞫谳分司、翻异别勘等独具特色的审判制度。同类的论文主要有吕志兴的《宋代司法中的分权与监督制度初探》①。

　　毛晓燕的《略论宋代监狱管理制度的发展及主要特征》② 一文论述宋代监狱管理制度。萧忠文的《宋代"巡检司"设置的作用及其意义》③ 及孙茜的《浅议宋代巡检制度及其启示》④ 则讨论宋代巡检制度。

　　郑颖慧、谢志强的《略论宋代法官审判活动之法律责任》⑤，赵呐、夏晓的《宋代法官责任制度探析及其启示》⑥，对宋代法官审判活动中的法律责任作了探讨。

　　张正印的《宋代司法中的"吏强官弱"现象及其影响》⑦ 一文认为，宋朝建立了比较完善的官僚制度和法律制度，司法的理性化和形式化程度有很大提高，为胥吏活动提供了巨大空间，而以诗赋和经学知识见长的士人在司法实务中不得不依赖吏人，以致出现"吏强官弱"的局面。胥吏司法作用的增强，对宋代司法技术、司法体制乃至整个法律制度的发展都产生了深远的影响。

　　2. 诉讼

　　诉讼制度包括刑事诉讼和民事诉讼。近年来，学界在对宋代刑事诉讼作进一步研究的同时，加强了民事诉讼制度的研究。

　　两宋官府对调处十分重视，调处的指导原则是儒家的伦常道德。两宋的调处可以分为官府调处与民间调处。调处息讼虽然并不见于两宋的法律规定，但却为各地官员在司法活动中所遵循，并出现制度化趋势。屈超立的《两宋的民事调处》⑧ 一文对此作了论述，他的另一论文《宋代民事案件的上诉程序考述》⑨ 考述了民事案件的上诉程序。宋代的资料中保存有相当数

---

　　① 吕志兴：《宋代司法中的分权与监督制度初探》，《中央政法管理干部学院学报》2000 年第 3 期。

　　② 毛晓燕：《略论宋代监狱管理制度的发展及主要特征》，《长春师范学院学报》（哲社版）2005 年第 6 期。

　　③ 萧忠文：《宋代"巡检司"设置的作用及其意义》，《江西专科学校学报》（哲社版）2000 年第 1 期。

　　④ 孙茜：《浅议宋代巡检制度及其启示》，《吉林公安高等专科学校学报》2006 年第 3 期。

　　⑤ 郑颖慧、谢志强：《略论宋代法官审判活动之法律责任》，《保定师范专科学校学报》（哲社版）2005 年第 1 期。

　　⑥ 赵呐、夏晓：《宋代法官责任制度探析及其启示》，《北京交通管理干部学院学报》2007 年第 3 期。

　　⑦ 张正印：《宋代司法中的"吏强官弱"现象及其影响》，《法学评论》2007 年第 5 期。

　　⑧ 屈超立：《两宋的民事调处》，《人民法院报》2002 年第 10 期。

　　⑨ 屈超立：《宋代民事案件的上诉程序考述》，《现代法学》2003 年第 2 期。

量的民事上诉判例，通过对这些案例的研究，可以较详细地了解宋代的民事上诉制度的具体情形及其利弊。

宋代法官受理诉讼必须遵循统属原则、亲嫌回避原则、长官躬亲原则。宋代制定了包括诉事干己、证佐明白、诉状规范在内的诸多法官受理诉讼的政策，婚田民讼事干农务，法官必须在"务限"内受理。违反上述规定的法官要承担相应的法律责任。

宋代的登闻鼓院和登闻鼓检院是在唐代登闻鼓和匦院的基础上发展而成的。黄纯艳的《宋代登闻鼓制度》① 一文对宋代登闻鼓机构在接受民间人士的上诉、举告、请愿、自荐等方面进行了探讨。

唐宋审判机关的内部司法官按其权限和职掌可分为四等：长官、通判官、判官、主典。童光政的《唐宋"四等官"审判制度初探》② 一文认为，这既是一项基本的审判制度，又是同一审级中的内部监督机制。在判案过程中，既各司其职、连署文案，又相互牵制、承担连带责任。

3. 判例

宋代判例研究方面的成果主要集中于《名公书判清明集》的研究方面。尽管是老题目，近年来，不少学者注重从各个角度进行探讨，发了一些新的见解。张利的《"义理决狱"探析——以〈名公书判清明集〉为主要依据》③ 一文认为，宋代的"义理决狱"是中国古代法律儒家化运动中的一次升华，是儒家的精神和原则在司法领域内的具体体现。"义理决狱"以儒家的伦理道德作为司法审判的标准，以调解为手段，以宁人息讼为目的，在调解和息讼中始终贯穿着教化的原则。

南宋民事财产案件有当庭执行、案后执行、限期执行、协同执行等多种执行方式。从南宋民事财产案件的执行方式来看，当时的民事执行不仅表现出浓厚的伦理法色彩，而且具有司法附属于行政和非规范化的特征。这是高楠、仇静莉《南宋民事案件执行状况考述——以〈名公书判清明集〉中的财产案件为中心》④ 一文的研究结论。

---

① 黄纯艳：《宋代登闻鼓制度》，《中州学刊》2004 年第 6 期。

② 童光政：《唐宋"四等官"审判制度初探》，《法学研究》2001 年第 1 期。

③ 张利：《"义理决狱"探析——以〈名公书判清明集〉为主要依据》，《河北学刊》2006 年第 2 期。

④ 高楠、仇静莉：《南宋民事案件执行状况考述——以〈名公书判清明集〉中的财产案件为中心》，《河北大学学报》（哲社版）2006 年第 6 期。

宋燕鹏、张文科的《从〈名公书判清明集〉看南宋族长的职权》① 一文，依据《名公书判清明集》论述南宋时期的族长的职能：有立继之权，但是必须经过族人会议的共同评议才能生效；参与主持族人家产的析分；掌管本族的族谱；在特殊情况下主持族人的家事，并有族产管理权；有对族内不肖子弟进行教导的义务；负责保管族人内部的协议书；负责抚育族内的孤儿；主持族人的丧事。

邓勇的《论中国古代法律生活中的"情理场"——从〈名公书判清明集〉出发》② 一文，论述了《名公书判清明集》中体现出来的情理观念，总结出一幅宋代民事司法秩序的图景：那是一个情理的空间，一个介乎于圣贤操守和腐败司法之间的解决纠纷的空间。该文探讨了情理发生发展的原因并对"情理场"的三大定律进行了阐析。

《名公书判清明集》大约有五分之一的判词引用了宋代法律条文，显示了当时法官对律条的重视。孔学的《〈名公书判清明集〉所引宋代法律条文述论》③ 一文按律、敕、令、格、指挥、看详等法律形式对《名公书判清明集》中的有关律条进行归类和比较，认为各种法律形式的运用大致遵循了"政和名例敕"的规定。在实际的判案中，法律是判案者的重要准绳，但并非是唯一的依据，法官们还依礼、人情、封建名教等作为断案的根据。从书中判词内容可以得出南宋时仍然是律敕并用的结论。书中所引的一些法律条文也具有补宋代法条之缺的作用。

4. 证据

证据制度包括民事证据和刑事证据。刑事证据主要是法医学中的物证技术。近年发表的论文也很多，在此仅列举一二。如樊冠钰的《宋代司法鉴定的历史渊源及发展》④ 及高惠娟的《宋代法医学中的物证技术》⑤ 等文。《洗冤集录》是中国也是世界第一部法医学专著，其版本较多。一些著述在对中国古代史志目录、私人藏书目录及其他材料进行分析的基础上，提出除

---

　　① 宋燕鹏、张文科：《从〈名公书判清明集〉看南宋族长的职权》，《邯郸师范高等专科学校学报》（哲社版）2001 年第 4 期。

　　② 邓勇：《论中国古代法律生活中的"情理场"——从〈名公书判清明集〉出发》，《法制与社会发展》2004 年第 5 期。

　　③ 孔学：《〈名公书判清明集〉所引宋代法律条文述论》，《河南大学学报》（哲社版）2003 年第 2 期。

　　④ 樊冠钰：《宋代司法鉴定的历史渊源及发展》，《河南司法警官职业学院学报》2006 年第 1期。

　　⑤ 高惠娟：《宋代法医学中的物证技术》，《河南司法警官职业学院学报》2007 年第 1 期。

已知元刊本外，还有影宋钞本、元刊本、文渊阁藏书本、永乐大典本及明刊本。黄玉环、吴志刚的《〈洗冤集录〉版本考》①一文，对该书的版本、流传、馆藏情况进行了初步考证，并对《洗冤集录》的学术价值、编写体例、作者生平事迹作了简要介绍。

民事证据的研究也逐步引起学界重视。李华、王存河的《试论宋代证据制度发达的原因》②一文认为，中国古代证据制度在宋代获得了空前的发展，原因主要有如下几个方面：这是社会发展的必然结果，也是诉讼活动逐渐文明化的必然趋向；契约制发达；审判制度变革；司法官员选任方式和务实重民观念的影响；宋代民风好讼。李华另有《论宋代司法官员的证据观念及实践》③一文。宋代司法官员在审理案件中重视证据的收集和辨别，采用多种方式，以不畏压力、细心认真而著称，对"杀人无证佐"提出了新的见解，这些都促进了宋代证据制度的发展。但另一方面，受礼法并用、德主刑辅思想的影响，他们往往会在证据确凿、案情明了的前提下，从情出发，作出既合人情又不严重违反法意的判决。

5. 民间诉讼

宋代社会盛行诉讼，尤其是经济与文教比较发达的江南地方，关于财产权益等项的民事纠纷多演变为诉讼，向官府求取公正的裁判。为此，民间出现关于法律知识的教学，帮助进行诉讼的服务性活动。许怀林的《宋代民风好讼的成因分析》④一文认为促成讼风的原因，有官吏的违法徇私、豪强的欺诈剥夺、经贸活动的频繁以及文化教育水平提高等多种。对尚讼的现象有两种议论，一种认为这是民刁顽，"难治"；另一种则认为是民知法，"易治"，难处在于政不廉、法不平，"在上者自紊其法"。张德英的《宋代法律在民间的传播》⑤一文认为法律在民间的传播的结果促使宋代出现尚讼的风气。此类文章还有多篇：雷家宏的《从民间争讼看宋朝社会》⑥，许怀林的《宋代福建的民间诉讼》⑦，牛杰的《宋代好讼之风产生原因再思考——以乡

① 黄玉环、吴志刚：《〈洗冤集录〉版本考》，《贵阳中医学院学报》（哲社版）2005年第2期。
② 李华、王存河：《试论宋代证据制度发达的原因》，《甘肃政法学院学报》2007年第1期。
③ 李华：《论宋代司法官员的证据观念及实践》，《南都学坛》2003年第1期。
④ 许怀林：《宋代民风好讼的成因分析》，《宜春学院学报》2002年第1期。
⑤ 张德英：《宋代法律在民间的传播》，《济南大学学报》2003年第6期。
⑥ 雷家宏：《从民间争讼看宋朝社会》，《贵州师范大学学报》2001年第3期。
⑦ 许怀林：《宋代福建的民间诉讼》，《福州师范高等专科学校学报》2001年第6期。

村司法机制为中心》①，何永军的《〈全宋词〉所见宋代诉讼及司法》②，赵旭的《论宋代民间诉讼的保障与局限》③，郭东旭、马永娟的《宋朝民众争讼中自残现象浅析》④。

宋代社会中，获取奁产陪嫁是女儿间接参与娘家家产分配的最常用方式。对于没有经济来源的中国古代女性而言，它的作用尤为重要。高楠、王茂华的《宋代家庭中的奁产纠纷——以在室女为例》⑤ 一文认为终宋之世，以妆奁嫁女是为法律所规定并为社会所认可的。当在室女的奁产权受到侵犯时，她们甚至不惜采用诉讼这一大多数中国人所不愿面对的方式，以维护自己的权益。这些诉讼行为在一定程度上反映了其自身所具有的法制观念和经济观念。

宋代围绕立嗣而产生的家庭纠纷层出不穷。高楠的《浅谈宋代的家庭立嗣纠纷》⑥ 一文力图通过对宋人争相继立户绝之家的原因、官府对立嗣纠纷的调处、影响嗣子家庭地位稳固的因素等动态社会现象的考察，微观地再现当时的人们在立嗣问题上表现出的种种心态。具体的民事诉讼研究还有高楠的《宋代的私有田宅纠纷——以亲邻法为中心》⑦，高楠、吴克燕的《透视宋代墓祭田争讼》⑧。

此外，关于司法的研究还有涉及其他方面的内容，主要有：陈景良《讼学、讼师与士大夫——宋代司法传统背景下的制度变迁》⑨、《宋代司法传统的现代解读》⑩、《宋代"法官"、"司法"和"法理"考略——兼论宋

---

① 牛杰：《宋代好讼之风产生原因再思考——以乡村司法机制为中心》，《保定师范学校学报》2006 年第 1 期。

② 何永军：《〈全宋词〉所见宋代诉讼及司法》，《宁夏社会科学》2006 年第 2 期。

③ 赵旭：《论宋代民间诉讼的保障与局限》，《史学月刊》2005 年第 5 期。

④ 郭东旭、马永娟：《宋朝民众争讼中自残现象浅析》，《河北大学成人教育学院学报》（哲社版）2004 年第 3 期。

⑤ 高楠、王茂华：《宋代家庭中的奁产纠纷——以在室女为例》，《贵州文史丛刊》2004 年第 2 期。

⑥ 高楠：《浅谈宋代的家庭立嗣纠纷》，《邯郸职业技术学院学报》（哲社版）2002 年第 1 期。

⑦ 高楠：《宋代的私有田宅纠纷——以亲邻法为中心》，《安徽史学》2004 年第 5 期。

⑧ 高楠、吴克燕：《透视宋代墓祭田争讼》，《保定师范专科学校学报》（哲社版）2005 年第 4 期。

⑨ 陈景良：《讼学、讼师与士大夫——宋代司法传统背景下的制度变迁》，《河南省政法管理干部学院学报》2002 年第 1 期。

⑩ 陈景良：《宋代司法传统的现代解读》，《中国法学》2006 年第 3 期。

代司法传统及其历史转型》① 和《宋代司法传统及其现代意义》②，牛杰的
《民讼官——宋代民众对官员诉讼抗争论略》③，杨习梅的《北宋真宗时期的
崇道与滥赦》④。

（七）　监察制度研究

宋代监察制度一定程度上应属于司法体制，但又有其他职能，同时也由
于研究的成果较多，遂专门论述。关于这一专题，前文提到了贾玉英的
《宋代监察制度》、刁忠民的《宋代台谏制度研究》、2001 年虞云国的《宋
代台谏制度研究》3 部专著。有游彪的《〈宋代监察制度〉评介》⑤、肖建新
的《评〈宋代监察制度〉》⑥ 对贾玉英的著作予以评价。另外还有许多单篇
论文，从各个角度对宋代的监察制度加以论述，主要有：吴远的《宋代监
察体制述论》⑦，冯锦的《北宋司法监察制度述论》⑧、季盛清的《试论宋代
监察制度的几个特点》⑨，赵凤英的《两宋时期的中央监察制度》⑩。贾玉
英、赵文东的《唐宋中央监察制度变迁初探》⑪，贾玉英的《唐宋地方监察
体制变革初探》⑫，袁刚的《宋朝台谏和地方监司概略》⑬，汤毅平的《宋代
台谏合流论》⑭，肖建新的《宋朝的风闻监察述论》⑮、贾玉英的《略论宋代
御史六察制度——兼与刁忠民同志商榷》⑯，曾宏翊、肖鸣的《浅析宋代监

---

①　陈景良：《宋代"法官"、"司法"和"法理"考略——兼论宋代司法传统及其历史转型》，
《法商研究》2006 年第 1 期。

②　陈景良：《宋代司法传统及其现代意义》，《河南省政法管理干部学院学报》2005 年第 3 期。

③　牛杰：《民讼官——宋代民众对官员诉讼抗争论略》，《西北政法学院学报》2005 年第 3 期。

④　杨习梅：《北宋真宗时期的崇道与滥赦》，《中国监狱学刊》1998 年第 3 期。

⑤　游彪：《〈宋代监察制度〉评介》，《中国史研究动态》1997 年第 6 期。

⑥　肖建新：《评〈宋代监察制度〉》，《中国史研究动态》1999 年第 1 期。

⑦　吴远：《宋代监察体制述论》，《聊城大学学报》（哲社版）2002 年第 3 期。

⑧　冯锦：《北宋司法监察制度述论》，《湖北大学学报》（哲社版）2000 年第 4 期。

⑨　季盛清：《试论宋代监察制度的几个特点》，《中共浙江省委党校学报》1997 年第 2 期。

⑩　赵凤英：《两宋时期的中央监察制度》，《沧桑》2003 年第 1 期。

⑪　贾玉英、赵文东：《唐宋中央监察制度变迁初探》，《河南大学学报》（哲社版）2003 年第 6
期。

⑫　贾玉英：《唐宋地方监察体制变革初探》，《史学月刊》2004 年第 11 期。

⑬　袁刚：《宋朝台谏和地方监司概略》，《法学杂志》2003 年第 4 期。

⑭　汤毅平：《宋代台谏合流论》，《湖南社会科学》2003 年第 6 期。

⑮　肖建新：《宋朝的风闻监察述论》，《西北师范大学学报》（哲社版）1998 年第 2 期。

⑯　贾玉英：《略论宋代御史六察制度——兼与刁忠民同志商榷》，《史学月刊》2002 年第 12
期。

察制度的困境和影响》①。此类论文甚多，难以胜引。

(八) 法律思想研究

赵晓耕的《两宋法律思想的变革及其特点》② 一文认为，两宋法律思想大致可分为三个时期：北宋初年至仁宗朝末年。立法基本指导思想在于强化中央集权，导致提从法律上肯定"稍夺其（藩镇、节度使）权，制其钱谷，收其精兵"的政策，重在刑事和行政立法。神宗熙丰变法以后至北宋末年。这一时期在政治上经历了"庆历新政"和"元祐党争"之后，尤其神宗年间的"熙丰变法"对宋初以来法制影响颇大，其立法思想较前一时期的最大不同，就是由以法律强化中央集权，变为以法律来适应封建商品经济的畸形发展。南渡后至宋亡于元这一时期，立法思想主要受程朱理学和"永嘉"功利学派的影响。文章的后半部分归纳了两宋立法思想的几个特点。

何勤华的《论宋代中国古代法学的成熟及其贡献》③ 一文通过对唐宋两朝尤其是宋代法学世界观、律学作品、判例法研究以及法医学成果等方面的分析比较，认为至少在法学发展方面，宋代已经超过了唐代。中国古代的法律，发展至唐代达到了最高水平，而中国古代的法学，发展至宋代方走上了历史的顶峰。

陈金全的《北宋庆历新政经济法律思想评述》④ 一文认为庆历新政是北宋历史上一场著名的涉及政治、法律、经济、教育诸多方面的改革。新政关于农桑、财税、商业等方面的变革政策体现了深刻的法律思想，反映了中国古代的经济法律制度演变中的经验与教训。陈金全还有《理学法律思想评析》⑤ 一文。

熊梅的《略论宋朝军事法律思想》⑥ 一文认为，宋朝军事法律思想的基本特征是其内向性与保守性。这一特征的形成有着深刻的社会经济和政治文化原因，而其最集中的表现则是兵权的高度集中。这一方面使宋朝改变了五代以来政局动荡、藩镇拥兵自重的局面，促进了王朝内部的稳定；另一方

---

① 曾宏翊、肖鸣：《浅析宋代监察制度的困境和影响》，《法制与社会》2007 年第 9 期。
② 赵晓耕：《两宋法律思想的变革及其特点》，《河南省政法管理干部学院学报》2003 年第 3 期。
③ 何勤华：《论宋代中国古代法学的成熟及其贡献》，《法律科学》2000 年第 1 期。
④ 陈金全：《北宋庆历新政经济法律思想评述》，《贵州财经学院学报》2004 年第 1 期。
⑤ 陈金全：《理学法律思想评析》，《现代法学》1994 年第 6 期。
⑥ 熊梅：《略论宋朝军事法律思想》，《军事历史研究》2002 年第 4 期。

面，又使宋朝在与北方少数民族政权的斗争中长期处于退守态势。

探讨宋代士大夫的有何忠礼、陈景良。何忠礼的《略论宋代士大夫的法制观念》① 一文认为宋代士大夫法制观念淡薄。除了屈服于权势、违心违法等原因外，还与他们受重儒轻法传统思想的影响。受人情关系和封建伦理道德的束缚，提倡忠恕、以"弛刑"为贵的陈腐观念有关。陈景良有《试论宋代士大夫的法律观念》② 一文则认为，宋代士大夫以天下为己任，"挟道自重"的时代精神委实与宋代法律文化有着密不可分的关联。该所论主要是指宋代那些经过科举考试而及第后被授予官职，在各级权力机关中从事政务司法活动的知识分子。著名者如欧阳修、范仲淹、王安石、苏轼、刘克庄、胡颖等人。他们通经术、善文章、熟谙政务，是一种复合型的人材。就他们的法律观念而言，可以概括为：工吏事晓法律、批判实用和重视权利诉讼三大方面。陈景良的《试论宋代士大夫司法活动中的人文主义批判之精神》③ 一文认为中国传统文化，人文思想极其浓厚，其特征可以概括为重人伦、尚德性。这种传统体现到司法实践中，表现为有宋一代士大夫对现实所持的强烈批判之立场。指陈法律政令之失是士大夫的群体意识，反对滥赦与纵囚，关心人生，批判刑狱之黑暗。另有《试论宋代士大夫司法活动中的德性原则与审判艺术——中国传统法律文化研究之二》④ 一文认为，两宋士大夫承儒家卫道弘毅之精神，挟道自重，学贵创新，在司法实践中融人文精神于德性原则与审判艺术之中，胸中流淌的是一种忧国忧民的悲愤意识。

王志强有《〈名公书判清明集〉法律思想初探》⑤ 及《南宋司法裁判中的价值取向——南宋书判初探》⑥ 二文，结合社会历史背景，运用综合统计和个案分析法，研究书判中各种裁判理由的性质、地位和相互关系，分析书判以情理为中心的价值取向，再从哲学基础、思维模式、历史渊源和现实条件诸方面论述其成因，并全面评价其作用和影响，展望了继续深入研究的方向。认为南宋书判是以当时司法裁判为主要内容的重要法律史文献，反映了

① 何忠礼：《略论宋代士大夫的法制观念》，《浙江学刊》1996 年第 1 期。
② 陈景良：《试论宋代士大夫的法律观念》，《法学研究》1998 年第 4 期。
③ 陈景良：《试论宋代士大夫司法活动中的人文主义批判之精神》，《法商研究》1997 年第 5 期。
④ 陈景良：《试论宋代士大夫司法活动中的德性原则与审判艺术——中国传统法律文化研究之二》，《法学》1997 年第 6 期。
⑤ 王志强：《〈名公书判清明集〉法律思想初探》，《法学研究》1997 年第 5 期。
⑥ 王志强：《南宋司法裁判中的价值取向——南宋书判初探》，《中国社会科学》1998 年第 6 期。

法律制度在社会中的操作状况和执法者的法律观念。

张仁木的《略论王安石的法律思想》① 一文认为，王安石变法是与王安石的法律思想和变法实践紧密结合，以"大明法度"和变法图强为指导思想的崇尚法治、以法治国的改革运动。"大明法度"、变法图强的法律思想贯穿改革运动的始终，重视法律的作用，自上而下运用法律手段全面调整社会经济、政治关系。吴萍的《王安石的法治思想探略》② 一文认为在变法实践中，王安石形成一套独具特色的法治理论。文章分别从其关于立法、执法、司法、守法等方面阐述他的法治理论与法治思想。

皇甫志新的《论范仲淹的法律思想》③ 一文认为，范仲淹在立法思想上强调修德省刑、以德化民和精审号令，对有利于国计民生的法令要尽速颁行，对有碍于惠民、养民、顺民原则的苛刻之法和烦而无信的法令要变革。范仲淹在司法思想上特别强调明慎刑赏、赏罚惟一，在对用法征滥之弊尖锐批评的基础上，提出了一系列国情理审刑名、慎重天下之法的司法思想。范仲淹在执法思想上强调澄清吏治、良交抚驭，并对执法官吏的选拔、培养、使用和考察等方面提出了比较完整的意见。陈金全的《简议范仲淹的司法改革思想》④ 一文论述了北宋改革家范仲淹在庆历新政中推行司法改革，提出加强司法监督、强化刑部职能、重命令、准律文、慎选司法官吏等重大指施，充分地反映了范仲淹的司法改革思想。陈金全另有《论程颢和程颐的司法思想》⑤ 及《朱熹法律思想简析》⑥ 二文。

史爱君、张远灵的《包拯法律思想述略》⑦ 一文提到，包拯一生久任察官，经验丰富，形成了一套比较完整而具有一定特色的法律思想：法律是治理国家的重要工具。为了使法律对国家的长治久安起到保障作用，必须注意法令的统一和稳定；法律的统一和稳定是法律发挥作用的重要条件；而要使法律发挥作用，最重要的还是法律的贯彻执行。在法律的具体贯彻上，包拯提出了任用良吏、止绝内降、务得慎刑以及明正赏罚的主张。栾爽的《论

①　张仁木：《略论王安石的法律思想》，《江西社会科学》1998 年第 9 期。

②　吴萍：《王安石的法治思想探略》，《抚州师范高等专科学校学报》（哲社版）2001 年第 2 期。

③　皇甫志新：《论范仲淹的法律思想》，《苏州大学学报》（哲社版）1998 年第 4 期。

④　陈金全：《简议范仲淹的司法改革思想》，《现代法学》2000 年第 1 期。

⑤　陈金全：《论程颢和程颐的司法思想》，《广西大学学报》（哲社版）1994 年第 5 期。

⑥　陈金全：《朱熹法律思想简析》，《现代法学》1987 年第 3 期。

⑦　史爱君、张远灵：《包拯法律思想述略》，《开封教育学院学报》（哲社版）2002 年第 2 期。

包拯的法律思想及其现代意义》① 一文认为包拯的法律思想有着深厚的文化渊源，实际上是儒家、法家、道家等综合影响作用的产物。

万里的《宋代唯物主义法学家胡颖事迹著述与思想考述》② 一文认为，胡颖是南宋著名的唯物主义思想家，他曾经担任过各级地方政府的重要行政官员，积累了丰富的行政及司法审判经验，并由此形成了自己的法律思想。其法律思想体现在他所经历并撰写的司法审判案例中。这些案例大都保存在宋人编著的《名公书判清明集》一书中。胡颖的法律思想大致可以归纳为：治吏严厉，抚民宽仁，奸恶必惩，尤重狱事，法尚《春秋》。

黄瑞亭的《〈洗冤集录〉与宋慈的法律学术思想》③ 一文认为，宋慈的法律主张是：恤刑真狱、礼法并用、重证据。论文对宋慈的法医学学术思想作了探讨。

研究朱熹法律思想的论文较多。刘笃才的《朱熹法律思想的价值重估》④ 一文对朱熹"灭人欲，存天理"学说的意义进行了辨析，肯定了这一学说的历史价值，认为朱熹法律思想的核心是以天理与人性重构了正统法律思想的理论基础。关于朱熹的明刑弼教思想和义理决狱主张，尤韶华撰文予以批判，同时认为朱熹法律思想中的现实主义观点今天仍有借鉴意义。邵方的《朱熹法律思想简议》⑤ 一文认为，天理说是朱熹法律思想的理论基础。德礼政刑、刑以弼教的德刑观，以严为本而以宽济之的司法观和任贤使能的人治观，构成其法律思想的基本内容。朱熹法律思想是对孔子以降的儒家法律思想的传承和发展，其法律思想具有革新性和经世致用性。李明珠的《阿奎那与朱熹法律思想之比较研究》⑥ 一文认为，阿奎那与朱熹是中古时期东西方思想界的巨擘，阿奎那为教会经院哲学大师，朱熹为儒家理学之集大成者，两人的思想对后世都有举足轻重的影响。对二人法律思想进行比较可以看出，在中古时期，东西方法律道路的分野已很明确，西方法律的宗教性与中国法律的伦理性特点已基本形成。探讨朱熹法律思想的论文还有：郑

---

① 栾爽：《论包拯的法律思想及其现代意义》，《安徽教育学院学报》（哲社版）2005年第2期。

② 万里：《宋代唯物主义法学家胡颖事迹著述与思想考述》，《长沙电力学院学报》（哲社版）2001年第3期。

③ 黄瑞亭：《〈洗冤集录〉与宋慈的法律学术思想》，《法律与医学杂志》2004年第2期。

④ 刘笃才：《朱熹法律思想的价值重估》，《黄山学院学报》（哲社版）2004年第4期。

⑤ 邵方：《朱熹法律思想简议》，《法学论坛》2007年第1期。

⑥ 李明珠：《阿奎那与朱熹法律思想之比较研究》，《西北民族大学学报》（哲社版）2007年第4期。

颖慧的《朱熹"以严为本"法律思想探析》①，李国锋的《论朱熹的法律思想》②，周霜梅的《朱熹法律思想论析》③，徐公喜的《朱熹义理法律思想论》④。陶有浩的《朱熹立法思想初探》⑤ 等。

二、辽代法律史研究

王继忠的《论辽法二元现象及其融合趋势》⑥ 一文认为，辽代法律二元现象十分瞩目。该文认为社会现实乃是促进或制约法律发展的基本因素。这一现象的形成和发展，经历了一国之内两种相互吸收而又冲突并趋向融合的动态过程，这也是辽法封建化的过程。研究辽代法律的成果还有：黄震云的《论辽代法律》⑦，张志勇、李春凌的《辽代法制建设的成效与借鉴》⑧，李文军、袁俊英的《辽代后期法制的败坏及原因分析》⑨，张志勇的《论辽圣宗时期的法制改革》⑩，关志国的《试论辽金元三朝法律的特点》⑪，徐晓光的《辽西夏金元少数民族政权法制对中国法律文化的贡献》⑫。

刘肃勇、姚景芳《辽朝刑罚制度考略》⑬ 一文阐述了辽朝的刑罚制度，认为其与传统的汉族封建法制有许多不同之处。诸如"射鬼箭"、"瘦死狱中"及用沙袋、木剑、铁骨朵等刑具对犯人施刑等，均展现了古代北方游牧民族契丹人刑罚制度中野蛮与残暴的特征。契丹统治者在执行刑罚中宽契丹、严汉人及草菅人命、乱施杀威等做法，也是辽朝奴隶制残余及经济发展

---

① 郑颖慧：《朱熹"以严为本"法律思想探析》，《宜春学院学报》（哲社版）2006 年第 3 期。
② 李国锋：《论朱熹的法律思想》，《河南司法官职业学院学报》2005 年第 3 期。
③ 周霜梅：《朱熹法律思想论析》，《江汉论坛》1999 年第 8 期。
④ 徐公喜：《朱熹义理法律思想论》，《中华文化论坛》2004 年第 2 期。
⑤ 陶有浩：《朱熹立法思想初探》，《安徽教育学院学报》（哲社版）2006 年第 2 期。
⑥ 王继忠：《论辽法二元现象及其融合趋势》，《安徽大学学报》（哲社版）1997 年第 6 期。
⑦ 黄震云：《论辽代法律》，《北方文物》1996 年第 3 期。
⑧ 张志勇、李春凌：《辽代法制建设的成效与借鉴》，《北方文物》1998 年第 4 期。
⑨ 李文军、袁俊英：《辽代后期法制的败坏及原因分析》，《辽宁技术工业大学学报》（哲社版）2007 年第 2 期。
⑩ 张志勇：《论辽圣宗时期的法制改革》，《辽宁工程技术大学学报》（哲社版）2005 年第 6 期。
⑪ 关志国：《试论辽金元三朝法律的特点》，《史学集刊》2003 年第 2 期。
⑫ 徐晓光：《辽西夏金元少数民族政权法制对中国法律文化的贡献》，《西南民族学院学报》（哲社版）2002 年第 7 期。
⑬ 刘肃勇、姚景芳：《辽朝刑罚制度考略》，《社会科学集刊》2000 年第 1 期。

不平衡等因素在刑罚制度上的反映。武玉环的《辽代刑法制度考述》[①] 一文，论述了辽代刑法制度的建立与发展、番律与汉律和辽代司法机构。探讨辽代刑法制度的成果还有：张秀杰、郝维彬的《辽代刑法制度对辽王朝的影响及其历史贡献》[②]，王善军的《辽代籍没法考述》[③] 和项春松的《辽代财产刑研究——契丹"籍没"刑及其相关问题试析》[④]，杨黛的《辽代刑法与唐律比较研究》[⑤] 等。

三、金代法律史研究

曾代伟的《金朝金融立法述论》[⑥] 一文，对金朝货币金融律令的颁布、修订、施行及其得失进行了系统的考察和评介。有金一代，关于纸钞和金属货币的发行、流通和回笼的法律法令颇多，且具有民族特色，在中国古代货币金融立法史上占有重要地位。该文着重对金朝在控制货币发行、维护国家货币的信用、保障其在市场上的流通等方面采取的法律对策作了深入的剖析，对金朝运用法律、行政、经济手段解决因纸钞超量发行而造成的通货膨胀及金属铸币不敷流迁而出现的"钱荒"的经验教训进行了总结。这些成功经验对于后世货币金融立法具有借鉴价值。

曾代伟的《金朝诉讼审判制度论略》[⑦] 一文，通过分析案件的起诉、受理、审判到判决执行的全过程，对金朝诉讼审判制度作了全面的论述。作者认为，金朝诉讼审判制度杂糅唐、辽、宋旧制和女真族传统的司法习惯，表现出明显的多元特色，在我国古代少数民族入主中原所建政权的法制中颇具代表性。在多元一体的文化氛围中，金朝的司法体制大体沿袭唐宋之制，但其内涵和规范却更多地受到女真族传统习惯的浸润，儒家思想的影响相对淡薄，并对元朝司法制度产生了深远影响。

---

① 武玉环：《辽代刑法制度考述》，《中国史研究》1999 年第 1 期。

② 张秀杰、郝维彬：《辽代刑法制度对辽王朝的影响及其历史贡献》，《内蒙古民族大学学报》（哲社版）2003 年第 4 期。

③ 王善军：《辽代籍没法考述》，《民族研究》2001 年第 2 期。

④ 项春松：《辽代财产刑研究——契丹"籍没"刑及其相关问题试析》，《北方文物》2002 年第 2 期。

⑤ 杨黛：《辽代刑法与唐律比较研究》，《杭州大学学报》1998 年第 2 期。

⑥ 曾代伟：《金朝金融立法述论》，《民族研究》1996 年第 5 期。

⑦ 曾代伟：《金朝诉讼审判制度论略》，《民族研究》1999 年第 2 期。

姚大力、郭晓航的《金泰和律徒刑附加决杖刑》① 一文，探讨了金代的刑制。

程妮娜的《金代监察制度探析》② 一文，论述了金朝官制的变化与女真封建君主集权确立的过程中监察制度的形成、发展、运作机制及民族特点。金代监察机构名称始见于太宗天会年间，但有名无实。实际产生于熙宗封建制度改革完成后的"天眷官制"，初期形同虚设。自海陵王加强君主集权，监察制度才真正发挥作用。到章宗时，最终确立了从中央到地方完善的监察体系。金代监察制度的功能是：加强君主专制，维护集权政治；整肃吏治，弹纠官邪；审决冤狱，平反昭雪。这一制度具有鲜明的种族统治与"台谏合一"的特征。

关志国的《试论辽金元三朝法律的特点》③ 一文，通过对三朝法律共性的分析，论证了三朝法律的历史地位及我国统一多民族国家法律发展的一般规律。该文认为，辽、金、元三朝法律具有明显的共性，它们经历了共同的发展过程，都具有多源性，既反映了一定的民族特色，又展现出法律中原化的发展趋势。

四、西夏法律史研究

《天盛年改旧定新律令》由西夏文翻译成汉文出版后，我国学界对西夏法律史的研究逐渐深入。近十年来，不少学者就西夏的立法、法律制度及法律思想发表了相当数量的论文，提出了许多新见解。

在西夏立法研究方面，不少学者就《天盛年改旧定新律令》的成书年代、编纂体例、内容、特色等作了深入探讨。赵江水的《西夏的立法概况》④ 一文认为，《天盛年改旧定新律令》由西夏第五代皇帝李仁孝诏令修纂并于天盛二年完成。该法典共 20 章 1463 条，在立法形式和内容上都已十分完备，具有诸法合体的结构方式以及较为鲜明的民族特点。陈永胜的《论西夏的立法》⑤ 一文从西夏立法的发展阶段、立法指导思想、立法特点三个方面，对西夏立法问题进行了较为详细的分析，指出了西夏法律制度建

---

① 姚大力、郭晓航：《金泰和律徒刑附加决杖刑》，《复旦学报》（哲社版）1999 年第 4 期。
② 程妮娜：《金代监察制度探析》，《中国史研究》2000 年第 1 期。
③ 关志国：《试论辽金元三朝法律的特点》，《史学集刊》2003 年第 2 期。
④ 赵江水：《西夏的立法概况》，《宁夏大学学报》（哲社版）1999 年第 4 期。
⑤ 陈永胜：《论西夏的立法》，《甘肃理论学刊》2004 年第 4 期。

设的得与失，认为西夏法律制度是中华法系的有机组成部分。

　　俄国黑水城特藏中的 6965 号西夏文残卷因其内容不明长期不见于诸家译介。聂鸿音的《我藏 6965 号〈天盛律令〉残卷考》① 指出，这个残卷是西夏法典《天盛改旧定新律令》卷十四的另一种写本，其中有 23 条可补通行本《天盛律令》之缺。该文对此 23 条进行了试译。

　　刘菊湘的《关于〈天盛律令〉的成书年代》② 一文认为，《天盛律令》是仁孝时铲除任得敬分国势力后，为加强皇权而颁布的一部法典。这部新法典修改的是天盛时期实行的旧法规，成书于乾祐早期，不晚于 1182 年。聂鸿音的《西夏〈天盛律令〉成书年代辨析》③ 也对这一问题进行了考证。

　　杜建录的《论西夏〈天盛律令〉的特点》④ 一文认为，西夏国独特的地理位置与生存环竟，决定了《天盛律令》在承袭唐宋律的同时，又有自己鲜明的特点，诸如刑罚严酷、军法完备、重视农田水利等经济立法以及专门规定政府机构的品级与编制等。

　　姜歆的《论西夏法典结构及私法在其中的地位》⑤ 一文认为，《天盛律令》内容丰富、体系完整、涉及面广，不仅吸收了唐、宋法典的编纂经验，而且又在体例上、结构上有许多独创。论文对西夏的财产法、军事法、民族习惯法等进行了探讨。

　　研究西夏立法的论文还有：杜建录的《西夏水利法初探》⑥ 和《西夏畜牧法初探》⑦，姜歆的《西夏〈天盛律令〉厩牧律考》⑧、《西夏法典〈天盛律令〉盐铁法考》⑨ 和《论西夏法典〈天盛律令〉中的法医学》⑩。评价《天盛律令》历史作用和文献价值的论文有：杜建录的《西夏〈天盛律令〉

---

① 聂鸿音：《俄藏 6965 号〈天盛律令〉残卷考》，《宁夏大学学报》（哲社版）1998 年第 3 期。

② 刘菊湘：《关于〈天盛律令〉的成书年代》，《固原师范高等专科学校学报》（哲社版）1998 年第 4 期。

③ 聂鸿音：《西夏〈天盛律令〉成书年代辨析》，《寻根》1998 年第 6 期。

④ 杜建录：《论西夏〈天盛律令〉的特点》，《宁夏社会科学》2005 年第 1 期。

⑤ 姜歆：《论西夏法典结构及私法在其中的地位》，《宁夏大学学报》（哲社版）2003 年第 1 期。

⑥ 杜建录：《西夏水利法初探》，《青海民族学院学报》（哲社版）1999 年第 1 期。

⑦ 杜建录：《西夏畜牧法初探》，《中国农史》1999 年第 3 期。

⑧ 姜歆：《西夏〈天盛律令〉厩牧律考》，《宁夏社会科学》2005 年第 1 期。

⑨ 姜歆：《西夏法典〈天盛律令〉盐铁法考》，《宁夏社会科学》2007 年第 2 期。

⑩ 姜歆：《论西夏法典〈天盛律令〉中的法医学》，《宁夏大学学报》（哲社版）2006 年第 5 期。

的历史文献价值》①、姜歆的《论西夏法律制度对中国传统法律文化的传承
与创新——以西夏法典〈天盛律令〉为例》② 等。

在西夏刑事法律制度研究方面也取得了新的进展。姜歆的《论西夏法典
中的刑事法律制度》③ 一文认为，把《天盛改旧定新律令》中的刑事法律制
度剥离出来就会发现，西夏的刑事法律制度十分完备，从有关刑名罪名、量
刑原则的规定看，已形成了一套完整的刑事法律体系。杨积堂的《西夏刑罚
体系初探》④ 一文对西夏《天盛律令》的诸多法律条文进行研究，认为西夏
已建立了以"笞、杖、徒、死"为主刑和以"罚、没、革、黥、戴铁枷"为
附加刑的刑罚体系，并对各种刑罚的适用进行了初步探讨。陈永胜的《试论
西夏的刑罚》⑤ 一文认为，西夏的主刑是富有西夏特色的五刑制，附加刑的主
要形式为财产刑和身体刑。李鸣的《西夏司法制度述略》⑥ 一文认为，无论是
司法机构的设立，还是诉讼审判制度的形成，西夏法律制度与同时期的宋、
辽、金刑事法律制度有相似的一面，但也有羌族政权"因时立法，缘俗而治"
的特色。杜建录的《西夏的审判制度》⑦ 一文认为，西夏的审判制度主要包括
审判管辖、判案期限、取证、刑讯以及申诉与终审等。审判管辖主要是级别
管辖，判案期限则根据案件轻重来定，人证与物证是判案的重要依据。刑讯
逼供是在证人所言与告者同但仍"不肯招承"的情况下使用，如果滥施刑讯，
拷囚致死则要治罪。重大案件的终审权掌握在皇帝的手中，如果有司未奏裁
而擅自判断，将依律承罪。江歆的《论西夏法典中的狱政管理制度——兼与
唐宋律令的比较研究》⑧ 一文探讨了西夏的狱政管理。《天盛律令》中有关囚
人的法律地位、生活卫生、医疗、饮食、基本保障及对狱禁官吏的管理等都
有详细的规定，形成了一套完整的狱政管理法律体系。张翅、许光县的《西
夏监察制度探析》⑨ 一文认为，西夏立国之后，已备一代典章制度，就监察法

---

① 杜建录：《西夏〈天盛律令〉的历史文献价值》，《西北民族研究》2005 年第 1 期。
② 姜歆：《论西夏法律制度对中国传统法律文化的传承与创新——以西夏法典〈天盛律令〉为例》，《固原师专学报》2006 年第 2 期。
③ 姜歆：《论西夏法典中的刑事法律制度》，《宁夏社会科学》2003 年第 6 期。
④ 杨积堂：《西夏刑罚体系初探》，《宁夏大学学报》（哲社版）1999 年第 4 期。
⑤ 陈永胜：《试论西夏的刑罚》，《甘肃理论刊》2006 年第 1 期。
⑥ 李鸣：《西夏司法制度述略》，《西南民族大学学报》（哲社版）2003 年第 6 期。
⑦ 杜建录：《西夏的审判制度》，《宁夏社会科学》2003 年第 6 期。
⑧ 江歆：《论西夏法典中的狱政管理制度——兼与唐宋律令的比较研究》，《宁夏大学学报》（哲社版）2004 年第 5 期。
⑨ 张翅、许光县：《西夏监察制度探析》，《宁夏社会科学》2007 年第 2 期。

制而言，在吸收和继承汉民族监察法律制度的同时，又有大量结合自身实际进行调整的内容，保留了浓厚的民族法特征。

张玉海的《从天盛律令看西夏榷禁制度》① 一文认为，榷禁制是中国古代国家的一项基本经济制度。作者从畜牧业、盐酒业、冶金业、商业等方面详细论述了西夏榷禁制的基本内容，认为榷禁制促进了西夏经济的发展和国家制度化的发展，为西夏与宋、辽、金对峙提供了物质基础。

研究西夏亲属制度的论文有绍方的《西夏亲属关系的法律效力及拟制》② 和《西夏服制与亲属等级制度研究》③。研究西夏婚姻制度的有韩小忙的《〈天盛律令〉与西夏婚姻制度》④ 和《从〈天盛改旧定新律令〉看西夏妇女的法律地位》⑤，绍方的《略论西夏法律对党项社会婚姻制度的规定》⑥、《西夏婚姻家庭法律制度研究》⑦、《试论西夏的婚姻制度》⑧ 和《西夏婚姻制度的特征——兼论女性在西夏婚姻中的地位》⑨。

一些学者还探讨了西夏的经济制度及西夏法典反映的道教、丧葬习俗等问题。杜建录的《〈天盛律令〉所记的西夏手工业》⑩ 一文认为，西夏手工业已同农业分离，从《天盛律令》可以看出，西夏手工业在冶矿、金银加工制造、铁器制造、铸钱、采盐、酿酒、纺织、陶瓷、印刷等方面有了显著的发展。韩小忙的《〈天盛改旧定新律令〉中所反映的西夏道教》⑪ 一文通过对《天盛律令》中40多条有关对道士的规定和处罚，探究西夏道教的管理机构、管理制度以及道教在西夏流传的原因。韩小忙的《〈天盛律令〉与

① 张玉海：《从天盛律令看西夏榷禁制度》，《宁夏社会科学》2000 年第 1 期。

② 绍方：《西夏亲属关系的法律效力及拟制》，《固原师范高等专科学校学报》（哲社版）1999 年第 4 期。

③ 绍方：《西夏服制与亲属等级制度研究》，《法学评论》2004 年第 3 期。

④ 韩小忙：《〈天盛律令〉与西夏婚姻制度》，《宁夏大学学报》1999 年第 2 期。

⑤ 韩小忙：《从〈天盛改旧定新律令〉看西夏妇女的法律地位》，《宁夏大学学报》（社科版）1997 年第 3 期。

⑥ 绍方：《略论西夏法律对党项社会婚姻制度的规定》，《法学评论》2003 年第 1 期。

⑦ 绍方：《西夏婚姻家庭法律制度研究》，《河北法学》2003 年第 5 期。

⑧ 绍方：《试论西夏的婚姻制度》，《民族研究》1998 年第 4 期。

⑨ 绍方：《西夏婚姻制度的特征——兼论女性在西夏婚姻中的地位》，《宁夏社会科学》2003 年第 6 期。

⑩ 杜建录：《〈天盛律令〉所记的西夏手工业》，《固原师范高等专科学校学报》2000 年第 1 期。

⑪ 韩小忙：《〈天盛改旧定新律令〉中所反映的西夏道教》，《西北师范大学学报》1998 年第 3 期。

西夏丧葬习俗》① 一文通过西夏法典《天盛律令》中鲜为人知的有关材料，结合其他文献和考古资料，对西夏的丧葬习俗进行了初步探讨。

在西夏法律思想研究方面，发表的论文甚少。姜歆的《西夏法律思想定型化初探》② 一文认为，《天盛律令》的制定和颁行，标志着西夏法规体系、法律价值体系、法律制度体系、法律形成风格等基本定型。在此背景下，西夏的法律思想也趋于成熟。律令所反映的法制观、价值观及伦理观与儒家的法律思想基本吻合，这表明儒家正统法律思想仍是西夏时期法律思想的主流。

五、元代法律史研究

元代法律史研究领域，近年来出版了两部专著，即吴海航的《元代法文化研究》③ 及胡兴东的《元代民事法律制度研究》④，出版了文献及整理成果 3 部，⑤ 发表了论文 50 余篇。

（一） 立法研究

赵建玲的《元朝法典的编撰及其特征》⑥ 一文以时间为线索，对元代的法典编纂过程及内容作了较为详尽的考察，在此基础上对这些法典的特征进行概述和评价。黄华均的《蒙古族草原法的文化阐释——〈卫特拉法典〉及卫特拉法的研究》⑦ 一书论述了《大札撒》的本质、特征、内容，指出其核心内容是维护早期游牧封建社会的统治和蒙古族固有的习惯法，其中维护财产秩序不受侵犯是法律保护的重点。吴海航的《成吉思汗〈大札撒〉探析》⑧ 一文首先介绍成吉思汗《大札撒》的地位、效力，探讨了"札撒"一词的由来、渊源，其次搜罗史籍中有关蒙古"札撒"法条或相关内容的

---

① 韩小忙：《〈天盛律令〉与西夏丧葬习俗》，《青海民族学院学报》1998 年第 2 期。
② 姜歆：《西夏法律思想定型化初探》，《固原师范高等专科学校学报》2004 年第 2 期。
③ 吴海航：《元代法文化研究》，北京师范大学出版社 2000 年版。
④ 胡兴东：《元代民事法律制度研究》，中国社会科学出版社 2007 年版。
⑤ （元）佚名辑：《大元圣政国朝典章》（60 卷 3 册），影印元刊本，中国广播电视出版社 1998 年版；郭成伟点校：《大元通制条格》，法律出版社 2000 年版；祖生利、李崇兴点校：《大元圣政朝典章·刑部》，山西古籍出版社 2004 年版。
⑥ 赵建玲：《元朝法典的编撰及其特征》，《法学杂志》2000 年第 2 期。
⑦ 黄华均：《蒙古族草原法的文化阐释——〈卫特拉法典〉及卫特拉法的研究》，中央民族大学出版社 2006 年版。
⑧ 吴海航：《成吉思汗〈大札撒〉探析》，《法学研究》1999 年第 5 期。

记述，试图得到对其的足信的史料印证。

《大元通制》作为元代最完整、系统的成文法典，是近年来学者们研究的重点之一。曾代伟的《〈大元通制〉渊源考辨》① 一文介绍了"《大元通制》渊源之谜"，从追溯元代前期的修律历程入手，结合当时社会政治生态环境深入剖析，得出结论：《大元通制》是世祖以降数十年修订律书的摸索与奋斗的产物，而仁宗"延祐律书草案"则是其凭据的直接蓝本。认为其"难产"的主要原因是：延祐、至治年间，仗恃兴圣大后权势的"后党"保守派与生帝为首的"帝党"改革派之间激烈政争。殷啸虎的《论〈大元通制〉"断例"的性质及其影响——兼与黄时鉴先生商榷》② 一文针对黄时鉴的《〈大元通制〉考辨》③ 中"《大元通制》的'断例'即元朝成律"的观点提出不同的看法。

方龄贵的《〈通制条格〉行文体例初探》④ 一文对《通制条格》作了比较深入的研究。他基于《通制条格》行文"文白搀杂"，"不大容易通读"，学术界关注较少，将其梳理后分为14种体例分别考察。而其《〈通制条格〉释词五例》⑤ 一文对"伴读"、"按答奚"、"八匹儿"、"托"、"房亲"五词在《通制条格》中的含义作了详细解读。《元史丛考》⑥ 还收录了他1996年以前写的《〈通制条格〉新探》、《〈通制条格〉人名考异》、《〈通制条格〉札记》、《〈通制条格〉中有关云南史料举证》。《中国法制史考证》甲编第5册收录了方贵龄的《〈通制条格〉考略》⑦。此外，《中国法制史考证》丙编第3册收录日本学者安部健夫写的《〈大元通制〉解说——兼介绍新刊本〈通制条格〉》⑧ 一文。

沈仁国的《〈经世大典〉尸检法令及断例辨证》⑨ 一文通过考证《永乐

①　曾代伟：《〈大元通制〉渊源考辨》，《现代法学》2003年第1期。

②　殷啸虎：《论〈大元通制〉"断例"的性质及其影响——兼与黄时鉴先生商榷》，《华东政法学院学报》1999年第1期。

③　黄时鉴：《〈大元通制〉考辨》，《中国社会科学》1987年第2期，收入《中国法制史考证》甲编第5卷，中国社会科学出版社2003年版。

④　方龄贵：《〈通制条格〉行文体例初探》，收入《元史丛考》，民族出版社2004年版。

⑤　方龄贵：《〈通制条格〉释词五例》，收入《元史丛考》，民族出版社2004年版。

⑥　方龄贵：《元史丛考》，民族出版社2004年版。

⑦　方贵龄：《〈通制条格〉考略》，收入《中国法制史考证》甲编第5册，中国社会科学出版社2003年版。

⑧　[日]安部健夫：《〈大元通制〉解说——兼介绍新刊本〈通制条格〉》，收入《中国法制史考证》丙编第3册，中国社会科学出版社2003年版。

⑨　沈仁国：《〈经世大典〉尸检法令及断例辨证》，《江苏公安专科学院学报》1997年第4期。

大典》残卷《经世大典》遗文中的尸检法令、断例，证明《元史·刑法志》中的尸检法令直接源于《经世大典》。杨选第的《古代蒙古族法律与法医学》① 一文则专门总结、整理成吉思汗《大札撒》、《元史·刑法志》中有关法医学的规定。

陈志英的《〈元皇庆元年（1312 年）十二月亦集乃路刑房文书〉初探》② 一文，分析《元皇庆元年十二月亦集乃路刑房文书》（《俄藏黑水城文献》中的"俄 Д×1403"号文书）这篇关于亦集乃路刑房对一件杀人案件判决意见的文书中皇帝诏书从下达到送达的时间差，推断亦集乃路的驿站情况。《元史丛考》收录了方龄贵的《读〈黑城出土文书〉》③ 一文。

（二）刑事法律制度研究

姚大力、郭晓航的《金泰和律徒刑附加决杖考——附论元初的刑政》④ 一文通过研究元人王元亮的《唐律疏议纂例》，对金泰和律刑制作了论述，指出所谓"决杖"实指徒刑的附加刑，并论证了当时刑法体系转换过程中的一些细节。

曾代伟的《蒙元流刑考辨》⑤ 一文对元代流刑制度的具体内容作了较为细致的考辨。

沈仁国的《元代反赃贿法述论》⑥ 及《元代反赃贿法述论（续）》⑦ 两文揭示了元代反赃贿法产生和发展的过程，他把这一过程分为雏形期、初步确立期、确立与调整期、补充与完善期，分类探讨了反赃贿立法各时期的主要内容。

张群的《元朝烧埋银初探》⑧ 及《"人命至重"的法度：烧埋银》⑨、《烧埋银与中国古代生命权损害赔偿制度》⑩ 等文对"烧埋银"作了较深入

---

① 杨选第：《古代蒙古族法律与法医学》，《内蒙古社会科学》1996 年第 2 期。

② 陈志英：《〈元皇庆元年（1312 年）十二月亦集乃路刑房文书〉初探》，《内蒙古社会科学》（汉文版）2004 年第 5 期。

③ 方龄贵：《读〈黑城出土文书〉》，收入《元史丛考》，民族出版社 2004 年版。

④ 姚大力、郭晓航：《金泰和律徒刑附加决杖考——附论元初的刑政》，《复旦学报》（社科版）1999 年第 4 期。

⑤ 曾代伟：《蒙元流刑考辨》，《内蒙古社会科学》（汉文版）2004 年第 5 期。

⑥ 沈仁国：《元代反赃贿法述论》，《江苏教育学院学报》（社科版）2002 年第 1 期。

⑦ 沈仁国：《元代反赃贿法述论（续）》，《江苏教育学院学报》（社科版）2003 年第 1 期。

⑧ 张群：《元朝烧埋银初探》，《内蒙古大学学报》（人文社科版）2002 年第 6 期。

⑨ 张群：《"人命至重"的法度：烧埋银》，《读书》2003 年第 2 期。

⑩ 张群：《烧埋银与中国古代生命权损害赔偿制度》，《中西法律传统》第 4 卷，中国政法大学出版社 2004 年版。

的研究，指出它是中国法律史上第一个要求在追究行凶者刑事责任的同时还要其承担民事损害赔偿责任的法律制度，对于完善当代中国被害人权益保护立法也有一定的借鉴意义。认为这一制度的特点是：属于附加刑，不会成为犯罪分子逃脱罪责的护身符；对苦主来说，是"良法美意"；为了达到打击犯罪、补偿苦主的目的，征收范围广泛。

此外，叶爱欣的《元代杂剧中的"势剑金牌"与元代社会的特权》[①]一文从元杂剧角度，考察了元代不平等的刑事原则。《中国法制史考证》甲编第5册收录了姚大力撰《元代刑法体系的形成考略》[②]。

（三）民商事法律制度研究

胡兴东的《元代民法研究——以民法渊源、婚姻家庭和继承及民事诉讼为中心的考察》[③]一文以元代民事法律的渊源及婚姻家庭、继承制度为中心，考察了整个民事法律制度，认为其特点是渊源多元性，适用上属人法主义，权利上明显的民族歧视、贵贱区别、男女区分，对弱者明显的保护，政府主动调整民事活动。指出这些制度有闪光点也有不可忽视的弊病。

近年来，研究元代婚姻家庭制度的成果较多。徐适端的《元代婚姻法规中的妇女问题初探》[④]一文重点考察婚姻法制中妇女地位体现出的独特性与复杂性，即处于卑下地位的总体状态未有大改变，但由于游牧民族婚俗习惯法的糅入也发生了一定程度的变化，如重聘财、离婚与再嫁较为宽松等。陈景良的《元朝民事诉讼与民事法规论略》[⑤]一文介绍了婚姻的成立条件和悔婚的法律责任，指出保障蒙古族特权是其一大特色。洪玉范的《元朝时期蒙古上层社会婚姻及家庭》[⑥]一文主要研究了该朝上层社会的婚姻及家庭

---

① 叶爱欣：《元代杂剧中的"势剑金牌"与元代社会的特权》，《平顶山师范高等专科学校学报》（社科版）1997年第3期。
② 姚大力：《元代刑法体系的形成考略》，收入《中国法制史考证》甲编第5册，中国社会科学院2003年版。
③ 胡兴东：《元代民法研究——以民法渊源、婚姻家庭和继承及民事诉讼为中心的考察》，云南师范大学2000年硕士研究生学位论文。又见胡兴东：《元代民事法律制度研究》，中国社会科学出版社2007年版。
④ 徐适端：《元代婚姻法规中的妇女问题初探》，《内蒙古社会科学》（汉文版）1999年第4期。
⑤ 陈景良：《元朝民事诉讼与民事法规论略》，《法律史论集》第2卷，法律出版社1999年版。
⑥ 洪玉范：《元朝时期蒙古上层社会婚姻及家庭》，《黑龙江民族丛刊》2000年第1期。

关系。还有学者专门研究收嫂婚制度。李淑娥、魂簇《论蒙元时代的收嫂婚与其法例》① 一文介绍了收嫂条例的确立、影响、收嫂的限制，并对其利弊作出分析。秦新林的《元代收继婚俗及其演变与影响》② 一文则重点介绍了收嫂婚的演变与影响。

陈景良的《元朝民事诉讼与民事法规论略》一文首先介绍田宅典卖的法定程序及对优买权的时间限制：买卖法定程序愈加完善，合同契约作用重要，典卖有时效规定，缩短收赎期限。其次介绍了物品的典权：确定解帖典质，"解典金银诸物并二周年下架"，典主的保管义务。再次介绍债权：因契约而发生的债与因非法侵害而发生的债。胡兴东的《斡脱：蒙元时期民事制度的一个创新》③ 一文对特殊的商业现象——斡脱进行了研究，认为其相当于现代的信托行为，并评估其在商业活动中的作用。杨选第的《元代亦集乃路的民间借贷契约》④ 一文从《黑城出土文书》中亦集乃路民间私人契约文书出发，分析借货契约具备的某些特点以及亦集乃路居民经济生活的概貌。《中国法制史考证》甲编第 5 册收录霍存福的《元代不动产买卖程序考述》⑤ 一文。

（四）司法制度研究

在刑事审判制度研究方面，胡兴东的《元代刑事审判制度之研究》⑥ 一文论述了刑事案件的分类，"有司"对刑事案件审理程序和不同及审理中权限，管辖分类，该制度的演变、作用、特点。杨德华、胡兴东的《元代"约会"制度初探》⑦ 一文对"约会"这一特殊的、解决不同权利主体间"互犯"的刑事诉讼制度作研究，并对其定义、产生原因、适用范围、调整对象、变迁以及历史作用进行了综合考察。

胡兴东的《元代民法研究——以民法渊源、婚姻家庭和继承及民事

　　① 李淑娥、魂簇：《论蒙元时代的收嫂婚与其法例》，《法制与社会发展》1997 年第 2 期。

　　② 秦新林：《元代收继婚俗及其演变与影响》，《殷都学刊》2004 年第 2 期。

　　③ 胡兴东：《斡脱：蒙元时期民事制度的一个创新》，《云南师范大学学报》（哲社版）2003 年第 5 期。

　　④ 杨选第：《元代亦集乃路的民间借贷契约》，《内蒙古师范大学学报》（哲社版）1996 年第 3 期。

　　⑤ 霍存福：《元代不动产买卖程序考述》，收入《中国法制史考证》甲编第 5 册，中国社会科学院 2003 年版。

　　⑥ 胡兴东：《元代刑事审判制度之研究》，《云南大学学报》（法学版）2005 年第 2 期。

　　⑦ 杨德华、胡兴东：《元代"约会"制度初探》，《云南师范大学学报》1999 年第 5 期。

诉讼为中心的考察》① 一文对元代民事审判制度也有较多研究，指出元代民事审判的特征是审判机构多元，法律适用上采用属人法；审判程序的规范发达，对弱势群体特别救济；民刑明确分离；诉讼上开始出现积极立法。胡兴东另有《元代"社"的职能考辨》② 一文对元代民事诉讼制度的一大特色——社的民事调解职能作了探讨，论述了社的设置、组成、产生原因、作用、效力及对它的历史评价。周绍泉的《退契与元明的乡村裁判》一文③ 以徽州文书中的退契为基础，对元代与明代的乡村诉讼纠纷、裁判等进行比较研究。谭晓玲的《浅析元代的判决离婚》④ 一文剖析了元代的判决离婚制度，指出其中强制性措施客观上起到了保护妇女权益的作用。

《中国法制史考证》甲编第 5 册收录陈高华撰《元代审判机构和审判程序考》⑤ 一文。

（五）　其他法律制度研究

在元代行政法律制度研究方面，刘晓的《元代断事官考》⑥ 一文对元代的特有官制——断事官在各机构（中书省、行中书省、枢密院与行枢密院、其他中央机构、诸王机构）中的设置与职掌问题进行了探讨，并进一步揭示了该朝蒙汉官制相结合的一些特点。胡兴东在《元明清时期南方民族基层社会控制制度的变迁》⑦ 一文中，介绍了元代中央对南方民族基层社会控制的情况。

在保护野生动物制度方面，王风雷的《论元代法律中的野生动物保护条款》⑧ 一文认为元朝统治者建立了一套比较完整的保护野生动物的法律本

---

①　胡兴东：《元代民法研究——以民法渊源、婚姻家庭和继承及民事诉讼为中心的考察》，云南师范大学 2000 年硕士研究生学位论文。

②　胡兴东：《元代"社"的职能考辨》，《云南师范大学学报》（哲社版）2001 年第 4 期。

③　周绍泉：《退契与元明的乡村裁判》，《中国史研究》2002 年第 2 期。

④　谭晓玲：《浅析元代的判决离婚》，《内蒙古大学学报》（人文社科版）2003 年第 3 期。

⑤　陈高华：《元代审判机构和审判程序考》，收入《中国法制史考证》甲编第 5 册，中国社会科学院 2003 年版。

⑥　刘晓：《元代断事官考》，《中国社会科学院研究生院学报》1998 年第 4 期。

⑦　胡兴东：《元明清时期南方民族基层社会控制制度的变迁》，《中南民族大学学报》（人文社科版）2005 年第 5 期。

⑧　王风雷：《论元代法律中的野生动物保护条款》，《内蒙古社会科学》1996 年第 3 期。

系，具有不可磨灭的历史功绩，并从立法、执法角度对此进行论证。王风雷、张敏杰的《元代野生动物保护法再探》① 一文探讨了这一制度所涉及的一些具体问题——禁猎时间、禁猎区及其相关的执法问题，试图为当代中国解决野生动物多样性等环境问题提供历史借鉴。

在经济法律制度研究方面，方慧的《略论元朝在云南的经济法制措施》② 一文对元代统治者在云南采取的经济法制措施作了概述和剖析，认为采取的这些措施符合当时实际，对推动当地经济的发展起了积极作用。

（六）元代法制特色研究

尤韶华的《宋辽西夏金元法制考证举要》③ 一文详细地总结了此前学者在这一领域的主要研究成果：从制度的作用、利弊、对明清的影响及适用范围等方面，介绍了约会制度；从借贷分类、斡脱欠债利息限制及履行限制、官员借贷限制、借贷契约的式样、内容、特点等方面，介绍了借贷制度；从沿革、流放地、实施、迁徙法等方面，介绍了流刑和迁移；从适用对象、性质、目的、实施情况、对明朝的影响等方面介绍了警迹制度。李淑娥的《独具特色的元朝法制》④ 一文认为，元代法制亦有其值得称述的地方，如具有一定民主色彩的"大忽里台"选汗及新皇帝即位制度的形成，军事、民事、司法等各类官员的明确分工制度，破惯例创新例，严禁传统的陋习恶俗。杨华双的《简论中国历史上少数民族与汉族政权的法制比较》⑤ 一文从元朝与汉族政权的法制比较入手，指出该朝法律的特征是：实行民族歧视和压迫，确认蓄奴合法，僧侣享有特殊法律地位，保留了某些蒙古习惯法。杨华双另有《从法律制度看元朝的民族宗教政策》⑥ 一文，指出元代民族、宗教政策在法律制度上的具体体现是：置上层贵族地位于首位；不同民族

---

① 王风雷、张敏杰：《元代野生动物保护法再探》，《内蒙古师范大学学报》（哲社版）2005年第6期。

② 方慧：《略论元朝在云南的经济法制措施》，《云南社会科学》1996年第5期。

③ 尤韶华：《宋辽西夏金元法制考证举要》，收入《中国法制史考证》甲编第5册，中国社会科学出版社2003年版。

④ 李淑娥：《独具特色的元朝法制》，《西北大学学报》（哲社版）1997年第2期。

⑤ 杨华双：《简论中国历史上少数民族与汉族政权的法制比较》，《西南民族学院学报》（哲社版）1999年第1期。

⑥ 杨华双：《从法律制度看元朝的民族宗教政策》，《西南民族学院学报》（哲社版）2001年第5期。

"同罪异罚"；刑事诉讼中当事人所受待遇不同；蒙古人犯罪案件由蒙古人审理；对僧侣特殊人身保护。田莉姝的《论元朝法制的民族特色》① 一文的观点与杨华双类似，从立法以汇编为主、法律保留部分蒙古族传统与旧制、公开维护民族的不平等、司法机构互不统属、执掌不清四方面，论述了元代法制的特色。

王东平的《元代回回人的宗教制度与伊斯兰教法》② 一文探讨了元代回回社会中的宗教制度和伊斯兰教法，认为元代存在着官方认可的管理者和更小的民间宗教事务管理者两套系统。伊斯兰教法约束了回回人的行为规范，并对元代多元法律文化的形成产生了影响，"回回法"同"汉法"及"蒙古法"经历了一个冲突和融合的过程。其另有《元代关涉回回立法初探》③ 一文，着重介绍了元代立法中有关回回的行政、刑事、经济、民事法规。哈宝玉的《蒙元时期的穆斯林与伊斯兰教法》④ 一文以伊斯兰教法为切入点，探讨这一时期穆斯林与主流社会的良性互动和伊斯兰教法与国法（国君）之间的复杂关系。刘向明的《浅析元朝僧侣的法律特权》⑤ 一文从身份、任官、经济、司法等方面，研究了元代僧侣的法律特权，认为这些特权给社会带来了严重危害，加速了该朝的衰亡。

此外，关志国的《试论辽金元三朝法律的特点》⑥ 研究辽、金、元三朝法制特点；黄华均在论述元明时期卫特拉社会法律时也对该朝颇具特色的法律制度作了介绍。⑦《中国法制史考证》丙编第 3 册收录了日本学者植松正的《元初法制一考——与金制的关系》⑧。《美国学者论中国法律传统》⑨ 收录了美国学者蓝德彰的《宋元法学中的"活法"》。

①　田莉姝：《论元朝法制的民族特色》，《贵州民族研究》2002 年第 1 期。

②　王东平：《元代回回人的宗教制度与伊斯兰教法》，《回族研究》2002 年第 4 期。

③　王东平：《元代关涉回回立法初探》，《中央民族大学学报》（哲社版）2001 年第 6 期。

④　哈宝玉：《蒙元时期的穆斯林与伊斯兰教法》，《西北第二民族学院学报》2003 年第 4 期。

⑤　刘向明：《浅析元朝僧侣的法律特权》，《晋东南师范高等专科学校学报》2000 年第 1 期。

⑥　关志国：《试论辽金元三朝法律的特点》，《史学集刊》2003 年第 2 期。

⑦　黄华均：《蒙古族草原法的文化阐释——〈卫特拉法典〉及卫特拉法的研究》，中央民族大学出版社 2006 年版。

⑧　［日］植松正：《元初法制一考——与金制的关系》，收入《中国法制史考证》丙编第 3 册，中国社会科学院 2003 年版。

⑨　［美］高道蕴、高鸿钧、贺卫方编：《美国学者论中国法律传统》，清华大学出版社 2004 年版。

（七）法律思想与法律文化研究

在元代立法指导思想的研究方面，铁木尔高力套的《元朝法律思想初探》① 一文根据《元典章》、《大元通制》等文献记载，对元朝统治者提出的"祖述变通"、"附会汉法"、"实行文治"等法律思想进行探讨，认为这些思想在稳定统治和维护国家统一等方面起了重要作用。

在法律人物的思想研究方面，刘新主编的《中国法哲学史纲》② 从崇尚儒学标榜文治、立法定制、宽刑慎杀、赏罚必信、不徇私情、不畏权贵等方面，对耶律楚材的法律思想作了介绍，认为他的法律主张在当时起了一定的积极作用，为后来元世祖行"汉法"、走封建化的道路奠定了思想基础，对我国各民族的融合和经济文化交流作出了贡献。何勤华的《中国法学史》③ 一书除了谈及耶律楚材，还对这一时期的郐氏、孟奎、沈仲纬、王与、马端临、张养浩、勃术鲁翀、苏天爵、何荣祖、崔彧、赵孟頫的法律思想作了介绍。

在元代法律文化研究方面，吴海航的《元代法文化研究》④ 一书对此进行专门、深入的研究。该书首先从追溯蒙古法文化的成长环境的视角，探讨蒙古习惯法的起源，对蒙古法的实体内容——《大札撒》进行考析，揭示蒙古法文化形成的基础。其次，论述随着蒙古法进入中原与传统汉法的接触后两种法文化观念经过了激烈的冲突和协调，最终形成了元代法文化的二元走向，成为中华法文化不可分割的一部分。白翠琴的《略论元朝法律文化》⑤ 一文认为这个时期法律文化的特点是：法制主要受中原传统法系影响，但又留有草原游牧气息的蒙古习惯法遗痕，还吸收了回回法等的某些内容。徐晓光的《辽西夏金元北方少数民族政权法制对中国法律文化的贡献》⑥ 一文在对元朝法制的内容和特点分析的基础上，重点探讨它对整个中华法文化的贡献。

① 铁木尔高力套：《元朝法律思想初探》，《内蒙古大学学报》（人文社科版）2000 年第 4 期。
② 刘新主编：《中国法哲学史纲》，中国人民大学出版社 2005 年版。
③ 何勤华：《中国法学史》，法律出版社 2000 年版。
④ 吴海航：《元代法文化研究》，北京师范大学出版社 2000 年版。
⑤ 白翠琴：《略论元朝法律文化》，《民族研究》1998 年第 1 期。
⑥ 徐晓光：《辽西夏金元北方少数民族政权法制对中国法律文化的贡献》，《西南民族学院学报》（哲社版）2002 年第 7 期。

王旭、郭晓英的《元代二元法律文化对法律形式的影响》① 一文以蒙古法文化与中原传统法文化相结合的二元法文化为视角，论述了元代法律形式的独特性。柴荣的《论古代蒙古习惯法对元朝法律的影响》② 一文考察了蒙古习惯法对该朝立法、司法实践特别是刑事、婚姻继承制度的影响，指出在此影响下，形成了前所未有的僧侣特权及广泛运用于民事诉讼中的调解制度。

还有的学者从中国传统文学作品入手，探求其背后所蕴涵的传统法律文化。徐忠明的《〈窦娥冤〉与元代法制的的若干问题试析》③ 及韩轶春的《论〈窦娥冤〉中法律精神的表现》④ 都以《窦娥冤》文本与元代法律资料相互释证，采取叙述与评论结合的方法，论述其中体现的债务问题、威刑与冤狱、清官与平冤、天人感应与法律观念等。徐忠明另有《包公杂剧与元代法律文化的初步研究》⑤ 一文，也使用了类似的研究方法。

① 王旭、郭晓英：《元代二元法律文化对法律形式的影响》，《前沿》2002 年第 11 期。

② 柴荣：《论古代蒙古习惯法对元朝法律的影响》，《内蒙古大学学报》（人文社科版）2000年第 6 期。

③ 徐忠明：《〈窦娥冤〉与元代法制的的若干问题试析》，《中山大学学报》（社科版）1996 年增刊。

④ 韩轶春：《论〈窦娥冤〉中法律精神的表现》，贵州师范大学 2005 年硕士研究生学位论文，第 6—22 页。

⑤ 徐忠明：《包公杂剧与元代法律文化的初步研究》，《南京大学法律评论》1997 年春季号。

第八章　明清法律史研究

一、明代法律史研究

　　明王朝统治中国的近280年间，曾进行了一系列健全法制的工作。以例为主体的法律体系的确立、经济和民间事务的管理法律制度的不断完善、地方法制建设的加强、律学的繁荣等，都标志着明代法制较之前代有了新的重大发展。近十年来，我国学术界在挖掘和整理明代地方法律文献、判例判牍、律学文献和稀见法律典籍方面成果累累，出版文献114种，字数达1000余万字①。在法律思想、法律制度研究等方面，发表了上百篇论文和多部著作，本文仅就有关著作、论文类成果作一综述。

（一）法律思想研究

　　《中国法律思想通史》明代卷②是近十年中出版的代表性的明代法律思想研究著作。该书是国家重点项目，饶鑫贤主编，杨一凡、段秋关、刘笃才、刘恒焕、尤韶华等学者参加了本书的撰写。全书分为8章，分别就明代各个时期统治集团的立法思想、经济立法思想、严法治吏思想、司法活动中反映的法律思想、维护法制反对司法专横的思想、明代理学对法律思想的渗

---

　　①　近年来明代法律文献挖掘和整理的成果，在地方法律文献方面有：杨一凡、刘笃才编《中国古代地方法律文献》（甲编）第2—10册，世界图书出版公司2006年版；杨一凡、王旭编《古代榜文告示汇存》第1—2册，社会科学文献出版社2006年版。在判例判牍整理方面有：杨一凡、徐立志主编《历代判例判牍》第3—5册，中国社会科学出版社2005年版；中国政法大学法律古籍整理研究所整理《盟水斋存牍》，中国政法大学出版社2002年1月版。在稀见法律典籍整理方面有：杨一凡点校《明代法律文献》（上、下），收入杨一凡、田涛主编《中国珍稀法律典籍续编》第3、4册，黑龙江人民出版社2002年版。在律学文献整理方面有：怀效锋点校《大明律》，法律出版社1999年版；怀效锋、李俊点校《读律琐言》，法律出版社2000年版。在杨一凡编《中国律学文献》前4辑中，收入明代律学文献14种。此外还有王伟凯的《〈明史·刑法志〉考注》（天津古籍出版社2005年版）、鲁嵩岳的《慎刑宪点评》（法律出版社1998年9月版）和郭成伟、田涛整理《明清公牍秘本五种》（中国政法大学出版社1999年版）等。

　　②　饶鑫贤主编：《中国法律通史》明代卷，山西人民出版社1998年版。

透与影响以及刘基、方孝孺、况钟、丘濬、唐枢、海瑞、张居正、李贽、史可法等政治家或思想家的法律思想等作了系统的论述。《中国法律思想通史》明代卷是新中国成立后出版的第一部系统地研究明代法律思想史的专著。该书突破以往按人头叙述明代法律思想的模式，采取专题研究的结构，论证有一定深度，提出了不少新的见解。杨一凡在《明代三部代表性法律文献与统治集团的立法思想》① 一文中，分别就《大明律》与明初统治集团的立法思想、明《大诰》与朱元璋的"明刑弼教"思想、《问刑条例》与明代中后期统治集团的立法思想进行了论述，并就明代的律例关系理论作了探讨。杨鹤皋的《宋元明清法律思想研究》一书中，较为系统地介绍了明代各历史时期的主要法律思潮。②

　　何勤华在《中国的法学史》一书中，就明代法律思想、法律文化对其他国家的影响作了阐述，并介绍了明中后期法律思想的变化。认为明代中后期各朝比较注重整饬吏治、体恤民情，更加重视德治教化和强调用法公正、持平、得中。③ 苏凤格探讨了明末的法律思潮，认为这一时期法律思想的特色是批判封建法律思潮的兴起、人文法律思潮的觉醒、"经世致用"法律思潮复兴。④《中国法哲学史纲》介绍了明末三位思想家的法律思想，认为黄宗羲的法律思想是：批判君主专制，限制君权，君臣共治；学校议政；立"天下之法"，去"一家之法"；"工商皆本"与经济立法思想。顾炎武的法律主张是：反对君主专制，立众治之法，以礼为先，疏法省刑。王夫之的法律思想是：趋时更新，因时立法；"必循天下之公"的立法原则；法贵简而能禁，刑贵轻而必行；任法与任人结合，严以治吏。⑤

　　从已发表的有关论述明代政治家、思想家及其他人物法律思想的论文看，以阐述明太祖朱元璋法律思想的为多。如《法律史论丛》第8辑发表了刘双舟的《浅析明太祖朱元璋的监察思想》、《中央政法管理干部学院学报》2001年第4期发表了张生的《略论朱元璋犯罪预防思想》、《南华大学学报》2006年第1期发表了金锋的《论朱元璋整饬吏治思想》等。

　　① 杨一凡：《明代三部代表性法律文献与统治集团的立法思想》，《法律史论集》第2卷，法律出版社1999年版。
　　② 杨鹤皋：《宋元明清法律思想研究》，北京大学出版社2001年版。
　　③ 何勤华：《中国法学史》第2卷，法律出版社2000年版，第178—182页。
　　④ 苏凤格：《明末清初法律思潮研究》，中国政法大学2004年博士学位论文。
　　⑤ 刘新主编：《中国法哲学史纲》，中国人民大学出版社2005年版，第293—317页。

曾任明万历朝内阁首辅的高拱、张居正的法律思想，也受到学者的关注。岳天雷把高拱的法治思想概括为：祥刑之经，本之以公；法必贵当，罪必责实；宥过刑故，反对大赦；礼乐驯服，法度绳约。并指出这些思想对我们今天实行的治国方略也有重要的借鉴意义。① 《中国法律史论稿》中收入饶鑫贤的《改革家张居正的法律思想》。② 杨鹤皋阐述了张居正变法改革的理论与实践及其整饬治纲、"以法治天下"和"立贤无方"、唯才是用的主张③。杜晓田、李海燕论述了张居正改革的历史背景及条件；④ 张小伟探讨了张居正与王安石改革成效不同的原因。⑤

丘濬是明代中叶对正统法律思想进行了系统总结和重点阐发的思想家。学者们主要从其著作《大学衍义补》入手，考察其法律思想。段秋关把丘濬的法律主张表述为：圣人"因于自然之理"而制法；"德主刑辅"，"明刑弼教"；立法"为民"；"民穷而至于犯法"；恪守法制，以律处断；慎刑恤狱，原情定罪；反对"与民争利"。⑥ 何勤华认为，丘濬法律思想的内容主要是：德刑并用，教化为先；法须公正，法胜君言；法应稳定，法须统一；刑虽凶器，以刑去刑；谨慎用刑，专心理狱；反对株连，反对滥赦；情法并重，同意复仇；尊重生命，强调民本；学法讲法，使民知法。⑦

也有一些学者探讨了方孝孺、王廷相、王守仁、唐枢、海瑞、李贽等人的法律思想。尤韶华论述了方孝孺司法思想的形成及其与朱元璋法律主张的分歧，认为方孝孺法律思想的核心是主张以仁义作为法律的指导原则，这一主张实际上是对儒家德主刑辅思想的继承。⑧ 赵映林指出方孝孺的"立法利民观"是：立法以防害民，给人民群众安全感；立法以利民，使人民拥护政府，最终达到巩固统治，长治久安。⑨ 孙玉杰、马平轩把王廷相的监察思

---

① 岳天雷：《高拱的法治改革及其思想基础》，《学习论坛》2006 年第 6 期。

② 饶鑫贤：《中国法律史论稿》，法律出版社 1999 年版。

③ 杨鹤皋：《宋元明清法律思想研究》，北京大学出版社 2001 年版。

④ 杜晓田、李海燕：《试析张居正改革的背景及条件》，《新乡师范高等专科学校学报》2005 年第 6 期。

⑤ 张小伟：《试论王安石变法与张居正改革成效不同之原因》，《成都教育学院学报》2006 年第 7 期。

⑥ 见饶鑫贤主编《中国法律通史》明代卷，山西人民出版社 1998 年版，第 499—507 页。

⑦ 何勤华：《简论丘濬的法律思想》，《法学论坛》2000 年第 2 期。

⑧ 尤韶华：《方孝孺的司法思想》，见尤韶华著《明代司法初考》，厦门大学出版社 1998 年版。

⑨ 赵映林：《方孝孺的"立法利民"观》，《文史杂志》1997 年第 6 期。

想概括为：改革制度，明确职责；建立档案制度，惩治腐败以高官为重点等。① 武树臣认为王守仁的法律思想是：申明赏罚、"肃清纲纪"以提高统治效率；用法律措施推行教化；因地制宜的立法精神和"情法交申"、区别对待的执法原则；"商贾疏通"、"官商两便"的商税立法主张。② 吴晓玲博士论文专章介绍了王守仁治理乡村的模式与其约法思想。③ 杨鹤皋认为，海瑞的法律思想是：平冤思想与实践；礼法观；惩贪抑霸思想与实践；平抑冤狱思想与实践。④ 张汉静指出，海瑞的法律主张是：礼法统一，相互为用；力主惩贪，除暴安良；秉公执法，反对含糊姑息。⑤ 杨鹤皋还阐述了李贽的平等与婚姻自由说、法令清简论。⑥

（二）基本法律文献考证

随着明代法律文献特别是许多稀见法律文献整理成果的问世，围绕着文献的作者、成书时间、版本、内容、学术价值、各种文献比较方面的著述也日益增多。参加文献整理的学者在其撰写的数十篇《整理说明》或《前言》中，大多就上述问题提出了自己的见解。如在《中国珍稀法律典籍续编》第3、4册《整理说明》⑦ 中，整理者就《诸司职掌》《洪武礼制》《孝慈录》《礼仪定式》《稽古定制》《节行事例》《学校格式》《皇明祖训》《洪武永乐榜文》《律解辩疑》《军政条例类考》《嘉靖事例》等文献的版本进行了考述。

近十年来，学界发表了一些文献版本研究的论文。杨一凡在《22种明代稀见法律文献版本述略》⑧ 一文中，对《教民榜文》《军政条例》《嘉靖新例》《嘉隆新例》《宗藩条例》《皇明诏令》《皇明条法事类纂》等文献的版本及疑义作了考证。张伯元在《〈皇明条法事类纂〉与〈条例全文〉的比

---

①　孙玉杰、马平轩：《三廷相廉政监察思想初探》，《河南大学学报》（社科版）1997年第6期。

②　武树臣：《儒家法律传统》，法律出版社2003年版，第158—173页。

③　吴晓玲：《宋明理学视野中的法律》，中国政法大学2005年博士学位论文，第125—139页。

④　杨鹤皋：《宋元明清法律思想研究》，北京大学出版社2001年版。

⑤　张静汉：《依法治国以史为鉴——海瑞法律思想述略》，《前进》1999年第5期。

⑥　杨鹤皋：《宋元明清法律思想研究》，北京大学出版社2001年版。

⑦　杨一凡、田涛主编：《中国珍稀法律典籍续编》第3册《整理说明》，黑龙江人民出版社2002年版。

⑧　杨一凡：《22种明代稀见法律文献版本述略》，《法律史论集》第1卷，法律出版社1998年版。

较考述》① 一文中，就两种文献条款的多少、《条法》的"正编"与"附编"问题、《条法》所录条例题本的时间下限、《全文》与《条法》的比较、两种文献对弘治《问刑条例》的影响等发表了见解。李雪梅在《明清碑刻中的制定法与习惯法》② 一文中，就明代碑刻史料之价值、碑刻史料与典籍文献之异同、明清碑刻法律史料的数量与比例、碑刻条规与国家制定法的关系等作了深入论述。杨一凡在《12 种明代判例判牍版本述略》③ 一文中，就《四川地方司法档案》、《云间谳略》、《新纂四六谳语》、《新纂四六合律判语》、《大明律例临民宝镜》所载审语、《罾辞》、《莆阳谳牍》、《按吴亲审檄稿》、《折狱新语》等文献的版本逐一作了考述。

国家和中国社会科学院重点项目《中国法制史考证》④（15 册）中，收入有关明代法律文献考证的专题和论文 18 篇，其中有 8 篇是对 1996 年前发表论文的修订，另 10 篇是 1996 年后的研究成果。如赵姗黎撰《〈问刑条例〉考》、吴艳红撰《〈明史·刑法志〉充军记述补正》、张伯元撰《〈条例全文〉残卷考略》、张德信撰《〈祖训录〉与〈皇明祖训〉比较研究》、日本学者加藤雄三撰《明代成化、弘治的律与例——依律照例发落考》、刘笃才撰《法缀——一份可贵的明代法律文献目录》等论文，都有较高的水平，是这一时期法律文献考证的重要成果。

近年来，我国学界出版的几部著作中，也很注重明代法律文献的研究。有关专著主要是：杨一凡主编《中国法制史考证》明代卷，日本学者高盐博著《东京大学法学部所藏的明律注释书——〈大明律例谚解〉〈大明律例译义〉〈大明律例详解〉》⑤。苏亦工的《明清律典与条例》中，对明代律典与例的关系作了深入阐述。该书采用由远及近的分析方法，先是阐述了明代法律的渊源和关于律典的一些具体史实，然后围绕明律的制定过程、体例创新展开论述，并分别探讨了律、例各自的性质、作用及其相互关系。⑥

除上述研究成果外，近年来发表的有关明代法律文献研究成果还有：

① 张伯元：《〈皇明条法事类纂〉与〈条例全文〉的比较考述》，《法律史论集》第 1 卷，法律出版社 1998 年版。
② 李雪梅：《明清碑刻中的制定法与习惯法》，中国政法大学法律古籍整理研究所编《中国古代法律文献研究》第 2 辑。
③ 杨一凡：《12 种明代判例判牍版本述略》，载张伯元主编《法律文献整理与研究》，北京大学出版社 2005 年版。
④ 杨一凡主编：《中国法制史考证》（15 册），中国社会科学出版社 2002 年版。
⑤ 载何勤华编：《律学考》，商务印书馆 2004 年版。
⑥ 苏亦工：《明清律典与条例》，中国政法大学出版社 2001 年版。

《中国史研究》发表的日本学者滨岛敦俊撰《明代之判牍》①,《中国法律文献研究》第1辑发表的张大元撰《〈明史·刑法志〉勘误示例》②,《中央民族大学学报》发表的文亨镇撰《〈大明律〉传入朝鲜考》③,《法学》杂志发表的何勤华撰《明代律学的珍稀作品——佚名著〈律学集议渊海〉简介》④,《华东政法学院学报》发表的张伯元撰《〈大明律集解附例〉"集觯"考》⑤等。此外,何勤华针对明代大量存在的判例汇编,对成文法与判例法的关系、律与例的关系、大明律运作实态、司法官员的法律素养等问题提出见解。⑥林鸿雁、贺晓霞、徐鸿修则以小说《西游记》中人神与妖魔相斗者斥对方时经常征引的"律条"为对象,与《大明律》等文献作对照研究明律。⑦李青探讨了《大明律》对东亚各国的影响,⑧张伯元对陆柬的《读律管见》的版本和内容作了考析。⑨唐国军则从明初发布的两件重要法制文件——朱元璋的《北伐檄文》和《大赦天下诏》出发,考察两文对元王朝衰亡原因的分析以及其所体现的法律思想,这些法律思想对明代法制建设产生的深远影响。⑩张鸣芳探讨了《皇明条法事类纂》所反映的明中期的重民恤狱思想。⑪李雪梅考察了明代各地碑刻中的"乡约"记述的地方法律制度,指出其既有自治性,也有与国家法律的一致性,还有颇具特色的"立法程序"。⑫

何勤华在明代律学研究方面,作了有益的探讨。他介绍了何广撰《律解辩疑》、丘濬撰《大学衍义补·慎刑宪》、应槚辑《大明律释义》、陈永辑

---

① ［日］滨岛敦俊　《明代之判牍》,《中国史研究》1996年第1期。

② 张大元:《〈明史·刑法志〉勘误示例》,《中国古代法律文献研究》第1辑,巴蜀书社1999年版。

③ 文亨镇:《〈大明律〉传入朝鲜考》,《中央民族大学学报》(哲社版)2000年第5期。

④ 何勤华:《明代律学的珍稀作品——佚名著〈律学集议渊海〉简介》,《法学》2000年第2期。

⑤ 张伯元:《〈大明律集解附例〉"集解"考》,《华东政法学院学报》2000年第6期。

⑥ 何勤华:《明清案例汇编及其时代特征》,《上海社会科学院学术季刊》2000年第3期。

⑦ 林鸿雁、贺晓霞、徐鸿修:《〈西游记〉与明律》,《文史哲》1999年第2期。

⑧ 李青:《从〈大明律〉对东亚的影响看其历史地位》,《比较法研究》2004年第3期。

⑨ 张伯元:《陆柬〈读律管见〉辑考》,载何勤华编《律学考》,商务印书馆2004年版。

⑩ 唐国军:《从〈北伐檄文〉、〈大赦天下诏〉看明代法制建设的特点》,《广西右江民族师范专科学校学报》2003年第5期。

⑪ 张鸣芳:《〈皇明条法事类纂〉所反映的明中期诉讼立法上的重民恤狱思想》,《河北法学》1999年第2期。

⑫ 李雪梅:《明清碑刻中的"乡约"》,《法律史论集》第5卷,法律出版社2004年版。

《法家裒集》、雷梦麟著《读律琐言》、王肯堂撰《律例笺释》、高举发刻《明律集解附例》等；判例法编纂文献方面，介绍了李清着《折狱新语》；法医学著作方面，介绍了对宋慈《洗冤集录》的再版情况。①

（三）行政法律制度研究

陈国平的《明代行政法研究》一书，对明代行政法律制度作了比较系统的论述。该书论证的内容主要是：行政法的渊源、制定、公布；皇室立法，内阁、王府立法体制，官吏法，监察立法，明代行政立法的实质和特点。② 作者阐述了明代行政管理与立法的合理化趋向，以及最终因无法摆脱专制主义的恶性发展所造成的行政法难以正常实施的悲剧。

柏桦的两部著作探讨了明代州县行政法律制度。《明代州县政治体制研究》较为系统地阐述了州县的建制沿革、行政地位、行政运行机制，并揭示其动态的政治运作和静态的制度条文的联系。③《明清州县官群体》则从探讨明代辖区内所设的千余个州县正印官入手，通过分析他们的行政行为和政治心理，解读这一历史时期的行政法律制度。④ 何朝晖的《明代县政研究》一书，也对县一级的行政法制作了阐述，其内容是：设官、衙署、官员的选任与考核；吏员、书算、役；基层组织之层级，里甲设置及职能，里甲的衰弊与保甲、乡约的兴起；县衙的日常运作、县官的角色与行为、县官私幕等。⑤ 胡兴东对明代前期和后期的南方民族基层社会控制的情况分别作了探讨，认为在明代时，已有不少民族开始建立基层社会控制制度，在这些地方移植汉法的同时也推行行政法制的本土化。⑥

徐祖澜《论明代吏治思想与实践》一文，围绕行政体制构建与官吏人事制度两大要素展开论述，着重阐述了明代吏治败坏的直接原因，即：思想与实践的脱节；立法滞后，司法实践走形；君权旁落，宦官肆意干政，致使混乱与腐败难以避免。⑦ 怀效锋的《明清法制初探》一书中，设专节对明代

---

① 何勤华：《中国法学史》第 2 卷，法律出版社 2000 年版，第 198—266、353—357、392—393 页。

② 陈国平：《明代行政法研究》，法律出版社 1998 年版。

③ 柏桦：《明代州县政治体制研究》，中国社会科学出版社 2003 年版。

④ 柏桦：《明清州县官群体》，天津人民出版社 2003 年版。

⑤ 何朝晖：《明代县政研究》，北京大学出版社 2006 年版。

⑥ 胡兴东：《元明清时期南方民族基层社会控制制度的变迁》，《中南民族大学学报》（人文社科版）2005 年第 5 期。

⑦ 徐祖澜：《论明代吏治思想与实践》，安徽大学 2002 年硕士学位论文。

官制进行了叙述。①

在明代监察制度方面，刘双舟在《明代监察法制研究》一文中，首先考察了明代监察的构成要素——主体、客体、内容、权力和责任等，接着重点分析明代行政监察的本质、职能、体制、实效、制度价值和研究价值。②丁玉翠在《明代科道监察制度中预防职务犯罪的取向》一文中指出：为确保科道监察实效，明代统治者在继承前代权力分授、位卑权重、立法防弊、厚赏严罚等成功经验的基础上，建立了更为严苛的科道管理制度。这种通过提高科道官选任门槛强化对其职务行为的约束，从而预防科道官职务犯罪的法律措施，与其他朝代相比有其独创之处，体现了统治者希冀通过科道制度的构建谋求防范职务犯罪的取向。③王勇军所写《明代监察体制评述》，从监察组织系统、保障系统两个方面论证了这一制度对于完善当时行政监察制度的作用。④

（四） 刑事法律制度研究

近年来，围绕着如何评价明洪武年间朱元璋的"刑用重典"及其在创建明代法制方面的作用，国内外不少学者发表了见解。有的著述着重论证了朱元璋对健全明初法制的贡献，或从正面评介了他的惩贪法律措施；有的著述依据《明实录》等官修史书的记载，说朱元璋的法律主张偏于"轻刑"，至少对一般平民采取了宽容的态度。而不少著述则根据明《大诰》、明初诸条例、洪武榜文、重大案件及有关史籍的记载，认为朱元璋在创建明初法制的同时，为治乱世而刑用重典，往往律外用刑，诛戮过多。还有的著述考察了明初发生的一些重大案件，对朱元璋的法外酷刑和无节制地扩大株连范围的做法作了负面评价。不同见解的学者大都引用了丰富的史料来论证自己的观点，可谓仁者见仁，智者见智。那么，洪武年间法制的真相到底是什么，如何认识朱元璋法律实践中出现的"重视健全法制"与"律外用刑"两种相互矛盾的现象，成为明代法史探讨中引人关注的问题。

杨一凡撰《明太祖与洪武法制》⑤一文，围绕上述争议，从明太祖的法制方略、"常经之法"的制定、惩创奸顽的"权宜"法律措置、明太祖刑用

---

① 怀效锋：《明清法制初探》，法律出版社1998年版。
② 刘双舟：《明代监察法制研究》，中国政法大学2002年博士学位论文。
③ 丁玉翠：《明代科道监察制度中预防职务犯罪的取向》，《学习与探索》2006年第3期。
④ 王勇军：《明代监察体制评述》，对外经济贸易大学2003年硕士学位论文。
⑤ 杨一凡：《明太祖与洪武法制》，《东方法学》2006年第2期。

重典对洪武法制的影响四个方面进行论证，发表了见解。作者指出：全面分析有关明初法制的资料，可知主张"轻刑"的明太祖与强调"刑用重典"的明太祖实际上并不矛盾，它正是朱元璋在明初法制建设中采取"常经"之法与"权宜"措置并用双轨法制方略的真实反映。该文就朱元璋颁行的刑事法律在明初法律体系中的地位和他推行重典之治的时间、实施对象、发生的重大事件及社会效果等进行了考析，认为朱元璋的"刑用重典"虽然在一定程度上削弱了"常经"之法的实施，产生了一定的消极后果，但总体来说，他对创建洪武法制的贡献是功不可没的。只有坚持实事求是的态度和正确的分析方法，才能够对洪武法制及朱元璋的功过作出恰如其分的评价。

不少学者从"以史为鉴"的角度，对明初的"重典治吏"进行了探讨，试图为当代的廉政法制建设提供对策。江继海较为系统地研究了明代的官吏职务犯罪，把这类犯罪分为五类，即受赃罪、诈伪犯罪、擅权行为、失职行为、司法官吏犯罪，分析了官吏职务犯罪的原因，论述了预防和惩治职务犯罪的立法思想、法律措施、诉论程序和特点。[①] 李洪文认为："重典治吏"思想在《大明律》和明《大诰》等文献中得到充分体现，[②] 明初为达到澄清吏治的目的，一方面编织严密的法网，另一方面又采取了一系列措施保障这些法律的实施。[③] 王世华对明初惩贪施行"剥皮实草"酷刑的这一观点提出质疑。[④] 其他有关明代刑事法律制度方面的论文，主要是探讨明代的赃罪与渎职罪。

邱远猷从六个方面对明代赃罪进行了阐述，即重典治国，重法惩贪；严密法网，重绳群臣；严格执法，不避亲贵；各种措施，较为有力；考察监督，表彰清廉；随犯随杀，朝杀暮犯。[⑤] 谢冬慧、朱玉婷、刘洪彪、程丽华[⑥]在其撰写的论文中指出，明初重典政策有效遏制了当时贪污现象的发

① 江继海：《明代官吏职务犯罪研究》，东北师范大学 2005 年博士学位论文。

② 李洪文：《朱元璋重典治吏之立法探究》，《文史博览》2005 年第 8 期。

③ 李洪文：《明初重典治吏的立法和实践初探》，《湖南商学院学报》2005 年第 3 期。

④ 王世华：《朱元璋惩贪"剥皮实草"质疑》，《历史研究》1997 年第 2 期。

⑤ 邱远猷：《明太祖朱元璋重点惩贪》，见韩延龙主编《法律史论集》第 2 卷，法律出版社 1999 年版。

⑥ 谢冬慧：《论明朝初期的重典治贪制度》，《安徽工业大学学报》（社科版）2005 年第 4 期。朱玉婷：《论朱元璋的重典治吏与反腐倡廉》，《山东师范大学学报》（人文社科版）2000 年第 4 期。刘洪彪：《论朱元璋重典治吏》，《西南民族学院学报》（哲社版）2000 年第 9 期。程丽华：《略论朱元璋的惩贪治赃》，《辽宁师范大学学报》（社科版）1996 年第 5 期。

生，对今天的反腐倡廉工作也有启迪。殷凤斌探讨了明初的惩贪措施，并就完善我国当前的监督机制提出了以下对策：其一，应制定统一、完备的《监督法》、《举报法》、《新闻法》；其二，应赋予各级检察机关更大的权力；其三，应加强人大的监督职能。① 田东奎认为，明初惩治赃罪的经验是比较重视立法，严于执法，重视道德教化和法制宣传，不足之处是过于强调刑法的威慑作用，过于依赖皇权，缺乏综合治理。② 祝里里指出，明初以刑杀为威重典治吏，虽然起到了暂时的积极效果，但成效有限，贪官污吏仍层出不穷。③ 卿文峰、李交发探讨了明初官员低俸与惩治贪污之间的关系。④ 怀效锋所著《明清法制初探》中收有《明初重惩官吏赃罪浅论》⑤ 一文。《法律史论集》第1卷收录了尤韶华撰《明代对官员犯罪的处置》⑥。路玲的硕士论文对明代的渎职犯罪作了较为系统的探讨，介绍了这一时期有关渎职犯罪的立法，并以时间为序，阐述了明代前、中、后期此类犯罪的情况及其对明朝兴衰的影响。⑦

　　还有一些学者研究了明代的宗室犯罪。周致远认为，由于明朝宗室政策的误导，这类犯罪现象极为普遍。罪宗依其罪情轻重处罚不同，但这些处罚不以明律为准，往往先由监察官举劾查验，再经法司会审，最后经皇帝定夺。⑧ 他在另一篇文章中研究了用于囚禁宗室犯罪者的特殊监狱——高墙。⑨

　　在刑制研究方面，吴艳红的《明代充军考》是一部系统探讨明充军的著作，该书对明代的充军法规、充军刑的实施、充军与明代的刑罚制度、充军与明代的军政等进行了系统的考证。⑩《法律史论集》第2卷收入了尤韶华《明清充军同异考》。⑪ 张光辉撰《明代赎刑的运作》一文，探讨了缴纳

---

① 殷凤斌：《明初惩贪肃贿法制的历史考察与借鉴》，《理论与现代化》2002年第1期。
② 田东奎：《论明代的廉政法制》，《宝鸡文理学院学报》2005年第3期。
③ 祝里里：《明初重点治吏及其启示》，《江淮论坛》2005年第1期。
④ 卿文峰、李交发：《明初低薪与重典惩贪及其历史启迪》，《湘潭大学学报》（哲社版）1998年第3期。
⑤ 怀效锋：《明清法制初探》，法律出版社1998年版。
⑥ 尤韶华：《明代对官员犯罪的处置》，《法律史论集》第1卷，法律出版社1998年版。
⑦ 路玲：《试论明代职官渎职犯罪》，中国政法大学2004年硕士学位论文。
⑧ 周致远：《明代的宗室犯罪》，《安徽大学学报》（哲社版）1997年第5期。
⑨ 周致远：《初探"高墙"》，《故宫博物院院刊》1997年第2期。
⑩ 吴艳红：《明代充军研究》，社会科学文献出版社2003年版。
⑪ 尤韶华：《明清充军异同考》，见韩延龙主编：《法律史论集》第2卷，法律出版社1999年版。

财物和服劳役两种赎刑方式在司法实践中的具体实施情况——初拟和最后决定程序。①

在其他刑事法律制度方面，田东奎研究了巫术犯罪，指出明朝吸收了秦汉以来各代的立法经验，制定了比较完善的控制此类犯罪的法律，有关惩罚此类犯罪的力度也逐渐加强。② 吴原元以《皇明条法事类纂》和《明实录》为基本资料，探讨了明成化、弘治两朝的经济犯罪。③ 林明、朱运涛研究了明代保辜制度的适用条件、期限、余限制度、科罚、实施规则等。④ 张光辉探讨了明代首犯与从犯制度，分析了这一制度的基本特征及惩处原则，并从现代法理角度论证了古今规定的异同。⑤《中国法制史考证》甲编第 6 册中第 9 部分《明代法制考证若干学术见解补述》中，对学界考证比附律条、刑制、廷杖、空印案、胡惟庸党案、蓝玉党案、文字狱祸等的学术见解作了介绍。⑥

（五）民商事法律制度研究

童光政的《明代民事判牍研究》一书，运用比较丰富的明代判牍及档案资料，采取静态与动态结合研究、法律规定与法律运行结合研究的方法，在介绍七种明代判牍文献之后，分别从明代的讼产判牍与产业的法律调整、讼债判牍与债的法律调整、民事损害赔偿责任、讼婚判牍与婚姻关系的调整、争继判牍与继承关系的法律调整五个方面，对明代民商事法律制度进行了探讨。该书结合当时的社会背景，重点研究了判牍所反映的民事法律运行的实际状况。著者论证了这一时期民事法律调整的灵活性特点，即成文法与习惯法的互动、法理与情理的协调，并探讨了民事法律制度及其运行的特点。⑦

关于近年来学界研究明代民商事法律制度的见解，本文从民事法律制

① 张光辉：《明代赎刑的运作》，《四川大学学报》（哲社版）2005 年第 3 期。

② 田东奎：《明清律典中的巫术犯罪》，《唐都学刊》2005 年第 1 期。

③ 吴原元：《明成化弘治时期经济法制探析——以〈皇明条法事类纂〉和〈明实录〉为基本史料》，江西师范大学 2004 年硕士学位论文。

④ 林明、朱运涛：《明清保辜制度研究》，林明、马建红主编：《中国历史上的法律制度变迁与社会进步》，山东大学出版社 2004 年版。

⑤ 张光辉：《明代的首犯与从犯》，《安徽大学学报》（哲社版）2004 年第 1 期。

⑥ 杨一凡：《明代法制考证若干学术见解补述》，见杨一凡主编：《中国法制史考证》甲编第 6 册，中国社会出版社 2003 年版，第 426—445 页。

⑦ 童光政：《明代民事判牍研究》，广西师范大学出版社 1999 年版。

度、商事法律制度两个方面作一介绍：

1. 民事法律制度

童光政、龚维玲研究了明代民事法律客体，认为其较之前代涉及的范围更为广泛，规定更为具体。物是民事活动中最为普遍的对象，劳务成为重要的民事客体，官职爵位是民事的特殊客体。[①]

一些学者探讨了妇女地位与婚姻问题。赵崔莉介绍了明代法律有关在室女、为人妻者权限的规定及女性犯罪、女犯宽宥的情况，并与唐、宋、元代相关法律进行比较，探讨明代妇女的法律地位，揭示了其"低中有高"的特色和形成原因。[②] 阿风依据徽州文书资料，从土地交易、家产分析与身份继承、人身典卖与庄仆婚姻关系三个方面探讨这一时期妇女的地位与权利。[③] 朱琳运用现存的明代徽州地区的资料，对聘娶年龄、婚姻圈、婚姻论财之风、婚姻礼俗等分别考察，认为其反映的地方特色既是社会婚姻普遍状况的折射，更是此地地理环境、经商之风、宗族势力、文化等因素交织而成的结果。同时，婚姻反过来又对女性、商人、佃仆等社会群体、家庭、宗族等的发展产生了不同程度的影响。[④]

也有学者探讨了明代的户籍法。高飞介绍了明代户籍法的渊源、背景、变化，分别分析其中的身份法与迁徙法。[⑤] 卞利在其论文中详细介绍了明代户籍法的具体内容，认为此法对维护明朝的财政赋税、收入及农村社会的稳定起了积极的作用。[⑥]

2. 商事法律制度

郭婕博士论文《明代商事法研究》，以法典、名臣奏议、律学著作、司法档案、判牍、契约、讼师秘本等文献为依据，探讨了明代市场管理制度、对商人的管理与控制制度、商税管理与征收制度、盐事法、茶事法、外贸法、商事习惯法。[⑦]

在市场管理制度研究方面，杨松论证了这一制度的特点与功能。[⑧] 有

① 童光政、龚维玲：《明代民事法律客体论述》，《社会科学家》1998年第4期。

② 赵崔莉：《明代妇女的法律地位》，《安徽师范大学学报》（人文社科版）2004年第二期。

③ 阿风：《徽州文书所见明清时代妇女的地位与权利》，中国社会科学院研究生院2002年博士论文。

④ 朱琳：《明清婚姻若干问题研究》，安徽大学2003年硕士学位论文。

⑤ 高飞：《明朝户籍制度中的身份法与迁徙法》，中国政法大学2003年硕士论文。

⑥ 卞利：《明代户籍法的调整与农村社会的稳定》，《江海学刊》2003年第5期。

⑦ 郭婕：《明代商事法研究》，中国政法大学2002年博士学位论文。

⑧ 杨松：《试论明清时期市场法的特点与功能》，《社会科学辑刊》1998年第2期。

的学者研究了牙行制。童光政认为，这种在全国通行的法定制度在市场管理中扮演着重要角色，是对宋元以来市场交易中介行为的总结、继承和明初社会经济秩序要求"因事制律"的结果，并详细介绍了该制度的内容。①

在盐法研究方面，张家国、殷耀德、李红卫则认为开中盐法是明代"盐政立法成功的一大标志"，并着重阐述了明代盐法伴随着开中制度的不断破坏呈现出沿着多种轨迹不断变化的特点。②

在外贸法研究方面，洪佳期介绍了"海禁"律法、贡舶管理制度、月港贸易管理制度，③ 他的另一篇文章具体介绍了其立法的特点，即立法内容单一、零散，创新少；稳定性差；重海禁律法。④ 张丽娜硕士论文较为系统地研究了明代的"海禁"，作者以明一代颁行的海禁法令为主线，通过考察每道海禁法令出台的具体事由、政治形势和社会经济背景以及帝王的为政禀赋、传统的影响力度，揭示了明王朝长期禁止私人出海贸易的偶然性与必然性。⑤

在商事习惯法研究方面，日本学者岸本美绪研究了这一时期的"找价回赎"问题，论证了"找价"惯例的各种形态、官府关于找价回赎关系的规定、纠纷与审判。⑥ 陶涛硕士论文以徽州地区的民商事活动的个案为研究对象，考察了商事习惯的运作，从国家制定法的角度考察政府对有关契约的民商事行为的管理规范，最后得出结论：习惯法与国家制定法相互促进，共同维护了社会稳定和个体利益最大化。⑦ 《明清时期的民事审判与民间契约》⑧ 收录了岸本美绪的《明清契约文书》、寺田浩明的《明清时期法秩序中"约"的性质》两文。

---

① 童光政：《明律"私充牙行埠头"条的创立及其适用》，《法学研究》2004 年第 2 期。

② 张家国、殷耀德、李红卫：《试析明代盐法变迁之轨迹》，《法学评论》1997 年第 5 期。

③ 洪佳期：《试论明代海外贸易法律制度》，见叶孝信、郭建主编：《中国法律史研究》，学林出版社 2003 年版。

④ 洪佳期：《试论明代海外贸易立法及特点》，《法商研究》2002 年第 5 期。

⑤ 张丽娜：《明朝海禁法令初探》，中国社会科学院研究生院 2002 年硕士学位论文。

⑥ ［日］岸本美绪：《明清时代的"找价回赎"问题》，见杨一凡主编《中国法制史考证》甲编第 6 册，中国社会出版社 2003 年版。

⑦ 陶涛：《论明清时期民间习惯法与国家制定法的互动及途径——以徽州地区民商事活动为个案》，西南政法大学 2004 年硕士论文。

⑧ 滋贺秀三、寺田浩明、岸本美绪、夫马进：《明清时期的民事审判与民间契约》，法律出版社 1998 年版。

（六）司法、诉讼制度研究

尤韶华的《明代司法初考》①和《明代司法续考》②，是近年来明代司法诉讼研究方面的重要成果。《明代司法初考》分为《司法机关》、《诉讼》、《执行》三编及附编《明代司法发展的历史分期》。该书考证了明代司法机构的设置及其职能和基本制度的建立、发展、沿革，对明代的会审制度、官吏犯罪的处理、赎罪制度、大赦、充军以及朝审、热审、大审等进行了考述，并阐述了明代司法监督体制的发展。作者还分析了明代司法制度与司法实践之间的矛盾。认为明代的监察制度对当时的廉政建设发挥了应有的作用，但由于贪污受贿现象普遍存在，在很多时候抵消了这一制度本应产生的积极效果。《明代司法续考》一书，对明代17朝的刑狱分别考证，阐述了明代历朝刑狱特点、司法与政治的关系以及中央司法权的实际运作，尤其是对于刑事司法中的皇权、内阁司法权、厂卫司法权、司法机构职能在刑事司法中的运用与限制等作了深入的探讨。在《中国法制史考证》甲编第5册中，还收入尤韶华写的《明代诉讼制度考略》③一文。

杜婉言较为详细地介绍了明代的诉讼制度，包括诉讼当事人资格、权利、义务，上诉内容、时空、程序、方式、部门，各级司法机构及官员受诉的司法责任，诉讼费用等，指出这一制度贯穿了儒家精神，是法与礼结合的产物；虽有合理因素，但实效不显著；诉讼状式紊乱，反映了政治废弛与词讼繁多。④王改萍、王勇通过探讨白话小说《详情公案》，分析了明代各项司法制度的情况和特点。⑤《明清时期的民事审判与民间契约》⑥一书收录了日本学者夫马进的论文《明清时代的讼师与诉讼制度》。

徐忠明对明代司法、诉讼制度作了多方面的探讨。他以文学作品为研究视角，考察了民间及官方的诉讼、司法的态度和策略。他写的《诉讼与伸冤：明清时期的民间法律意识——一个历史社会学的考察》一文，分别从

---

① 尤韶华：《明代司法初考》，厦门大学出版社1998年版。

② 尤韶华：《明代司法续考》，中国人事出版社2005年版。

③ 杨一凡主编：《中国法制史考证》甲编第6册，中国社会出版社2003年版。

④ 杜婉言：《明代诉讼制度》，《中国史研究》1996年第2期。

⑤ 王改萍、王勇：《从〈详情公案〉看明代诉讼制度》，《山西警官高等专科学校学报》2005年第4期。

⑥ 滋贺秀三、寺田浩明、岸本美绪、夫马进：《明清时期的民事审判与民间契约》，法律出版社1998年版。

伸冤与权利、诉讼态度与策略、伸冤人物与途径三方面展开论述。① 认为平民诉讼的态度是好讼与惧讼，诉讼策略是虚构事实（或曰把事情闹大），而官方的裁决技术是裁减事实。② 他还通过剖析《笑林广记》，揭示了这一时期庶民的契约观念、诉讼意识及"司法智慧"。③ 周艺对这一领域也有探讨，认为随着明代社会经济的发展，民间的"健讼"之风日渐兴起，传统的"厌讼"观念虽受到冲击但依然普遍存在，这种矛盾性和复杂性是明代民众诉讼观念的突出特点。④ 关于这一时期的刑事诉讼，徐忠明从司法官员是否能够做到"依法判决"为切入点，通过对《金瓶梅》"公案"、《错斩崔宁》"公案"的分析，认为古代诉讼观念有很大差异。⑤

　　在中央司法体制研究方面，我国台湾地区学者那思陆撰写了《明代中央司法审判制度》一书，该书从明代前期、中期、后期三个历史阶段，分别详细地介绍了中央司法机关及司法运作程序，认为其在继受、发展前代司法体制构架的基础上，形成明代独有的特色。该书认为明代中央司法体制的弊病是：皇帝独揽大权窃无制衡，刑部特权过重，三法司组织、配合不当，司礼监、东厂、锦衣卫严重干扰司法。作者以丰富的文献数据，揭示了这一制度的历史真相。⑥ 刘长江指出明代实行的三法司会审制度目的是制约刑部的审判权，但在实际运作过程中却受到皇权、后妃勋戚及行政长官等的掣肘、厂卫的干扰。⑦ 他还在另一篇文章中指出："明代大案多枉"的原因源

---

① 徐忠明：《诉讼与伸冤：明清时期的民间法律意识——一个历史社会学的考察》，见徐忠明：《案例、故事与明清时期的司法文化》，法律出版社 2006 年版。

② 徐忠明：《虚构与真实：明清时期司法档案的修辞策略——以〈天启崇祯年间潘氏不平鸣稿〉为中心的考察》，见徐忠明：《案例、故事与明清时期的司法文化》，法律出版社 2006 年版；徐忠明：《明清时期民间诉讼的态度与策略》，见徐忠明：《众声喧哗：明清法律文化的复调叙事》，清华大学出版社 2007 年版。

③ 徐忠明：《娱乐与讽刺：明清时期民间法律意识的另类叙事》，见徐忠明：《案例、故事与明清时期的司法文化》，法律出版社 2006 年版。

④ 周艺：《试析明代民众诉讼观念的特点及其成因——兼谈其对现代的借鉴意义》，《哈尔滨学院学报》2004 年第 9 期。

⑤ 徐忠明：《〈金瓶梅〉"公案"与明代刑事诉讼制度初探》，《比较法研究》1996 年第 1 期。徐忠明：《制冤案：对错斩崔宁的司法社会学解释》，见徐忠明：《案例、故事与明清时期的司法文化》，法律出版社 2006 年版。《错斩崔宁》原为宋人话本，后被（明）冯梦龙编入《醒世恒言》卷三十三"十五贯戏言成巧祸"。徐忠明：《依法判决：明清时期刑事诉讼的一个侧面》，见徐忠明：《案例、故事与明清时期的司法文化》，法律出版社 2006 年版。

⑥ 那思陆：《明代中央司法审判制度》，北京大学出版社 2004 年版。

⑦ 刘长江：《明代法政体制述论》，《四川师范大学学报》（社科版）2005 年第 6 期。

于空前强化的皇权对刑狱的制约与"法外用刑"的重典政策。① 吴高庆研究了宦官特务司法，论述了它的由来、侦捕活动、司法审判、刑讯和监狱及后果。②《明清法制初探》收录了怀效锋的《明代中叶的宦官与司法》、《明代首辅与司法》、《明代御史与司法》等文。③

在地方司法体制研究方面，柏桦在其专著中列专章论述了州县的审判制度的程序、刑讯和检验、州县官与司法弊端。④ 他与崔永生合写的另一篇文章指出，州县官在审理司法案件过程需"情、理、法"兼顾，这是衡量其是否"清明"的重要标准。⑤ 何朝晖撰《明代县政研究》一书对县的司法事务、司法职能及禁止诬诉、基层调解制度、县衙理讼、判决的执行等作了比较详细的介绍。⑥

许多学者考察了明代徽州的民间纠纷及解决机制。韩秀桃撰《明清徽州的民间纠纷及其解决》一书，以 38 件民间契约和《窦山公家议》为素材，考察了"民从私约"与纠纷解决、"官给贴文"与私产保护、契约的样式特征及其法律关系；以《不平鸣稿》为中心考察家族的解决办法；以《歙纪·纪语》和《茗州吴氏家记》为素材，考察了基层司法的特征与程序；还考察一些坟茔纠纷并对这一时期这种纠纷的情况作了分析。⑦ 他还以徽州文书和《教民榜文》为材料，探讨了明初里老人理讼制度的内容及其在基层社会的实践状况，认为这一制度发挥了一定的解纷作用，为当时的乡民提供公正和利益的保证，体现了传统法律中的人文色彩。⑧

日本学者中岛乐章依据嘉靖元年至南明弘光元年约 120 年间的文书，研究了乡村社会处理纠纷的类型：里长、老人处理纠纷，乡约、保甲的纠纷处理，亲族、中间人的纠纷处理。该文还对地方官吏的审判与乡村的调停等处理纠纷的机制进行了比较充分的论证。⑨ 卞利论述了民间诉讼增多的原因、

① 刘长江：《明代大案多枉原因探析》，《淮阴师范高等专科学校学报》（哲社版）1996 年第 4 期。

② 吴高庆：《明代宦官特务司法初探》，《浙江省政法管理干部学院学报》1998 年第 1 期。

③ 怀效锋：《明清法制初探》，法律出版社 1998 年版。

④ 柏桦：《明清州县官群体》，天津人民出版社 2003 年版，第 235—254 页。

⑤ 柏桦、崔永生：《"情理法"与明代州县司法审判》，《学习与探索》2006 年第 1 期。

⑥ 何朝晖：《明代县政研究》，北京大学出版社 2006 年版，第 115—141 页。

⑦ 韩秀桃：《明清徽州的民间纠纷及其解决》，安徽大学出版社 2004 年版。

⑧ 韩秀桃：《〈教民榜文〉所见明初基层里老人理讼制度》，《法学研究》2000 年第 3 期。

⑨ ［日］中岛乐章：《明代后期徽州乡村社会的纠纷处理》，见杨一凡主编：《中国法制史考证》丙编第 4 册，中国社会出版社 2003 年版。

诉讼的基本内容、处理程序和依据标准等，认为全国许多地区诉讼案件的增多，说明人们法律观念的增强，也反映了商品经济的发展和社会文明的进步。[①]

（七）其他问题研究

1. 关于经济法律制度

李鸣研究了明代的土地租佃制度，认为法律对租佃关系的调整，主要是依据私契关系所确立的规则。这种规则既保护地主的收租权和产业权，也保护佃农的耕作权。随着商品经济的发展，地主与佃农之间对土地与佃权的争夺加剧，传统租佃关系发生了新的变化。[②] 他还研究了救荒法令，认为其内容丰富、社会作用明显，是明朝经济稳定和发展的一项重要举措，通过帮助广大灾民维持生存、恢复生产，增强了国家对各地区的经济干预，使它们互相牵制、协调发展，但又不可否认，人民从中得到的实惠其实很有限。[③]

王玉祥对明代钞法的具体规定、辅助措施、实施情况、缺陷及统治者维持的方法进行了探讨，认为钞法对百姓弊大于利，也未对商品经济的发展发挥积极作用。[④]

尹成波、孟令熙分析了明代中后期经济未能实现转型的原因，是缺乏健全的货币和金融法律，而当时颁布的一些法律主要是用于对市场主体（人）、交易对象、市场实行进行全面控制，致使经济无法产生突破，新的生产方式无法确立。[⑤]

2. 关于民族、宗教法律制度

夏清瑕对明代宗教法律制度进行了深入研究，认为鉴于元代对宗教特别是佛教管理的宽缓造成的后果，明代在佛教僧官的设置与管理、寺院的管理、僧侣的管理等各方面制定了严格的法律法规，但这种以压制为主的宗教法律制度并未达到预期效果，其成败得失对今天如何处理法律与宗教信仰的

---

① 卞利：《明代徽州的民事纠纷与民事诉讼》，《历史研究》2000 年第 1 期。

② 李鸣：《明代土地租佃的法律调整》，《现代法学》2002 年第 5 期。

③ 李鸣：《明朝救荒立法述略》，《现代法学》2000 年第 4 期。

④ 王玉祥：《明朝钞法述论》，《甘肃社会科学》1997 年第 5 期。

⑤ 尹成波、孟令熙：《明代中后期经济未能实现转型的法律阐释》，《经济论坛》2004 年第 12 期。

关系有一定的借鉴意义。① 罗冬阳还研究明代"淫祠"问题，借以探讨儒臣、皇权与民间社会的关系。②

在明代民族法律制度研究方面，苏钦探讨了明律中有关"化外人"的规定，从多民族国家形成和发展的角度，考察了其内涵、条文的变化、变化的原因、立法精神、技立法术、司法处理等。③ 黄华均、刘玉屏研究了这一时期的蒙古草原法。④

3. 关于普法和法律教育

段建宏、刘东升对明代的法律教育情况进行了探讨，认为明太祖朱元璋在洪武年间强调"法贵简当"，通过立申明亭、颁布《大诰》等方式进行普法宣传，提高了官吏的法律素质，增强了百姓的法律意识，对政权的稳定和百姓的生活影响深远。⑤ 何勤华文章指出，明代没有专门法律学校，但在中央和地方官学以及私学、书院中都设有法律课程，学习的主要内容有律、例、大诰以及令、会典等。⑥

二、清代法律史研究

以鸦片战争为转折点，清代的历史可以划分为两个阶段；而以清末修律为转折点，清代的法律史也可以划分为两个阶段。本节所述，仅为清末修律前的清代法律史研究。清末修律后的清代法律史研究状况，将在第九章近代法律史研究中予以介绍。

（一）律典与条例研究

郑秦所著《清代法律制度研究》是作者多年来研究清代法制史的论文汇总和心血结晶，也不妨视为一部颇见功力的断代法制史。该书行文厚重，体系严谨，以对清代立法、司法审判及刑、民事法律关系的考察见

① 夏清瑕：《明代宗教法律制度》，《南京财经大学学报》2004 年第 3 期。
② 罗冬阳：《从明仁淫祠之禁看儒臣、皇权与民间社会》，《求是学刊》2006 年第 1 期。
③ 苏钦：《唐明律"化外人"条辨析——兼论中国古代各民族法律文化的冲突和融合》，《法学研究》1996 年第 5 期。
④ 黄华均、刘玉屏：《明代草原法的文化解读——以〈蒙古—卫拉特法典〉为主要去据》，《西北师范大学学报》（社科版）2006 年第 1 期。
⑤ 段建宏、刘东升：《论朱元璋的普法宣传》，《晋东南师范专科学校学报》2004 年第 4 期。
⑥ 何勤华：《中国法学史》第 2 卷，法律出版社 2000 年版，第 193 页。

长。① 苏亦工所著《明清律典与条例》以对清代法律的渊源体系、体例创新和律例关系的论证见长。该书以"固有法"概念开卷，以明清法制相承之关系为纲，围绕律典和条例的构造、功能及适用原则等问题对明清律典在国家法律体系中的地位和作用加以系统探讨。最后透过晚清以来西法东渐所造成的思想震动和制度变迁，探讨了传统律典的崩解过程及其影响。该书资料翔实丰厚，研究方法前沿，对清代法律一些较为模糊的问题进行了更清晰透彻而又富有新意的分析。② 张晋藩的《清朝法制史概论》一文认为清朝作为中国封建社会的末代王朝，不仅在经济上超越了前代，在法制建设方面也取得了显著成就。文章对清朝法制的学术价值、现实意义及其发展阶段与特点作了详尽的阐述。③ 范忠信的《明清律结构及私法在其中的地位》认为中国传统社会的基本法典以明律和清律为代表，明清律的基本结构反映了中国传统文化的典型的法典编纂观念，稀少的民事规范在律典中杂附于刑法条文的存在方式反映了中国法律传统中民事问题刑事化的典型观念。④ 金海燕的《一六四四年至一八四〇年清朝立法概况》从立法思想、条例与编例、清会典和适用于少数民族地区的单行法等四个方面回顾了清自入关前至鸦片战争的法律状况，认为清律不仅继承了封建法律的发展源流，综合了唐以后特别是明朝关于加强司法镇压的历史经验，同时也反映了封建社会末期错综复杂的社会经济关系、阶级关系和民族关系，因此具有鲜明的时代特点。⑤

    清入关之前，法制相对简陋，主要是一些满族习惯法和简单的成文法。曲岩的《后金政权创建法律的政治作用探析》指出，满族后金时期，努尔哈赤相继颁布了一系列的法律法令，对于从政治上巩固当时的后金政权起到了积极的作用。但随着后金政权的南移，地缘关系发生了变化，各种社会关系也随之发生了变化，早先创制的法律便显现得不适应了，甚至在政治上产生了消极的作用。比如在立法上，不能平等和公正地对待其他民族，使后金政权自身受到威胁并陷入被动局面。后金政权创建的法律又表现出不适应的消极政治作用。⑥ 魏影《清入关前宗室罪罚制度及其特点》认为，女真

---

①   郑秦：《清代法律制度研究》，中国政法大学出版社 2000 年版。

②   苏亦工：《明清律典与条例》，中国政法大学出版社 2000 年版。

③   张晋藩：《清朝法制史概论》，《清史研究》2002 年第 3 期。

④   范忠信：《明清律结构及私法在其中的地位》，《现代法学》2000 年第 4 期。

⑤   金海燕：《一六四四年至一八四〇年清朝立法概况》，《满族研究》2000 年第 4 期。

⑥   曲岩：《后金政权创建法律的政治作用探析》，《学术交流》2004 年第 9 期。

（满）族这一僻处东陲的落后民族在短短数十年间平稳地渡过了多次险象环生的内部政治危机，最后入主中原，代明自立，并较为成功地统治了 268 年，其原因或许可从清入关前宗室罪罚制度的角度来加以探讨。清代前期宗室地位的特殊性导致其被作为重点防范的对象，也因此使满洲统治集团内部矛盾得以有效解决，并最终完成统一天下的帝王之业。①

关于《大清律例》的制定，吕丽的《"准古酌金"思想与〈大清律例〉的制定》一文论述了清代制定法典的指导思想是"准古酌金"以及这种指导思想在《大清律例》中的体现。② 何勤华的《清代法律渊源考》认为，在清代，不仅《大清律例》等国家正式法典在法院审判活动中是得到严格遵守的，而且成案、习惯法、情理、律学著作等也是司法官判案的重要依据。清代法律渊源的表现形式尽管是多元的，但在适用时，多元的法律渊源又被锤炼成一元的规则体系，以维护统一的社会秩序。③ 陈戌国的《〈大清律〉与清朝礼制》认为清朝第一部刑律《大清律》及其附例，直承《唐律》《宋刑统》与《明律》，应为同一体系。《大清律》以及为适应清朝政治需要而增附的条例，都可以证明：清朝刑法源于礼制并维护礼制，礼制仍然是决讼办案的依据。④

关于清代法律中律与例的关系研究是近年来较集中的热点问题。苏亦工曾对此有过详尽的论述："关于明清律例的关系，特别是清代律例的关系，以往一直存在着一种成见，认为：在明清两代，律已是形同虚设的过时的法源，在清代法制中已无实际的意义；而例已基本取代了律典，成为最有效、最重要的法源。应当说这种观点的形成不是凭空臆造的，也不能说毫无道理。……对此，我们必须加以辩证地、全面地探讨。笔者以为，明清司法实践中存在的重例轻律现象只是法律实施过程中出现的一种偏差，并不是主流。"⑤ 基于此，清代律例关系的基本方面应当是：一是清代律例关系与明代一脉相承，虽然条例的数量大大超过明代，律例冲突的现象也因此有所加剧，但从整体上看，清政府仍然遵循明代"立例以辅律，贵依律以定例"的宗旨，律例并行的棒局始终未曾被打破。二是律例关系的基本原则是以律为主导，条例为补充、辅助和变通，律例并行而非偏废某一方。律例关系的

① 魏影：《清入关前宗室罪罚制度及其特点》，《兰州学刊》2005 年第 2 期。

② 吕丽：《"准古酌金"思想与〈大清律例〉的制定》，《法制与社会发展》1997 年第 2 期。

③ 何勤华：《清代法律渊源考》，《中国社会科学》2001 年第 2 期。

④ 陈戌国：《〈大清律〉与清朝礼制》，《湖南大学学报》（社科版）2001 年第 4 期。

⑤ 苏亦工：《明清律典与条例》，中国政法大学出版社 2000 年版，第 232—246 页。

主流是相辅相成、互相补充。明清统治者可以根据律例不同的性质和作用发挥其各自的优越性。三是律与例相互替代是有条件的，不是普遍的。① 应当说，这一论述较为科学、辩证、全面地界定了律例之间的关系，澄清了以往的研究误区，具有指导性意义。从近期的论著来看，学者们对这一问题的研究基本上没有超越这一框架，很难看出有重大的突破。但是，一些学者的研究仍然值得关注。例如，王侃、吕丽的《明清例辨析》就明清例的渊源、性质、表现形式、例律关系及在法制中的作用等问题进行了探讨。作者认为明清例与宋例虽然都有"例"之名，然其性质、表现形式以及作用却大相径庭。明清例不是作为判案根据的判例，而是单行法规，属于制定法，并非司法判例，而且也不只是问刑方面的，它包括各种性质的法律规范，作者由此指出了《清史稿·刑法志》的错误。② 吕丽的《论〈大清律例〉"以例辅律"的体例原则》认为律与例是特色各异的两种法律形式，清统治者在总结历代立法经验的基础上，把二者巧妙地结合于一体。以例之"因时酌定"的灵活性，辅助律"历代相因"、"一成不易"的固定性；以例之"零节细目"，具体详尽，补充律之"宏纲巨目""词义简要"；律为定例之依据，例是律的附属法。律与例相反相承，相得益彰，使法律的作用得以最大限度地发挥。③ 吕丽的另一篇论文《例以辅刑，非以代律：谈〈清史稿·刑法志〉律例关系的片面性》进一步探讨了律与例之间的这种关系。④ 郑定、闵冬芳《论清代对明朝条例的继承与发展》认为在法典结构方面，明代所采用的律例合编的形式被清代所继承。从某种意义上说，清朝律例之间的关系更为清晰、成熟和稳定，一方面律文作为国家法律的纲领的地位并未受到怀疑和挑战，另一方面条例以开放的姿态，以更灵活的方式发挥着积极的作用。⑤ 杨昂的《略论清例对明例之继受》通过对明清律例条文、注释的考证与比较，认为清代的例在很大程度上承袭了明代的例，只是在语言、编纂、规定上有所不同。⑥

　　清代的"例"具有特殊的地位与作用。王志强的《清代成案的效力和

---

　　① 苏亦工：《论清代律例的地位及其相互关系》，《中国法学》1988 年第 5—6 期。苏亦工：《明清律典与条例》，中国政法大学出版社 2000 年版，第 232—246 页。

　　② 王侃、吕丽：《明清例辨析》，《法学研究》1998 年第 2 期。

　　③ 吕丽：《论〈大清律例〉"以例辅律"的体例原则》，《吉林大学社会科学学报》1999 年第 4 期。

　　④ 吕丽：《例以辅刑，非以代律：谈〈清史稿·刑法志〉律例关系的片面性》，《法制与社会发展》2002 年第 6 期。

　　⑤ 郑定、闵冬芳：《论清代对明朝条例的继承与发展》，《法学家》2000 年第 6 期。

　　⑥ 杨昂：《略论清例对明例之继受》，《华南理工大学学报》（社科版）2004 年第 3 期。

其运用中的论证方式——以〈刑案汇览〉为中心》，以《刑案汇览》中运用成案裁决案例的基本史料为基础，探讨了清代成案制度的性质、特色以及当时法律结构的模式。作者认为清代成案具有较明显的司法效力，是一种重要的法律渊源；清代对成案的运用已形成一套富有特色、较为复杂的论证方式，但与现代判例制度相比，在区别技术方面具有明显的缺陷，这是当时的权力分配体制和法律思维方式共同作用的产物。① 韩秀桃的《清代例的制定与实施：雍正五年"开豁世仆"谕旨在徽州、宁国实施情况的个案分析》认为雍正五年开豁谕旨的原则性规定，经过雍、乾、嘉三朝近百年的反复司法实践，最终经过法定的修律程序纂定成正式例文的过程，充分体现了清代例的灵活性和实用性特点，同时也说明了"律一成而不易，例因时以制宜"的律例关系，还体现了有清一代作为封建制度最成熟时期王朝法制的成熟和发达。② 吴秋红的《论清代判例的适用》认为清代判例适用的方法主要有遵循先例、类推适用和实质推理。其判例适用具有泛伦理化、反形式思维的特征，其原因在于以情理作为司法价值取向、法律教育的缺失和人口激增这三个方面。③ 赫晓慧的《试析大清律中例的地位和作用》认为清代律例合编的法典编纂形式和"有例不用律"的明确规定，使得清例的法律地位大大提高，律的法律地位大为降低。律例合编一度协调了律例矛盾，例对于律的补充、修改、废止作用也曾适应了统治的需要。但是，由于例多为一人一事而设，为贪官污吏徇私枉法留下了很大的空间。④

　　清代会典的修订是一项重要的立法活动，有清一代共产生了五部会典。近年来，吕丽发表了一系列论文对《清会典》的性质进行了探讨。她的《论〈清会典〉的根本法与行政法的合一性》认为，《清会典》以规范国家机关的组织及行政管理活动的法规为基本内容，属于清代的行政法典；而作为行政法典，它在整个法律体系中起着根本大法的重要作用。可以说《清会典》是一部合行政法与根本法于一体的特殊的法典。⑤ 与刘杨合著的《官

　　① 王志强：《清代成案的效力和其运用中的论证方式：以〈刑案汇览〉为中心》，《法学研究》2003 年第 3 期。

　　② 韩秀桃：《清代例的制定与实施：雍正五年"开豁世仆"谕旨在徽州、宁国实施情况的个案分析》，《法制与社会发展》2000 年第 4 期。

　　③ 吴秋红：《论清代判例的适用》，《理论月刊》2005 年第 2 期。

　　④ 赫晓慧：《试析大清律中例的地位和作用》，《新乡师范高等专科学校学报》2001 年第 2 期。

　　⑤ 吕丽：《论〈清会典〉的根本法与行政法的合一性》，《吉林大学社会科学学报》1998 年第 2 期。

修史书，还是行政法典——〈清会典〉性质论》① 认为就形式而言，《清会典》确实具有官修典制史书的特点；从实质上看，《清会典》是行政法典。另一篇《〈清会典〉辨析》② 一文引证史料，澄清了以往学者们对《清会典》性质的争议，认为《清会典》是一部具有典制史书特点、法规汇编形式、综合性法典之外观、根本法之地位的行政法典，是礼仪之邦"官礼"的集大成者。郑杰的《行政法文献巨篇：略谈清代五朝会典》认为《清会典》是宏大的行政法典，以其特有的法律地位，对国家社会各个领域进行广泛的干预和管理。③

在清会典的研究方面，近十年来最重要的学术争论当属围绕《崇德会典》的论争。张晋藩先生在其 20 世纪 80 年代发表的一系列论文中提出，皇太极时期曾颁布过清代第一部会典——《崇德会典》。④ 对此，有学者持审慎保守的态度，⑤ 也有学者发起尖锐挑战。2002 年田涛在《虚假的材料与结论的虚假》一文中，提出了对"崇德会典"以及《户部则例》是否真实存在的质疑。⑥ 该文产生的冲击波效应已经超出了学术圈，张晋藩先生随后撰写《再论〈崇德会典〉〈户部则例〉的法律适用》等文章予以回应，说明当初对"崇德会典"的拟名经过。⑦ 学术界由此也展开了对此问题的讨论。其中颇具代表性的有：祖伟的《略论清初崇德会典的议定》认为清初皇太极时期是有《会典》的，将其命名为《崇德会典》不仅符合古籍整理所遵循的一般规范，而且在清初的司法实践中也能证明是运用了《会典》的。⑧ 我国台湾地区学者李典蓉的《试论清太宗朝的"崇德会典"》则通过考证内地台湾两地满汉相关文档资料后认为，仅凭目前的文献，说崇德时有一部会典确实是证据不足的。⑨ 无论如何，这场论争对法史学人应当如何对待史料

---

① 吕丽、刘杨：《官修史书，还是行政法典——〈清会典〉性质论》，《法制与社会发展》1998 年第 2 期。

② 吕丽：《〈清会典〉辨析》，《法制与社会发展》2001 年第 6 期。

③ 郑杰：《行政法文献巨篇：略谈清代五朝会典》，《行政法学研究》1999 年第 1 期。

④ 张晋藩、郭成康：《清〈崇德会典〉试析》，《法学研究》1983 年第 3 期。张晋藩、郭成康：《清入关前国家法律制度史》，辽宁人民出版社 1988 年版，第 436—437 页。

⑤ 参见苏亦工：《明清律典与条例》，中国政法大学出版社 2000 年版，第 69—70 页。

⑥ 田涛：《虚假的材料与结论的虚假》，载倪正茂：《批判与重建：中国法律史研究与反拨》，法律出版社 2002 年版。

⑦ 朱勇：《〈崇德会典〉·〈户部则例〉及其他——张晋藩先生近期研究论著一瞥》，法律出版社 2003 年版。

⑧ 祖伟：《略论清初崇德会典的议定》，《社会科学辑刊》2003 年第 6 期。

⑨ 李典蓉：《试论清太宗朝的"崇德会典"》，台湾《法制史研究》2003 第 4 期。

和运用推理肯定会产生有益的影响。

　　值得注意的是，除了国家法，关于清代法律的研究，近十年来最大的成就应当是对民间习惯法的发掘。梁治平的《清代习惯法》一书从法社会学立场出发，依据清代官府档案、民间契约和民国初期的司法调查等第一手材料，对清代习惯法进行了探究。范围涉及清代习惯法的渊源、背景、流变、性质、形态、功用以及习惯法与国家法的关系等领域。①

（二）刑事、司法与诉讼制度研究

　　关于清代犯罪问题的研究，孙季萍的《清代贪污腐败犯罪成因分析》认为清代贪污腐败犯罪的成因可以归纳为五个方面：公权私化为腐败提供了丰厚的营养；行政的集权化、监督机制缺乏，为腐败提供了唾手可得的机会；行政过程的人治化为腐败提供了方便的路径；一些不合理的制度催化了腐败的进程；反贪不力，导致官场腐败禁而不绝。② 毕连芳的《鸦片战争前清政府的反毒品立法》认为从雍正颁布第一条禁毒法令到道光时期《严禁鸦片烟章程》的出台，政府反毒禁立法日趋完善，虽然未能有效地抵制鸦片输入，但对当时的禁烟运动提供了法律依据，为其反毒品立法提供了经验和教训。③ 田东奎的《明清律典中的巫术犯罪》认为明清时期，继承秦汉以来巫术犯罪立法的经验，形成了系统地控制巫术犯罪的法律；此时期对巫术犯罪的惩罚力度也有逐渐加强的趋势。④

　　关于清代刑罚问题的研究，李凤鸣的《清朝死刑非正刑述评》认为有清一代，死刑正刑分绞、斩两种，其非正刑主要有枭首、凌迟、戮尸等，尤为原始和残酷。⑤ 邱远猷的《晚清"就地正法之制"研究》就晚清政府在太平天国起义后实行的"就地正法"制度的产生背景与原因、对象与范围、性质和作用进行了论证。⑥ 周轩的《〈大清律例〉与清代新疆流人》认为对流放案例，应具体情况具体分析，似不宜全盘否定。⑦ 李艳君的《论清代的"存留养亲"制度》认为在规定有存留养亲制度的诸朝法律中，清代的存留

---

①　梁治平：《清代习惯法》，中国政法大学出版社 1996 年版。

②　孙季萍：《清代贪污腐败犯罪成因分析》，《烟台大学学报》（哲社版）2003 年第 3 期。

③　毕连芳：《鸦片战争前清政府的反毒品立法》，《河北师范大学学报》（哲社版）2000 年第 4 期。

④　田东奎：《明清律典中的巫术犯罪》，《唐都学刊》2005 年第 1 期。

⑤　李凤鸣：《清朝死刑非正刑述评》，《西南交通大学学报》（社科版）2002 年第 4 期。

⑥　邱远猷：《晚清"就地正法之制"研究》，《法律史论集》第 1 卷，法律出版社 1998 年版。

⑦　周轩：《〈大清律例〉与清代新疆流人》，《新疆大学学报》（哲社版）1997 年第 4 期。

养亲制度可以说是形式多样、较为完备并能有效运用的一项法律制度。清代存留养亲的类型、成立的条件及其特点，特别是它所体现出的人性关怀，对我们今天的司法实践仍然有着借鉴意义。①

　　关于司法程序与运作的问题，郭成伟、孟庆超《清代司法程序中的惰性因素分析》认为与以保护个体权利为宗旨的近代西方法律不同，中国传统司法制度一直将"和谐"或"秩序"作为其最高目标，集历代经验之大成的清代司法可谓典型代表。但这套司法制度的运作，最终能否遂愿，却往往出乎统治者的意料。该文从权力监督、诉讼成本、司法效率、证据原则、当事人的诉讼代理权、司法信用、对责任的规避等七个方面所作的考察表明，清代司法在追求其最高目标的过程中遭遇到重重阻力，以文化形态表现的各类惰性因素仍在侵蚀着体现文明进步的近代司法，这也是我们今天仍要推进司法改革的深层原因。② 徐忠明的《皇权与清代司法运作的个案研究：孔飞力〈叫魂〉读后》由孔飞力所著《叫魂——1768 年中国妖术大恐慌》一书所论述的一个特定社会事件入手，研究了清代皇权在司法运作中的作用及传统司法运作手段在清代日渐式微的趋向。③ 沈厚铎的《秋审初探》一文运用沈家本有关秋审的著作中的史料与观点，对秋审的渊源、发展、形成与完善乃至终结作了分析与探讨，对秋审制度的利弊亦略作评析，认为秋审是我国古代死刑复议制度经过长期的发展，在清王朝时代最终形成的，对现代死刑复核制度的完善不无借鉴意义。④ 关于清代的诉讼制度，翟东堂的《论清代的诉讼制度》认为清代的控告方式有自诉、告发、公诉、纠举等几种。清代对起诉有种种限制，但对一些危害政权稳定的重大犯罪又不受控告限制。清代有权受理诉讼的机构是州县、府道、司、督抚等，这些机构在受理诉讼时，也受法定程序的限制。总之，清代的诉讼是有限诉讼。⑤ 吴欣的《清代妇女民事诉讼权利考析：以档案与判牍资料为研究对象》认为在伦理规范的约束之下，作为没有完全责任和行为能力的个体，清代妇女的诉讼权利受到了种种制约。但从实际的诉讼案件以及判牍、档案资料来看，妇女的诉讼权利在一定程度上是存在的，且在某些时候表现出了比男子还要优越的

---

① 李艳君：《论清代的"存留养亲"制度》，《中北大学学报》（社科版）2006 年第 4 期。
② 郭成伟、孟庆超：《清代司法程序中的惰性因素分析》，《政法论坛》2002 年第 5 期。
③ 徐忠明：《皇权与清代司法运作的个案研究：孔飞力〈叫魂〉读后》，《华东政法学院学报》2000 年第 1 期。孔飞力：《叫魂——1768 年中国妖术大恐慌》，上海三联书店 1999 年版。
④ 沈厚铎：《秋审初探》，《政法论坛》1998 年第 3 期。
⑤ 翟东堂：《论清代的诉讼制度》，《华北水利水电学院学报》（社科版）2004 年第 4 期。

主动性。作者对这种存在与主动性作了深入探讨，揭示了清代社会妇女诉讼权利的实际状况以及礼法制度及其司法实践在妇女问题上的契合与分离。① 刘婷婷的《浅议清代的调解制度》和孔祥雨、张秋敏的《清代调处制度》两文都讨论了清代的调解调处制度。②

　　通过对具体案例的解读研究清代司法诉讼制度，近年来也可称得上是蔚然成风了。徐忠明在这方面堪称是硕果累累，用力独多。他的《明清诉讼：官方的态度与民间的策略》认为说传统中国是一个"厌讼"社会而非"好讼"社会这一论断抹杀了"理想与现实"之间的差距。通过考察明清时期的底层社会就可以发现，谎状和缠讼是比较典型、比较普遍的诉讼心态和伸冤策略；自杀基本上是平民百姓在绝望与期待中采取的极端措施；械斗则具有"把事情闹大"的客观效果。③ 徐忠明的另一篇论文《小事闹大与大事化小：解读一份清代民事调解的法庭记录》认为在清代民事审判实践中渐次形成发展起来的一些习惯做法已经非常有力地证明：作为解决"私人纠纷"的民事诉讼，与处理"官民冲突"的刑事诉讼相比，有其独特的程序结构、裁判风格和技艺策略。基于此，作者把帝制中国的民事诉讼概括为"能动式说服型"的民事诉讼；与此相对，刑事诉讼则是"科层式纠问型"的模式。④ 其相关的文章还有《办成"疑案"：对春阿氏杀夫案的分析——档案与文学以及法律与事实之间》和《明清刑事诉讼"依法判决"之辨证》。⑤ "杨乃武小白菜案"也是学者们透视清代法律的主要依据。郑定、杨昂的《不可能的任务：晚清冤狱之渊薮——以杨乃武小白菜案初审官刘锡彤为中心的分析》通过对刘锡彤审案心理的分析，探讨了清末官场潜规则对司法公正巨大的侵蚀作用。⑥ 刘练军的《冤案与话语权——围绕女性立场而对杨

---

　　① 吴欣：《清代妇女民事诉讼权利考析：以档案与判牍资料为研究对象》，《社会科学》2005年第9期。

　　② 刘婷婷：《浅议清代的调解制度》，《云南大学学报》（法学版）2005年第6期。孔祥雨、张秋敏：《清代调处制度》，《广西政法管理干部学院学报》2003年第6期。

　　③ 徐忠明：《明清诉讼　官方的态度与民间的策略》，《社会科学论坛》2004年第10期。

　　④ 徐忠明：《小事闹大与大事化小：解读一份清代民事调解的法庭记录》，《法制与社会发展》2004年第6期。

　　⑤ 徐忠明：《办成"疑案"：对春阿氏杀夫案的分析——档案与文学以及法律与事实之间》，《中外法学》2005年第3期。徐忠明：《明清刑事诉讼"依法判决"之辨证》，《法商研究》2005年第4期。

　　⑥ 郑定、杨昂：《不可能的任务：晚清冤狱之渊薮——以杨乃武小白菜案初审官刘锡彤为中心的分析》，《法学家》2005年第2期。

乃武案的一个分析》则从女性话语权这一独特的视角探讨该案。① 赵娓妮的
《国法与习惯的"交错"：晚清广东州县地方对命案的处理：源于清末〈广
东省调查诉讼事习惯第一次报告书〉（刑事诉讼习惯部分）的研究》通过对
清末《广东省调查诉讼事习惯第一次报告书》（刑事诉讼习惯部分）的研
究，考察了从晚清广东州县地方对命案的处理中所折射出的清代国家法与民
间习惯在刑事诉讼领域的微妙关系。②

关于司法中的一些具体制度以及地方司法状况，沈晓敏的《略论清代的
司法回避制度》认为清代回避制度集中国历代回避制度之大成，司法回避是
其中最为重要的内容之一。传统法制下的清代司法回避，可分为任官回避和
听讼回避，朝廷对全国司法官吏的回避情况进行监察和处分，其间利弊互
见。③ 张建伟的《论清前期官员的任职地方回避制度》从历史特点和历史局限
两个方面对清代前期官员任职地方回避制度作出了理论的概括和评价，认为
清代前期制定并推行了严密庞杂的回避制度。文章通过考证纠正了古人的某
些错误记录，并对今人的某些诠释提出了商榷。④ 闫晓君的《清代的司法检
验》认为清代司法检验在宋、元、明三代的基础上有了长足的进步发展，主
要表现在：其一，司法检验的体系和制度进一步完善；其二，检验方法虽超
不出《洗冤录》以经验为主的范围，但对《洗冤录》确实有不少的订正补充，
其中也积累了丰富的检验实例和经验。⑤ 张可辉的《清朝司法行政述略》对清
代司法行政的发展进行了论述，认为其司法行政经历了入关前与后的变化，
以及后来的不断完善，与清朝的建立和发展相联系。⑥ 吴吉远的《清代地方政
府的司法职能研究》一书对清代地方政府的司法职能作了全面的考察和论证。
该书对清代县（州）、府、省三级政府的司法职能作了纵向的分析，并考察了
清代幕友、书吏、差役、长随在地方司法中的特殊作用，以及在清代专制下
司法职能的失调。⑦ 赵旭光的《清代地方司法管辖浅析》认为清朝的地方司法
管辖虽未有单行的诉讼法规以及系统完整的条款予以规定，但从其司法审判

---

①　刘练军：《冤案与话语权——围绕女性立场而对杨乃武案的一个分析》，《法学》2005 年第
11 期。

②　赵娓妮：《国法与习惯的"交错"：晚清广东州县地方对命案的处理：源于清末〈广东省调
查诉讼事习惯第一次报告书〉（刑事诉讼习惯部分）的研究》，《中外法学》2004 年第 4 期。

③　沈晓敏：《略论清代的司法回避制度》，《政法学刊》2001 年第 2 期。

④　张建伟：《论清前期官员的任职地方回避制度》，《满族研究》2003 年第 2 期。

⑤　闫晓君：《清代的司法检验》，《中国刑事法杂志》2005 年第 5 期。

⑥　张可辉：《清朝司法行政述略》，《行政与法》2001 年第 4 期。

⑦　吴吉远：《清代地方政府的司法职能研究》，中国社会科学出版社 1998 年版。

的实践中还是有迹可寻的，不能忽视其所受到的封建司法理念的影响。①

　　近年来，一些美日学者对中国清代的民事审判制度进行了研究和论争。美国学者黄宗智的《民事审判与民事调解：清代的表达与实践》以清代法律制度中处理土地、债务、婚姻和继承这四种最常见的民事纠纷和诉讼的部分为经验研究的主要对象，用法律的实践来检验它的官方表达，以理解清代法律制度的真正面目。②而日本学者滋贺秀三、寺田浩明、岸本美绪、夫马进也对明清时期的民事审判与民间契约进行了大量的研究，在研究方法与研究结论上与黄氏大相径庭并产生激烈论争。③为此，国内的学者对双方的论争进行了评述。易平的《日美学者关于清代民事审判制度的论争》对双方研究的核心问题、研究方法、思想立场等方面进行比较后认为，乍看起来，二者存在尖锐的对立和激烈的冲突，但双方的关注都集中于一点，即清代民事法秩序究竟如何实现这一根本性问题。日本的法学家更多关注"法"的内涵和法律制度的构造，而黄宗智则对清代法秩序与中华民国乃至现代中国法秩序的历史继承关系寄予了更多的关照。两者在起点预设上的分歧、研究方法上的偏好以及治学环境的差异、专业背景的隔膜、思维方式的迥异，是他们分道扬镳的重要原因。④

　　关于清代的监察制度，刘哉、谢茉莉的《试论清代的监察制度》认为清朝吸取了历代监察制度的精华，集历代监察制度之大成，并根据当时的实际情况有所创新和发展，形成了自己独特的一整套相当严密的监察制度，不仅在中国监察史中占有十分突出的地位，而且在世界监察史中也占有相当重要的地位。⑤杨曙光的《管窥清朝的监察制度》认为清朝总结了中国历史上统治的经验教训，在1840年以前其监察制度发展到历史的顶峰。⑥李伟的《清代监察官员的选任、管理及对现代监察建设的启示》通过对清代监察官员的选任、管理制度的分析，对当今的监察制度建设提出了几点建议，认为应保持监察系统的独立性等。⑦齐钧的《清代武科考试制度》认为清代的武

　　① 赵旭光：《清代地方司法管辖浅析》，《天中学刊》2003年增刊。

　　② 黄宗智：《民事审判与民事调解：清代的表达与实践》，中国社会科学出版社1998年版。

　　③ 滋贺秀三、寺田浩明、岸本美绪、夫马进著，王亚新、梁治平编，王亚新、范愉、陈少峰译：《明清时期的民事审判与民间契约》，法律出版社1998年版。

　　④ 易平：《日美学者关于清代民事审判制度的论争》，《中外法学》1999年第3期。

　　⑤ 刘哉、谢茉莉：《试论清代的监察制度》，《辽宁大学学报》（哲社版）2001年第3期。

　　⑥ 杨曙光：《管窥清朝的监察制度》，《四川行政学院学报》2005年第5期。

　　⑦ 李伟：《清代监察官员的选任、管理及对现代监察建设的启示》，《广州大学学报》（综合版）2001年第10期。

科考试制度在明代的基础上又有所发展，前期曾存在一些弊端，清末进行了改革。① 相关论文还有艾永明的《清朝文官考绩制度及其实施状况》等。②

关于清代的法律语言，刘愫贞的《清代判词语言的法文化视角》认为以清代判词语言为视角，可以清楚地看出清代判词深厚的礼法文化背景。这种法文化对它的载体施以法的影响和制约，这种特定的法律文化造就了清代判词语言特有的风貌：雅俗相谐、质而有文。③ 王冠玺的《清代涉台官式文书析要》通过对清代涉台官式文书的研究，考证清代对台的关注与治理方略，并认识海峡两岸间不可分割的一体性关系。④ 潘庆云的《清代"幕僚"及其在法律语言研究方面的建树》认为清代出现有关司法文书制作和法律语言的成熟论著，是与当时的政治背景和学术氛围及专人治牍制度分不开的，这其中"幕僚"起了相当重要的作用。⑤

（三）民商事法律制度研究

张晋藩所著《清代民法综论》是一部对清代民法进行综合性论述的著作。该书全面考察了清自入关前直至《大清民律草案》颁行期间包括民事主体、物权、债权、婚姻、亲属等的民事法律制度，指出清代在继承前代民事法律的基础上，在民事制定法方面取得了较大进步。⑥ 张晋藩、林乾的《〈户部则例〉与清代民事法律探源》认为《户部则例》是清代民事法律比较集中的制定法，大体代表了清代民事立法的成就和水平。《户部则例》不仅针对民事法律关系的发展及时修订，以补充《大清律例·户律》的不足，而且在司法实践中起到了法律根据的作用。⑦

清代习惯法在民事法律方面的民间储存最为丰富。美国学者黄宗智对此进行了较深入的研究。黄氏《清代的法律、社会与文化：民法的表达与实践》一书通过十多年对清代大量乡村地方档案与实地调查资料的精心分析，揭示了在民法方面清代官方法律文书与民间实际司法操作之间既联系又间隔

---

① 齐钧：《清代武科考试制度》，《法律史论集》第 1 卷，法律出版社 1998 年版。
② 艾永明：《清朝文官考绩制度及其实施状况》，《法制与社会发展》2003 年第 5 期。
③ 刘愫贞：《清代判词语言的法文化视角》，《学术交流》2005 年第 11 期。
④ 王冠玺：《清代涉台官式文书析要》，《浙江大学学报》（人文社科版）2005 年第 5 期。
⑤ 潘庆云：《清代"幕僚"及其在法律语言研究方面的建树》，《中州学刊》1997 年第 5 期。
⑥ 张晋藩：《清代民法综论》，中国政法大学出版社 1998 年版。
⑦ 张晋藩、林乾：《〈户部则例〉与清代民事法律探源》，《比较法研究》2001 年第 1 期。

的逻辑关系，阐述了清代法律、社会与文化间的复杂关系现象。① 黄宗智的
《法典、习俗与司法实践：清代与民国的比较》一书从典、田面权、债、赡
养、婚姻等几个方面对清代与民国民事法律制度进行了比较，是关于中国清
代与民国期间的民事法律与司法实践的研究专著。该书揭示了从清代到
1949 年，中国民事法律制度的演变历程以及在此期间百姓的法律维权意
识。② 刘广安的《传统习惯对清末民事立法的影响》一文认为由于习惯在中
国古代民法中的重要地位，所以清朝末年进行民事立法时，立法者特别强调
传统习惯的重要性。由于立法者的强调，传统习惯对清末民事立法的思想、
活动、内容及传承都产生了深刻的影响。③ 李力的《清代法律制度中的民事
习惯法》认为清代社会中的成文法和习惯法不仅有各自的调整领域，而且
有各自的运作机制。④ 眭鸿明的《清末民初民商事习惯调查之研究》一书着
重解析了清末民初这两次调查运动的主客观动因及其价值取向，考察了清末
民初传统习惯存在的社会机理，回顾了调查运动的启动、进展、地域范围和
时间跨度，对调查所设问题进行系统的梳理和分析，考证调查运动对当时立
法、司法和人们思想的影响程度。⑤

　　关于物权制度的研究，李贵连的《清末民初寺庙财产权研究稿》对清
代特定的物权制度进行了研究。⑥ 郑佳宁的《论清代的典权制度》、姜朋的
《典权适用的另类解释：以清代北京旗房为例》通过对清代北京城区旗房出
典的研究，揭示了诱致典权产生的另一种缘由，即生活的窘迫与能居住却不
能出售的公有住房，最终催生了清代北京城里的旗人典房现象。⑦ 高王凌的
《清代有关农民抗租的法律和政府政令》通过分析清代有关农民抗租的法律
和政府政令，指出清代禁止增租夺佃，对佃权实施保护主义原则。⑧

　　关于契约的研究，俞江的《"契约"与"合同"之辨：以清代契约文书
为出发点》通过区别清代的"单契"与"合同"，指出由于缺乏人格概念和
平等价值，清代的契约关系体现为当事人之间的具体关系。因此在清代，

　　① 黄宗智：《清代的法律、社会与文化：民法的表达与实践》，上海书店出版社 2001 年版。
　　② 黄宗智：《法典、习俗与司法实践：清代与民国的比较》，上海书店出版社 2003 年版。
　　③ 刘广安：《传统习惯对清末民事立法的影响》，《比较法研究》1996 年第 1 期。
　　④ 李力：《清代法律制度中的民事习惯法》，《法商研究》2004 年第 7 期。
　　⑤ 眭鸿明：《清末民初民商事习惯调查之研究》，法律出版社 2005 年版。
　　⑥ 李贵连：《清末民初寺庙财产权研究稿》，台北《法制史研究》2001 年第 2 期。
　　⑦ 郑佳宁：《论清代的典权制度》，《中央政法管理干部学院学报》2001 年第 6 期。姜朋：
《典权适用的另类解释：以清代北京旗房为例》，《云南大学学报》（法学版）2005 年第 3 期。
　　⑧ 高王凌：《清代有关农民抗租的法律和政府政令》，《清史研究》2000 年第 4 期。

"契"与"合同"是不同层次的概念,"合同"与"单契"才是平行层次的概念。① 李力的《清代民间契约中关于"伙"的观念和习惯》认为在清代,尽管官方成文法中并没有关于伙的关系的规范存在,但是民间契约却表达了清人关于伙的观念,以及相当定型的关于伙的习惯。清代民间契约中所表达的伙的关系大体上有三种类型:乡村生活中所存在的伙佃、合业和会股;小手工业和小商业中的合伙关系;存在于四川自贡盐业生产中的合伙投资。② 张洪林的《清代四川盐井买卖契约》与《试析清代四川井盐生产中的合伙法律关系》等文章也以四川盐井生产中产生的买卖契约和合伙关系等问题为研究主题。③ 吴欣的《明清时期的"中人"及其法律作用与意义——以明清徽州地方契约为例》认为对于明清社会而言,中人不能仅仅被看做是契约中的一个固定化、程序化的要件,而应被视为在经济及法律领域都具有重要作用的一种人性化因素。这并非是像国家法律或地方习俗一样具有强制力或必然影响力的作用,而是同地方官吏、乡约、老人一起,从人的角度构筑了对民间社会秩序的影响与维护,弥补了成文法及其维护机制在民事秩序中的不足。④

　　关于婚姻家庭和亲属法的研究,卞利的《明清时期婚姻立法的调整与基层社会的稳定》认为明清时期由于国家法定的合法婚姻和民间社会的习惯婚姻产生了许多矛盾与冲突,法律采取了向民间习惯让步的方式,着手对婚姻立法中部分不合时宜的条款进行某些调整。同时,民间社会也采取了向国家立法局部妥协的办法,从而实现了国家与民间社会的良性互动。⑤ 王志强的《清代的丧娶、收继及其法律实践》立足于各种典章、判牍中关于此类案件的记载,对丧娶和收继这两种重要的非礼制婚俗在清代的分布状况、流行程度作了较全面的统计性研究和成因分析。⑥ 张仁善的《清朝前期"律"和"例"维护父权效用之考察》则对清代前期"律"和"例"中涉

---

① 俞江:《"契约"与"合同"之辨:以清代契约文书为出发点》,《中国社会科学》2003 年第 6 期。

② 李力:《清代民间契约中关于"伙"的观念和习惯》,《法学家》2003 年第 6 期。

③ 张洪林:《清代四川盐井买卖契约》,《现代法学》2001 年第 6 期。张洪林:《试析清代四川井盐生产中的合伙法律关系》,《现代法学》1997 年第 3 期。

④ 吴欣:《明清时期的"中人"及其法律作用与意义——以明清徽州地方契约为例》,《南京大学法律评论》2004 年春季号。

⑤ 卞利:《明清时期婚姻立法的调整与基层社会的稳定》,《安徽大学学报》(哲社版)2005 年第 6 期。

⑥ 王志强:《清代的丧娶、收继及其法律实践》,《中国社会科学》2000 年第 6 期。

及父权的内容进行了研究。① 卞利的《清代户籍法的调整与农村基层社会的稳定》认为清王朝在继承明代户籍法的基础上，通过对户籍法律规范的不断调整，加强了对民众的控制，并在保甲法等基层组织制度建设方面进行了强化，从而在一定程度上维护了农村社会的稳定。②

商法研究方面，马珺的《浅析明清法律的抑商色彩》认为，明清统治者推行的"抑商"政策及其派生的相关法律制度，严重阻碍了商品经济的发展，摧残了资本主义萌芽，造成中国社会发展的长期停滞。③ 与前者相反，杨松的《明清时期市场法的特点与功能》则认为明清时期形成商品经济突破自然经济的趋势，甚至走上独立的发展道路。与之相适应，市场法律也有了新的变化和内容，形成以一般市场、边境互市市场、外贸市场为范围的以牙行、度量衡、榷物、商税、法律责任为主要内容的市场法体系。文章通过对明清时期市场法律特征的分析，审视了我国封建社会市场法律的地位、机制与功能。④ 沈大明的《清律对于商人的保护与控制》认为，随着清代商业经济的发展繁荣，商人阶层逐步发展壮大。清朝统治者一方面提倡"恤商"、"利商"以提高商人的法律地位，另一方面又通过法律和政策加强对商人组织和活动的控制。⑤ 龚汝富的《清代保障商旅安全的法律机制——以〈西江政要〉为例》通过引用清代法律文献《西江政要》中自乾隆至光绪年间由江西按察使司陆续编刻的针对省内水陆商旅安全事故所作的规范性要求的法律文本和案例，分析了清代保障商旅安全的法律措施的运用情况，借以对我国封建社会后期商业运行机制及其管理办法进行探讨。⑥ 蒋燕玲的《论清代律例对雇工人法律身份的界定》和《论清代律例中雇工人范畴及界定标准的变化》通过考察清代律例中雇工人身份界定标准的变化，从政治、经济和封建社会的等级特性三方面剖析了清代雇工人法律地位形成的社会历史原因，并对雇工人与雇工和奴婢的异同进行比较，认为雇工人实质上是奴婢向良人转化过程中的过渡性等级，是前资本主义的不自由的等级的雇佣关

---

① 张仁善：《清朝前期"律"和"例"维护父权效用之考察》，《南京大学法律评论》（特刊）2000 年第 4 期。

② 卞利：《清代户籍法的调整与农村基层社会的稳定》，《安徽大学学报》（哲社版）2004 年第 1 期。

③ 马珺：《浅析明清法律的抑商色彩》，《唐都学刊》2005 年第 2 期。

④ 杨松：《明清时期市场法的特点与功能》，《社会科学辑刊》1998 年第 2 期。

⑤ 沈大明：《清律对于商人的保护与控制》，《上海交通大学学报》（哲社版）2005 年第 2 期。

⑥ 龚汝富：《清代保障商旅安全的法律机制——以〈西江政要〉为例》，《清史研究》2004 年第 4 期。

系下的等级雇工。①

（四）国际法问题研究

在鸦片战争之前，国际法问题只零星出现过。但自鸦片战争之后，随着中国香港等领土的割让以及领事裁判权的确立，使得清政府不得不面对国际法问题并在法律中有所体现。杨泽伟的《我国清代国际法之一瞥》认为在近代国际法的输入方面，中国经历了漫长而曲折的过程。中俄订立尼布楚条约时中国初步接触了国家法，然而清政府采取的闭关锁国政策阻止了欧洲近代国际法的传入。鸦片战争后国际法正式传入中国，清政府开始在外交上运用国际法来维护本国的利益。尽管清代中国在形式上已经被纳入国际法律秩序的范围，但是从 1840 年至 20 世纪上半叶的整整一个世纪里，作为半殖民地的中国，领事裁判权并没有彻底清除；外国在中国经济及其他特权非但没减少反而逐渐增加，无数的不平等条约紧紧地束缚着中国人民的手脚，中国的主权独立受到长期破坏。② 康大寿的《中俄〈恰克图市约〉中的法权探析》认为中俄《恰克图市约》中的法权规定是为了保持恰克图边贸的正常发展所订。在条约中，清政府既考虑到边境地区的特殊情况，又坚持行使了自己国家的属地法权，因此不能说《恰克图市约》是外国在华"治外法权之滥觞"。③ 朱淑娣的《清代海关的"政治关税"特点、成因及其教训》考察了清代广东海关在鸦片战争前"政治关税"的特点与成因，以及值得今天吸取的教训。④ 唐伟华的《清代广东涉外司法与文化冲突》通过分析清代广东涉外民、刑案件的司法审判，探讨中西法律文化之间的冲突及其历史影响。⑤ 乔素玲的《清代外国科技人员管理法令探索》指出为适应中西科技交流的需要，清政府不断制定政策，加强对来华科技人员的管理，在科技人员的选送程序、通信审查、身份认证、活动范围以及服务年限等方面均作出严格规定。因管理过于严苛，在一定程度上限制了西方科技人员作用的发挥，

---

① 蒋燕玲：《论清代律例对雇工人法律身份的界定》，《社会科学家》2003 年第 5 期。蒋燕玲：《论清代律例中雇工人范畴及界定标准的变化》，《广西社会科学》2004 年第 1 期。

② 杨泽伟：《我国清代国际法之一瞥》，《船山学刊》1996 年第 2 期。

③ 康大寿：《中俄〈恰克图市约〉中的法权探析》，《四川师范学院学报》（哲社版）1999 年第 2 期。

④ 朱淑娣：《清代海关的"政治关税"特点、成因及其教训》，《法商研究》2000 年第 4 期。

⑤ 唐伟华：《清代广东涉外司法与文化冲突》，《西南政法大学学报》2004 年第 4 期。

影响了中外科技交流的成效。①

　　关于香港和澳门的涉外司法问题，苏亦工的《中法西用——中国传统法律及习惯在香港》一书第一章专门讨论了近代前夕的中西治外法权之争及其与鸦片战争和香港失落的关系。作者认为，鸦片战争的爆发不应简单地理解为贸易战争，而是多重因素共同作用的结果。其中，司法管辖权可以说是导致这场战争的一个极为重要的因素，而隐含在法律管辖权之争背后的中西法律文化冲突，也是导致这场这场战争的一个不可忽视的因素。自澳门开埠以来，清代地方官吏在处理与葡萄牙人的法律冲突过程中，逐渐形成了除杀人案件外"准诸夷法"的"澳门模式"，以至于葡萄牙人取得了事实上的治外法权。而在中国香港，列强则通过逃避或抵制中国的司法管辖权来谋求在中国建立治外法权。司法管辖权之争表现为由最初的船员、水手、居民之间的冲突逐步上升为国家之间的冲突，并最终导致了一场对中国历史产生深远影响的战争。② 郭卫东的《鸦片战争时期中英关于香港居民司法管辖权的交涉》回顾了鸦片战争期间，中英就香港居民司法管辖权的交涉过程以及最终失去的历史悲剧。③ 刘冉冉的《清朝政府对澳门的司法管治（1349 年以前）》研究了在 1849 年以前，面对葡人逐步扩大殖民权益的图谋，清政府采取在澳门地区设官建置、颁布法令条例等一系列措施来不断加强对澳门地区的法权管理的历史。④ 乔素玲的《清代澳门中葡司法冲突》认为清代中葡政府在澳门地区司法管辖权上的冲突，既是国家主权之争，也是不同法律文化的交锋。⑤ 陈文源的《明清政府立法治澳之探讨》认为为了有效地管治澳门地区，明清两朝先后制定了《澳夷禁约》、《海防七条》、《澳门约束章程》等重要法规，作为在澳葡人的法律指引，使中葡关系在鸦片战争前基本上能在互利与平稳中发展。⑥ 相关文章还有营从进的《论澳门"开埠"以来法律地位的变迁》和康大寿的《明清政府对澳门的法权管理》等。⑦

---

　　① 乔素玲：《清代外国科技人员管理法令探索》，《暨南学报》（哲社版）2004 年第 4 期。
　　② 苏亦工：《中法西用——中国传统法律及习惯在香港》，社会科学文献出版社 2002 年版。
　　③ 郭卫东：《鸦片战争时期中英关于香港居民司法管辖权的交涉》，《史学月刊》1997 年第 2期。
　　④ 刘冉冉：《清朝政府对澳门的司法管治（1849 年以前）》，《兰州学刊》2007 年第 3 期。
　　⑤ 乔素玲：《清代澳门中葡司法冲突》，《暨南学报》（哲社版）2002 年第 4 期。
　　⑥ 陈文源：《明清政府立法治澳之探讨》，《暨南学报》（哲社版）2000 年第 1 期。
　　⑦ 营从进：《论澳门"开埠"以来法律地位的变迁》，《社会科学家》1997 年第 4 期。康大寿：《明清政府对澳门的法权管理》，《四川师范学院学报》（哲社版）1998 年第 4 期。

（五）　其他问题研究

太平天国是清代重要的历史事件，其所产生的具有民主萌芽性质的法律也成为清代法制史学研究的一部分。翟桂范的《论太平天国的刑审立法及其局限性》认为太平天国的立法活动可分为刑事立法和诉讼审判立法两个方面。这些立法发挥了农民革命专政的作用，具有强烈的反封建反侵略的革命性。但由于农民阶级的不彻底性和历史局限性，这些立法中还存在着浓重的封建主义、宗教迷信色彩，同时法峻刑过，打击面过宽，对太平天国的失败产生了重大影响。[①] 石志新的《太平天国刑罚制度初探》认为太平天国虽曾有过断续的立法活动，但不曾编订颁行系统规范的刑典。散见的律文证明，太平天国突破了魏晋以礼入法的立法原则，确立了以信基督、拜上帝为指导思想，以轻教化、重刑罚为最大特点的立法原则，刑法制度的突出特征是：其一，刑罚苛猛残酷而且广泛；其二，无刑典可本，滥施刑威，一罪数罚或轻罪重罚的现象严重；其三，法无定科，执法官徇情舞弊，对下滥施刑罚、对上犯法不究的枉法现象普遍。太平天国不但没有建立起与现代文明相适应的刑法制度，反而较多地继承和恢复了封建社会前期残酷、野蛮的刑法制度。这是刑法史上的一次大倒退。对此，洪仁玕虽曾有过许多文明进步的建议和主张，但实际上未得到实行。[②] 周新国的《奴刑与太平天国刑罚》认为有关太平天国刑罚的主刑刑种，不少研究者都认为基本沿袭了隋唐以来的五刑而形成了枷、杖、死等三个主要刑种，清人张德坚的《贼情汇纂》直至近人的许多论著都是这样叙述的。该文依据《金陵杂记》、《天父天兄圣旨》等太平天国史料分析指出：太平天国还曾大量使用过奴刑这一刑种。奴刑的出现是太平天国领导人为完善太平天国刑罚所作的一种努力，它对缩小死刑范围和更准确地实施太平天国刑罚有一定的作用。[③] 王岩的《太平天国妇女的法律地位浅析》认为太平天国第一次大胆而系统地提出了妇女在政治、经济、军事等方面的法律地位，打破了两千多年来封建社会"男尊女卑"的思想束缚，提倡男女平等，规定了保护妇女的戒条、法令。尤其是其保证妇女享有与男子平

---

① 翟桂范：《论太平天国的刑审立法及其局限性》，《河南师范大学学报》（哲社版）1997年第 4 期。

② 石志新：《太平天国刑罚制度初探》，《甘肃社会科学》2000 年第 3 期。

③ 周新国：《奴刑与太平天国刑罚》，《江海学刊》2002 年第 1 期。

等参加革命、担任首领的权利等政策、法令的制定与实施极大地激发了妇女的革命积极性，从而加快了革命的进程。① 肖季文的《太平天国军事法制建设探析》认为太平天国自始至终重视军事法制建设，所颁行的军事法制堪称中国历代农民政权之集大成者，具有战时性、全面性、宗教性、不成熟性四个鲜明的特点。它虽然未能也不可能尽善尽美，未能也不可能改变太平天国最终败亡的命运，但它在太平天国军事实践中的客观效果和历史作用却毋庸置疑，对当今军队建设亦有借鉴价值。②

关于清代的法律思想，霍存福的《弘历的意识与乾隆朝文字狱》认为乾隆朝是清代文字狱的高峰期。作为皇帝的弘历，既挑起了这次运动，又被这场运动裹挟着走。弘历的意识，直接影响了当时文字狱的处理。但弘历基本上保持了比较清醒的头脑。尽管他在一些案件的处理上前后有相互矛盾的地方。③ 李青的《洋务派法律思想与实践的研究》一书阐述了洋务派在军事法律、经济法律、刑事法律、国际法和法律人才培养等方面的思想与实践，以及对中国法制近代化的影响和历史意义。④ 李爱荣的《清代权利观念研究》认为清代是传统社会随着自身轨道发展的最后时期，在这一时期，发端于明代的遂情达欲的学说得到进一步的发展和完善，表现出一种重视物质生活的趋向。但在权利观念方面，一方面对权利有所承认，另一方面又对权利有所限制。这说明在传统社会中，即使是离现代最近的清代，在承认人情人欲的基础上，虽然权利在一定程度上受到承认，但仍没有脱离传统的范围。⑤

关于清代的律学研究，何敏的《从清代私家注律看传统注释律学的实用价值》认为从清代私家注律的蔚为大观可以看出，传统注释律学从形成时起，始终在统治者规定的范围内生存和发展，走着服从于国家政治、符合统治阶级利益要求的道路。严格遵循立法者的构思和意图行事，以立法指导思想为注律指导思想。以"实用"为目的，最大限度地使法律条文的含义准确、规范、具体，使用法者得以援法为据，量刑准确，被罚者心悦诚服，实现"情法两平"。这就是传统注释律学最大的价值追求。⑥ 何勤华的《清

---

① 王岩：《太平天国妇女的法律地位浅析》，《山东大学学报》（哲社版）1998 年第 4 期。
② 肖季文：《太平天国军事法制建设探析》，《社会科学辑刊》1998 年第 2 期。
③ 霍存福：《弘历的意识与乾隆朝文字狱》，《法制与社会发展》1998 年第 6 期。
④ 李青：《洋务派法律思想与实践的研究》，中国政法大学出版社 2005 年版。
⑤ 李爱荣：《清代权利观念研究》，《兰州学刊》2005 年第 1 期。
⑥ 何敏：《从清代私家注律看传统注释律学的实用价值》，《法学》1997 年第 5 期。

代律学的权威之作：沈之奇撰〈大清律辑注〉评析》认为无论是从形式还是内容来看，在明清律学著作中，该书都是比较完善的，解释律文比较全面、详细，所附条例比较丰富，对各家律例注释书的分析比较也非常深入。因此，在总结中国古代法学成果时，对该书作一较为充分的介绍和评述，是完全应当的。①

---

　　① 何勤华：《清代律学的权威之作：沈之奇撰〈大清律辑注〉评析》，《中国法学》1999 年第6 期。

第九章　近代法律史研究

一、法律近代化研究

法律近代化是近些年来法制史学界关注、探讨较多的话题，甚至法史学界以外的学者也积极参与讨论，可以说是成果较多、方兴未艾。

张晋藩的《中国法律的传统与与近代转型》① 一书，是深入研究中国法律近代化的一部重要著作。该书分为两大部分，第一部分是对中国法律传统的研究，作者将中国法律传统归纳为 12 个方面，分别考察了这些传统的形成及在思想观念和法律制度不同层面的表现；第二部分是关于中国法律近代转型的研究，作者从西方法文化的输入、传统法观念的转变、近代法律转型的开端三个方面论述了中国法律由传统向近代的演变。在对传统及其在近代的变化进行系统研究的基础上，作者作出了中国法律近代转型"符合世界历史发展的潮流和中国民心之所向，因而具有生命力"，"中国法律近代转型的主要标志是中国传统的中华法系的破坏，和大陆法系在中国的开始确立，从此中国法律的发展摆脱了孤立的状态，而与世界法律的发展有了衔接" 等重要论断。② 该书是中国法律史学界第一部系统研究法律近代化问题的专著，在学术界有广泛影响。

李贵连的《近代中国法制与法学》③ 一书也是这方面研究中的一部引起关注的著作。该书汇集了作者长期研究中国近代法律史所发表的论文，其中有些是专门讨论法律近代化问题的，如《中国法律近代化简论》、《近代中国法律的变革与日本影响》、《儒家化法律走向近代的若干问题》、《沈家本与中国法学近代化》、《孙中山与中国法律近代化》、《晚清法律改革与中国法律现代化》 等；有的文章所研究的问题与法律近代化有关，如《清季法律改革与领事裁判权》、《清末修订法律中的礼法之争》、《沈家本与清末立

---

① 张晋藩：《中国法律的传统与与近代转型》，法律出版社 1997 年版。
② 同上书，第 472 页。
③ 李贵连：《近代中国法制与法学》，北京大学出版社 2002 年版。

法》等。书中含有作者关于中国法律近代化的许多见解与思考，其主要观点常被研究者所引用。

张晋藩总主编的《中国法制通史》第 9 卷《清末·中华民国》①，虽然不是专门研究近代化问题的著作，但书中把法律近代化作为中国近代法律发展的基本内涵，从这个角度讲，也可以说它是一部关于中国法律近代化的具体内容和具体过程的著作，书中关于中国法律在近代的发展变化所作的考察分析和所提出的观点，都具有探讨法律近代化的意义。因而此书的出版，也从某种角度反映了法史学界在这一领域的研究状况，书中对有关历史事实的描述和对一些问题的分析论述，对于进一步研究法律近代化问题有重要参考价值。

张生主编的《中国法律近代化论集》② 一书，收集了中日学者的相关文章 24 篇，从宏观到微观、从制度到思想、从近代前夕的中西法律文化冲突到民初西式法制在中国的创建等，涉及宪政、民商法、刑法、司法体制、法学教育、法律移植等多方面，是法史学人围绕中国法律现代化这一主题的集中探讨。夏锦文的《社会变迁与法律发展》③ 一书是对"中国法制现代化"这一论题作出较为全面阐述的著作之一，它在内容上回答了"法制现代化"话题所应涵盖的主干问题，认为西方和中国传统法律文化分别建构于商品经济和自然经济基础之上，这种差异决定了中西两种法律文化冲突的不可避免性。

关于法制近代化的道路，范忠信的《中国法律现代化的三条道路》④ 一文认为，近代以来中国法律现代化共走过三条道路，第一条道路，即"传统改良"路线，"是过于保守的道路"，而第二、三条道路，即全盘西方化和全盘苏联化路线，是急不可待、没有耐心的社会思潮的产物。这三条道路历史已经证明其失败了，其失败呼唤着我们寻找更加理性更加正确的第四条道路。而刘作翔的《中国法制现代化的历史道路》⑤ 一文则指出，20 世纪中国法制实质上经历了一场法制现代化运动，并且这一运动还会持续到 21 世纪中叶以前。文章以中国法制现代化的历史道路为主题，分别对中国法制现代化的历史进程、中国法制现代化的历史动力以及中国法制现代化的历史

① 张晋藩主编：《中国法制通史》（第 9 卷，本卷主编朱勇），法律出版社 1999 年版。
② 张生主编：《中国法律近代化论集》，中国政法大学出版社 2002 年版。
③ 夏锦文：《社会变迁与法律发展》，南京师范大学出版社 1997 年版。
④ 范忠信：《中国法律现代化的三条道路》，《法学》2002 年第 10 期。
⑤ 刘作翔：《中国法制现代化的历史道路》，《西江大学学报》1999 年第 2 期。

意义三个问题进行了分析和论述，认为中国法制现代化的历史起点应是辛亥革命以及所产生的资产阶级法制，而不是清末的制宪修律，因为清末的制宪修律仍然依附于封建的法制体制，且未产生实质性作用。持类似观点的还有李卫东的《参与和实践：辛亥革命和中国法制近代化》① 一文，作者通过对资产阶级革命派在辛亥革命时期进行的近代法制宣传、教育和训练以及革命胜利后的立法与司法实践的论述，说明与清末司法改革相比，辛亥革命时期资产阶级革命派在贯彻近代法制精神，促进近代法制的社会参与和实践方面成效卓著，严格意义上的近代法律实践是从辛亥革命时期开始的。

关于法制近代化的特征，徐立志的《中日法制近代化研究》② 一文认为，应包括法治主义原则的确立；民意立法机关的出现；以人权保护为特征的公民法律体系形成；独立司法系统的建立四个方面，文章还对中国和日本进行比较，认为中日在法制近代化中有四大方面的共同点。

论述法制近代化问题的代表性论文还有苏亦工的《无奈的法典：中日韩三国民法现代化道路之比较》③ 一文，该文以民法典为焦点，通过比较研究，论述了中、日、韩三国民法现代化道路的异同。王健的《庞德与中国近代的法律改革》④ 一文，回顾了美国法学家庞德 20 世纪 40 年代在华的一段经历，以及他从比较法的视角对近代中国法的发展提出的一系列方案和建议，并加以一定的分析。刘笃才的《中日近代宪政道路不同选择的历史约束条件：兼论中国近代宪政与革命的关系》⑤ 一文，论述了中、日近代宪政道路的不同及历史条件方面的原因。

关于法制近代化的文化冲突，郭志伟、马志刚的《近代中西文化启蒙及法制建设之比较》⑥ 一文认为，近代中国的法制建设既摧毁了中国固有的文化和制度传统，又没有完全吸收西方文化内核，从而导致了政治、经济等方面的多重危机。张晋藩的《综论中国的法制近代化》⑦ 一文指出，中国法制近代化是中国近代社会政治、经济、文化等发展变迁的必然结果。它是

① 李卫东：《参与和实践：辛亥革命和中国法制近代化》，《华中师范大学学报》（人文社科版）2001 年第 5 期。

② 徐立志：《中日法制近代化研究》，《外国法译评》2000 年第 1 期。

③ 苏亦工：《无奈的法典：中日韩三国民法现代化道路之比较》，《当代韩国》2002 年冬季号。

④ 王健：《庞德与中国近代的法律改革》，《现代法学》2001 年第 5 期。

⑤ 刘笃才：《中日近代宪政道路不同选择的历史约束条件：兼论中国近代宪政与革命的关系》，《环球法律评论》2005 年第 2 期。

⑥ 郭志伟、马志刚：《近代中西文化启蒙及法制建设之比较》，《比较法研究》2001 年第 2 期。

⑦ 张晋藩：《综论中国的法制近代化》，《政法论坛》2004 年第 1 期。

在引进西方法文化的同时，批判与吸收中国传统法文化的合理内核的矛盾冲突中逐步推进的。法律移植在中国法律近代化的进程中起了重要作用，但正反两方面的经验教训告诉我们：任何被移植来的西方法制文明因素，只有扎根中国的文化土壤，得以积淀下来，进而成为本民族法文化的一部分，才是成功的移植。江学的《亲亲相隐及其现代化》① 一文考察了亲亲相隐制度的历史嬗变及其正负面价值，认为亲亲相隐制度的设立固然有忽视乃至压抑人性的一面，但制度设计也体现出非常科学的理念即"法律不强人所难"，不但现实可行而且符合效益，作者提出了亲亲相隐在中国现代化的命题，认为应从继承中国传统文明，吸收、借鉴西方法文化两个方面，探讨现代容隐权的构建。

在法律文化与观念变迁方面，屈永华的《传统文化与民主法制关系论的历史考察》② 一文认为，中国的民主与法制建设必须以传统文化为依托的观点有四种理论依据，即西学中源论、民族性的延续论、东西文化比较中心论和法治的本土资源论，认为这四种学说不仅本身存在诸多问题，而且严重混淆了人们的视线。因此中国的民主和法制建设首先必须跳出文化争论的误区，并以制度架构为突破口，而不是为传统文化的式微而痛心疾首。陈晋萍、李卫东的《社会变迁与民初法律观念的转变》③ 一文将法律发展置于社会经济的变迁与新的社会关系出现的背景中加以考察，指出后者之于前者的重要作用，从而指出民法的近代化在民初各个地方发展是不平衡的，总体也就带有过渡时期的色彩。张仁善的《论中国近代司法文化的发展的多层面冲突》④ 一文，从主权与司法权、制度与效应、精英与大众等司法文化的冲突方面指出了近代法律在社会生活中未能发挥应有效用，也得不到人民应有的尊重，从而揭示了司法近代化背后深刻的文化因素。

关于港、台的法制近代化也有一些研究成果发表。范忠信的《日据时期台湾法制的殖民属性》⑤ 一文认为，日据时期台湾法制的突出特点是它的殖民属性。这一属性表现为暴力镇压或军事掠夺、民族（种族）差别或歧视、强行民族同化或文化灭种以及保障经济掠夺或榨取等四个方面。日本在台的殖民法制表现出比其他殖民国家更为严重的残酷性、奴役性和掠夺性，

① 江学：《亲亲相隐及其现代化》，《法学评论》2002 年第 5 期。
② 屈永华：《传统文化与民主法制关系论的历史考察》，《法商研究》2002 年第 3 期。
③ 陈晋萍、李卫东：《社会变迁与民初法律观念的转变》，《法学评论》2005 年第 2 期。
④ 张仁善：《论中国近代司法文化的发展的多层面冲突》，《法学家》2005 年第 2 期。
⑤ 范忠信：《日据时期台湾法制的殖民属性》，《法学研究》2005 年第 4 期。

在世界殖民史上是十分突出的。苏亦工的《香港华人遗嘱的发现及其特色》① 一文指出，20 世纪 70 年代，我国香港地区在拆毁一座旧海军船场的过程中意外地发现了大批华人遗嘱档案。这批遗嘱材料的发现无疑为我们研究中国传统遗嘱继承制度在香港地区的变异发展提供了宝贵而又丰富的材料，不仅开辟了一个透视占据香港地区主导地位的华人社会历史的特殊窗口，同时也能帮助我们更深入地了解传统中国文化及家庭制度与以英国法为代表的香港地区西方制度相互作用的历史。本文通过一系列具体对比，揭示了香港华人遗嘱所保留的浓厚的中国传统文化特征，其重实质而轻形式的特点竟与现代遗嘱继承法的发展趋势有不谋而合之处。

二、清末法制史研究

清末变法因其复杂性以及在中国法律发展史上的重要地位而颇受法史学界关注。纵览近十年的研究成果，学术界发表的关于清末法制变革及法制状况的研究专著 20 余本，研究论文达 400 多篇，博士论文约 40 余篇，史料考证与著作评介论文有 30 多篇。近十年清末法制史学术研究依然保留了传统学术关注的热点问题，如预备立宪、法制改革等，同时逐渐加强了对部门法律、具体史实的考证和反思。新的研究视角和研究方法突破了陈规定论，新的史料运用更拓宽了研究领域。同时，社会学、文化学、哲学、政治学、经济学等多种研究方法的引进，丰富和扩展了清末法制史研究的思路。

（一）清末预备立宪与宪政改革研究

从宏观上评价清末"预备立宪"，仍是此领域研究的重点之一。赵朝峰的《略论慈禧预备立宪的实质》②、宋艳丽的《慈禧太后与清末新政》③ 等文认为，所谓的"预备立宪"有名无实，并非是什么有重要意义的近代化改革，沿袭了旧有的"骗局说"。更多的学者对这段历史进行客观而全面的考察。张培田、陈金全的《清末预备立宪的史实考论》④ 一文，对清末预备立宪的起因、过程以及颁布的宪法文件进行了考证和梳理。殷啸虎的《近

---

①　苏亦工：《香港华人遗嘱的发现及其特色》，《中国社会科学》2002 年第 4 期。
②　赵朝峰：《略论慈禧预备立宪的实质》，《齐鲁学刊》1999 年第 5 期。
③　宋艳丽：《慈禧太后与清末新政》，《首都师范大学学报》（社科版）1998 年第 1 期。
④　张培田、陈金全：《清末预备立宪的史实考论》，《湘潭大学学报》（哲社版）2004 年第 6 期。

代中国宪政运动的发生及其反思》①、江涌的《试析清末的"预备立宪"》②
等文章认为，应对清末立宪运动加以辩证分析，还历史本来面目。宋四辈的
《清末"预备立宪"刍议》③、贾孔会的《清末"预备立宪"新论》④ 等文
普遍认为，"预备立宪"是清政府在内外交困条件下被迫开展的一场政治自
救运动，是当时社会矛盾发展的必然结果，不能仅仅把它看成一场骗局。刘
笃才的《关于清末宪政运动的几个问题》⑤ 一文，认为清末"预备立宪"
不是骗局，而是清末统治者认真权衡自身利益作出的政治选择；立宪派领导
的国会请愿运动不是乞求统治者的恩赐，实际上是一场同清政府争夺立宪主
导权的斗争；清末君主立宪虽然失败，清末宪政运动的方向仍然应当给予肯
定。林来梵、凌维慈的《中国立宪主义的起点：对清末君主立宪主义的一
个省察》⑥ 一文认为，清末的君主立宪运动，虽然被辛亥革命所切断，但它
既是中国君主立宪主义的终点，也是中国整个立宪主义的起点。

　　关于清末宪政改革的总体研究。高旺的《晚清中国的政治转型——以
清末宪政改革为中心》⑦ 一书，对晚清宪政运动中的官制改革、地方自治、
政治参与、宪政制度创新等诸多方面进行了具体考察，论述了清末宪政改革
的成败得失。他认为，尽管这次改革没有成功，但这次改革所触及的范围、
实施的力度都是空前的。清末官制改革、颁布《钦定宪法大纲》、筹建谘议
局和资政院等措施，使传统的政治与行政制度受到极大的冲击，并引起了传
统中国政治体制的嬗变。废科举、兴学校、练新军、办实业等措施，引起了
中国社会结构的大变动。清末宪政改革运动是一场深刻的政治大变革，它不
仅促成辛亥革命的爆发，而且对整个 20 世纪的革命运动和政治变迁产生了
重要影响。

　　关于《钦定宪法大纲》的研究，李秀清的《中国宪政实践史上移植西

---

　　① 殷啸虎：《近代中国宪政运动的发生及其反思》，《法学》1997 年第 8 期。

　　② 江涌：《试析清末的"预备立宪"》，《船山学刊》1997 年第 1 期。

　　③ 宋四辈：《清末"预备立宪"刍议》，《郑州大学学报》（哲社版）2005 年第 5 期。

　　④ 贾孔会：《清末"预备立宪"新论》，《三峡大学学报》（人文社科版）2004 年第 2 期。

　　⑤ 刘笃才：《关于清末宪政运动的几个问题》，《中国法学》2002 年第 1 期。

　　⑥ 林来梵、凌维慈：《中国立宪主义的起点：对清末君主立宪主义的一个省察》，《社会科学
战线》2004 年第 4 期。

　　⑦ 高旺：《晚清中国的政治转型——以清末宪政改革为中心》，中国社会科学出版社 2003 年 7
月版。

方法的第一次尝试——清末立宪活动评述》① 一文，通过对效法日本宪法的
《钦定宪法大纲》和效仿英国宪法的《十九信条》内容的比较，考察了清末
立宪的法律移植状况。相关文章还有周少元的《试论〈钦定宪法大纲〉的
法文化价值》② 和刘永红的《〈钦定宪法大纲〉的历史地位》③ 等。

　　有关清末地方宪改实践的研究，马小泉的《国家与社会：清末地方自
治与宪政改革》④ 一书，系统地考察了清末地方自治运动，尤其着重考察了
清政府在地方自治问题上的政策与措施以及清末地方自治在中国早期地方政
治现代化历程中的地位和影响，有助于加强对清末宪政改革的认识与理解。
唐强奎的《晚清地方自治与中国宪政的萌动》⑤ 一文认为，晚清地方自治是
现代民主政治的重要内容和方面，是宪政中分权与制衡原则的具体体现。晚
清在内忧外患之时实行地方自治，有力地开启了中国现代宪政的先河，对中
国民主宪政的萌发具有深远的意义。刘建军的《清末直隶派与立宪运动琐
议》⑥ 一文，研究了清末直隶立宪派及其立宪活动，探讨了直隶立宪派的局
限和不足，认为直隶立宪派在当时扮演了很活跃也很复杂的角色，直隶立宪
运动是全国立宪运动的重要组成部分。徐建平的《论清末东北宪政改革的
特点》⑦ 一文，考察了清末东北以实施宪政为中心的政治改革，并对其特点
加以总结。陈文英的《清末预备立宪公会宪政启蒙传播活动述论》⑧ 一文，
对上海成立的清末预备立宪公会进行了全面系统的研究，认为预备立宪公会
对于清末宪政启蒙思想的传播具有重要的历史作用和意义。

（二）清末法制改革与沈家本研究

　　有些学者对清末法制改革的起因进行了探讨，大致形成了四种不同的观

---

　　① 李秀清：《中国宪政实践史上移植西方法的第一次尝试——清末立宪活动评述》，《河南省政法管理干部学院学报》2002 年第 6 期。
　　② 周少元：《试论〈钦定宪法大纲〉的法文化价值》，《法学》1996 年第 6 期。
　　③ 刘永红：《〈钦定宪法大纲〉的历史地位》，《淮阴师范高等专科学校学报》（哲社版）1996 年第 2 期。
　　④ 马小泉：《国家与社会：清末地方自治与宪政改革》，河南大学出版社 2001 年 8 月版。
　　⑤ 唐强奎：《晚清地方自治与中国宪政的萌动》，《南京工业大学学报》（社科版）2005 年第 2 期。
　　⑥ 刘建军：《清末直隶派与立宪运动琐议》，《河北大学学报》（哲社版）1999 年第 4 期。
　　⑦ 徐建平：《论清末东北宪政改革的特点》，《中国边疆史地研究》2004 年第 2 期。
　　⑧ 陈文英：《清末预备立宪公会宪政启蒙传播活动述论》，《河南大学学报》（社科版）2006 年第 5 期。

点。一是汪菁华的《清末法律变革原因再认识》①、吴永明的《清末司法现代化变革原因探析》② 等文章，认为既有外力因素又有内在要求，传统社会经济基础的动摇、西方新思想新观念的传播、列强的外交压力等内外因素形成一股合力，推动了清末法律的现代变革。二是高旭晨的《清末修律的经济背景》③、赵虎的《清末修律之动因与意义分析》④ 两篇文章指出，清末法律变革最直接、最深刻的动力不是经济基础的变化，而是来自于政治、外交、文化的外部冲击。三是李启成的《领事裁判权制度与晚清司法改革之肇端》⑤、赵晓耕的《近代不平等条约与清末法制的变革》⑥ 等文认为，外部因素中近代不平等条约和领事裁判权才是清末法律改革的主要原因和直接动因。四是高汉成的《晚清法律改革动因再探——以张之洞与领事裁判权问题的关系为视角》⑦ 和《晚清刑事法律改革中的"危机论"——以沈家本眼中的领事裁判权问题为中心》⑧，颠覆了传统观点，分别从先后参与晚清法律改革的两个关键性人物的角度，对"修律以收回领事裁判权"之说的来龙去脉进行了重新考察和系统梳理。实际上，早在列强承诺之前，晚清法律改革的进程已经启动，不管是张之洞还是沈家本，领事裁判权问题始终只是他们推进法律变革的手段（"托洋改制"）而不是目的。晚清法律改革是服从和服务于晚清新政这一整体政治格局的，它本身并没有自己额外的起因。

　　关于对清末法制改革的评价，学术界也存在着不同意见。王敏的《论清末修律的方法和意义》⑨ 一文，对清末修律基本上持肯定态度。他认为，从法律形式和精神两方面看，清末法制变革具有革命性的意义，而从出发点与方式方法上，它又体现出改良的意图与特征。这种改良与革命的历史性统

---

① 汪菁华：《清末法律变革原因再认识》，《安徽史学》2004 年第 6 期。

② 吴永明：《清末司法现代化变革原因探析》，《江西师范大学学报》（哲社版）2003 年第 2 期。

③ 高旭晨：《清末修律的经济背景》，《法制与社会发展》1997 年第 6 期。

④ 赵虎：《清末修律之动因与意义分析》，《山东农业大学学报》（社科版）2004 年第 1 期。

⑤ 李启成：《领事裁判权制度与晚清司法改革之肇端》，《比较法研究》2003 年第 4 期。

⑥ 赵晓耕：《近代不平等条约与清末法制的变革》，《浙江社会科学》1999 年第 1 期。

⑦ 高汉成：《晚清法律改革动因再探——以张之洞与领事裁判权问题的关系为视角》，《清史研究》2004 年第 4 期。

⑧ 高汉成：《晚清刑事法律改革中的"危机论"——以沈家本眼中的领事裁判权问题为中心》，《政法论坛》2005 年第 5 期。

⑨ 王敏：《论清末修律的方法和意义》，《南京师范大学学报》（社科版）1997 年第 3 期。

一，反映出社会领域中法制变革的特殊性。周金恋的《清末法制改革的现代化特征》①、陆文前的《浅析清末法制改革的历史地位》② 等文章，也充分肯定清末法律改革的历史地位，认为清末法律改革的成果极大地促进了中国法律近代化的进程，其价值不可低估。曹全来的《国际化与本土化：晚清法制改革的两个目标》③ 一文，高度评价清末法律改革划时代的历史意义，认为法律改革既保留了法律习惯和传统经验，又吸收了西方先进法律成果，实现了国际化和本土化的双重改革目标。苏亦工在《明清律典与条例》④ 一书中对此提出不同观点，认为清末法律改革中的"本土化"，只是打着"托古改制"的旗号，以期减少改革阻力的幌子，改革的直接后果是基本西化，而非中西融合。张生的《从沈家本到孙中山——中国法律的现代化变革》⑤ 一文认为，清末法律改革虽然使中国法律有了近代化的外壳，但却在移植外国法律的过程中中断了中国法律的传统性。修订的新法律与中国传统法律观念格格不入，无法深入到现实生活中，客观上为中国法律的历史发展留下了一个巨大的隐患。

　　还有学者运用比较研究的方法，结合近代亚欧法制变革的史实，探讨了清末法制变革的原因、途径、进程和后果。艾永明的《清末法制近代化为什么失败——从中日比较的角度分析》⑥ 一文，对比明治日本法制变革的成果，认为清政府的法制改革没有成功，中国法律没有实现近代化。清末法制近代化失败的主要原因在于：腐朽的领导主体、稳定的权力体制和统治阶级内部结构、脆弱的资本主义经济、保守的文化传统和牢固的儒学统治、极具蛊惑力的反对变革的理论。尚小明的《留日学生与清末新政》⑦ 一书，通过具体考察留日学生在清末筹备立宪、教育改革、新军编练、法制变革等方面的种种活动，认为留日学生对于清末新政及其法制改革有着广泛的影响，并起了很重要的作用。

　　关于对清末法律改革的主持者——沈家本的研究，近十年仍有不少成果

①　周金恋：《清末法制改革的现代化特征》，《郑州大学学报》（哲社版）2001 年第 5 期。
②　陆文前：《浅析清末法制改革的历史地位》，《江汉论坛》2003 年第 8 期。
③　曹全来：《国际化与本土化：晚清法制改革的两个目标》，《天津社会科学》2003 年第 3 期。
④　苏亦工：《明清律典与条例》，中国政法大学出版社 1999 年版。
⑤　张生：《从沈家本到孙中山——中国法律的现代化变革》，《中国社会科学院研究生院学报》2002 年第 1 期。
⑥　艾永明：《清末法制近代化为什么失败——从中日比较的角度分析》，《比较法研究》2003 年第 3 期。
⑦　尚小明：《留日学生与清末新政》，江西教育出版社 2002 年版。

发表。研究沈家本的专家李贵连在长期积累的基础上出版了专著《沈家本评传》①，这是关于沈家本研究最有分量的一部著作，是作者长期研究沈家本所取得的一项集大成性质的成果。书中对沈家本的一生进行了全方位的考察，就其中所涉及的种种问题，特别是与清末法制改革有关的问题进行了有深度的分析论述，提出了许多重要见解。李俊的《论沈家本对传统律学继承和发展》②、曾尔恕和黄宇昕的《中华法律现代化的原点——沈家本西法认识形成刍议》③、沈厚铎的《法子匡时为国重，高名重后以书传——一代法子沈家本的人生轨迹与法学建树》④、徐黎明的《沈家本监狱改良思想探析》⑤ 等文章，从不同角度对沈家本的思想、学术及实践活动进行了研究，进一步肯定了沈家本丰富的法学思想、卓越的学术才能以及在清末法律转型中发挥的不可替代的历史作用。冯琳的《试析法学家与法律转型的关系——以沈家本个人角色与晚清法律变革为例》⑥ 一文，从法学家与法律转型的关系理论出发，分析了沈家本会通中西的文化态度和执著坚韧的性格特征对于晚清法律转型所产生的深刻影响。

　　苏亦工的《重评清末法律改革与沈家本之关系》⑦ 一文，从清末修律的后果、清末法律改革的主持人、清末修律的指导思想三方面评价了沈家本所起的作用及其地位，认为沈家本只是遵从清廷的意志完成清末法律改革任务，不存在"清廷和沈氏两种对立的指导思想"。从清末修律的全过程看，应视沈家本为清末法律改革的主持人，但不宜低估伍廷芳等修律大臣的作用。郑定、杨昂《还原沈家本：略论沈家本于晚清司法场域之变迁（1901—1911）》⑧ 一文，运用法国社会学家布迪厄的场域理论，通过对沈家

---

① 李贵连：《沈家本评传》，法律出版社 2000 年版。

② 李俊：《论沈家本对传统律学继承和发展》，《政法论坛》1998 年第 6 期。

③ 曾尔恕、黄宇昕：《中华法律现代化的原点——沈家本西法认识形成刍议》，《比较法研究》2003 年第 4 期。

④ 沈厚铎：《法子匡时为国重，高名重后以书传——一代法子沈家本的人生轨迹与法学建树》，《比较法研究》2002 年第 7 期。

⑤ 徐黎明：《沈家本监狱改良思想探析》，《山东师范大学学报》（人文社科版）2002 年第 4 期。

⑥ 冯琳：《试析法学家与法律转型的关系——以沈家本个人角色与晚清法律变革为例》，《江海学刊》2006 年第 2 期。

⑦ 苏亦工：《重评清末法律改革与沈家本之关系》，《法律史论集》第 1 卷，法律出版社 1998 年版。

⑧ 郑定、杨昂：《还原沈家本：略论沈家本于晚清司法场域之变迁（1901—1911）》，《政法论坛》2004 年第 1 期。

本政治身份、学术成长和法律实践多角度的分析，指出沈家本并非是一个孤独的司法英雄和法学天才，也并非一个人独立承担了晚清司法改革的重大历史使命。马作武的《沈家本的局限与法律现代化的误区》① 一文，深入分析了沈家本的局限与清末法律近代化的关系，认为一方面沈家本自身素质与能力不足以领导一场前无古人的法律现代化运动；另一方面，清末政治、经济和文化的本质特征更不能容忍一种直接威胁其生存的法律制度在中国立足。所以沈家本在完成修律使命的同时，却又不自觉地将中国法律带入一个误区：法律现代化如此容易，而法律现代化的过程又如此简单，无非照搬照抄西方法律条文。他自身素质与能力的不足是导致中国法律现代化走向误区的因素之一。

（三）清末修订部门法研究

清末部门法的修订是晚清政府推行"预备立宪"、进行法制改革的重要组成部分，受到学界持续的关注与研究。清末部门法的修订包括刑律的修订和民法、商法、诉讼法的制定等四个方面。在刑律方面，主要有删改旧律和制定新法两方面的工作，产生了两部刑法：《大清现行刑律》和《大清新刑律》（又称《大清刑律》、《钦定大清刑律》），近十年的研究大多集中在对《大清新刑律》的制定过程和文本解读上。周少元的《从〈大清新刑律〉看中西法律的冲突与融合》② 一文认为，《大清新刑律》在内容上是一个新旧杂处的矛盾体，这实际上是中西两种不同质的法律文化冲突和融合的结果。宋四辈的《清末刑法典编纂体例和结构的变化》③ 一文认为，《大清新刑律》在编纂体例和结构上发生了重大变化：由以刑为主、民刑不分、诸法合体，走向民刑并重、刑民有分、诸法分立并以专门规定犯罪与刑罚为唯一内容；由刑事程序法与刑事实体法的合典编纂，到刑事程序法与刑事实体法的分立成典。李靓的博士论文《近代三大基本刑法原则对〈大清新刑律〉的影响》④ 认为，《大清新刑律》所确定的近代刑法原则，包括"罪刑法定原则"、"罪刑

---

①　马作武：《沈家本的局限与法律现代化的误区》，《法学家》1999 年第 4 期。

②　周少元：《从〈大清新刑律〉看中西法律的冲突与融合》，《江苏社会科学》1997 年第 2 期。

③　宋四辈：《清末刑法典编纂体例和结构的变化》，《南都学刊》2004 年第 2 期。

④　李靓：《近代三大基本刑法原则对〈大清新刑律〉的影响》，中国政法大学 2002 年度博士论文。

相适应原则"、"刑罚人道主义原则",使得中国的传统刑法与世界进步刑法开始接轨,并为中国刑法近代化的进程指明了方向。

在肯定《大清新刑律》历史进步性的同时,也有不少学者对中国刑法近代化的第一次尝试应该吸取的教训进行了反思。朱勇的《理性的目标与不理智的过程——论〈大清刑律〉的社会适应性》①一文,认为清末立法者希望借助变法修律,全面建立新型的刑事法律体系,在刑事立法方面实现了法律理性主义的目标,具有法律发展史上的进步性。但同时,《大清刑律》在基本原则和基本制度方面,与当时中国的社会现实严重脱节,缺少生效、实施的社会基础,因而成为中国近代法律发展过程中的一个不理智环节。高汉成的专著《签注视野下的大清刑律草案研究》②,以独特的视角透视大清新刑律的立法过程,通过梳理、考察、解读晚清官员对大清刑律草案的签注意见,分析和探讨了大清刑律草案在立法基本原则、刑法基本理论、立法语言与技术等方面存在的主要问题和历史缺憾。他认为,晚清刑法改革仅从法律文本上移植了西方法律,而对"本土资源"缺乏创造性的转化利用,这既与中国自身状况脱节,也不符合法律自身的演进规律,是一次有着严重缺陷的立法实践。

关于对《大清现行刑律》的研究,两位我国台湾地区学者的学术成果颇为引人瞩目。黄源盛的《中国最后一部传统刑法典》③一文,通过对《大清现行刑律》的编修过程、目的与任务、体例与内容、性质与理念的全面考察,认为《大清现行刑律》是《大清律例》的全盘性重新编定,是新旧递嬗之交的权宜措施,它是比较进步的最后一部传统法典。陈新宇的《"分别民刑"考——以〈大清现行刑律〉之编纂为中心》④一文,考察了近代《大清现行刑律》编纂时期提出的"分别民刑"问题。经过比较前后三个文本:《大清律例》、《大清现行刑律案语》与《钦定大清现行刑律》中户役、田宅、婚姻、钱债四门所有法条的变化,并分析其修订理由,作者的结论是:尽管当时在法律智识上已经有意识将《大清现行刑律》比附为刑法典,

---

① 朱勇:《理性的目标与不理智的过程——论〈大清刑律〉的社会适应性》,载《中国法律的艰辛历程》,黑龙江人民出版社 2002 年版。

② 高汉成:《签注视野下的大清刑律草案研究》,中国社会科学出版社 2007 年版。

③ 黄源盛:《中国最后一部传统刑法典》,载《刑事法学之理想与探索——甘添贵教授六秩祝寿论文集》,台北学林出版社 2002 年版。

④ 陈新宇:《"分别民刑"考——以〈大清现行刑律〉之编纂为中心》,台湾《法制史研究》2007 年第 10 期。

"分别民刑"已在编纂过程中迭经强调，却远非立法中考虑的重点。沄律转型时期，分别民刑的关键，不是体现于立法，而是需要到司法中寻绎。

有关清末民法修订的研究，主要有《大清民律草案》和清末民事习惯调查两个研究领域。徐立志的《〈大清民律草案〉现存文本考析》① 一文，针对法史学界在研究《大清民律草案》中存在的版本方面的问题，对目前所能查到的《大清民律草案》的十余种文本进行了鉴别考证，并介绍了几种作者新近发现的文本，如总则、物权两编日文稿本，亲属、继承两编的清末油印本等，为学术界更准确地研究《大清民律草案》提供了便利。俞江的《〈大清民律（草案）〉考析》② 一文，对《大清民律（草案）》的形成过程进行了较为系统的考察分析。张生的《〈大清民律草案〉摭遗》③ 一文指出，清末编订民律草案是一个艰难而又曲折的过程，经历了修订法律权之争、拟定《编纂民法制理由》（草稿）与确定编纂计划、开展民事调查与编订民律草案条文稿，以及编订《大清民律草案》说明稿几个事件。清末政治形势日益紧迫致使当时的修订法律馆不可能按照既定的立法计划进行编订，最终完成的《大清民律草案》也难免存在着一些严重的缺陷。居洪生的《简论〈大清民律草案〉》④ 一文，分析了《大清民律草案》的产生背景、主要特点、立法思想，认为其大胆引进西方思想，又试图立足匡情的立法思路对我国当前民法典的制定具有方法论上的借鉴意义。柳经纬、吴克友的《清末民初民法法典化动因探析》⑤ 认为，晚清以来的民事立法于西方两大法系中走上了大陆法系法典化的道路，其原因主要有：五大臣的出洋实证考察、邻邦日本的影响、对世界民法认识的片面性、资本主义工商业的初步发展和民权的扩张、中华法系的成文法传统和制典习惯、当时法官偏低的素质等。陈宁英的《从〈大清民律（草案）〉"亲属""继承"两编的界定看我国法律文化的近代转型》⑥ 认为，《大清民律（草案）》"亲属"、"继承"两编的规定中既有一

---

① 徐立志：《〈大清民律草案〉现存文本考析》，《法史学刊》第 1 卷，社会科学文献出版社 2007 年 7 月版。

② 俞江：《〈大清民律（草案）〉考析》，《南京大学法律评论》1998 年春季号。

③ 张生：《〈大清民律草案〉摭遗》，《法学研究》2004 年第 3 期。

④ 居洪生：《简论〈大清民律草案〉》，《科学中国人》2005 年第 6 期。

⑤ 柳经纬、吴克友　《清末民初民法法典化动因探析》，《福建政法管理干部学院学报》2003 年第 1 期。

⑥ 陈宁英：《从〈大清民律（草案）〉"亲属""继承"两编的界定看我国法律文化的近代转型》，《中南民族大学学报》（人文社科版）2005 年第 6 期。

定的西方资本主义法律精神，也承继了传统中华法系中以父系家族为本位的宗法思想。《大清民律草案》中的这种矛盾性真实地反映了我国近代社会的变迁和法律文化的转型状况。李秀清的《中国近代民商法的嚆矢——清末移植外国民商法述评》① 认为，清末移植外国民商法在理论上的全面照搬、立法上的被动进行及立法内容的超前性等也是不可忽视的特点，这也从一个侧面反映了清末法律改革的大致价值取向。

　　清末民事习惯调查是民律修订进程中的重要事件。眭鸿明的《清末民初民商事习惯调查之研究》② 一书，重点考察了传统习惯存在的社会机理，回顾了调查运动的启动、进展、地域范围和时间跨度，并对调查所设计的问题进行了系统的梳理和分析。刘广安的《传统习惯对清末民事立法的影响》③ 一文，考察了传统习惯在清末民事立法中的体现，认为传统习惯对清末的民事立法确实产生了深刻的影响，使清末民事立法具有显明的承前启后的过渡性时代特点。张勤、毛蕾的《清末各省调查局和修订法律馆的习惯调查》④ 一文指出，清末民事习惯调查尽管规模巨大，但在组织管理上缺乏协调一致，受限于清末预备立宪的时代背景，其在发挥为修订和审核民律的参考作用方面十分有限。张生的《清末民事习惯调查与〈大清民律草案〉的编纂》⑤ 一文也认为，清末编订民律草案的过程中，由于时间极为仓促，立法者未及将调查所得大量民事习惯进行深入分析，民事习惯对民律草案的影响微乎其微，整部民律草案主要是由外国民法与中国制定法及儒家经义、道德拼合而成。日本学者的研究似乎更为注重历史本身的事实，西英昭的《清末民国时期的习惯调查和〈民商事习惯调查报告录〉》⑥ 一文，考证了清末习惯调查的时间、调查目的和调查项目，梳理并补充了中国现有民商事调查的全部史料，并对《报告录》中的"习惯"和"惯习"等基本问题进行了探讨和研究。

---

　　① 李秀清：《中国近代民商法的嚆矢——清末移植外国民商法述评》，《法商研究》2001 年第 6 期。
　　② 眭鸿明：《清末民初民商事习惯调查之研究》，法律出版社 2003 年版。
　　③ 刘广安：《传统习惯对清末民事立法的影响》，《比较法研究》1996 年第 1 期。
　　④ 张勤、毛蕾：《清末各省调查局和修订法律馆的习惯调查》，《厦门大学学报》（哲社版）2005 年第 6 期。
　　⑤ 张生：《清末民事习惯调查与〈大清民律草案〉的编纂》，《法学研究》2007 年第 1 期。
　　⑥ 西英昭：《清末民国时期的习惯调查和〈民商事习惯调查报告录〉》，载《中国文化与法治》，社会科学文献出版社 2007 年版。

　　清末商事法律研究是一个非常重要的领域。徐立志在《清末立法草案考》①、《清末商法实施考》②、《略论〈钦定大清商律〉对外国法的移植》③等文章中，立足于翔实的史料，对清末商事立法进行了多方面的研究。不仅对清末商法的制定情况及有关文本进行了考证性研究，并对"清末商法完全仿自外国商法"、"又颁布而未实施"等传统观点加以辨正，认为清末商法的内容虽以外国商法为主，但中国商事习惯仍是其立法资源之一。《钦定大清商律》在移植外国法方面存在的主要问题，不是忽略了本土资源，而是在对外国法缺乏充分了解的情况下，将来自不同法系的法律生硬地拼凑到一起，从而造成了很多混乱。尽管如此，清末颁布的商法在清政府和商会的推行下仍得到了实施，对中国人公司法律观念的形成和近代工商业的发展起了明显的促进作用，其历史地位不容忽视。

　　关于公司立法的研究，蒋燕玲的《论晚清重商思潮与公司立法的互动》④一文认为，重商思想在晚清逐渐成为社会主流意识，并进而影响到清廷的公司立法。清廷的公司立法也在一定程度上回应了重商主义者的法律要求，进一步拓展了重商思潮的影响层面。张铭新、王玉洁的《略论清末〈公司律〉的产生及特点》⑤一文，剖析了清末《公司律》的产生背景和文本内容，认为 1904 年的《公司律》，开创了近代中国公司法之先河，其在公司制度演进中的重要性和历史地位是显而易见的。但另一方面，由于《公司律》的制订、颁行事出仓促，机械的照抄外国法律，不懂得与中国的国情相结合，使得其无论从内容到实施都存在很多缺陷，限制了其作用的发挥。

　　作为协助政府实施商法的清末商会，学者也给予了关注。高旭晨的《中国商会制度的创立》⑥一文介绍了中国商会制度建立的经济背景和思想基础、商会制度的建立和商会立法的基本过程，分析了商会的活动和作用，指出商会是中国近代最早建立的现代意义上的社会团体之一，中国商会制度

---

　　①　徐立志：《清末立法草案考》，载《中国法制史考证》甲编第七册，中国社会科学出版社 2003 年版。

　　②　徐立志：《清末商法实施考》，《法律史论集》第 3 卷，法律出版社 2001 年版。

　　③　徐立志：《略论〈钦定大清商律〉对外国法的移植》，《郑州大学学报》（哲社版）2005 年第 5 期。

　　④　蒋燕玲：《论晚清重商思潮与公司立法的互动》，《社会科学研究》2005 年第 1 期。

　　⑤　张铭新、王玉洁：《略论清末〈公司律〉的产生及特点》，《法学评论》2003 年第 3 期。

　　⑥　高旭晨：《中国商会制度的创立》，《环球法律评论》2002 年夏季号。

建立的过程也是近代商人身份确立的过程和商人组织有序化的过程。林雅的《清末商会探微》① 一文从领导权、经费来源、公牍程式、自治权与成员身份五个方面论证了商会是商人的新式社团组织，指出商会具有联络工商、调查民情、兴办商学、调息纷争的作用。马敏的《商事裁判与商会——论晚清苏州商事纠纷的调处》② 一文，利用晚清苏州商会档案中大量的"理案"记录，分析晚清商会商事调处活动的性质、特点及其运行情况。

关于商事仲裁制度的研究，郑成林的《近代中国商事仲裁制度演变的历史轨迹》③ 和《清末民初商事仲裁制度的演进及其社会功能》④ 两篇文章，指出中国商事仲裁制度在仲裁组织、仲裁原则、裁决的执行以及仲裁范围等方面均有较大发展，并逐步定型化、制度化和法律化，并认为商事仲裁不仅是保护商事主体合法权益和规范社会秩序的重要手段，而且还是社会资源配置的重要方式和商事主体民主权利实现的重要保障。付海晏的《清末民初商事裁判组织的演变》⑤ 一文认为，清末民初以来针对商会的商事裁判权，官商之间形成了两种不同的法制化构想，斗争结果则是官方占了上风。

关于清末诉讼法变革的研究，表现在民事与刑事诉讼法两个研究领域。徐立志在《清末立法草案考》⑥ 一文中，对清末拟订的民刑诉讼法草案的数量及当时引起较大争议的《刑事民事诉讼法草案》的存废问题进行了考证性研究，认为除了学术界已知的《刑事民事诉讼法草案》和两部诉讼律草案外，清末还拟订了一部暂行性的诉讼法草案，名为《刑事民事诉讼暂行章程》，该章程的内容基本来自当时正在制定过程中的两部诉讼律草案，也因清朝崩溃而未能颁布施行。作者还认为，由沈家本等主持拟订的《刑事民事诉讼法草案》并非如一些中国学者根据《清史稿》的记载所说的那样因遭到部院督抚大臣的反对而很快被废弃，也不像日本学者所说的那样，直到宣统二年十二月才因两个诉讼律草案的拟成上奏而报废，而是在宣统元年十二月因清政府已决定制定新的刑事民事诉讼暂行章程而放弃了对该草案的

① 林雅：《清末商会探微》，《华东政法学院学报》2003 年第 3 期。

② 马敏：《商事裁判与商会——论晚清苏州商事纠纷的调处》，《历史研究》1996 年第 1 期。

③ 郑成林：《近代中国商事仲裁制度演变的历史轨迹》，《中州学刊》2002 年第 6 期。

④ 郑成林：《清末民初商事仲裁制度的演进及其社会功能》，《天津社会科学》2003 年第 2 期。

⑤ 付海晏：《清末民初商事裁判组织的演变》，《华中师范大学学报》（人文社科版）2002 年第 2 期。

⑥ 徐立志：《清末立法草案考》，载《中国法制史考证》甲编第七册，中国社会科学出版社2003 年版。

修订，使之在事实上成了废案。

尤志安著的《清末刑事司法改革研究》① 一书，从中国刑事诉讼法制近代化的角度，系统描述和论述了清末刑事司法改革的原因、过程和影响。他认为，清末刑事司法改革的成就在于确立了以司法独立原则为核心的近代化刑事司法体制、确立了以控审分离为核心的近代化刑事诉讼程序、引进了以人权保障为核心的近代化刑事司法理念。李春雷的《中国近代刑事诉讼制度变革研究》② 一书，对中国近代刑事诉讼制度变革路径、理念进行了探析。他指出，《京师高等以下各级审判厅试办章程》、《大清刑事民事诉讼法》草案、《大清刑事诉讼律》草案先后拟就，并被民初历届政府所沿承，其原则与内容也被长期、大量援用，从而成为中国近代刑事诉讼制度变革过程中迈出的关键一步，为以后的刑诉变革打下了基础，积累了经验。郭成伟的《清末民初刑诉法典化研究》③ 一书，分析了1840年后刑事诉讼法制转型的历史进程。他认为，清末政府制定的《大清刑事民事诉讼法（草案）》、《大清刑事诉讼律（草案）》，尽管没来得及颁布实施，但它所确定的法律原则，所构建的法律框架，开启了新型诉讼法及司法体制的先河。其进步性主要表现在：独立的程序法、抗辩式的审判方法、法律平等、罪刑法定、轻刑主义、国家主义。

在清末民事诉讼法研究方面，陈刚主持编写的《中国民事诉讼法制百年进程》④（清末卷），以专题论文的方式，分章节介绍了清末民事诉讼制度以及律师制度、陪审制度等与其相关的司法制度。吴泽勇的《清末修订〈刑事民事诉讼法〉论考——简论法典编纂的时机、策略和技术》⑤ 一文提出，《大清刑事民事诉讼法》的修订，本是为了回应守旧大臣的批评，适应当时改革的即时之需。为此，它被定位为一部暂行章程，这导致了它简单、务实的立法风格。他对旧有的一些观点也提出了质疑，认为根据现有史料，不足以断定伍廷芳就是《刑事民事诉讼法》的起草人；督抚对该草案的批评，也不能简单归结为"礼教派攻击法理派"。无论是从从法典编纂的时机、策略，还是从立法技术上看，《大清刑事民事诉讼法（草案）》都是法

---

①　尤志安：《清末刑事司法改革研究》，中国人民公安大学出版社2004年版。
②　李春雷：《中国近代刑事诉讼制度变革研究》，北京大学出版社2004年版。
③　郭成伟：《清末民初刑诉法典化研究》，中国人民公安大学出版社2006年版。
④　陈刚编：《中国民事诉讼法制百年进程》（清末卷），中国法制出版社2004年版。
⑤　吴泽勇：《清末修订〈刑事民事诉讼法〉论考——简论法典编纂的时机、策略和技术》，《现代法学》2006年第2期。

典编纂的一个失败案例。他的另一篇文章《清末修律中的民事诉讼变革》①，考察了清末民事诉讼变革的历史背景和法律文本的修订，认为囿于各种历史因素的局限，清末民事诉讼制度改革进行得并不顺利，其最终成果《大清民事诉讼律》，也不能说达到很高的立法水准，但毕竟拉开了中国民事诉讼制度现代化的序幕。

清末教育立法是清末教育改革中的重要内容，以前鲜有研究成果发表。陈绍方的《论清末教育立法》② 一文，研究了清末教育立法的法律文本和实施情况，对清末教育立法作了分析和评价。胡仁智的《晚清社会转型中的教育改革立法刍议》③ 一文认为，清末在实行"新政"过程中，制订并颁行了关于学校教育、留学教育以及教育行政管理等方面的一系列法规，标志着中国近代教育法律体系的初步创建。文章重点考察清末教育立法产生的社会历史动因和教育立法的内容特点，分析了清末教育立法的历史局限。李静蓉的《清末高等教育法研究》④ 一文，以清末高等教育的法律渊源和法律精神为研究对象，认为清末高等教育法形式单一、不成体系；其强制性特征较弱而引导性较强；体现了强烈的皇权至上、中体西用、实用的精神。

（四）"礼法之争"研究

清末修律过程中，以沈家本为代表的所谓"法理派"与以张之洞、劳乃宣为代表的所谓"礼教派"曾有过激烈的争论，争论的焦点在于新修订的法律是否应继续纳入传统礼教的规范，它反映了西方外来法律文化与中国本土法律文化之间的矛盾和冲突，展现了中国法制近代化过程中的复杂性和艰巨性。李贵连先生对礼法之争的研究起步较早。他撰写的《清末修订法律中的礼法之争》⑤ 一文，详尽探究了礼法之争的五个历史阶段和发展脉络，并将礼法之争的内容概括为三个方面："因伦制礼，准礼制刑"和效法西方"齐一法制"之争；有关伦常诸条款之争；国家主义和家族主义之争。他认为，所谓礼法之争，就是清王朝内部就《刑事民事诉讼法》，特别是《大清新刑律》的立法指导思想，实质上也是清末整个修律的指导思想的一

① 吴泽勇：《清末修律中的民事诉讼变革》，《比较法研究》2003 年第 3 期。
② 陈绍方：《论清末教育立法》，《暨南学报》（哲社版）1997 年第 2 期。
③ 胡仁智：《晚清社会转型中的教育改革立法刍议》，《现代法学》2001 年第 4 期。
④ 李静蓉：《清末高等教育法研究》，《理工高教研究》2004 年第 6 期。
⑤ 李贵连：《清末修订法律中的礼法之争》，载《近代中国法制与法学》，北京大学出版社 2002 年版。

次大争论。

近年来，年轻学者对礼法之争予以了极大的关注，研究也不断深入。张仁善的《礼·法·社会——清代法律转型与社会变迁》① 一书中，从礼法关系的角度对清末"礼法之争"加以分析，形成了以下的几个观点：礼教派和法理派的不断争论最终导致了清末礼法分离；争论的中心问题是围绕建立什么样的刑律模型；争论的焦点是礼法合一还是礼法分离；最终法理派的辩论无法形成压倒礼教派的绝对优势，在《大清新刑律》杀青之际，不得不适当照顾礼教派的意见。高汉成的《试析清末修律中礼法之争的力量对比》② 一文，重新分析和评估"礼法之争"中的力量对比，认为学界视"礼教派"为强大、"法理派"为软弱的传统观点有失偏颇。他从奕劻和他主持的宪政编查馆入手，对"礼法之争"从动态和静态两方面进行分析，认为法理派并不是势单力孤，清政府也不是礼教派的坚强后盾，礼教派无论在形式上还是在内容上都未取胜，法理派也根本谈不上失败。

丁明胜的《日本明治时期民法典论争与我国清末礼法之争》③ 一文，运用比较法学的方法，研究日本明治时期民法典论争与我国清末礼法之争的差异及产生这种差异的内在原因，认为中日两国不同的政治发展状况和对本民族文化及外来文化的不同态度，决定了中日两国法律改革的不同命运及法律理论争议的差异。李晓明的《清末礼法之争及其法哲学解析》④、刘霜的《从清末修律的"礼法之争"管窥立法关系》⑤ 两篇文章，回顾了"礼法之争"的历史，认为中国现代法制建设必须以中国传统法律文化为依托，在借鉴西方法制经验的同时，应当走民族化、中国式的道路。黄长杰、郑雷的《清末"礼法之争"对今天法制建设的启示》⑥ 一文认为，以纲常名教为核心的封建文化的固有排他性和中西方伦理价值观的差异是引发冲突的深层原因，并分析了清末"礼法之争"对我国当前法制建设的启示与借鉴意义。

① 张仁善：《礼·法·社会——清代法律转型与社会变迁》，天津古籍出版社2002年版。
② 高汉成：《试析清末修律中礼法之争的力量对比》，《东方论坛》2003年第3期。
③ 丁明胜：《日本明治时期民法典论争与我国清末礼法之争》，《北京政法职业学院学报》2004年第1期。
④ 李晓明：《清末礼法之争及其法哲学解析》，《河北法学》2001年第4期。
⑤ 刘霜：《从清末修律的"礼法之争"管窥立法关系》，《河南大学学报》（社科版）2005年第2期。
⑥ 黄长杰、郑雷：《清末"礼法之争"对今天法制建设的启示》，《东方论坛》2000年第4期。

（五）清末司法改革研究

　　司法独立是清末司法改革的诉求之一。韩秀桃的《司法独立与近代中国》① 一书，考察了清末司法独立思想的传入以及以司法独立为重点的清末司法改革，重点分析了以大理院筹设为核心的晚清司法与行政分立的改革之路及其发展进程，总结了以司法独立为核心的晚清司法改革实践中的主要障碍：经费缺乏、人才不足、习俗窒碍、法令不备、治外法权之干涉。并进一步说明，清末十年新政改革中司法改革的成效最为明显，同时又是改革过程中问题最多的领域，这反映了近代社会推行司法独立的传统性障碍和清末司法改革中的先天性不足。郭志祥的《清末和民国时期的司法独立研究》② 一文，系统地考察了近代司法独立思想与原则的历史演进过程。张从容撰写的《晚清官员的司法独立观》③、《晚清中央司法机关的近代转型》④ 和《晚清司法改革中的两种倾向》⑤ 三篇文章，介绍了晚清司法改革中，大理院试图通过兼理司法行政事务，法部试图通过制约或分享审判权，扩大权限，形成了司法审判权扩大化与司法行政权扩大化两种倾向，直接影响了司法改革的进程。在这一过程中，官员们对于司法独立的认识也在不断深化，从对司法独立的基本含义与功能的认识、机构改革的认识，直至划分司法权与行政权尤其是司法权与司法行政权的认识。他认为，清末主张立宪的官员们对于"司法独立"的不同体认以及"司法独立"的意义变迁与晚清司法改革的进程交织在一起，说明了集权体制条件下难以在司法独立问题上获得突破，司法改革之路任重而道远。石毕凡的《开启理性司法之门——对清末司法改革的程序正义解读》⑥ 一文认为，清末司法改革在西法东渐和立宪主义的背景下，初步确立了司法独立制度，程序正义之路的开启对中国传统司法的现代转型有重大意义。春杨的《清末中国司法体制的转型及其历史启示》⑦ 一文，探讨了清末司法改革的必要性和迫切性，对司法改革的过程加以全面考

---

　　① 韩秀桃：《司法独立与近代中国》，清华大学出版社 2003 年版。
　　② 郭志祥：《清末和民国时期的司法独立研究》，《环球法律评论》2002 年第 1、2 期。
　　③ 张从容：《晚清官员的司法独立观》，《比较法研究》2003 年第 4 期。
　　④ 张从容：《晚清中央司法机关的近代转型》，《政法论坛》2004 年第 1 期。
　　⑤ 张从容：《晚清司法改革中的两种倾向》，《学术研究》2005 年第 2 期。
　　⑥ 石毕凡：《开启理性司法之门——对清末司法改革的程序正义解读》，《浙江社会科学》2003 年第 6 期。
　　⑦ 春杨：《清末中国司法体制的转型及其历史启示》，《政法论丛》2005 年第 2 期。

察，主张应辩证地看待清末中国司法体制的转型，认真总结其成败得失。

关于清末地方司法体制转型问题的研究相对薄弱，李启成的《晚清各级审判厅》① 一书，依据大量第一手资料，重现清末各级审判厅成立和活动的全过程，在此领域做了开拓性的工作。他从程序与实体两方面分析了各级审判厅对传统司法审判制度的突破，分析了各级审判厅在运作过程中所面临的困境。他认为，晚清各级审判厅的设立并进行民刑案件的分庭审理是地方司法改革中最为重要的事情，各级审判厅的设立由于人力、物力以及整个社会情况的制约，基本只限于省城商埠及其部分近郊地区，但其成果是极其显著的。俞江的《清末奉天各级审判厅考论》② 一文，以新挖掘的史料为基础，对清末奉天各级审判厅的创办加以个案考证，发现新设立的审判厅并未得到行政机构的尊重，没有财政、人事、教育、经济、议会等多方面的改革加以配合，清末司法改革的目标难以实现。柳岳武的《清末地方司法改革中的审级权限制度》③、《清末奉天新式审判制度的社会运作及评价》④ 两篇文章，介绍了清末地方司法改革中的审判制度和法官制度，分析了阻碍地方司法改革成功的因素，并说明了地方司法体制的转变对于国人法律观念和法律意识的变革具有积极意义。王霞的《地方巡抚与清末法制变革》⑤ 一文，认为地方巡抚在清末司法改革中起着举足轻重的作用。他们的保守立场决定了清末改革的成败。张瑞泉、朱伟东的《清末民初陕西司法改革初探》⑥ 一文认为，区域性地方法制状况是一个国家整体法制水平的缩影，从清末民初陕西司法制度变迁可以较详细地考察清末由沈家本主持的变法修律活动对地方司法改革的影响。

对清末司法改革中的具体事件进行微观研究，"部院之争"受到学界关注。张从容的博士论文《晚清司法改革的一个侧面——部院之争》⑦，对"部院之争"的制度背景、事件进程和具体事项作了全景式的重构和解析，认为部院之争不仅是政治体制近代化过程中机构之间的权力之争，更是司法

① 李启成：《晚清各级审判厅》，北京大学出版社 2004 年版。

② 俞江：《清末奉天各级审判厅考论》，《华东政法学院学报》2006 年第 1 期。

③ 柳岳武：《清末地方司法改革中的审级权限制度》，《河南教育学院学报》（哲社版）2005年第 1 期。

④ 柳岳武：《清末奉天新式审判制度的社会运作及评价》，《唐都学刊》2005 年第 3 期。

⑤ 王霞：《地方巡抚与清末法制变革》，《人文杂志》2001 年第 4 期。

⑥ 张瑞泉、朱伟东：《清末民初陕西司法改革初探》，《唐都学刊》2003 年第 1 期。

⑦ 张从容：《晚清司法改革的一个侧面——部院之争》，中国政法大学 2003 年度博士论文。

权和行政权实现彻底分离这一变革与传统体制之间不可避免的冲突。他认为，部院权限的划分之争体现了审判独立原则在宪政层面、官制层面和司法制度层面逐步确立的过程，而在集权体制下，审判独立的实现必然是一个长期的、艰辛的过程。李俊的《试析清末部院司法权限之争》① 一文认为，迫于内外压力而举起"预备立宪"旗帜的晚清统治者，在知识、人员、体制都准备不足的情形下，面对引进"司法独立"原则和制度所出现的矛盾，依然采取蛮横专断、为己所用的方法处之，使得清末司法改革进程中新旧冲突不断。韩秀桃的《清末官制改革中的大理院》② 一文，以清末大理院的筹设过程为视角，在官制改革的大背景下考察司法权限划分中的部院之争，以此揭示中国法制近代化艰难的发展历程。

　　关于清末审判制度和审判方式革新的研究，也有一些成果。李俊在其博士论文《晚清审判制度变革研究》③ 中，对变革的历史背景、过程、内容、结果等问题进行深入探讨，以大量史料展现晚清审判制度变革的真实全貌。通过研究清末新式审判程序、审判方式建立的历史进程，总结了清末审判制度变革的基本特点：以日本为模式移植西方审判制度；审判机构设立上既新旧并立又以新统旧；变革的推进节奏、过程起伏均与宪政运动的开展状况密切相关；从变革的结果看，揭开了中国传统审判制度全面转型的序幕。屈春海的《清末司法改革对皇族司法制度之影响》④ 一文，探讨了清末皇族司法制度改革问题。他认为，皇族司法制度改革是清末司法改革的一部分，在吸收西方国家的诉讼原则，特别是参考日本皇族民刑诉讼制度的基础上，皇族司法制度改革对旧的皇族诉讼审判机制进行了较大幅度的调整，具体表现为皇族司法审判权限、皇族问罪与告诉制度以及皇族刑罚制度等多方面的变化，初步建立了一整套新的宗室觉罗诉讼制度。

　　就地正法是在晚清引起广泛争议的重大司法问题。邱远猷的《太平天国与晚清"就地正法"之制》⑤ 和《晚清政府何时何地开始实行"就地正法"之制》⑥ 两篇文章认为，"就地正法"是在特定的历史背景下、为了特定的政治目的——镇压太平天国、维持清政府摇摇欲坠的统治，而实施的一

---

① 李俊：《试析清末部院司法权限之争》，《江汉论坛》2001 年第 8 期。
② 韩秀桃：《清末官制改革中的大理院》，《法商研究》2000 年第 6 期。
③ 李俊：《晚清审判制度变革研究》，中国政法大学 2000 年度博士论文。
④ 屈春海：《清末司法改革对皇族司法制度之影响》，《历史档案》2001 年第 2 期。
⑤ 邱远猷：《太平天国与晚清"就地正法"之制》，《近代史研究》1998 年第 2 期。
⑥ 邱远猷：《晚清政府何时何地开始实行"就地正法"之制》，《历史档案》2000 年第 3 期。

种极其野蛮残酷的特别刑事法规。晚清政府实行"就地正法"之制，始于1851 年后太平天国起义首先爆发的广西省。王瑞成的《就地正法与清代刑事审判制度——从晚清就地正法之制的争论谈起》① 一文则认为，就地正法之制并非始于晚清，它是清代刑事审判制度的组成部分。就地正法是相对于死刑审判复核监督制度所做的特殊制度安排，主要适用于紧急情况下，从重从快处理谋反、叛乱和聚众抗官等严重危及统治秩序的案件。这项失去有效司法监督的应急性死刑审判制度，存在着随意性和扩大化等诸多弊端，尤其是在晚清镇压太平天国运动之后的持续施行，引起了死刑审判复核监督制度与就地正法制度之争，及中央与地方司法审判和监督的权力之争。

　关于领事裁判权与会审公廨，何勤华的《〈华洋诉讼判决录〉与中国近代社会》② 一文认为，《华洋诉讼判决录》为我们了解领事裁判权的运作以及存废提供了非常重要的实际证据，并补充了文献资料的不足，也为我们了解近代中国在华洋诉公活动中法律运行乃至整个司法制度运行提供了珍贵的第一手资料。康大寿的《近代外人在华"治外法权"释义》③ 一文认为，治外法权是以领事裁判权为主体的非法侵略特权，具有三个本质特征：普遍性、不平等性、侵略性。高汉成的《晚清刑事法律改革中的"危机论"：以沈家本眼中的领事裁判权问题为中心》④ 认为，清末修律中收回领事裁判权问题并不是主持改革者所追求的目标，在法律儒家化的价值观念不能正面否定的前提下，只好拿领事裁判权问题作为推进法律变革的手段，实际上以学习西方为取向的法律近代化才是目的，这表明以沈家本为代表的法律改革者已经全面认同了西方法律的精神和原则。但手段和目的的不相协调，是导致晚清刑事法律改革出现诸多问题的主要原因。关于列强在华设立的司法机构的研究，我国台湾地区学者杨湘钧的《帝国之鞭与寡头之链——上海会审公廨权力关系变迁研究》⑤ 一书，从地理、人文、法律文化等层面探究会审公廨的生成背景，及其与上海租界迈向现代化都市过程的互动关系，并以会

　① 王瑞成：《就地正法与清代刑事审判制度——从晚清就地正法之制的争论谈起》，《近代史研究》2005 年第 2 期。

　② 何勤华：《〈华洋诉公判决录〉与中国近代社会》，《中外法学》1998 年第 1 期。

　③ 康大寿：《近代外人在华"治外法权"释义》，《社会科学研究》2000 年第 2 期。

　④ 高汉成：《晚清刑事法律改革中的"危机论"：以沈家本眼中的领事裁判权问题为中心》，《政法论坛》2005 年第 5 期。

　⑤ 杨湘钧：《帝国之鞭与寡头之链——上海会审公廨权力关系变迁研究》，北京大学出版社 2005 年版。

审公廨为载体，观察通过会审公廨呈现的华洋政体权力的变迁以及华洋政体与租界华民间权力关系的变迁。王一强的《法律文本的矛盾：从英租威海卫时期的一份鞭刑文件说起》① 一文认为，英租威海卫《1903 年鞭笞规定法令》表达了一种深刻的矛盾，破解这一矛盾需要对文本背后的"二元法律"进行分析。马来西亚学者陈玉心的《清代健讼外证——威海卫英国法庭的华人民事诉讼》② 一文，透过西方人的眼光，以更为具象生动的画面，描绘出晚清民众的健讼实态，并指出，英租威海卫法庭之所以成为广受欢迎的民事审判场所，与英国人对诉讼制度的改进有关。

关于清末的监狱制度变革，赵晓华的《晚清讼狱制度的社会考察》③ 一书从一种独特的视角进行了研究。该书在分析晚清讼狱制度运行的社会背景的基础上，从晚清吏治与法制、积案问题、待质积弊、监狱生活和狱政改良、京控制度、刑讯制度、厌讼心理等方面阐述了晚清讼狱制度的严重危机。讼狱制度在晚清的运行状况深刻地说明了中国法制近代化的实现必须依赖于社会制度的根本变革。王春霞、王颖的《试论清末监狱近代化的法制前提》④ 一文认为，清末"新政"成为监狱改良的契机。清末监狱近代化的法制前提在于自由刑的产生、犯罪人的析出、近代西方教育刑论代替封建的惩罚报应观念。

关于清末的近代警察制度建设，也有一些新成果发表。夏敏的《晚清时期中国近代警察制度建设》⑤ 一文，对晚清中国警政理论、警察组织、警察教育制度、警察机关进行考察分析，认为由于理论准备不足，中央权力过于虚弱，清末警政未能建立起一个强国的警政基础。孟庆超的《清末建警失败原因分析》⑥ 一文认为，清朝末年引进、推广近代西方警察制度失败的原因主要包括以下几个方面：权力运行机制中存在着中央权力薄弱、官僚积习深重等问题；经费短缺；国人对于警察的认识存在缺陷；警政人才缺；等等。沈晓敏的《清末广东巡警（警察）制度述略》⑦ 一文，考述了清末广东巡警制度

① 王一强：《法律文本的矛盾：从英租威海卫时期的一份鞭刑文件说起》，《山东大学学报》（哲社版）2005 年第 4 期。
② 陈玉心：《清代健讼外证——威海卫英国法庭的华人民事诉讼》，《环球法律评论》2002 年秋季号。
③ 赵晓华：《晚清讼狱制度的社会考察》，中国人民大学出版社 2001 年版。
④ 王春霞、王颖：《试论清末监狱近代化的法制前提》，《广西社会科学》2002 年第 5 期。
⑤ 夏敏：《晚清时期中国近代警察制度建设》，《江苏警官学院学报》2003 年第 4 期。
⑥ 孟庆超：《清末建警失败原因分析》，《中国人民公安大学学报》（社科版）2002 年第 5 期。
⑦ 沈晓敏：《清末广东巡警（警察）制度述略》，《政法学刊》1997 年第 3 期。

的沿革、巡警装备待遇、训练等史实。何文平的《清末广东巡警的创建与官绅关系》① 一文，论述了 1900 年广州设立巡警局前后地方绅权与新兴的警察力量之间的较量以及最终官权不得不向绅权让步的历史。王先明、张海荣的《论清末警察与直隶、京师等地的社会文化变迁》② 一文，以《大公报》为中心，考察了清末警察在直隶、北京的社会文化变迁中所扮演的角色，肯定了清末警察在文化知识普及和近代文明扩散中的积极作用。

关于清末法官和律师制度改革，李超的《晚清法制变革中的法官考选制度研究》③ 一文认为，清末进行了中国历史上的首次法官资格考试，从制度上规范了新型司法人员所应具备的综合素质标准，体现了全方位引入西方司法体制的特点，实施过程上有其鲜明的时代特征。柳岳武的《清末地方司法改革中的法官制度》④ 一文，从法官培养、法官考试、任用、编制四方面对清末地方法官制度改革进行分析，认为清末地方司法制度改革不成功的原因在于：法官群体非常复杂，法官的主体改造没有完成；所任用的法官中具有近代化司法意识的法官太少；司法改革软系统中的封建因素太多，影响太大。肖军的《清末新政中法官（审判人员）的选用》⑤ 认为，清末新政对法官人选由最初强调经验的重要性到考试合格方准任用的演变过程，反映了清政府对法官选取标准不断提高的思路。但在实际的运行过程中却出现了两难的局面，人员的缺乏限制了资格提升的标准，而放宽标准后审判人员的素质又受到了限制，从而影响了清末司法审判制度改革的成效。徐家力的《领事裁判权与清末律师制度的产生》⑥ 一文，论述了我国律师制度的发端。

（六）晚清法律移植研究

立足于法律移植的基础理论，研究清末修律以来的法律变革与实践，华东政法大学的何勤华和李秀清为此进行了开创性的工作。在所著《外国法

---

① 何文平：《清末广东巡警的创建与官绅关系》，《中山大学学报》（社科版）2006 年第 5 期。

② 王先明、张海荣：《论清末警察与直隶、京师等地的社会文化变迁》，《河北师范大学学报》（哲社版）2005 年第 1 期。

③ 李超：《晚清法制变革中的法官考选制度研究》，《新疆大学学报》（社科版）2004 年第 4 期。

④ 柳岳武：《清末地方司法改革中的法官制度》，《天府新论》2005 年第 2 期。

⑤ 肖军：《清末新政中法官（审判人员）的选用》，《宜宾师范高等专科学校学报》2001 年第 2 期。

⑥ 徐家力：《领事裁判权与清末律师制度的产生》，《河北法学》1997 年第 3 期。

与中国法——20 世纪中国移植外国法反思》① 一书里，分别从宪政、民商法、刑法、司法制度和国际法的角度，对中国清末以来移植外国法律的历史过程作了回顾和总结，认为法律移植是中国近现代法律发展的一个基本历史现象，是不争的事实。更为宏观、更为理性地认识和总结中国法律移植的百年历程，是 21 世纪中国法制和法学建设的重大课题。张德美在《探索与抉择——晚清法律移植》② 一书中，系统地探讨了法律移植的一般理论、中国传统法律的发展状况、晚清法律移植的背景与原因、晚清法理移植、司法移植和立法移植的对象和效果。论述了由于法理移植基础的薄弱和司法移植经验的不足，晚清立法中的矛盾冲突之处，以及新建立的法律体系所呈现的混合法特征。作者在批判法治"本土资源论"的同时，总结了日本法制现代化成功的经验。他认为，在任何一个国家、任何一个时期，人们在移植外来法的同时，也总需要在梳理中选择本土法的合理因素，那种只强调本土法的实际存在，却没有为人们提供利用本土资源的方法是不可取的。

马作武、陈影的《清末法律移植的现代反思》③ 一文认为，在中国固有的政治、文化及社会经济尚未发生根本性变化，中国社会尚不具备接纳异质文明的土壤的情况下，清末超前的法律移植运动一开始就陷入了误区，与生俱来的局限使中国法制的现代化不可避免的流于表面和形式。任何一场深刻而有效的变革，必须建立在社会政治、经济、文化条件充分成熟的基础之上，必须借助波及全社会的启蒙运动作支撑。傅建奇的《从清末修律的局限性看中国对西方法律的借鉴》④ 一文认为，当时的经济基础与上层建筑的关系，清末中国的社会特点，法律的普适性与地方性等基本矛盾决定了清末修律中难以逾越的局限性，但修律活动对西方法律的借鉴仍有成功之处。

关于德国法对清末修律的影响，王立民的研究较有深度。他的《论清末德国法对中国近代法制形成的影响》⑤ 一文，就当时清政府变法过程中以

---

① 何勤华、李秀清：《外国法与中国法——20 世纪中国移植外国法反思》，中国政法大学出版社 2003 年版。
② 张德美：《探索与抉择——晚清法律移植》，清华大学出版社 2003 年版。
③ 马作武、陈影：《清末法律移植的现代反思》，《学术研究》2005 年第 2 期。
④ 傅建奇：《从清末修律的局限性看中国对西方法律的借鉴》，《法学杂志》2002 年第 4 期。
⑤ 王立民：《论清末德国法对中国近代法制形成的影响》，《上海社会科学院学术季刊》1996 年第 2 期。

德国法为范本来改变传统中国封建法律的原因，中国引进德国法的直接途径和间接途径，德国法对中国近代法制的积极影响等作了客观分析和研究。另一篇论文《论清末中国从日本民法中吸取德国民法》①，论述了清末间接从日本吸收德国法的原因和表现。其他相关论文还有邵建东的《论旧中国民事立法继受德国民法的原因》②、王健的《德国法在中国传播的一段逸史：从青岛特别高等专门学堂说到赫善心和晚清修律》③ 等。

关于清末移植日本法的研究，祖伟的《清末修律取法日本述论》④ 一文认为，在晚清中国法律的变化中，日本法作为中国法律与大陆法系法律的媒介，起了不容忽视的作用。钱鹏、韩兴的《析清末修律对日本法的移植》⑤ 一文认为，清末法制改革中媒介东西法律制度的法律当属近代日本法。研究日本法对清末法制改革的影响，有利于总结我国法律移植的历史经验，促进中国法制的现代化。侯欣一的《清末法制改革中的日本影响——以直隶为中心的考察》⑥ 一文，以清末直隶地区的报纸、官宦关于日本的游记等地方文献为资料，分析了日本对清末法制变革影响的原因、途径、方式以及后果。王健的《晚清法学新词的创制及其与日本的关系》⑦ 一文，运用国内外语言学和中日文化交流关系等方面的文献和最新研究成果，探讨了中国近代法学用语的创制、传播及其与日本的关系。

（七）清末法学教育研究

对清末法学教育变迁的研究是近十几年填补的一项空白，在此之前仅对西方法学输入和影响方面有所探讨，近代法学教育史的研究非常薄弱。王健的《中国近代的法学教育》⑧ 一书，对清末以降的法学教育的沿革、法科留学活动的背景与经过、法律教育机构的创设和发展、近代法律教育机制的形

---

①　王立民：《论清末中国从日本民法中吸取德国民法》，《法学》1997 年第 1 期。

②　邵建东：《论旧中国民事立法继受德国民法的原因》，《南京大学法律评论》1998 年春季号。

③　王健：《德国法在中国传播的一段逸史：从青岛特别高等专门学堂说到赫善心和晚清修律》，《比较法研究》2003 年第 1 期。

④　祖伟：《清末修律取法日本述论》，《日本研究》2002 年第 1 期。

⑤　钱鹏、韩兴：《析清末修律对日本法的移植》，《云南行政学院学报》2005 年第 1 期。

⑥　侯欣一：《清末法制改革中的日本影响——以直隶为中心的考察》，《法制与社会发展》2004 年第 5 期。

⑦　王健：《晚清法学新词的创制及其与日本的关系》，《南京大学学报》（哲社版）2005 年第 6 期。

⑧　王健：《中国近代的法学教育》，中国政法大学出版社 2001 年版。

成与演进等重要问题进行了专题研究。由于近代法律教育的创办与修订法律的工作几乎同时起步，决定了创办近代法律教育的仓促被动状态，也决定了法律教育的速成性质。程燎原的《清末法政人的世界》① 一书，以清末法律教育、法律学堂、法律考试、法政人的分布与活动为主要内容，全面考察和总结了清末法律教育和法政人才的状况，并对清末法律学子的走向和作为进行了探讨。

关于清末法学教育的特点和意义，徐彪的《论清末新式法学教育对中国近代法学的影响》② 和《论清末新式法学教育的经验》③ 两篇文章，研究了清末新式法学教育的办学模式和经验教训，认为清末为推动中国法学教育近代化进行了有益的探索并积累了丰富经验。周少元的《清末法学教育的多样性特点》④ 一文提出，清政府为加速法学人才的培养，探索适合中国的新式法学教育之路，在办学主体、教育形式、教学模式、教育内容诸方面进行了有益的探索。清末的开放性、多样性的办学方式对近代法学教育产生了深远的影响。此外，有学者对清末法学教育中的特定区域和专门学校加以微观研究，周正云的《论清末湖南的法学教育》⑤ 一文，评析了清末湖南的法学教育状况，以期说明清末法学教育的蓬勃发展。

关于清代的法学留学教育，郝铁川的《中国近代留学生与法制近代化》⑥ 一文，详细回顾了清末留学生对中国法制近代化所起的作用。丁相顺的《晚清赴日法政留学生与中国早期法制现代化》⑦ 一文认为，晚清时期学习法政的留学生中，赴日速成生成为绝对主体，他们在中国近代化的进程中发挥了重要的作用，但晚清法学留学教育中的功利主义色彩也影响了其水平和素质。陈绍方的《晚清留学教育及立法》⑧ 认为，晚清的留学教育及其立法别开生面，以其独特的形式和功效，对当时的教育改革、新教育事业的发展起到了推波助澜的作用。

关于外国法学对清末法学及法学教育的影响，王健的《沟通两个世界

---

① 程燎原：《清末法政人的世界》，法律出版社 2003 年版。
② 徐彪：《论清末新式法学教育对中国近代法学的影响》，《环球法律评论》2005 年第 3 期。
③ 徐彪：《论清末新式法学教育的经验》，《法制与社会发展》2003 年第 3 期。
④ 周少元：《清末法学教育的多样性特点》，《华东政法学院学报》2001 年第 3 期。
⑤ 周正云：《论清末湖南的法学教育》，《时代法学》2004 年第 2 期。
⑥ 郝铁川：《中国近代留学生与法制近代化》，《法学研究》1997 年第 6 期。
⑦ 丁相顺：《晚清赴日法政留学生与中国早期法制现代化》，《中外法学》2001 年第 5 期。
⑧ 陈绍方：《晚清留学教育及立法》，《社会科学辑刊》1998 年第 1 期。

的法律意义——晚清西方法的输入与法律新词初探》① 一书，以西方法律语词的输入及其对我国法律新词的影响为研究对象，全面考察晚清西方法输入中国的背景、条件、模式及其变化，探讨了中日在摄取西方法概念过程中的相互关系、日本化的西方法律语词流入中国的途径以及对建构中国近代法的重大影响等。俞江的《清末民法学的输入与传播》② 一文认为，晚清西方民法学是通过日本媒介在中国传播，来华的日本学者、法政学堂以及民间机构，通过编译和创办法科教育引进日本法学，中国学者在这个时期基本完成吸收、消化和创立自己的法学概念体系的过程。史宝龙的《清末中国对日本法学的引进》③ 和姚琦的《晚清西方法学的传入及其影响》④ 两篇文章，分别评析了清末中国对日本法学的引进和影响。尹伟琴、陈琛的《清末日本法学教习来华原因探析》⑤ 一文，分析了清末日本法学教习来华的原因，认为来华日本教习对于清末法学教育的发展有所帮助。

三、民国法制史研究

近十年来，民国法制史研究整体呈现蓬勃发展的局面，相比在此以前的情形有很大改观。表现在研究人员增多、研究成果丰富并有精品出现等方面，可以说是新中国成立以来相关研究最繁荣的时期。据不完全统计，研究民国时期法制史的专著约有 20 余部，已发表的论文约有 400 篇，相关的博士学位论文约有 40 篇。以下从五个方面对这一时期的主要研究成果加以回顾与梳理。

（一）立宪与宪政制度研究

张晋藩的《中国宪法史》⑥ 一书，对百年来中国从"富强宪法"到"小康宪法"演进的历史进程进行了鞭辟入里的考察分析，其中也包括对民国时期宪法的研究。作者以丰富翔实的史料为基础，阐释和论证了中国近百

---

①　王健：《沟通两个世界的法律意义——晚清西方法的输入与法律新词初探》，中国政法大学出版社 2001 年版。

②　俞江：《清末民法学的输入与传播》，《法学研究》2000 年第 6 期。

③　史宝龙：《清末中国对日本法学的引进》，《历史教学》2006 年第 3 期。

④　姚琦：《晚清西方法学的传入及其影响》，《青海师范大学学报》（社科版）2005 年第 1 期。

⑤　尹伟琴、陈琛：《清末日本法学教习来华原因探析》，《社会科学辑刊》2003 年第 4 期。

⑥　张晋藩：《中国宪法史》，吉林人民出版社 2004 年版。

年宪法发展和国人追求宪政的历史；运用现代宪法理论，探讨了近代中国的宪法价值与中国宪法文化史所展示的历史性规律，并在此基础上通过对近代中国宪法演进历程的分析，提出了一些崭新的看法与认识。书中采用多种研究方法，运用历史唯物主义和辩证唯物主义的观点，从正反两方面对各部宪法进行研究，从而对各部宪法作出了中肯的评价。另外，还有一些专门研究中国宪法史的著作中有关于民国宪法的内容，如殷啸虎的《近代中国宪政史》①，徐祥民等的《中国宪政史》② 中，都对民国宪法进行了考察研究。

在专门研究民国宪法的著述中，有关《中华民国临时约法》的研究成果较多。音正权的《〈中华民国临时约法〉的主要缺陷》③ 一文认为，《中华民国临时约法》拉开了中国近代民主宪政的序幕，但历经十余载而归于失败。其失败的原因，除了当时政治环境的不利影响以及广大民众的民主意识低下外，临时约法本身的缺陷，如制定缺乏代表性、行政权力划分与现实政治状况相悖离、权力划分混乱等，也是导致其失败的重要原因。临时约法的缺陷及其失败，充分昭示了中国从传统专制国家向近代民主国家过渡的进程中所遇到的种种困难。陈晓枫的《〈中华民国临时约法〉的文化透视》④ 一文从法律文化的角度反思临时约法的历史命运及其对后世的影响，认为该法反映了较为浓厚的人治色彩和法律工具主义色彩，当它不适合执法者需要时，很容易被搁置而成为具文。邹小站在《关于南京临时政府与〈临时约法〉的几个问题》⑤ 一文中对南京临时政府有没有给妇女以参政权、临时参议院议员人数等几个存在争议的问题作了详细的分析。在《临时约法》所确立的政体方面，杨天宏的《论〈临时约法〉对民国政体的设计规划》⑥ 一文指出，《临时约法》规定实行责任内阁制，为限制袁世凯权力而因人立法，但结果形成了一种二元甚至多元的畸形政治体制，临时约法另一缺陷在于利用立法权束缚行政权时，未规定立法部门的权力也应当制约。但刘笃才的《〈临时约法〉"因人立法"说辨正》⑦ 一文针对通行的所谓《中华民国

① 殷啸虎：《近代中国宪政史》，上海人民出版社 1997 年版。

② 徐祥民等：《中国宪政史》，青岛海洋大学出版社 2002 年版。

③ 音正权：《〈中华民国临时约法〉的主要缺陷》，《政法论坛》2000 年第 6 期。

④ 陈晓枫：《〈中华民国临时约法〉的文化透视》，《武汉大学学报》（哲社版）1999 年第 6 期。

⑤ 邹小站：《关于南京临时政府与〈临时约法〉的几个问题》，《近代史研究》1997 年第 3 期。

⑥ 杨天宏：《论〈临时约法〉对民国政体的设计规划》，《近代史研究》1998 年第 1 期。

⑦ 刘笃才：《〈临时约法〉"因人立法"说辨正》，《法学研究》2002 年第 5 期。

临时约法》特点在于"以法制袁"的定论提出异议，指出该法规定的责任内阁制并非针对袁世凯，而是临时参议院基于利益的考虑所采取的扩大自身权力的措施，某些宪政史研究者批评《临时约法》是中国近代因人立法的典型甚至始作俑者是不公正的。作者还指出《临时约法》的缺点不在于规定了责任内阁制，而在于没有规定保障其正常运作的健全规则。

　　关于北京政府时期的宪法，谢伟的《略论〈天坛宪法草案〉》① 一文指出，一方面天坛宪草相对《临时约法》，总统权力增大很多；另一方面坚守责任内阁制，给袁世凯的专制独裁带来极大制约，它仍属于资产阶级性质的宪法，不是袁世凯操纵的产物。严泉的《〈天坛宪法草案〉与民初宪政选择的失败》② 一文认为，天坛宪草的超议会制的政体设计是一种错误的宪政选择，违反了分权制衡与制度变迁的原则，因此无法获得北洋集团的支持，这是宪政建设失败的制度层面的原因。叶利军的《民初〈大总统选举法〉出台的条件与原因初探》③ 一文分析了袁世凯、革命党人、国会党争、社会各界及外国势力在《大总统选举法》出台过程中的作用。张学继的《论有贺长雄与民初宪政的演变》④ 一文指出，有贺长雄在袁世凯由专制独裁到复辟帝制过程中起了理论指导作用，他的言行体现了当时日本政府的对华政策。

　　关于南京国民政府时期的宪法，张皓的《1928—1937 年国民政府组织法述论》⑤ 一文详细考察论述了 1928 年至 1937 年间南京国民政府组织法四次变化的原因、过程及其本质，认为国民党上层统治集团内部权力争夺的结果决定了国民政府中枢制度的面貌和政府组织法的内容，因之使得组织法的炮制者未着力于理论、制度上的探讨，使得组织法变成一个花样不断翻新的政治装饰品。

　　研究抗日战争后宪政改革的有刘山鹰的《中国宪政的选择——1945 年前后》⑥ 一书，这是一本富有新意的作品，该书将制度置于复杂的社会背景下，通过考察宪政的可能性，最终说明了中国何以选择了后来我们所了解的

　　① 谢伟：《略论〈天坛宪法草案〉》，《南京临时政府时期的司法行政法规考察研究》，《法学杂志》1998 年第 3 期。

　　② 严泉：《〈天坛宪法草案〉与民初宪政选择的失败》，《开放时代》2003 年第 5 期。

　　③ 叶利军：《民初〈大总统选举法〉出台的条件与原因初探》，《中南大学学报》（社科版）2004 年第 1 期。

　　④ 张学继：《论有贺长雄与民初宪政的演变》，《近代史研究》2006 年第 3 期。

　　⑤ 张皓：《1928—1937 年国民政府组织法述论》，《史学集刊》1997 年第 3 期。

　　⑥ 刘山鹰：《中国宪政的选择——1945 年前后》，北京大学出版社 2005 年版。

宪政道路。王丽华的《论 1946 年政协会议决议案中的宪政模式——与孙中山五权宪法模式比较研究》① 一文，将 1946 年政协会议决议案中设计的宪政模式与五权宪法模式系统比较，认为前者是在对后者作了某些形式上的保留后，引进西方代议制政体模式设计出来的，是借孙中山五权宪法之名，行西方代议制政体之实。

（二）民事法律制度研究

朱勇主编的《中国民法近代化研究》② 一书，对中国民法近代化问题进行了深入系统的研究。该书围绕着有关民法近代化的几个主题展开论述，对中国民法在近代演变的主要特征和演变途径作了较为详细的剖析，将民法近代化的研究进一步引向深入。他的另一研究成果《私法原则与中国民法近代化》③ 一文对中国的民法近代化进行了宏观分析。该文认为，中国民法近代化以西方近代民法的人格平等、私权神圣、契约自由、过错责任等私法原则为模范，同时也根据西方近代民法适应技术进步、社会发展在私法原则方而的变化而调整自身的内容，这种调整表现为基于西方近代民法从个人本位到社会本位的变化，确定一条从传统的家庭本位"抄近道"过渡到社会本位的路线。文章提出，从 19 世纪后半期开始的西方民法理念、民法原则的调整，从某个角度似乎与中国传统法律文化有了一种"巧合"，但这只是一种"经纬同度、海拔异高"的"巧合"。西方国家立法对个人本位的调整，本于以社会关系为核心的社会本位；而中国近代立法对个人本位的否定，则基于以亲属关系为核心的社会本位。

关于民国民法与当时世界民法发展潮流的关系，李秀清的《20 世纪前期民法新潮流与〈中华民国民法〉》④ 一文指出，20 世纪前期世界民法的发展潮流影响到了《中华民国民法》。从体例上看，《中华民国民法》采取民商合一制度；从内容上看，《中华民国民法》在所有权、契约、侵权责任等方面贯彻了注重社会公益的精神，并在亲属法中确立了平等原则。民国时期民法典的制定不仅趋附世界民法新潮流，而且在移植外国法时视野开阔，同时又注意保留中国的民事传统。

---

① 王丽华：《论 1946 年政协会议决议案中的宪政模式——与孙中山五权宪法模式比较研究》，《江汉大学学报》（社科版）2003 年第 3 期。

② 朱勇主编：《中国民法近代化研究》，中国政法大学出版社 2006 年版。

③ 朱勇：《私法原则与中国民法近代化》，《法学研究》2005 年第 6 期。

④ 李秀清：《20 世纪前期民法新潮流与〈中华民国民法〉》，《政法论坛》2002 年第 1 期。

张生的《民国初年民法的近代化——以固有法与继受法的整合为中心》① 一书，是关于民初民法研究的代表性成果。书中首先探讨了民初民法近代化的社会背景，然后从中观甚至微观的角度论述了北洋时期在民事实体规范、各项民事法律制度及法典化等方面显现出来的固有法与继受法之间的相互关系。他的另一本专著《中国近代民法法典化研究（一九〇一至一九四九）》②，较为细致地考察了 1901 到 1949 年间清末与民国时期的民事立法活动，描述了中国近代民法法典化的过程，并对其中的得失利弊进行了分析。作者将民事法律秩序解构为"主体"和"规范"两个方面，认为在此期间的立法活动中，政府和法律家作为制定法典的主角，从规范的形式理性出发，而没有民众的参与，从而使制定的法典与民众的现实生活存在一定的距离，没有实现预期的秩序理想。

黄宗智的《法典习俗与司法实践：清代与民国的比较》③ 一书，使用案卷材料，就 20 世纪初到新中国成立之前，中国的民事法律制度经历了怎样的变化与不变这一问题，进行了深入分析。作者将本书主题归纳为四个方面：首先是清代法律和习俗有关民事的概念结构；其次为清代现实中的司法实践，案件记录告诉我们成文法如何被应用以及它在人们生活中意味着什么；再次是 20 世纪立法者对法律中现代概念的追寻；最后是南京国民政府时期法院如何斡旋于立法者的意图与当时的社会习俗之间。作者特别注意研究法律与民间习俗之间的可能背离，目的在于弄清法律制度的变化在人们生活中的实际意义。本书揭示了中国民法在向现代化过渡的过程中所面临的实践问题，以及民法现代化过程中所展现的一种不能简单用西方理论概括的独特逻辑。

俞江的《近代中国民法学中的私权理论》④ 一书论述了近代民法学中私权理论的发展。该书主体分为五个部分：近代中国民法及其学说源流；近代中国民法学与私权理论；近代中国民法学中的人格理论；近代中国民法学中的人格权理论；近代中国民法学中的财产权理论。书中最后就私法社会化思潮对中国私权理论的影响进行讨论，作者认为，中国当前的民法学界片面强

---

① 张生：《民国初年民法的近代化——以固有法与继受法的整合为中心》，中国政法大学出版社 2002 年版。

② 张生：《中国近代民法法典化研究（一九〇一至一九四九）》，中国政法大学出版社 2004 年版。

③ 黄宗智：《法典习俗与司法实践：清代与民国的比较》，上海书店 2003 年版。

④ 俞江：《近代中国民法学中的私权理论》，北京大学出版社 2003 年版。

调社会化，在中国私权保护和救济尚不充分的现状下，提倡私法社会化可能会造成无视人格独立和尊严，视权利为实现"社会"或国家利益等目的的手段等问题，不但不能实现现代化或"社会化"，反而容易陷入极权主义。

周伯峰的《民国初年"契约自由"概念的诞生——以大理院的言说实践为中心》① 一书，借鉴黄宗智"表达与实践"的提法，以一个民法原则为切入点，以大理院司法判例为材料，展现了民法近代化的一个侧面。李倩的《民国时期契约制度研究》② 一书，着重探讨了民国时期的契约形态与制度的演进。

研究民国时期民事习惯的论著有李卫东的《民初民法中的民事习惯与习惯法》③ 一书。作者认为，民国初期，民事方面一直处于法典缺失状态，给司法审判人员适用民事习惯留下了很大的空间。大理院通过判例和解释例确立了民事习惯在司法审判中的法律地位。部分单行法规则也反映了民初法律界在处理民事习惯等问题上法律观念和技术日渐成熟。本书通过对民初国家法与民间习惯关系的考察，认为民初国家加强了对社会的控制，国家与社会的关系常常处在紧张状态。在国家与民间社会的冲突中，国家占有明显的优势，社会存在的空间日益缩小。

关于民国时期的亲属关系与继承，白凯在所著《中国的妇女与财产：960—1949 年》④ 一书中认为，虽然民国初期的法律与清代相比，关于承祧与财产方面的规定没有变化，但在大理院的实践中，已将法律中寡妇对夫家立嗣的责任变成了权利，即立继的排他性权利。此外大理院的司法实践中也出现了宗祧继承和财产继承的分离。到了民国民法中，已将宗祧继承和财产继承分开，对财产有了新的定义。书中还讨论了民国民法中寡妇的继承权和女儿的继承权，发现家庭财产观念已经发生了从同居共财到父亲所有再到个人财产的转变，男女平等的观念已被接受。许莉的《家族本位还是个人本位——民国亲属法立法本位之争》⑤ 一文分析了民国历次亲属法草案，认为家族本位之亲属法与个人本位之亲属法的本质区别在于是否承认亲属之间地

① 周伯峰：《民国初年"契约自由"概念的诞生——以大理院的言说实践为中心》，北京大学出版社 2005 年版。

② 李倩：《民国时期契约制度研究》，北京大学出版社 2005 年版。

③ 李卫东：《民初民法中的民事习惯与习惯法》，中国社会科学出版社 2005 年版。

④ 白凯：《中国的妇女与财产：960—1949 年》，上海书店 2003 年版。

⑤ 许莉：《家族本位还是个人本位——民国亲属法立法本位之争》，《华东政法学院学报》2006 年第 6 期。

位平等，而《中华民国民法亲属编》在性质上应属于个人本位之亲属法。赵晓耕、马晓莉的《于激变中求温实之法——民国最高法院关于女子财产继承权的解释例研究》① 一文指出，民国最高法院"对女子有财产继承权"采取了折衷的立场进行限制性解释，力求于动荡中求得稳实之法。卢静仪的《民初立嗣问题的法律与裁判——以大理院民事判决为中心（1912—1927）》② 一书以大理院关于立嗣问题的判决例为考察对象，叙述了在西法东渐的法律移植背景下法院对中国固有法律问题是如何解决的。

（三）商法经济法研究

李秀清的《民国时期移植外国商事立法论略》③ 一文回顾了民国时期公司法、票据法、破产法的立法过程，着重考察了这些立法在移植外国相关法律制度方面的具体体现及特点，认为上述立法由于其自身的缺点及外部条件的限制，使得它们在当时的作用有限，形式意义甚于实际意义，但立法者所采取的移植外国法的开放立场，追求符合世界潮流的努力是值得肯定和赞赏的。

关于民国时期的公司法，江眺在《公司法：政府权力与商人利益的博弈——以〈公司律〉和〈公司条例〉为中心》④ 一书中，对清末及民国初的公司法进行了研究，认为近代中国公司法的制定更多地取决于政府权力与商人利益的博弈。李玉、熊秋良的《论民国初年公司法规对公司经济发展的影响——以荣氏企业和南洋兄弟烟草公司为例》⑤ 一文，以荣氏企业和南洋兄弟烟草企业为例，考察了《公司条例》对经济发展的影响和正面推动作用。曹成建的《试论南京国民政府1929年〈公司法〉的实施效果及其制约因素》⑥ 一文指出，1929年颁布的《公司法》并未得到很好的实施，很

---

① 赵晓耕、马晓莉：《于激变中求温实之法——民国最高法院关于女子财产继承权的解释例研究》，《山西大学学报》（哲社版）2005年第3期。

② 卢静仪：《民初立嗣问题的法律与裁判——以大理院民事判决为中心（1912—1927）》，北京大学出版社2005年版。

③ 李秀清：《民国时期移植外国商事立法论略》，《法学论坛》2002年第2期。

④ 江眺：《公司法：政府权力与商人利益的博弈——以〈公司律〉和〈公司条例〉为中心》，中国政法大学出版社2006年版。

⑤ 李玉、熊秋良：《论民国初年公司法规对公司经济发展的影响——以荣氏企业和南洋兄弟烟草公司为例》，《社会科学辑刊》1999年第6期。

⑥ 曹成建：《试论南京国民政府1929年〈公司法〉的实施效果及其制约因素》，《四川师范大学学报》（哲社版）1998年第2期。

多企业缺乏法制观念，逃避登记和进行虚假登记的现象比较普遍。在中国的外国公司及其在中国设立的分公司以领事裁判权等条约特权相抗辩，公开拒绝遵守《公司法》。以四大家族为首的官僚资本公司主要凭借特权关系进行经营，而并不严格受《公司法》的约束。地方军阀实力派所控制的地区，根本没有严格实施《公司法》。抗战时期日伪控制区，国民政府的《公司法》更是鞭长莫及，自无规范效力与遵奉状况可言。

在票据法研究方面，张群、张松的《北洋时期对票据习惯的调查研究及其与立法的关系》① 一文指出，我国的票据习惯历史悠久，在票据制度的近代化过程中，如何统一和改造旧式票据是首先需要解决的问题。在北洋时期的民商事习惯调查活动中，官方和民间都十分重视对票据习惯的调查并取得了可观的成绩。学者们则就如何对待票据习惯问题进行了研究，并在立法上进行了多种尝试。这些都直接或间接地促进了票据法的近代化。李胜渝的《中国近代票据立法探析》② 一文，以清末《大清商律草案》中的票据法草案、北洋政府的票据法草案及南京国民政府颁布的 1929 年《票据法》为基本线索，考察了中国近代票据法产生发展变化的历史进程及其规律性，揭示了中国近代票据立法的特点，并对中国移植西方票据法律制度的问题进行了探讨。

从宏观上研究经济立法的有武乾的《北洋政府时期的经济法与经济体制的二元化》③ 一文，作者认为北洋政府的经济立法确立了以市场经济为主导、以政府干预为辅助的二元经济体制。在经济法规的实施过程中，政府基于财政的原因有意识地压缩市场经济体制的适用空间，并扩大政府干预垄断体制的适用范围与强度。但这种基于财政目的的扩张不仅没有强化国家对经济的启动与调控能力，相反却导致了政府垄断体制与政府财政的双重破产。

关于银行法和证券法，吴景平的《从银行立法看 30 年代国民政府与沪银行业关系》④ 一文回顾了 20 世纪 30 年代，围绕着《银行法》、《银行收益税法》和《兑换券发行税法》、《储蓄银行法》等有关银行法规的颁行，南京国民政府与上海银行业之间所进行的一系列交涉，从一个特殊的角度考察了国民政府金融统制政策的形成，揭示了上海金融业与国民党政权的关系，

---

① 张群、张松：《北洋时期对票据习惯的调查研究及其与立法的关系》，《清华法学》第 6 辑，清华大学出版社 2005 年版。

② 李胜渝：《中国近代票据立法探析》，《现代法学》1999 年第 6 期。

③ 武乾：《北洋政府时期的经济法与经济体制的二元化》，《法商研究》2003 年第 1 期。

④ 吴景平：《从银行立法看 30 年代国民政府与沪银行业关系》，《史学月刊》2001 年第 2 期。

阐明了这一时期金融市场的运作、金融业务的开展乃至金融体系的构架都离不开法制手段这一客观事实。王志华的《中国近代证券法》① 一书叙述了一种新型法律在中国的产生与演变过程，并从中总结出了一些法律催生与借鉴方面的经验和教训。刘志英的《旧中国的证券立法制度研究》② 一文考察了证券立法从北洋政府的初步确立到南京国民政府时期最终形成两个阶段的情况，总结了其特点和体系的缺陷。

关于民国时期的土地立法，赵晓耕、何丽萍在《试述民国初年的土地政策与立法》③ 一文中认为，民国初年面对土地危机，民国政府曾在立法方面作了种种尝试，但由于各种不稳定因素的存在，导致最后有心无力，土地法无法茁壮成长。夏扬关于土地的论文《中国近代地政制度之建立》④ 指出，近代地政制度的建立是在传统法律制度转型的大背景下完成的。与一般法律制度转型不同的是，近代地政制度的建立更多的是一种实践中的转型。由于经济关系的变化以及外国法制的传入，传统地政实践中出现了一些近代化的因素。在近代化实践的基础上，国家颁布法律，改革旧有制度，建立新的规范。国家的这些制度和规范最终又回到实践之中，在实践中完成其近代化转型。

（四）司法独立与司法制度研究

张晋藩主编的《中国司法制度史》⑤ 一书中，将民国部分分为两章，分别对 1912 年至 1928 年的司法制度以及南京国民政府时期的司法制度进行了考察。

夏锦文、秦策的《民国时期司法独立的矛盾分析》⑥ 一文认为，民国各届政府都在根本大法中确立了司法独立的重要地位，独立于行政官署的司法机构的设立虽不完善，却也初具规模。法律法规关于权力分立、法官地位保障及其选拔与培训等作了较为严密的规定。但是，从法律的实际运行来看，民国时期的司法独立无论是在范围上还是在程度上都是相当有限的。行政权的牵制、军事和政党的直接干预、财力人力的不足以及高级官员法律意识的

① 王志华：《中国近代证券法》，北京大学出版社 2005 年版。
② 刘志英：《旧中国的证券立法制度研究》，《档案与史学》2003 年第 5 期。
③ 赵晓耕、何丽萍：《试述民国初年的土地政策与立法》，《政治与法律》2006 年第 1 期。
④ 夏扬：《中国近代地政制度之建立》，《行政法学研究》2006 年第 3 期。
⑤ 张晋藩主编：《中国司法制度史》，人民法院出版社 2004 年版。
⑥ 夏锦文、秦策：《民国时期司法独立的矛盾分析》，《南京社会科学》1999 年第 5 期。

淡薄都从不同侧面制约了司法独立的真正实现。司法独立在民国时期终是有其名而无其实。

韩秀桃的《司法独立与近代中国》① 是一部系统研究司法独立在中国近代的历史发展的学术专著。作者从总结中国传统司法的特性及其在近代的危机入手，深入探讨了晚清社会对于司法独立的思想认识和司法改革实践中的诸多障碍，并以此为起点考察了民国时期围绕司法独立所进行的理论架构和制度设计，提出了司法独立作为西方法治的一种价值理念在近代中国转变成一种工具理念的变化过程，以及这一变化对近代中国司法发展和当代中国的司法改革与司法现代化的影响。他在《民国时期兼理司法制度的内涵及其价值分析》② 一文中还指出，民国时期的兼理司法制度是在新式法院设置严重不足的情况下在县级地方政府所推行的一种临时性司法救济措施，其组织形式包括审检所、县知事兼理司法、县司法公署和县司法处制度等，其实质是以县的行政长官主持和负责司法审判事务。该制度向传统司法模式回归的内在价值取向与采用近代司法体制的外在形式追求之间的矛盾决定了兼理司法制度不是所谓的兼理司法法院或兼理司法院。郭志祥的《清末和民国时期的司法独立研究》③ 和张珉的《试论清末与民国时期的司法独立》④ 也对清末及民国时期的司法独立问题进行了研究。

关于民国初年的大理院，张生在《民国初期的大理院：最高司法机关兼行民事立法职能》⑤ 一文中提出，在民国初期三权分立的国家机构体系中，大理院是最高司法机关，独立行使审判权。由于立法机关不能正常运作，制定统一民法典的时机尚未成熟，在缺乏统一民法规范的历史条件下，大理院延续了中国古代司法机关兼行立法职能的传统，通过民事判例、解释例来创设统一的民事法律准据，实质上兼行了民事立法权。他的另一篇论文《民初大理院审判独立的制度与实践》⑥ 论述了民国初期北京政府所颁行的宪法文件皆明定审判独立原则，当时的最高法院大理院依照宪法原则以及法

---

① 韩秀桃：《司法独立与近代中国》，清华大学出版社 2003 年版。

② 韩秀桃：《民国时期兼理司法制度的内涵及其价值分析》，《安徽大学学报》（哲社版）2003 年第 5 期。

③ 郭志祥：《清末和民国时期的司法独立研究》，《环球法律评论》2002 年第 2 期。

④ 张珉：《试论清末与民国时期的司法独立》，《安徽大学学报》（哲社版）2004 年第 3 期。

⑤ 张生：《民国初期的大理院：最高司法机关兼行民事立法职能》，《政法论坛》1998 年第 6 期。

⑥ 张生：《民初大理院审判独立的制度与实践》，《政法论坛》2002 年第 4 期。

院编制法，厉行审判独立，其影响横向及于其他中央机关，纵向影响及于地方司法机关，可谓最大限度地排除了其他机关对审判权的干涉。然而民国初期正值军阀混战、政局纷扰之际，大理院所致力的审判独立事业亦难免为时局所累。此外，相关文章还有胡震的《南北分裂时期之广州大理院（1919—1925）》① 等。

关于判例研究有武乾的《中国近代判例制度及其特征》② 一文，该文指出中国近代判例在文本体裁、汇编体例与适用方法上，较之于英美式判例和大陆式判例存在着很大的差别。它完全依附于成文法，并有着明显的成文化倾向。这一特点是对明清条例制度的继承和回归。这一判例制度可以作为建立当代中国判例制度的参考。研究判例较有价值的还有我国台湾地区学者黄源盛的《民初大理院关于民事习惯判例之研究》③ 一文。

司法制度改革方面的论文还有李贵连、俞江的《清末民初的县衙审判——以江苏句容县为例》④，该文以县知事审判原件为依据，探究县知事兼理司法制度的实际运作状况，是不多见的运用第一手材料作相关研究的文章。我国台湾地区学者张玉法《民国初年山东省的司法变革》⑤ 一文把民国初年山东省的司法变革分为北京政府和国民政府两个时期，认为前者的司法承袭了清末的新制度，继续建立司法制度的系统，以与行政系统分立。但在袁世凯复辟帝制时期，一度曾想缩减省级以下的司法权。在国民政府时期，起初在省、县两级建立行政、司法分立的制度，但由于县级的经费问题难以解决，不久又有行政与司法合一的趋势。

（五）其他方面的研究

在刑事诉讼研究方面，李春雷的《中国近代刑事诉讼制度变革研究（1895—1928）》⑥ 一书，对包括民国时期在内的中国近代刑事诉讼制度变革的背景、路径及理念进行了探析。作者认为在此期间，无罪推定、程序法定等新型法律原则开始输入并在理论研究与司法实践中得到一定发展。同时，

---

① 胡震：《南北分裂时期之广州大理院（1919—1925）》，《中外法学》2006 年第 3 期。
② 武乾：《中国近代判例制度及其特征》，《现代法学》2001 年第 2 期。
③ 黄源盛：《民初大理院关于民事习惯判例之研究》，《政法大学法学评论》2000 年第 63 期。
④ 李贵连、俞江：《清末民初的县衙审判——以江苏句容县为例》，《华东政法学院学报》2007 年第 2 期。
⑤ 张玉法：《民国初年山东省的司法变革》，《社会科学战线》1997 年第 3 期。
⑥ 李春雷：《中国近代刑事诉讼制度变革研究（1895—1928）》，北京大学出版社 2004 年版。

检察及律师制度亦开始引进，中国近代化审判制度的雏形开始显现。北洋时期大理院创制的判例和司法解释例，不仅成为实现外来法律资源本土化的最便捷途径，亦成为各级司法机关非常重要的裁判根据。与此同时，执行制度也开始趋向文明并与传统的行刑制度相区别。

民事诉讼研究方面，吴泽勇的《动荡与发展：民国时期民事诉讼制度述略》① 一文回顾了民国时期的民事诉讼制度建设，认为民国时期的民事诉讼制度以清末修订的《民事诉讼律》为基础，但由于时局的发展和社会的变迁，又呈现出一种与清末不同的景观。仅就立法技术层面而言，在改革的方向、进路等方面，当前的民事诉讼制度变革与民国时期有某种共通之处，因此，对民国时期民事诉讼制度发展历程的回顾和检视，有可能为当前的改革提供某些有益的启示。

行政诉讼研究方面也有一些成果发表。李启成的《清末民初关于设立行政裁判所的争议》② 一文集中梳理了清末民初围绕设立行政裁判所所引起的长期争议。在晚清争论主要集中在都察院与行政审判院的关系问题上，民初则主要是围绕着是选择参照西方的一元制还是二元制来建立中国的行政审判模式这个问题而展开的。作者认为，实际上，行政审判究竟是以司法权为主还是以行政权为主才是争议存在的真正原因。武乾的《论北洋政府的行政诉讼制度》③ 一文将北洋政府的行政诉讼制度与同时代大陆法系各主要国家的行政诉讼制度进行了比较，认为北洋政府的行政诉讼体制在广泛吸收大陆法系诸国行政诉讼制度中的进步内容以及合理兼容中国传统监察制度等方面有值得肯定之处，同时指出其实际社会效益与立法目的之间相差甚远。张生的《中国近代行政法院之沿革》④ 一文指出，中国在近代司法改革过程中，选择了二元司法体制，从清末开始就有设立行政审判院的计划，民国北京政府时期设立了平政院，南京国民政府时期设立了行政法院。中国行政司法制度的变迁，足以引起我们对行政法院法治功能以及制度设计的思考。

关于治外法权问题，李启成的《治外法权与中国司法近代化之关系——调查法权委员会个案研究》⑤ 一文指出，中国司法近代化与治外法权问

---

① 吴泽勇：《动荡与发展：民国时期民事诉讼制度述略》，《现代法学》2003 年第 1 期。

② 李启成：《清末民初关于设立行政裁判所的争议》，《现代法学》2005 第 5 期。

③ 武乾：《论北洋政府的行政诉讼制度》，《中国法学》1999 年第 5 期。

④ 张生：《中国近代行政法院之沿革》，《行政法学研究》2002 年第 4 期。

⑤ 李启成：《治外法权与中国司法近代化之关系——调查法权委员会个案研究》，《现代法学》2006 年第 4 期。

题紧密相关，调查法权委员会及其报告书是近代中国撤废治外法权的一个阶段性标志。通过考证调查法权委员会组织的前后经过，对作为调查结论的报告书内容进行分析，可以认为该事件强化了近代中国自学习西方法律和司法制度以来一直存在的为废除治外法权而改良法律和司法的论证逻辑，导致了在此之后发动民众，以运动的方式参与法律和司法事务的先河，从而对中国法律和司法近代化产生了深远影响。胡震的《清末民初上海公共租界会审法权之变迁（1911—1912）》①、杨天宏的《北洋外交与"治外法权"的撤废——基于法权会议所作的历史考察》② 等文章也从不同角度对治外法权问题进行了考察。

对近代法律援助制度的研究很鲜见，徐立志的《中国近代法律援助制度的产生与发展》③ 一文通过对有关史料的梳理，考察了法律援助制度在中国出现和发展变化的过程。作者指出中国法律援助制度并非如有关著作所说的那样产生于 1949 年以后，而是在中国近代就已出现，并发展到一定水平。

关于警察史的研究也不多见，韩延龙、苏亦工等编著的《中国近代警察史》④ 一书可视为代表作，本书论述了近代警察制度在中国的产生和发展，探索了近代警察的生质、构成、职能及主要规章制度。

在律师制度研究方面，有徐家力的专著《中华民国律师制度史》⑤，对民国律师制度作了比较系统的论述。

关于民国时期的法律移植，何勤华的《略论民国时期中国移植国际法的理论与实践》⑥ 一文看出，民国时期中国移植国际法的历史，既是一个屈辱的、痛苦的理论和实践相分离的过程，也是一个中国人民逐步觉醒、持续与帝国主义抗争从而使中国的国际地位不断提高的过程。这一历史时期的实践，深刻揭示了"自己的权利要靠自己去争取"、"世界的和平要靠世界人民自己来维护"等现代国际法的精神实质。

①　胡震：《清末民初上海公共租界会审法权之变迁（1911—1912）》，《史学月刊》2006 年第 2 期。

②　杨天宏：《北洋外交与"治外法权"的撤废——基于法权会议所作的历史考察》，《近代史研究》2005 年第 3 期。

③　徐立志：《中国近代法律援助制度的产生与发展》，《法律史论集》第 4 卷，法律出版社2002 年版。

④　韩延龙、苏亦工：《中国近代警察史》，社会科学文献出版社 2000 年版。

⑤　徐家力：《中华民国律师制度史》，中国政法大学出版社 1998 年版。

⑥　何勤华：《略论民国时期中国移植国际法的理论与实践》，《法商研究》2001 年第 4 期。

四、近代法律思想研究

近年来，中国近代法律思想史的研究有了长足的进展，以往那种受意识形态过度影响的情况得到了有效的矫正，学术研究出现了独立发展的态势。摆脱了非学术因素的限制，研究的思路和眼界必然大大拓宽，同时学术研究的个性化趋势也逐渐呈现出来。研究者不再被"主流"、"权威"、"现实"等因素所左右，形成了百花齐放的良好局面。热点的分布越来越广，而不再局限于几个人物、几个事件、几种方法或几种思路。这些都足以令人欣慰，同时也让人看到了中国近代法律思想史研究更好的发展前景。

（一）总体性研究

在中国近代法律思想史的总体性研究方面，首先需要提及的是张晋藩所著《中国法律的传统与近代转型》① 一书。在该书的第二部分"中国法律的近代转型"中，作者对传统法观念在近代的转变进行了深入的考察分析，提出了很重要的见解。张晋藩先生还出版了另一部著作《中国近代社会与法制文明》②，该书的最大特点，是将制度史、思想史的内容有机地结合在一起，以制度的变迁观察思想的流转，以思想的流转佐证制度的变迁，使读者能够更直观地看到两者的互动关系，也能更深刻地理解两者的交互发展途径。这种方法使思想史的"历史"特征得到了有效的彰显，摆脱了思想混沌于历史之中的研究缺欠。这部著作不但在形式上有所建树，在内容上也有诸多新意。如对洋务派法律思想的论述，在研究范围上有了较大的拓展。

侯欣一主编的《中国法律思想史》③ 一书，其近代部分有诸多新内容。从体例而言，它没有像以往同类著述一样采用"人头"式的研究方式，而是以不同历史时期重要的思想流派为研究内容，凸显了社会矛盾冲突的焦点所在，把思想家的思想发展与社会的转型紧密结合在一起。从内容上而言，它打破了以往许多研究内容上的程式化套路，增加了一些新内容。如在论述太平天国领导人的法律思想时，突破了"农民起义"的框架，而把西方基督教对太平天国领导人的精神影响放在比较重要的位置。在对洋务运动中的

---

① 张晋藩：《中国法律的传统与近代转型》，法律出版社 1997 年版。
② 张晋藩：《中国近代社会与法制文明》，中国政法大学出版社 2003 年版。
③ 侯欣一主编：《中国法律思想史》，中国政法大学出版社 2007 年版。

法律思想进行论述时，其把洋务思想区分为洋务思想家的思想与洋务运动主持人的思想，笔者认为，这种区分是很有必要的。同时，在本书中，作者还对近代法律思想史研究中存在的问题作了有意识的匡正。如划清了"保守"、"守旧"和"反动"之间的界限；区分了"进步"、"激进"与"革命"的不同；等等。这些都是对近代法律思想史的研究有积极意义的。

王人博的《宪政文化与近代中国》① 一书，以中国近代宪政发展为研究线索，探讨了与宪政相关的诸多问题。"宪政"是近代中国最为人熟悉，又最令人感到陌生的字眼儿。虽然它来到中国已有百年，但人们提到它，总免不了感到有些新奇的异域感。人们总把宪政简单地归结为宪法的制定及其实施，从而，宪政的历史一般地被立宪、制宪和修宪这些内容涵括。即使在政治制度和法律制度的层面上看待和研究宪政，也免不了以器用论的观点片面对待之。俞荣根先生在本书的"序"中指出："受传统儒学文化道器说、体用说的影响，近代中国的志士仁人主要把宪法作为民族复兴、国家富强的'器'，坚持一种以富国强兵为目标的工具主义的宪政价值观。"宪政为何物？宪政的基本功能何在？这些问题不是宪法本身可以解释的。它们"取决于政制之安排、社会之结构、公民之素质与民众之信仰"。② 从"宪政文化"的角度对宪政在中国的历史进行了研究和评述，从文化的意义上释读宪政，这种研究本身是极为重要的，它为读者提供了广阔的思考空间。在本书的写作方法上，作者采用了一种开放式的论述方法，这种方法使其内容更具包容性，但在结构上就显得有些松散。就学术论著的严肃性而言，也似乎有"动情之处"泛滥的倾向。

马作武的《清末法制变革思潮》③ 一书，主要从社会思想的角度对清末的法制变革进行了分析和论述，其中有许多独到的见解。他认为，在对清末修律进行研究评价时，不应该忽视其背后所隐藏的思想价值，也不应该仅仅重视某个典型人物、某一类人的思想价值，而应该把他们纳入广阔的社会思想的范围之中，要充分认识人类思想的复杂性和思想结构的交叉性。

思想的传播与沟通依靠语言，法律思想也概不能外。近代以来，中国法律制度的变革过程，从某个角度而言，就是西方法的引进与融合的过程。在这个过程中，法律思想的交流和互通就成为中国法律改造的关键，它直接作

---

① 王人博：《宪政文化与近代中国》，法律出版社 1997 年版。
② 梁治平：《宪政译丛·总序》，生活·读书·新知三联书店 1997 年版。
③ 马作武：《清末法制变革思潮》，兰州大学出版社 1997 年版。

用于思想和实践两个层面。没有语言的互通，思想的交流就会陷于混乱和误解之中；没有思想的交流，法律的融合就失去理解与行动的基础。从而，语言的沟通就成为了法律沟通的前提和基础。而中西法律之间是如何凭借语言沟通的？在这两个截然不同的法律体系之间如何搭建一条语言的桥梁？这一切都是既有趣味又有学术意义的研究课题。以往的法律思想史研究中，没有人独立、细致地研究过这个课题，只有一些研究者局部性地涉猎过这个领域（如梁志平的《"法"辨》、方流芳的《公司词义考：解读语词的制度信息——"公司"一词在中英早期交往中的用法和所指》）。王健的《沟通两个世界的法律意义——晚清西方法的输入与法律新词初探》①一书，为我们就这一课题提供了一部卓越的学术著述。全书除"导言"和"结语"外，由6章组成：中西初识、西法东渐、译出夷律、公法的时代、探索西方的"法言法语"、输出与回归：法学名词在中日之间。作者认为："自19世纪以降，西方法之输入中国，其本质就是西方法律文化如何用汉语予以表达的问题。这种表达的实践活动之一，即在语言文字上对应或对等双语世界里的各种概念。这个过程的结果之一，就是逐渐形成了一套所谓近现代的中文法律语词系统。"本着这种判断，作者通过认真细致的研究考证，从大量的中西近代交流史料中挖掘出许多相关的素材，并通过理性的研究将它们组合为一部具有创新性的法律思想史著作。该书的7个附录也可以说是很优秀的研究成果，为读者和研究者了宝贵的研究资料，其包括：①斯当东英译《大清律例》篇名中英文对照表；②《四洲志》所载英国政制译名对照表；③《四洲志》所载美国政制译名对照表；④晚清汉译西方国际法学著作篇目表；⑤丁韪良译《万国公法》篇目中英文对照表；⑥《法国律例》篇目结构一览；⑦法汉法律名词演进表。

贾孔会的《中国近代法律思想与法制革新》②一书力图通过对近代中国先进人物的法律思想和近代法律革新的历程进行思考与总结，以帮助读者全面认识和理解近代人物法律思想产生的背景、思想内涵及特色、思想及实践的规律性。全书共分四编，主要包括两个部分的内容：一是研究近代中国先进人物法律思想的嬗变；二是研究近代中国法制革新的历史进程。

①　王健：《沟通两个世界的法律意义——晚清西方法的输入与法律新词初探》，中国政法大学出版社2001年版。

②　贾孔会：《中国近代法律思想与法制革新》，武汉大学出版社2007年版。

杜钢建的《中国近百年人权思想》① 是一部与近代法律思想相关的力作。作者言称："从'近世思想自由之向导'龚自珍讥切时政诋排专制倡思变法开始，改革派、改良派、洋务派、革命派等争相崛起，几十年中要求变法改革、反对专制暴政的进步浪潮一浪高过一浪。反侵略斗争与反封建斗争相互交织在一起，救亡促进了反封建，反封建又是为了救亡。不论是救亡图存，还是反封建专制，其实质都是中国人民为争取人权而进行的斗争。反侵略斗争是为了争取民族和国家的独立和生存，反封建斗争则直接表达了近代人权要求的基本内容。"作者对沈家本等近代思想家的人权思想进行了富有激情的评说，如关于沈家本，其言："沈家本在人权观方面的觉醒和困惑，并非都是他个人认识能力所及或所不及。在人权问题上，近百年来的一切犹豫、徘徊和困惑，归根到底都是时代性的。在沈家本提倡人权法制建设近百年之后的今天，在此问题上时代不依然困惑不已吗？身为封建官吏的沈家本能够开明之至为时代的人权问题而忧心而疾首而发愤改革，实属近代向西方寻求真理的人道主义和爱国主义法律家。虽然在许多问题上沈家本仍未摆脱封建法律传统和法律思想的束缚和影响，但是作为一个具有时代责任心、正义感的法律家，他在提倡人权法制建设，推进中国法制近代化的斗争中已经做出了力所能及的贡献。沈家本在这方面的贡献当为后人长久铭记。"这种评介性文字风格贯穿全书。该书共 11 章，评述了沈家本、康有为、严复、孙中山、梁启超、陈独秀、李大钊、胡适、马叙伦、钱端升、马哲民的人权思想。应该说，这是一部有分量、有内容、有精神的学术力作。

（二）"洋务运动"人物法律思想研究

洋务运动在中国近代史上占有特别重要的地位。可以说，洋务运动真正开启了中国的近代化之路。在民间洋务思潮和当局洋务派的共同推动下，中国开始了近代化的路途。以往的中国近代法律思想史研究，对洋务运动的关注明显不足，或囿于意识形态的框架，对洋务运动的重要性作低调的评价；或只关注个体的思想脉络，而忽视了对洋务运动整体性的研究。这种情况在近年来得到了比较大的改观。李青的《洋务派法律思想与实际的研究》② 一书，从洋务派的整体角度对洋务派的法律思想与实际进行了比较完整而细致的梳理，取得了一定的学术成绩。该书追溯了洋务派法律思想的产生背景，

① 杜钢建：《中国近百年人权思想》，香港中文大学出版社 2004 年版。
② 李青：《洋务派法律思想与实际的研究》，中国政法大学出版社 2005 年版。

交待了洋务派的思想基础，辨析了洋务派与改良维新派的区别和联系，列举了洋务派在法律变革方面的举措，论述了洋务派的法律思想与清末法制改革的关系，得出了比较有说服力的结论：洋务派发展了林则徐、魏源"睁开眼睛看世界"、"师夷制夷"的思想，在理论上和认识上达到了一个新的层次；"中体西用"论是中西法文化相互碰撞和吸收的一种范式；洋务运动开启了中国法律的近代化。张晋藩先生在"序言"中对该书进行了很完整的评介："作者不仅从洋务派的法律思想与实践的结合上进行剖析论证，而且还以纵深的笔触比较了洋务派与改良维新派的异同，以及洋务派的法律思想对清末法制改革的影响。认为洋务派引进西方科学技术和西方法律进行物质层面变革的目的，虽然是为了维护清朝的专制统治，但客观上的确促进了中国近代法制的发展和法律思想的变化。洋务派移植西方法律的经验和培养人才的措施，都对二十世纪初期的修律和司法改革有着重要的影响。由洋务派破除成法到沈家本修律，显示了中国法制近代化的走向；由中体西用、自存自保到收回治外法权，反映了中国法制近代化的目标。"①

关于洋务派法律思想研究的其他重要成果还有孙琦的《文化为体，法律为用——解读张之洞的法律思想》②，这是一篇具有较高质量的论文，该文有侧重点地论述、点评了张之洞在修律过程中的意见，并由此绅绎出张之洞法律思想的内在本质和精神依归。在"礼法之争"过程中，张之洞的主要意见集中在《遵旨核议新编刑事民事诉讼法》和《会奏改正刑律草案折并清单》这两篇文献中。作者将张之洞的批驳意见分类归整于不同的要目下，进而对张之洞的意见进行法理意义上的理性剖析和技术层面的分析。作者认为："张之洞确实强烈反对破坏纲常礼教，但这仅仅是他批评新法的一部分因素。张之洞批评新法的另外一部分很重要的因素是两部新法本身存在很大的问题。"这种研究分析的出发点较之以往的单向度研究明显更有学术上的意义。特别重要的是，在作者的写作过程中，还厘清了一个很重要的史料确证问题。以往，在研究者论述张之洞对《大清新刑律》所进行的批评时，所引用的文献大都取自《清实录》、《光绪朝东华录》、《光绪朝东华续录》、《光绪政要》中学部对《大清新刑律》的签驳。因为张之洞时任军机

---

① 李青：《洋务派法律思想与实践的研究》，中国政法大学出版社 2005 年版，"序言"第2页。

② 孙琦：《文化为体，法律为用——解读张之洞的法律思想》，《法律史论集》第 6 卷，法律出版社 2006 年版。

大臣兼管学部，加之张之洞在论争中的态度和做法，所以研究者普遍认定《会奏改正刑律草案折并清单》出自张之洞之手。从事实判断而言，这本没有什么问题，但终归给后人留下小小的疑团，即张之洞到底是亲自操刀，还是代学部出头？在孙奇的这篇论文中，这个历史疑团终于被解开了。作者称："笔者有幸从中国社会科学院近代史研究所收藏的张之洞文书档案中的'张之洞奏稿附录各作'里找到了张之洞的《会奏改正刑律草案折并清单》（原件）。这批文献是张之洞的后裔张遵骝先生在文革期间，为保护家传乃祖的资料，赠送给近代史所的，其中很多原始资料尚未经学界认真清理、利用过。"应该说，这是一个很重要的史料发现。在对张之洞的法律思想进行了深入、细致的分析、研究后，作者作出了自己的学术判断："在笔者看来，将张之洞称为文化保守主义者要比把他称为守旧派更具合理性。他是保守的，但绝不守旧。近代史上的守旧派反对一切对祖制的变动；而张之洞所反对的只是激进的、脱离实际的、无秩序的变动，是意图一步到位式的盲动。他的思想主张是在保守传统的基础上循序渐进。"

陈斌的《曾国藩的法治思想》① 一文，详搜散见《曾国藩全集》中所载的能反映曾国藩法律思想的奏折、书信、诗文中的言论、观点，结合曾国藩的政法实践，并参考了大量有关典籍和资料，进行排比推理、归纳演绎，绎出有据可依的论据，将主题概括为指导思想、礼治、人治、法治、洋务五个方面的要点而展开论述。通过研究，作者指出，经世致用是曾国藩政治法律思想的出发点和归宿，而其核心的价值观不外乎传统的纲常名教。作者认为，曾国藩的学术源于传统，基于经世，但他把传统的思想外化为应对变局之策，从而赋予了它们以新的内容。作者力图实事求是地对曾国藩的法律思想进行客观的分析研究，并得出结论：曾国藩的法律思想是符合客观实际的，他虽然眼光独具，勤政廉政，然终不能挽狂澜于既倒，实可有"时势强于人之叹"。

冯菁的《张之洞"中体西用"的政治法律思想》② 一文，将张之洞置于清末变革的背景下，结合其仕途生涯，政务实施，以"中体西用"为切入点和侧重面，论述其政治法律思想的主要内容、实际效果和历史意义。

近年来，对于洋务运动及其人物的研究成为一个学术热点。其原因在于

---

① 陈斌：《曾国藩的法治思想》，载《中国法律史研究》，学林出版社2003年版。
② 冯菁：《张之洞"中体西用"的政治法律思想》，载《中国法律史研究》，学林出版社2003年版。

以往的研究对这段历史的评价最为极端，对这一时期的人物褒贬最为扭曲，所以，现在的研究多有正本清源、还历史以真相的含义。

（三）清末修律人物法律思想研究

关于清末法制变革的重要人物的研究成果颇多，其中对法律变革初期的两位修律大臣沈家本和伍廷芳的研究比较深入，有许多研究成果问世。关于其他一些思想倾向与沈家本不同的人物也有新的研究。虽然关于这些人物研究不能算是新的学术热点，但在研究的范围、研究的方法、研究的深度上还是比以往有了很大的进步。

李贵连的《沈家本评传》① 是关于沈家本研究的一部力作。作者曾出版过《沈家本年谱长编》、《沈家本与中国法律的现代化》等颇具影响力的著作，又发表了多篇相关的重要论文。沈家本成为国内外学术界关注的热点人物，与作者长期辛勤而卓越的工作是分不开的。在本书中，作者向人们展示了沈家本法律文化观的形成以及他为实现中国法律现代化而奋斗的历程，我们可以看到这位生活在国家多变故之际，具有强烈忧患意识的官员——知识分子是怎样为中国法律的现代化奋斗不息的。作者通过翔实的资料考察，让我们得以全方位地了解沈家本的生平与事迹。如在论述沈家本在传统律学向现代法学转变中的作用时，作者的论述就很有说服力。作者认为，晚清的法制变革使得传统的律学必须向现代的法学转型。刘坤一、张之洞在《会奏变法事宜第一折》中就提到改革学校教育，讲授和学习"外国律法学"，开始了传统律学的现代转型。但这种转型的关键人物是沈家本。沈家本是熟悉中国古代法律，并在一定程度上给予批判总结的律学大师，他的《历代刑法考》等律学著作是清代律学的代表作。同时，他又是热心考察西方法律，接受西方资产阶级法文化的改良主义思想家。因此，他在主持修律期间，积极引进西方的法律制度，同时也引进了西方法学。他的努力不仅缔造了新的法律体系，而且促进了由旧律学向新法学的转型。

丁贤俊、喻作凤关于伍廷芳研究可谓贡献良多，他们多年前就编辑出版了《伍廷芳集》，使研究者们获益非浅。2005 年，又出版了关于伍廷芳的最新研究成果《伍廷芳评传》②。这部著作对伍廷芳的生平与成就进行了详细的介绍，并加入了许多有独到见解的学术评论，为这部传记增加许多学术内

---

① 　李贵连：《沈家本评传》，法律出版社 2000 年版。

② 　丁贤俊、喻作凤：《伍廷芳评传》，人民出版社 2005 年版。

涵。其中第 9 章 "参与艰难的法制改革"，极为完整地介绍了伍廷芳参与法律改革的历史，弥补了以前其他几种伍廷芳传记的不足。两个附录（附录一：伍廷芳主要著述、演讲、谈话目录；附录二：伍廷芳大事纪要）提供了许多新材料，也可以说是有分量的学术成果。此外，张礼恒的《从东方到西方——伍廷芳与中国近代社会的演进》① 一书也值得一提。该书的第 4 章 "中国法律近代化的催生者" 与第 5 章 "高扬以法治国的旗帜"，对伍廷芳的法律生涯进行了比较详细的论述。但该书以讲述为主，具有学术意义的评论略显不足。其对伍廷芳对中国法律现代化的贡献所作的结论缺乏法律史专业的尺度，有人为拔高的感觉。

关于伍廷芳的研究，比较重要的成果还有方卫军的《伍廷芳的国际法思想》② 一文。该文对伍廷芳的国际法思想进行了比较细致而全面的研究。作者检索了伍廷芳有关国际法的论述、奏稿、讲演等原始材料，从 "维护国家主权"、"遵守国际条约和国际惯例"、"发展商务与对外贸易"、"国际和平法" 等几个方面对伍廷芳的国际法思想进行了归纳、总结，得出了明确的学术观点。作者认为，伍廷芳的特殊经历使得他较他人更早更多地接触西方，也能更深入地理解和接受西方的法律制度和价值理念。他的公正平等思想和关于国家主权、对外贸易、遵守国际条约、维护世界和平的思想，以及民国时期充分体现出的民主自由思想，无一不透析出西方文明的内涵。伍廷芳的国际法思想无论在理论上，还是在实践中都是与当时的世界通行理论和实践相一致的，自然也是其他同时代的官僚甚至学者无法比拟的。作者还认为："伍廷芳的国际法思想的几个内容是相互联系、相辅相成的：维护国家主权和民族利益是核心；公正平等是政治经济交往的原则；遵守国际条约和惯例是保障；重视商务、发展对外贸易是富国强民的根本方法，而世界和平则是国家发展的外部环境。"

清末法律改革中的 "礼法之争" 是近代法史研究中的热点问题。关于对 "礼法之争" 中人物和思想的研究，传统观点大多认为以张之洞、劳乃宣为代表的礼教派是清末变法修律的反对派。邱远猷的《张之洞与中国法律近代化》③ 一文，对张之洞在中国法律近代化中的作为和功过进行了论述

---

① 张礼恒：《从东方到西方——伍廷芳与中国近代社会的演进》，商务印书馆 2002 年版。

② 方卫军：《伍廷芳的国际法思想》，《法律史论集》第 6 卷，法律出版社 2006 年版。

③ 邱远猷：《张之洞与中国法律近代化》，《中国法律传统》第 3 卷，中国政法大学出版社 2003 年版。

　　与评说。论文中对"如何看待张之洞与沈家本之间的歧义与论争"这个问题提出了自己的看法。以往，关于这个问题，法史学界存在三种观点：其一，张之洞明显错误，是保守派的典型，是阻碍中国法律近代化的代表人物；其二，在基本原则方面，张之洞与沈家本并无矛盾，只是在细节上存在分歧；其三，张之洞对沈家本的辩驳，是正确的，更立足于中国法律的内在精神。作者基本上采取了第二种观点，其认为："在主张筹备立宪、变法修律、采行西法这一总体目标上，张之洞与沈家本并无根本区别，他们之间的争论，主要是采行西法多一点或是少一点、照顾中国礼教风俗多一点或是少一点之争，是激进与渐进之争，并不具有'代表了资产阶级与封建阶级的两大阶级、两种法律观的斗争'、'拥护社会改革进步，还是反对社会改革进步'的斗争的性质。"

　　高汉成的《晚清法律改革动因再探——以张之洞与领事裁判权问题的关系为视角》① 一文指出，张之洞是"修律以收回领事裁判权"的首倡者，其目的在于新政之初推进向西方学习的进程，张之洞实际上是宪政改革前法律改革的推进者和指导者。其后来否定"修律以收回领事裁判权"说以及对沈家本修律的批评，主要在于反对宪政改革后过于激进和西化的法律改革指导思想和方案。李细珠的《张之洞与清末新政研究》② 一书，立足于大量历史档案和未刊稿本等第一手资料，详尽地论述了张之洞的清末变法思想和立场观点，并揭示了张之洞在清末新政中的重要历史地位。严文强的《清末礼教派法律思想的理性思考》③ 一文认为，清末礼教派法律思想是成熟的理论体系，其"固贵因时"、"与时偕行"的改革主张，"本于礼教"、"仍求合于国家政教大纲"的变法观，"通筹熟计"、"量为变通"的渐进变法思路以及家族主义的立法观，有其历史合理性。郭婕的《劳乃宣法律思想略论》④ 一文，介绍了劳乃宣的基本法律思想和变法主张，认为劳乃宣关于法律特殊性的认识和主张，如果在清末修律中运用得当，就可以相应地减少修律中的盲目性，使新法在吸收旧有法律的基础上更具有可操作性和权威性。

　　宁杰的《对沈家本"论杀死奸夫"的现代法理解说》⑤、曹胜亮的《论

---

　　① 高汉成：《晚清法律改革动因再探——以张之洞与领事裁判权问题的关系为视角》，《清史研究》2004年第4期。

　　② 李细珠：《张之洞与清末新政研究》，上海书店出版社2003年版。

　　③ 严文强：《清末礼教派法律思想的理性思考》，《江汉论坛》2007年第1期。

　　④ 郭婕：《劳乃宣法律思想略论》，《史学月刊》2000年第2期。

　　⑤ 宁杰：《对沈家本"论杀死奸夫"的现代法理解说》，《比较法研究》2002年第3期。

清末礼教派保守主义法律思维模式的合理性》① 等文章，也对清末修律人物的思想进行了新的探讨。

（四） 其他人物法律思想研究

关于近代法律思想的研究，在范围上、层面上都有所开拓。一些以往被忽略的重要人物的法律思想受到了重视，有些深层问题得到了探讨。

邱远猷的《洪仁玕——主张中国法律近代化的第一人》② 一文，从近代化的角度对洪仁玕的法律思想进行了挖掘。作者指出："中国历史进入近代以来，洪仁玕第一次把'法'与'律'联称，合称为'法律'或'律法'。……这样，法律的含义更加广泛、完整，兼有公平性、公正性、普遍适用性、统一性。从而全面体现了法律的本质属性：行为规范性、国家意志性和法律至上性。这就更接近于西方国家'法治'的精神。可见，把法与律联称、合称为法律，是中国由古代传统法律准备向资本主义法律转型时期在法理上的变化发展。我们从刑而法而律而法律的名称及其含义的发展演变上，不难看出洪仁玕是中国主张法律近代化的第一人。"虽然这个评价是否准确还有待研究，但应该说这种研究思路是值得重视的。

郭嵩焘这个人物在中国近代史中占有举足轻重的地位，他的眼界、他的思想都要超越他所处的时代，这也使他为许多极端保守者所不容。张家国、张静在《郭嵩焘在晚清法律近代化过程中的历史贡献》③ 一文中，对郭嵩焘的历史作用作了初步的研究。作者指出，尽管郭嵩焘本人没有提出自己完整的法律变革主张，但是他具有超前性的法律思想，对于当时固有法律观念的更新起了很大的作用，在对西方法律文化进行有效移植的过程中，他的思想和主张都起到了积极的作用。虽然由于历史条件的限制，他未能在外交和理论建树上取得更大的成就，但他在宣传鼓动、人才培养等多方面为中国近代的法律变革起到了催化剂的作用。

王韬是中国近代思想上的一大亮点，他对西方政治文化的理解比同时代的中国知识分子要深刻得多。王韬的一生创作甚丰，涉足的领域甚广，其思想传播的方式、方法也很多。他的思维方式、生活方式和思想方法，都具有

---

① 曹胜亮：《论清末礼教派保守主义法律思维模式的合理性》，《学术探索》2005 年第 4 期。

② 邱远猷：《洪仁玕——主张中国法律近代化的第一人》，《法律史论集》第 4 卷，法律出版社 2002 年版。

③ 张家国、张静：《郭嵩焘在晚清法律近代化过程中的历史贡献》，《法商研究》2002 年第 6 期。

美国历史学家柯文所说的典型的"沿海思想家"特点。王玫黎的《儒家民族主义者——王韬的国际法思想》① 一文,对王韬的国际法思想作了比较细致的分析研究。作者认为,王韬由于自身情况的特殊性,能够比同时代的中国知识分子更清楚地看到中国社会的实际情况,也能更客观、更冷静地比较中西方文化的异同和相互之间的地位。在这种客观比较的基础上,王韬摆脱了传统的中国文化优越感,进而逐渐形成了政治上的民族主义和国家主权思想,从本质上对国际法的意义形成了深刻的认识。王韬的国际法观念是立场鲜明的,他强调中国应该利用国际法作为外交的有力工具,明确提出要把管辖权和关税权列入到国家主权的范围之内,并进而提出了要废除治外法权的主张。

高旭晨的《论何启、胡礼垣"厚官禄以清贿赂"之变法主张》② 一文,以何启、胡礼垣合著的《新政真诠》为研究对象,选取了"厚官禄以清贿赂"这一变法思想的侧面,对何启、胡礼垣的变法思想进行了研究和分析。论文由何启、胡礼垣之著述与水平,清代俸禄制度的基本情况,"厚官禄以清贿赂"思想主张的提出,"厚官禄以清贿赂"之思想与事实根据,"厚官禄以清贿赂"之思想内容等五个部分组成。通过对本文主题的论析,作者归纳出"沿海性思想家"的一些变法思想特点。认为"这种特点,既是一种个性的特点,也是一种地域性的特点,同时也是时代的特点。就个人来说,他们既有早年的科举经历,又有在香港大书院接受正规的西方式教育,以及留学英伦的经历。从而,他们于中学和西学都有极为扎实的功底,这使他们在其研究与著述时可以自如地运用中学和西学工具达到融会中西思想的高度;从地域上而言,我们看到,沿海地区的思想家们,较之内地的思想家往往在'利'的问题上更为开放,特别是有香港或海外背景的一些思想家更是如此。比如,何启、胡礼垣、伍廷芳、王韬等人均有此特征。柯文在《在现代与传统之间》一书中,把这些思想家称为'沿海型改革家'是有事实根据的。事实上,这些人也的确可以说形成了一个特定的群体。如王韬在1872 年创办第一张华字日报《循环日报》这一举措,就是在洪士伟、伍廷芳、胡礼垣、何启等人的协助下进行的。从时代性而言,何启、胡礼垣所处的时代正值中国社会大变革的时代,也是中国社会固有的旧传统开始离析崩

---

① 王玫黎:《儒家民族主义者——王韬的国际法思想》,《现代法学》2002 年第 2 期。

② 高旭晨:《论何启、胡礼垣"厚官禄以清贿赂"之变法主张》,《法律史论集》第 2 卷,法律出版社 1999 年版。

溃，人们开始为中国的未来寻找出路，寻找创建新传统的立足点。所有这一切，都构成了何启、胡礼垣变法思想形成的基础。"

王春的《陈虬的政治法律思想》① 一文，对晚清的改革思想家陈虬的政治法律思想进行了初步的研究。论文将研究主体纳入晚清历史大变革的背景下，以大量原始资料，运用具体研究与综合研究相结合、单线索研究与比较研究相结合的方法，对主题进行了比较深入的探讨。作者首先对陈虬的思想特点及其理论基础加以概括性的介绍，继而着重论述了他在宪法、刑法、民法、经济法等领域的思想观点，特别对他的社会改革的思想加以比较有针对性的评述。在这种评述中作者抓住了陈虬极有特色的不同思想侧面加以论述。如他认为，陈虬的刑法改革思想的形成经历了一个演变的过程，从最初崇古逐渐走到呼吁改革。此外，他还对陈虬的"肉刑替代死刑"的观点加以比较客观的评论，认为其表现了陈虬"保守而又极端的学术个性"。

春杨的《居正法律思想研究》② 一文，对居正的法律思想进行了比较有系统的研究。在这篇论文中，作者把居正的法律思想归结为五个方面的内容："重建中国法系"、主张法制变革；收回治外法权，雪洗民族耻辱；法贵能行，尤贵行之严明；废除专制政治，实现代议政治；进德修业，操持廉政。通过对居正法律思想的全面分析，作者对居正的法律思想予以了比较客观的评价："在居正的法律思想中，他希望司法独立，希望国民养成守法精神，主张法治，保护农工业发展，重视公共利益，提倡民权，实现平等，这些都是值得肯定的。但同时，在其主张重建中国法系的变法思想中，也不无保守和落后之处。他既提倡要由礼治进入法治，又不仅肯定礼治在封建旧法中的重大意义，而且要肯定礼在未来社会中的作用。要使礼成为社会规范，以辅助法律治理天下；在提倡法治和宪政的同时，又极力宣传'八德'和'四维'；既主张促使由家族本位进入民族本位，又要在法律中为家族主义留下位置。这些都反映了居正思想的矛盾性。"该作者还有《胡汉民法律思想研究》③ 等成果，对胡汉民的"三民主义立法观"、"关于民法的思想"、"关于土地法、工厂法的思想"、"关于训政、宪政方面的思想"、"关于吏治方面的思想"等思想内容进行了研究论述。

---

①　王春：《陈虬的政治法律思想》，载《中国法律史研究》，学林出版社 2003 年版。
②　春杨：《居正法律思想研究》，《法律史论集》第 2 卷，法律出版社 1999 年版。
③　春杨：《胡汉民法律思想研究》，《法律史论集》第 3 卷，法律出版社 2001 年版。

肖太福的《论居正的"重建中国法系"思想》① 一文，对居正的"重建中国法系"这一思想主张进行了介绍和评论。居正曾出版了一部名为《为什么要重建中国法系》的著作，在这部著作中，居正深入分析了中国传统法律的得与失，着重批判了中国近代法律变革以来存在的种种偏差，创造性地提出了"重建中国法系"这一思想主张。由于身居国民政府司法院院长并兼任最高法院院长职位，他的这种主张就显得更为引人注目，影响也自然更大。但是，由于历史的原因，他的这种思想主张长期以来已经变得罕为人知了。肖太福的这篇文章比较完整地对此进行了介绍。作者认为："居正的法律实践和法律思想是国民党法制建设的一个组成部分，其有关'重建中国法系'的思想主张对国民党政权的司法审判和立法工作形成了实质性的影响。今天，重温居正'重建中国法系'的思想主张，对于我国法制建设中吸收传统法律文化的养分和移植西方现代法律也有重大的启发作用。"

李倩的《二十世纪初留日学生的立宪思想评析》② 一文，对留日学生的法律思想这一过去很少有人研究的问题进行了探讨，丰富了近代法律思想史研究的内容。

（五） 比较研究

杜钢建的《沈家本与冈田朝太郎法律思想比较研究》③ 一文通过对晚清时期的重要人物，即中国法制现代化过程中的中日两位法律专家的思想文化背景、精神特质、重要活动、思想的形成和发展等诸多方面的论述和比较，对晚清法律改革中的诸多问题进行了细致的研究，对于了解这一时期的立法活动、法律观念的形成、法律制定中一些具体问题的处理等，具有重要的研究参考价值。特别可贵的是作者不限于对具体事件的一般性考察，而是对中心人物的文化特质加以分析和研究，这种方法是非常可取的。

张生的《从沈家本到孙中山——中国法律的现代化变革》④ 一文，回顾并比较了以沈家本和孙中山为代表的清末民初这一历史时期中国法律变革时

① 肖太福：《论居正的"重建中国法系"思想》，《法律史论集》第 5 卷，法律出版社 2004 年版。

② 李倩：《二十世纪初留日学生的立宪思想评析》，《社会科学战线》2002 年第 4 期。

③ 杜钢建：《沈家本与冈田朝太郎法律思想比较研究》，《清史研究集》第 8 辑，中国人民大学出版社 1997 年版。

④ 张生：《从沈家本到孙中山——中国法律的现代化变革》，《中国社会科学院研究生院院报》2002 年第 1 期。

期的历史。沈家本作为传统中国法律阶层的一分子，其变革法律是在时局艰危、清朝统治风雨飘摇的情况下进行的。这种变革具有被动的、在现实压力之下勉力而为的特点。作者指出，面对政治动荡、利权尽失的艰难处境，作为修律大臣的沈家本只能放弃他的"持之以恒，行之以渐"的理性变革模式，而不得不采取"折冲樽俎，模范列强"的急进方式，把法律变革等同于按照西方国家法典的方式立法的简单模仿。这就导致了当时的中国法律徒具近代化的外壳，而付出的代价却是丧失了中国法律的内在文化精髓，中断了中国法律发展的自我传统。这种后果也给其后行者孙中山提供了重新思考中国法律近代化方式的前车之鉴。辛亥革命后，孙中山提出，中国法律变革应该以西方法律为参照，但不能为唯一的标准，而要以中国社会的现实需要为依归。从沈家本到孙中山，中国法律现代化变革的指导方针已经发生了重大变化，经历了从仿效外国到更强调反求诸己的历史演进。这篇论文实际上还提出了一个问题：中国法律现代化的进程在民国时期是如何持续的？以往限于意识形态的限制，法史学界对民国时期的法制建设多持否定的态度，但实际情况究竟如何？民国时期的法律变革理念究竟有什么样的发展？以孙中山为代表的革命派实际上提出了比晚清法律变革进步许多的变法理念，这些理念到底有多少落实到民国时期的法律改造与创制过程中？这些都是应该加以认真研究的。

方慧、胡兴东的《清末民国时期基督教传入对西南信教少数民族法律文化的影响》①一文，开辟了近代法律思想史研究的一个新领域。作者对在外来宗教影响下法律文化的变迁予以了特别的关注。论文的主体内容是：清末民国时期西南少数民族出现了基督教信仰的社会运动。由于基督教所具有的教规和当时在中国所处的特殊政治地位，导致信教少数民族在行为规范、纠纷解决以及在国家诉讼中权位、诉讼选择上都发生了变化。在这种转变中，最重要的是少数民族教民在国家诉讼中权位结构发生了重构。这种法律文化的重构对这个时期少数民族信仰基督教是一种推动力。对西南少数民族中教民的这种法律上的转变过去很少有人论及，即使论及也不够全面、具体。本文作者拟通过对这个时期基督教传入西南少数民族后对他们法律生活的影响进行的探讨，以揭示基督教在当时作为一种强势文化和政治力量，在进入西南少数民族地区后，对改变西南少数民族信教民众的行为规范、纠纷

---

① 方慧、胡兴东：《清末民国时期基督教传入对西南信教少数民族法律文化的影响》，《世界宗教研究》2006年第1期。

解决方式所起到的重要的影响。

（六）近代法律思想史料整理

这一阶段，最为重要的近代法律思想史史料研究整理的成果，无疑是《沈家本未刻书集纂》①及其《补编》②的出版。沈家本是清末法律改革中最为重要的人物之一，主持清末修律达十年之久，他的著述对于法律史研究工作具有特别重要的意义。对于学界而言，他不但是一个重要的历史人物，也是一位卓有建树的学者。其著作在以往的研究中被频繁地参考和引用。但由于许多原因，沈家本的著作，除已刊的《寄移文存》和《沈寄移先生遗书》外，大量的遗著在沈家本逝世后的 80 余年里，未获刊行。沈家本未刻书稿是研究中国法律发展史和法律思想史的极为珍贵的资料，具有重要的学术价值。《沈家本未刻书集纂》的出版填补了这一空白。《沈家本未刻书集纂》共收录沈家本未刻书 21 种 68 卷。据其内容，大体可分五类，法学类为主要部分，共 15 种，小学类一种，经学类一种，史学类一种，杂记类三种。

《沈家本未刻书集纂》出版后，沈家本的一些著述和日记等仍有许多未刊印，这些材料被收录于《沈家本未刻书集纂补编》中，该书已于 2007 年出版。《沈家本未刻书集纂补编》收录沈家本未刻著述凡 12 种，41 卷；另有日记 14 册，不分卷。其为《叙雪堂故事》、《叙雪堂故事删誊》、《秋审比较条款附案》、《读律赘言》、《续修会典事例》、《妇女实发律例汇说》、《律例精言歌括》、《沈观杂钞》、《说文引经异同》、《三国志校勘记》、《药言》、《冰言》、《沈家本日记》。编者在"序言"中，对沈家本的学术成就表达了深深的敬意："思之沈家本的一生，前半生蹉跎于科举，为八比所苦；进士及第前，属身刑曹，不得展鸿鹄之志。然其后二十余年，实为丰富多彩之人生。在刑部地位与声望日隆，终至侍郎；并两为要津府宰，为官兢兢勤勉；支撑飘摇之局，经历悬命之险。又终获数位衔命大员保荐，出任修律大臣，主持晚清法律变革之大局，开创法律中西会通之新局面。以此一生，为其中一项已为不易，然其不惟跻身要枢，躬身实务，成就一番事业；道德文章亦令人叹服，其《寄簃文存》、《沈家本未刻书集纂》及本《集纂补编》，煌煌以百万言计，学养可谓深厚，著作可称等身。沈氏之学术生涯可谓璀璨，

---

① 刘海年、韩延龙等整理：《沈家本未刻书集纂》，中国社会科学出版社 1996 年版。

② 刘海年、韩延龙、沈厚铎主编：《沈家本未刻书集纂补编》，中国社会科学出版社 2007 年版。

沈氏之学术成就可谓卓然。斯人虽已去近百年，然其事业有续，精神永存，实令吾辈学人有仰止之叹矣！"

王健编的《西法东渐——外国人与中国法的近代变革》①一书，是一部清末民初在华西人用中文写作，或发表时就被翻译成中文的文章汇编。这些文章的内容都是与中国法律相关的，时间最早的大约为19世纪60年代，而最晚的发表于1949年。文章的作者均有在华生活的经历，甚至亲自参与了中国的法律变革。全书包括作品43篇（不计附录），内容包括个人论著以及提供给官方的法律草案、法律意见、报告或备忘录。编者前言中称："这些作品构成了中国法律由传统向现代转变的内容极其丰富的一个侧面。它们完全针对着建构现代中国法的主题，广泛涉及中西法律的比较和法律移植、中国传统法律文化的地位和价值、现实宪政制度与新式法典的构造、治外法权、司法改革、法律职业与法律教育、法律学术发展，等等。反映了中国法律现代化过程中的许多根本性问题，这恰好为我们从另一个层面上提供了一个观察中国近代法律变迁的独特视角。"全部文章按照"中国法总论"、"宪政建设"、"法典编纂"、"治外法权"、"司法改革与法律教育"五个部分。书后的"附录一：近代来华外国法律人名要录"和"附录二：资料来源与参考文献目录"也是有用的参考材料。

范忠信选编的《梁启超法学文集》②，从数百万言的《饮冰室合集》中选编出最能代表梁启超法学思想成就的10篇著作。包括了梁启超在法理学、宪法学、行政法学、法史学方面的最有代表性的论著，为研究梁启超的法律思想提供了很大的方便。

通过以上几个方面的介绍，我们看到，中国近代法律思想史的研究有了诸多方面的新发展。不但在题材上更加丰富，方法上更为多样，水平上更为提高，而且在研究的观念上也有本质上的更新。基于这种发展势头，我们有理由相信，中国近代法律思想史的研究会更进一步，取得更多更好的学术研究成果。

---

① 王健编：《西法东渐——外国人与中国法的近代变革》，中国政法大学出版社2001年版。
② 范忠信选编：《梁启超法学文集》，中国政法大学出版社2000年版。

第十章 革命根据地及中华人民共和国法律史研究

一、革命根据地法律史研究

近十年来，法学界、党史学界以及档案馆等专业的学者对革命根据地法制史进行了多方面的研究。在研究方法上，重视对档案等原始材料的运用，对陕甘宁边区司法档案的利用尤为突出；在研究内容上，涉及各个方面，其中教育、军婚、税收、证券、禁毒等属于较新的内容，对法制建设、人权、婚姻等内容在原研究基础上也从新的角度进行了更详细的考察与分析。对陕甘宁革命根据地和东北解放区法制史的研究有所突破和创新。

（一）宏观研究

1. 总体研究

王守梅的《论新民主主义时期人民民主法制建设》① 分四个阶段介绍了新民主主义时期人民民主法制的产生、形成、发展的过程及其内容，认为该时期的民主法制建设"以新民主主义革命的总任务为最高准则"；"以党的政策为灵魂"；"以革命战争为出发点"；具有内容的暂时性、地方性和形式的不完备性等特点，但在当时却起着非常重要的作用。付子堂和胡仁智的《新中国建立前中国共产党的法律探索》② 一文认为，在新中国建立以前的新民主主义时期，中国共产党不断地进行着法律实践，形成了一系列法律思想，如人民在政治法律上的地位一律平等，法律应体现阶级性和人性的统一，实行新民主主义宪政，废除国民党政府的宪法和法统，正确处理党与

---

① 王守梅：《论新民主主义时期人民民主法制建设》，《山西广播电视大学学报》2004 年第 1 期。

② 付子堂、胡仁智的：《新中国建立前中国共产党的法律探索》，《学习与探索》2001 年第 4 期。

法、民主与法律的关系，等等。

2. 中央苏区法制建设研究

杨木生的《中央苏区法制建设的经验与教训———纪念中华苏维埃共和国临时中央政府成立暨中央革命根据地创建七十周年》① 认为，中央苏区的法制建设有如下经验与教训：第一，政策的正确与否直接影响着法制的正确与否；第二，从实际出发是法制建设的"生命源泉；第三，健全执行机构是法律贯彻的保证；第四，人民群众的积极参与是苏区法制建设的成功之路；第五，中国共产党是苏区法制建设的领导者和组织者。作者还指出："中国共产党是苏区法制建设的领导者和组织者，这是被历史证明了的事实"。但与此同时也要看到，由于受历史时代的局限，加上"左"倾错误的影响，在苏区时期，也存在"以党治国"、"以党代国"的现象。

张明之的《中华苏维埃共和国立法工作浅议》② 一文指出，纵观中华苏维埃共和国立法工作，有如下几个明显的特点：一是党领导国家立法工作的直接性；二是立法主体的广泛性和立法主体成员的集中性；三是立法内容的集中性；四是规范性法律文件形式的多样性；五是立法程序的灵活性；六是立法工作的局部性以及规范性法律文件法律效力的地方性。

3. 抗日根据地法制研究

唐正芒在《抗日根据地法制建设新内容述略》③ 一文中指出，抗战时期是新民主主义革命的特殊阶段，它为中国新民主主义的法制建设增添了新的内容，体现了新特点。作者将这些新内容概括为：第一，严惩汉奸的法律条例；第二，打击破坏坚壁财物罪的法律规定；第三，贯彻减租减息的土地立法；第四，缓和劳资关系的劳动立法。此外，在婚姻、禁毒、司法制度等方面也有新内容出现。王艳芳的《边区法制建设浅论》④ 一文认为，在抗日战争时期，各抗日民主政权在中国共产党领导下，以抗日民族统一战线理论为指导，制定了带有国家根本法性质的施政纲领，把抗战时期的各项工作纳入法制轨道，建立了切合国情的抗日民主法制；在司法实践中，坚持群众路线、坚持法律面前人人平等、轻刑罚重教育、健全民主保障人权等原则。这

---

① 杨木生：《中央苏区法制建设的经验与教训———纪念中华苏维埃共和国临时中央政府成立暨中央革命根据地创建七十周年》，《江西社会科学》2001 年第 12 期。

② 张明之：《中华苏维埃共和国立法工作浅议》，《党的文献》1998 年第 3 期。

③ 唐正芒：《抗日根据地法制建设新内容述略》，《宁夏党校学报》2003 年第 6 期。

④ 王艳芳：《边区法制建设浅论》，《党史文苑》2004 年第 8 期。

一时期，边区的法制建设对抗日战争的胜利起到了巨大的作用。张荣华和田磊的《论中国共产党在抗日战争时期的法制建设》① 一文认为，抗日战争时期是我国新民主主义革命法制的日臻完善阶段，党在这一时期的法制建设具有许多特色和创造，"抗日根据地的狱政更具人文关怀"。

　　张佺仁的《试论陕甘宁边区抗日民主政权人民民主法制的特点和经验》② 一文指出，陕甘宁边区抗日民主政权法制建设的内容极其丰富。从民主宪政活动到刑事立法，从土地立法到民商、经济立法，抗日民主政权法制建设已形成基本的体系，其基本原理也成为新中国成立以后我国刑事、民事以及商事立法的指导思想。作者认为，第一，"团结、抗战、救中国"是陕甘宁边区人民民主法制建设的主题；第二，部分地吸收国民政府的法律，保证边区人民政权享有独立的立法权和司法终审权；第三，中国共产党的政策是陕甘宁边区抗日民主政权法制建设的灵魂。徐增满的《延安时期法制建设的概况及其主旨》③ 一文，通过对延安时期的立法状况、司法制度进行回顾和分析，从整体上对延安时期的法制建设作出了概括性的评价。归纳延安时期的法制建设，其主旨为：实事求是的法制精神、依靠群众的法制路线、保障民主的法制原则、依据政策的法制方针、求实创新的法制作风和反帝反封建的法制内容。王吉德的《浅析陕甘宁边区法制建设的人本特征》④ 一文指出，边区的法庭审判"主要是采取解释说服及探问方式，绝对地禁止使用刑讯、诱逼，谩骂亦不许可"。同时，就地审判和巡回审判是边区司法审判的一个鲜明特点。宇赟的《民意的结晶，政策的定型：刍议陕甘宁边区参议会的立法特点》⑤ 一文指出，陕甘宁边区特有的历史、特殊的地位和特别的精神，铸就边区参议会立法的特有条件、思想、路线、原则、方针、作风、内容和体系，深入阐发这些特点的潜在内涵，对于今天建立有中国特色的市场经济法制体系，具有重要意义。王勇的《简论山东抗日革命根据地

---

　　① 张荣华、田磊：《论中国共产党在抗日战争时期的法制建设》，《石油大学学报》（社科版）2005 年第 3 期。
　　② 张佺仁：《试论陕甘宁边区抗日民主政权人民民主法制的特点和经验》，《西北史地》1999年第 3 期。
　　③ 徐增满：《延安时期法制建设的概况及其主旨》，《延安大学学报》（哲社版）1999 年第 3 期。
　　④ 王吉德：《浅析陕甘宁边区法制建设的人本特征》，《陕西档案》2004 年第 3 期。
　　⑤ 宇赟：《民意的结晶，政策的定型：刍议陕甘宁边区参议会的立法特点》，《延安大学学报》（社科版）1998 年第 2 期。

的刑事立法和司法机关建设》① 认为，为了巩固革命政权，打击各种敌对分子和敌对势力，山东抗日革命根据地政府根据党中央的指示和要求进行根据地的刑事法制建设，包括锄奸工作、惩治盗匪、惩治贪污、除烟毒、惩治赌博，并在此基础上建立了各级司法机关，不仅保障了革命政权的稳定，而且为更有效地组织各界力量进行抗日战争奠定了基础。

4. 川陕和闽浙赣苏区法制研究

王平元的《川陕苏区法律制度浅述》② 提出，川陕苏区法制是中国法制史研究的一个空白。在历史上，川陕苏区在短时间内曾制定和实施了许多法律，部分法律具有苏区特点，这也是中国新民主主义法律制度的组成部分。研究川陕苏区法制，推动根据地法制研究，进一步借鉴中国革命法制建设的经验，对建设有中国特色的社会主义法制有着重要的意义。文章从川陕苏区的立法概况和特点、法律的基本内容和特点、司法制度和法制建设的教训等四个方面对川陕苏区法制进行了初步探讨。

唐志全、陈学明和黄德华的《闽浙赣苏区法制建设的成就和基本经验》③ 一文指出，闽浙赣苏区建立以后，在战争条件下，高度重视法制建设，建立了苏区的法律体系，并取得了非常可贵的成就和经验。一是把坚持人民民主作为法制建设的基本原则；二是法制建设为经济建设服务，推动苏区的经济建设；三是把惩办与教育结合起来，化消极因素为积极因素。

5. 东北解放区法制研究

王金艳的《东北解放区的法制建设》④ 一文指出，东北解放区各级人民政权曾颁布了施政纲领以及许多条例、指示、办法、布告等，为解放区的法制建设奠定了基础。随着东北解放战争的胜利发展和解放区的不断扩大、巩固，解放区逐步建立起各级司法机关，并形成了比较完善的司法制度，创造了大规模改造犯罪分子的新形式和新经验，如建立管训队，改造旧监狱，建立劳改队等。孙光妍以1946年《哈尔滨市施政纲领》为例，探讨了新民主主义宪政立法的有关问题，认为1946年《哈尔滨市施政纲领》是中国共产党在新民主主义革命阶段为建立国家政权积累经验，在中心大城市实行民主

① 王勇：《简论山东抗日革命根据地的刑事立法和司法机关建设》，《岱宗学刊》2003年第2期。

② 王平元：《川陕苏区法律制度浅述》，《四川党史》1997年第5期。

③ 唐志全、陈学明、黄德华：《闽浙赣苏区法制建设的成就和基本经验》，《江西社会科学》2000年第4期。

④ 王金艳：《东北解放区的法制建设》，《长白学刊》2001年第6期。

政治、建设管理政权的初次尝试，是对毛泽东提出的新民主主义理论的最早实践。该纲领中提出的"建立民主的、法治的社会秩序"及"建设和平、民主、独立、繁荣的新哈尔滨"的构想，对其后相继建立的各解放区的宪政立法及《中国人民政治协商会议共同纲领》产生了直接影响，是新中国宪政立法的重要渊源。① 孙光妍等还以哈尔滨解放区 1946 年的参议员选举制度为中心，探讨了新民主主义民主政治的有关问题，认为此次选举是中国共产党尝试在大城市中建立和巩固新民主主义政权的关键性步骤，奠定了哈尔滨市临时参议会的基础。②

（二）宪法与行政、军事法研究

1. 宪法与宪政运动研究

谢一彪的《〈中华苏维埃共和国宪法〉的再探讨》③ 认为，长期以来，史学界忽视了中华苏维埃共和国成立时所制定的《中华苏维埃共和国宪法》，有个别学者虽然注意到了这部宪法，但把它混同于当时制定的《中华苏维埃共和国宪法草案》。作者指出，《中华苏维埃共和国宪法》是与《中华苏维埃共和国宪法草案》不同的一部宪法。这部宪法在 1931 年 2 月前，由中共中央和共产国际远东局共同起草，由于苏维埃政权当时还局限于中国的局部地区，尚未在全中国建立革命政权，故未提交第一次全国苏维埃代表大会讨论。但第一次全国苏维埃代表大会通过的许多法律法规，大都是根据《中华苏埃共和国宪法》制定的。

韩大梅的《〈陕甘宁边区宪法原则〉论析》④ 认为，《陕甘宁边区宪法原则》把在根据地已经实行的政权组织形式、人民权利、司法制度、经济文化政策等，用法律的形式固定下来，确立了新民主主义宪政的基本模式，是宪法性的文献；它还是抗战胜利后民主与独裁斗争的产物。它树起了与国民党对立的宪政旗帜，为新民主主义宪政在全国的实现奠定了基础。

① 孙光妍：《新民主主义宪政立法的有益尝试——1946 年〈哈尔滨市施政纲领〉考察》，《法学研究》2006 年第 5 期。

② 孙光妍、隋丽丽：《新民主主义民主政治的可贵探索——以哈尔滨解放区 1946 年参议员选举制度为例》，《法学家》2007 年第 4 期。

③ 谢一彪：《〈中华苏维埃共和国宪法〉的再探讨》，《南昌大学学报》（人文社科版）2002 年第 3 期。

④ 韩大梅：《〈陕甘宁边区宪法原则〉论析》，《中共中央党校学报》2004 年第 1 期。

徐维俭和李少斐的《抗战时期的民主宪政运动》① 认为，抗战时期声势浩大的民主宪政运动，是中国宪政运动历史上极具光彩的一页，它是在民族危亡的条件下，在中国共产党的领导和影响下，进步力量为全民族的抗战胜利和改变国民党一党专政局面而在政治上采取的一种行动。抗战时期在中共领导和影响下的民主宪政运动，虽未能促成全国范围内民主宪政的实现，但在一定程度上教育和锻炼了民主力量，为中国政治的进步奠定了基础。

贾孔会的《试论抗战时期中国共产党的新民主主义宪政实践》② 认为，在抗日战争时期，中国共产党以毛泽东新民主主义宪政思想为指导，在陕甘宁边区和各抗日根据地全面推行普遍的民主选举制度，建设"三三制"民主政权，建立新型党政关系和民主监督制度，加强新民主主义法制建设，构成了中国共产党新民主主义宪政实践的主要内容，为新中国的民主宪政建设积累了丰富的经验。作者认为，"新民主主义宪政实践首先从实施普选的民主制度开始"，创造适合人民的选举办法，十分重视司法法制建设。

张文琳的《抗战至抗战胜利初期陕甘宁边区的选举法及其实施》③ 认为，抗战至抗战胜利初期，陕甘宁边区逐步制定了一套完整的选举法规，同时在选举实践中采取了一些行之有效的做法，创造与积累了若干有益的经验。梁凤荣的《谢觉哉对陕甘宁边区民主选举制度建设的贡献》④ 指出，陕甘宁边区的选举制度较苏维埃时期有重大调整，其普选原则、"三三制"选举原则是中国共产党人审时度势，根据抗战时期国内政治形势和主要矛盾的变化，为建设边区民主政治而提出的革新之举。针对边区实行民主选举伊始党内外人士产生的种种疑虑，谢觉哉多次撰文辨异析疑，提出了"选举是组织民主政治的头一件事"、"选举是人民对政府工作的大检阅"、"选举是和日寇反共分子作斗争——即保卫边区的法宝"等一系列观点，从而为指导边区的民主选举制度建设作出了重大贡献。

2. 人权问题研究

肖周录的《我国革命根据地人权立法问题研究的几点建议》⑤ 和喻权域

---

① 徐维俭、李少斐：《抗战时期的民主宪政运动》，《晋阳学刊》2004 年第 2 期。
② 贾孔会：《试论抗战时期中国共产党的新民主主义宪政实践》，《理论月刊》2004 年第 3 期。
③ 张文琳：《抗战至抗战胜利初期陕甘宁边区的选举法及其实施》，《甘肃理论学刊》2001 年第 2 期。
④ 梁凤荣：《谢觉哉对陕甘宁边区民主选举制度建设的贡献》，《河南大学学报》（社科版）2003 年第 5 期。
⑤ 肖周录：《我国革命根据地人权立法问题研究的几点建议》，《中国人民大学学报》1998 年第 6 期。

的《中国共产党早期的人权立法》① 两篇文章主要考证了人权保障条例的数量。作者提出了三个问题：第一，对革命根据地的人权保障条例，需要进一步的考证和整理。革命根据地共制定过几个人权保障条例，说法不一，现在能查到的共有 12 个。有些革命根据地制定的人权保障条例只有题目，需要继续寻找原文。第二，革命根据地人权问题研究的领域需要拓宽。从现已发表的有关革命根据地的人权保障问题的论著看，比较多的集中在抗日战争这一阶段，而有关土地革命时期和解放战争时期的研究成果则为数不多，研究内容需要充实。第三，革命根据地的人权问题研究的理论需要深化。

刘怀松的《新民主主义革命时期根据地人权立法初探》② 指出，在整个新民主主义革命时期，中国共产党领导的各革命根据地人民政权，都根据当时的实际情况陆续制定了保障人权的法律文件。革命根据地的人权立法具有鲜明的时代性。作者认为，我们可以从中吸取必要的历史经验。

范红的《中国共产党在新民主主义革命时期的人权法律保障实践初探》③ 回顾和研究了中国共产党在新民主主义革命时期的人权法律保障实践的历史。作者认为，新民主主义革命时期，中国共产党领导根据地人民制定和颁布了一系列的法律、法令和条例。其中根据地人权法律保障实践是革命根据地法制建设的重要内容之一，具体包括争取和保障生存权、选举权和人身自由权、劳动和受教育权、妇女权利、民族平等权和民族自决权等。

宋四辈的《新民主主义革命时期的人权法制建设及其特点》④ 指出，新民主主义革命时期的人权法制是我国社会主义人权法制的前身和渊源，它肇始于大革命时期，初创于工农民主政权，完备于抗日民主政权，经过解放战争时期人民民主政权的过渡而推向全国，对于发展和完善我国社会主义的人权法制具有重要意义。

杨永华的《陕甘宁边区人权法律的颁布与实施》⑤ 叙述了陕甘宁边区人权法律产生的背景，阐明了陕甘宁边区人权的法律概念，概括了陕甘宁边区

① 喻权域：《中国共产党早期的人权立法》，《当代思潮》1998 年第 4 期。
② 刘怀松：《新民主主义革命时期根据地人权立法初探》，《湖北师范学院学报》（哲社版）1998 年第 5 期。
③ 范红：《中国共产党在新民主主义革命时期的人权法律保障实践初探》，《北京理工大学学报》（社科版）2004 年第 2 期。
④ 宋四辈：《新民主主义革命时期的人权法制建设及其特点》，《郑州大学学报》（哲社版）2000 年第 6 期。
⑤ 杨永华：《陕甘宁边区人权法律的颁布与实施》，《兰州大学学报》（社科版）2003 年第 3 期。

保障人权的重大措施，包括司法公安机关统一行使逮捕审问处罚权；司法机关或公安机关逮捕人犯应有充分证据，依法定手续执行；司法机关审判，采用证据主义，按照法定程序进行；实行宽大为怀政策，保护因反对边区逃亡在外者的人权。作者还对陕甘宁边区保障人权的历史经验进行了总结。

3. 反腐立法研究

邱远猷的《革命根据地民主政权的反贪倡廉立法》① 介绍了根据地时期中国共产党的廉政思想和反腐措施。胡仁智的《革命根据地廉政法制建设及其现代意义》② 考察了根据地廉政法制的产生与发展、具体的廉政法律措施、廉政法制建设的主要特点及其现代意义。文中所介绍的革命根据地的廉政法律措施包括：对政府公务人员的贪污行为给予严厉的刑事制裁；对严重浪费行为坚决绳之以法；廉洁奉公是考核干部的标准；建立人民监察制度并发挥其在廉政建设中的作用；在法律上对共产党员从严要求；以俸养廉，对公务人员提供基本物质生活条件。

4. 禁毒立法研究

齐霁的《抗日根据地禁毒立法问题研究》③ 指出，抗战时期，日本侵略者对中国肆行毒化政策，造成沦陷区毒品严重泛滥，也致使抗日根据地毒品问题日趋严峻。中国共产党领导的各抗日根据地政府，为了粉碎日军的毒化阴谋，肃清根据地内的毒品犯罪，相继制定和颁布了一系列禁毒法规。这些禁毒法规比较完整、系统地反映了中国共产党的禁毒政策，内容涉及禁种、禁贩、禁售、禁吸等方面。

5. 军事立法研究

张山新的《中国工农红军法制的历史地位》④ 对红军时期的军事法制进行了探讨，认为这一时期红军中建立了比较严明的军事刑法制度和较有特色的兵役制度等，在军事法制建设方面取得了一些成就，但在军事司法制度上，政治保卫局及其分局的权力绝对化。政治保卫局执行过"左"倾肃反路线，造成了严重的后果。

曹敏华的《论中央苏区军事法制建设及其历史作用》⑤ 指出，中央苏区

---

① 邱远猷：《革命根据地民主政权的反贪倡廉立法》，《中州学刊》1997 年第 6 期。
② 胡仁智：《革命根据地廉政法制建设及其现代意义》，《现代法学》2000 年第 3 期。
③ 齐霁：《抗日根据地禁毒立法问题研究》，《抗日战争研究》2005 年第 1 期。
④ 张山新：《中国工农红军法制的历史地位》，《法学杂志》1997 年第 4 期。
⑤ 曹敏华：《论中央苏区军事法制建设及其历史作用》，《中共福建省委党校学报》2002 年第 1 期。

党政军领导机关十分重视以文治武、依法治军，并大力开展军事法的创制工作。其制定的一系列军事法律法规已具备现代军事法的基本特征。中央苏区军事法的形式有军事法律、军事法规、军事规章和有关的法律解释等。中央苏区军事司法体制在机构设置上包括军事裁判所（军事法院）、军事检查所（军事检察院）。军事诉讼法规定了军事审判制度和程序。作为新型的军事法制，它曾产生过积极的历史作用，在中国军事法制史上占有重要的地位。

张山新和刘凡的《抗日战争时期革命根据地军事法制的特点》[①] 一文认为，抗日战争时期革命根据地军事法制，既有原则规定，又有具体、细致、明确的实施细则，同时重视诉讼程序。具有鲜明的现代军事法制特征，是我国民主革命时期军事法制建设的最高阶段。

（三）经济法研究

在对革命根据地时期经济法史的研究方面，有关土地法的研究成果较多，关于税法及证券法也有文章发表。

马于强的《论〈井冈山土地法〉的内容及其历史意义》[②] 对《井冈山土地法》进行了较为系统的考察，认为该法是 1928 年 12 月由湘赣边界特委和毛泽东起草的一部关于土地改革的法律文件，它的颁布推动了土地革命的深入发展。由于条件的限制，这部土地法存在着一些不足，但在后来的革命实践中给予了纠正。

韦湘燕的《浅析井冈山〈土地法〉》[③] 指出，井冈山《土地法》是我国第一部代表农民利益的土地法，它的制定和实施，有力地维护了根据地农民的根本利益，开创了新民主主义土地立法之先河，具有重要的历史意义。

龚大明的《抗战时期中共土地政策的制定、实施和作用》[④] 认为，抗战时期，中共土地政策的制定经过了从没收地主土地、不分田给地主，到没收地主土地、分田给地主，再到不没收地主土地、地主减租减息、农民交租交息的过程。在八年抗战中，中共一边坚决实施该土地政策，一边不断完善

---

① 张山新、刘凡：《抗日战争时期革命根据地军事法制的特点》，《西安政治学院学报》2000年第 4 期。

② 马于强：《论〈井冈山土地法〉的内容及其历史意义》，《井冈山师范学院学报》2002 年第 1 期。

③ 韦湘燕：《浅析井冈山〈土地法〉》，《社会科学家》2005 年第 2 期。

④ 龚大明：《抗战时期中共土地政策的制定、实施和作用》，《贵州师范大学学报》（社科版）2003 年第 4 期。

它，纠正实施中发生的偏差，终使该政策起到了重要的作用。

阎庆生和黄正林的《论陕甘宁边区的土地政策和土地立法》[①] 指出，抗日战争和解放战争时期，陕甘宁边区土地政策经历了减租减息、征购地主土地和土地改革的演化过程，这种演化是和中国社会主要矛盾的转化分不开的。通过这种演化，在陕甘宁边区的老解放区逐渐消灭了地主土地所有制，实现了耕者有其田的土地制度。在每次土地政策演化的进程中，陕甘宁边区政府都有相应的土地法规出台。边区的土地立法涉及土地政策、土地所有权和使用权、土地登记管理、土地司法等方面，内容相当完整，说明在当时的历史条件下，边区土地管理的法制化程度已相当高。这些法规在保证中国共产党的各项土地政策的实施方面发挥了重要作用，也为其他革命根据地乃至新中国成立后的土地政策的制定和土地立法积累了经验。

阎庆生的《论〈陕甘宁边区征购地主土地条例草案〉》[②] 指出，1946 年 12 月 13 日颁布的《陕甘宁边区征购地主土地条例草案》是陕甘宁边区由减租减息向彻底消灭地主土地所有制转化过程中的一种过渡性的土地政策。该条例详细规定了土地征购的范围、地价的评定、土地的承购和分配原则、土地公债的清偿办法等。条例的颁布为彻底解决边区的土地问题提供了法律依据，也为其他解放区的土地改革积累了经验。

郑志廷和焦亚葳的《论〈中国土地法大纲〉的历史地位》[③] 分析了 1947 年的《中国土地法大纲》。认为它是中国共产党在总结二十多年土地改革的经验的基础上制定的，不仅继承了以往土地法的经验，而且具有自己的特点。这部法律明确规定了适合中国国情的地权政策，纠正了过去土地法中"左"的错误，它的实施是人民解放军取得战略决战胜利的基本条件之一。

魏秀玲的《论陕甘宁边区税收法律制度的产生及基本原则》[④] 指出，税收法律制度作为边区法制的一部分，在我国新民主主义财政经济法制建设中发挥了重要作用。边区税收法律制度经历了初创、完善、发展三个历史时期，在"发展生产，保障供给"的总方针下确定了五大基本原则：废除一

---

① 阎庆生、黄正林：《论陕甘宁边区的土地政策和土地立法》，《西北师范大学学报》（社科版）2001 年第 6 期。

② 阎庆生：《论〈陕甘宁边区征购地主土地条例草案〉》，《西北师范大学学报》（社科版）2000 年第 6 期。

③ 郑志廷、焦亚葳：《论〈中国土地法大纲〉的历史地位》，《河北大学学报》（哲社版）2002 年第 2 期。

④ 魏秀玲：《论陕甘宁边区税收法律制度的产生及基本原则》，《政法论坛》2001 年第 6 期。

切苛捐杂税，实行统一的累进制；公平合理负担；明确严格；保护与发展边区经济；"取之合理，用之得当"。它为完善我国社会主义税收法制提供了可资借鉴的历史经验。

田东奎的《论革命根据地的证券法律制度》① 认为，中国共产党在民主革命时期，曾利用证券这一特殊的融资手段服务于根据地的军事、经济需要。根据地的证券主要有饭票、米票、粮草票、本票、赈灾券、公债券、股票等。配合证券的发行，形成了颇具特色的根据地证券法律。这些法律散见于党和人民政府颁布的纲领、决议、指示以及政府、企业颁布的条例、章程之中。根据地的证券法是很粗疏、简陋的，甚至也不用证券法这样的名称。但毋庸置疑的是，它为中国革命的最终胜利作出了贡献。新中国成立后，这些证券都得到了兑付。

（四）婚姻法研究

1. 关于中央苏区和抗日根据地时期的婚姻法

傅建成和王红岩的《苏区时代中国共产党对传统婚姻制度改革分析》② 论述了苏区时期中国共产党关于传统婚姻制度改革所确立的基本原则和内容，以及这种改革在实践中产生的效果。同时对婚姻改革中出现的困难与阻力进行了分析。作者指出：对旧的不合理的婚姻制度与恶习进行根本性的改造，重新建立一种新的健康合理的婚姻制度，是中国共产党在新民主主义革命时期进行社会改革的重要内容之一。20 年代末至 30 年代中期中国共产党在各根据地所进行的婚姻改革，不仅对当时而且对后来都产生了十分重要的影响。

吴小卫和杨双双的《中央苏区婚姻制度改革与妇女解放》③ 认为，中央苏区的婚姻立法是实现我国婚姻家庭制度彻底变革的开端，它充分体现了婚姻自由、男女平等、保护妇女利益等反封建的内容，中央苏区婚姻制度的改革促进了妇女解放运动的发展。

傅建成的《论华北抗日根据地对传统婚姻制度的改造》④ 认为，在华北

---

① 田东奎：《论革命根据地的证券法律制度》，《政法学刊》2004 年第 3 期。

② 傅建成、王红岩：《苏区时代中国共产党对传统婚姻制度改革分析》，《西北大学学报》（哲社版）1999 年第 3 期。

③ 吴小卫、杨双双：《中央苏区婚姻制度改革与妇女解放》，《南昌大学学报》（哲社版）1998 年第 1 期。

④ 傅建成：《论华北抗日根据地对传统婚姻制度的改造》，《抗日战争研究》1996 年第 1 期。

各抗日根据地建立之前和发展初期，相沿成习的传统礼俗与规范，对生活在农村区域的绝大多数青年男女依然有着很强大的束缚力，其主要表现为："父母之命、媒妁之言"的包办婚姻仍是成婚的主要方式；早婚恶习盛行；买卖婚姻严重；妇女在婚姻关系上处于被压迫的地位。这一时期婚姻法规所确立的基本原则是完全正确的。对旧婚姻制度的改造，促进了边区农村男女关系的变化。

张雪的《试论华北抗日根据地对婚姻制度的改革》① 认为，该时期婚姻政策法令对改革婚姻陋俗起到了重要作用，其表现有婚姻新旧更替现象：买卖婚姻减少；童养媳和早婚现象得到控制；寡妇改嫁已为社会上的多数人所接受，虚伪片面的贞操观被打破；婚姻案件增多，离婚率上升；新婚礼出现。但在政策法令实施中也出现了一些问题，如处理方式过激；宣传教育不足；政策法令执行过于机械；急功近利，脱离实际，等等。

汪世荣的《陕甘宁边区高等法院推行婚姻自由原则的实践与经验》② 认为，陕甘宁边区的婚姻立法，确立了"男女婚姻自由"的原则。在司法实践中，陕甘宁边区高等法院通过对婚约的适度保护，对离婚自由的适当限制，尤其是对童养媳的坚决取缔以及对寡妇再嫁的支持和保护，使婚姻自由原则与陕甘宁边区的社会实际相互契合。陕甘宁边区高等法院司法档案，为我们考察陕甘宁边区处理婚姻纠纷的实践与经验，提供了可能。作者指出，在司法实践中，一项具体的法律原则所包含的内容，应当与特定时期的政治、经济、文化状况保持一致，并随着社会的发展进步，灵活地予以调整。司法档案具有帮助理解法律存在的社会基础，反映制定法命运、解读立法内涵的作用。

秦燕的《抗日战争时期陕甘宁边区的婚姻家庭变革》③ 指出，在陕甘宁边区婚姻家庭变革的过程中，出现了法律与习俗、两性关系、新旧婚姻观念之间的冲突，它表明社会变革的复杂性和长期性。边区政府为解决这些矛盾和冲突采取了一系列措施，收到了较好的效果，促进了边区的建设和持久抗战，并为新中国成立以后继续实行婚姻家庭制度的改革积累了经验。作者认为："从当时的情况来看，抗日根据地颁布新婚姻法，既是一项制度安排，

① 张雪：《试论华北抗日根据地对婚姻制度的改革》，《党史博采》2006 年第 7 期。
② 汪世荣：《陕甘宁边区高等法院推行婚姻自由原则的实践与经验》，《中国法学》2007 年第 2 期。
③ 秦燕：《抗日战争时期陕甘宁边区的婚姻家庭变革》，《抗日战争研究》2004 年第 3 期。

实际上更是革命政权采取的带有革命性的行为","较好地解决了动员妇女参战与保护妇女切身利益之间的关系问题"。

徐静莉的《婚姻自由原则背后的矛盾冲突——抗战根据地婚姻变革的分析》① 一文认为,婚姻自由原则不是一种纯粹自由主义者的理念,它的实现受特定社会条件给出的边界限制。抗日根据地时期,婚姻自由原则的实行在实践中不仅遇到很多困难,而且引发了不少新的社会矛盾,这是过分强调婚姻自由原则,忽视当时社会历史条件的局限性和婚姻家庭制度的复杂性所致。边区政府在抗日根据地倡导用婚姻自由原则变革旧式婚姻而引发的矛盾冲突说明:婚姻变革只有在社会结构整体改变的基础上才能够实现。

谭双泉和李招忠的《根据地婚姻立法与人权保护》② 一文通过分析和探讨新民主主义革命时期根据地婚姻立法对中国妇女婚姻自主权、人格权、财产权诸权利的法律保障,论证中国共产党在新民主主义革命时期对妇女人权保护的历史性贡献,从而为完善当代中国妇女人权法律保障制度提供有益借鉴。作者指出,《陕甘宁边区婚姻条例》改变了南京国民政府民法在离婚问题上采取目的主义和有责主义而排斥破裂主义的做法,把"感情意志根本不合无法继续同居"作为离婚的法定条件,在中国婚姻立法史上首次把目的主义、有责主义和破裂主义相结合。作者特别指出,根据地革命政权一面采用婚姻立法,具体确认中国妇女应当享有的人格权;另一方面运用刑事立法,规定对各种侵害妇女基本人权的行为予以严惩,以确实保护中国妇女基本人权免受各种犯罪行为的不法侵害和剥夺。

2. 关于抗属军婚问题的研究

张群的《抗战·军婚·人权——我国近代军人婚姻立法初探》③ 通过对我国近代国共两党军人婚姻制度起源及其历史背景的考察和分析,认为现行的以限制军人配偶离婚权和破坏军婚罪为核心内容的军人婚姻制度是战争(特别是抗日战争)的产物,在现在的和平环境下,应该根据情况加以改革,但也不应忽视这一制度的历史原因和积极作用(对于 20 世纪前期的中国妇女来说,在军婚中享受到了有力的权益保障),更不赞成以当代人的眼

---

① 徐静莉:《婚姻自由原则背后的矛盾冲突——抗战根据地婚姻变革的分析》,《晋阳学刊》2006 年第 3 期。

② 谭双泉、李招忠:《根据地婚姻立法与人权保护》,《湖南师范大学学报》(社科版) 1998年第 3 期。

③ 张群:《抗战·军婚·人权——我国近代军人婚姻立法初探》,《比较法研究》2007 年第 5期。

光一概否定军婚制度的历史作用。该文还重点考察了国民政府的军婚立法，认为其与根据地婚姻立法既有重大相似又有根本不同。国民政府的法令明确界定对军婚的保护限于出征抗敌期间，这表明立法者是将此作为一个战时法令；而共产党根据地的规定却是仅就调整对象而言，不论时间，只要是抗战将士的婚姻就进行保护，其后演变为"革命军人婚姻"制度。

刘全娥的《陕甘宁边区关于抗属离婚的立法与司法实践》① 指出，抗战时期，为了支持长期抗战，边区采取社会本位或国家本位的立法原则，在普通婚姻法之外，制定特别法或特别条款对抗属离婚作了限制性规定。由于婚姻的生理基础被忽视，政府的综合协调能力不足，立法与司法中的偏差，使得立法效果不尽如人意。

（五）司法制度研究

1. 关于中央苏区的司法制度

杨木生的《论苏区的司法制度》② 介绍了苏区的司法制度，包括公开审判制度、审判合议制和人民陪审员制、审判人员回避制、公民起诉和国家公诉制度、辩护制度等，认为苏区的司法制度有鲜明的阶级性、彻底的革命性和广泛的民主性。

李宜霞的《梁柏台与中华苏维埃共和国司法制度之建设》③ 指出，梁柏台曾任中华苏维埃共和国司法人民委员等职务，作为当时中国共产党内唯一系统学习过苏联法律并具有苏联律师执业经验的共产主义法学家，他对中央苏区司法制度建设的正规化起到了极为重要的作用。在他的领导和主持设计下，司法人民委员部颁发了各种表册样式，如案卷、审判记录、判决书、传票、拘票、搜查票、预审记录、工作报告表等。作者认为，其法律思想和司法实践对我国现今社会主义法制建设仍有借鉴意义。

2. 关于陕甘宁边区的法院及司法制度

侯欣一的《陕甘宁边区高等法院司法制度改革研究》④ 指出，1943 年前后，陕甘宁边区高等法院进行了一次以强调司法审判的规范化和人员的专

---

① 刘全娥：《陕甘宁边区关于抗属离婚的立法与司法实践》，《法史学刊》第 1 卷，社会科学文献出版社 2007 年版。

② 杨木生：《论苏区的司法制度》，《求实》2001 年第 1 期。

③ 李宜霞：《梁柏台与中华苏维埃共和国司法制度之建设》，《中共中央党校学报》2004 年第 3 期。

④ 侯欣一：《陕甘宁边区高等法院司法制度改革研究》，《法学研究》2004 年第 5 期。

业化为主要内容的司法改革。由于反对势力过于强大，整个社会缺乏法治精神与习惯，法律知识和法律人才积累不足以及时机选择等种种原因，改革以失败而告终。该文根据原始档案、日记等第一手资料对这次改革的背景、主要内容、过程及失败原因等进行了研究和分析。作者在文中指出此次改革的主要内容包括："改变过分强调法律阶级属性的做法，强调审判独立"，"在边区法律不健全的特定情况下，在不违背边区政策的条件下，审判中可以适当地援用一些国民党的法律"；强调判决的终极性和权威性等。

王吉德和刘全娥的《陕甘宁边区高等法院机构设置及其职能的演变》[1]指出，高等法院机构与职能演变的特点是：人民司法思想突出；服务政治的职能；审判组织行政化；具有战时体制的性质。刘全娥和王吉德的《陕甘宁边区高等法院历任院长任期起止考略》[2] 还对陕甘宁边区高等法院的历任院长进行了微观考察。

律璞的《陕甘宁边区法官队伍建设》[3] 指出，在陕甘宁边区存在的 13年间，边区政府、边区高等法院十分重视法官队伍建设，为建立一支高素质的法官队伍作出了贡献。主要表现在：道德素质建设方面，注重培养法官"司法为民"、"司法公正"的理念；业务素质建设方面，重视法官培训工作，注重法官业务学习，积极开展司法检讨活动。这些做法在当今仍有借鉴意义。

汪世荣和刘全娥的《陕甘宁边区高等法院编制判例的实践与经验》[4] 指出，出于现实的客观需要，陕甘宁边区高等法院编制了《陕甘宁边区判例汇编》，选编了陕甘宁边区政府审判委员会、陕甘宁边区高等法院、延安市地方法院有代表性的各类判词共计 77 件。《陕甘宁边区判例汇编》由例言、案件处理办法、判词、选编意见与审定意见等四部分构成，以典型案例的裁判文书为核心，以明晰制定法条文和弥补法律漏洞为宗旨，反映并体现了在特定战争环境和条件下，司法活动在实现社会稳定、平衡成文立法与社会现实脱节中所起的作用。陕甘宁高等法院在判例制度上所进行的创造与探索，

---

① 王吉德、刘全娥：《陕甘宁边区高等法院机构设置及其职能的演变》，《陕西档案》2007 年第 2 期。

② 刘全娥、王吉德：《陕甘宁边区高等法院历任院长任期起止考略》，《陕西档案》2006 年第 5 期。

③ 律璞：《陕甘宁边区法官队伍建设》，《宁夏社会科学》2006 年第 3 期。

④ 汪世荣、刘全娥：《陕甘宁边区高等法院编制判例的实践与经验》，《法律科学》2007 年第 4 期。

对社会变革时期司法功能的有效发挥，具有开拓性的意义。

王长江的《边区法院两则判决书的特点及启示》① 认为，"陕甘宁边区高等法院关于黄克功杀人一案判决书"和"陕甘宁边区法院关于驳回上诉，维持侯张氏与侯丁某离婚判决的民事判决书"两则判决书体例上采用国民党政府法院的判决书格式"主文、事实、理由"三段论，注重证据论证，说理充分，情、理、法融为一体。对今天裁判文书制作具有启示意义。作者特别指出，当今裁判文书改革的重点应在于加强说理。

刘全娥和李娟的《陕甘宁边区高等法院档案及其学术价值》② 介绍了陕甘宁边区法制史料的整理与研究现状、陕甘宁边区高等法院档案的概况与初步整理以及作者整理档案的一些设想。作者认为这批档案的特点与价值主要表现在三方面。一是它的权威性，是研究边区法制史的第一手原始资料。二是保存得相对完整，共有 3000 卷以上，是边区保留下来的规模最大的法律史料。其时间跨度从 1937 年到新中国成立初期，涉及边区政权的始终。其内容以高等法院的司法活动为中心，既有司法实践的记录，又有法律理论的探讨，涉及边区司法的各个方面。三是通过对这批材料的整理分析，可以深化边区法制史的研究，并为今天的法制建设提供经验和教训。

3. 关于革命根据地的审讯与诉讼制度

于树斌的《简述新民主主义革命时期根据地预审制度的建立与发展》③ 认为，自 1931 年 12 月至 1949 年 10 月新中国成立，革命根据地建立的预审制度，大体经历了三个不同时期。第二次国内革命战争时期是初创时期。设置了预审的机构与人员，规定了预审的职权与任务以及预审人员的条件，制定了废除肉刑和注重搜集证据的原则，提出了预审工作规划。抗日战争时期是发展时期。进一步明确了预审的任务，制定了《审讯工作基本条例》，提出了预审的工作方针与原则，对预审人员提出了新的要求，认真总结预审办案经验，开展了预审学术活动。解放战争时期是变化时期。预审机构出现了"侦审合一"与"政刑分开"的组织形式，颁布了《审讯守则》。

---

① 王长江：《边区法院两则判决书的特点及启示》，《河南省政法管理干部学院学报》2003 年第 3 期。

② 刘全娥、李娟：《陕甘宁边区高等法院档案及其学术价值》，《法律科学》2006 年第 1 期。

③ 于树斌：《简述新民主主义革命时期根据地预审制度的建立与发展》，《中国人民公安大学学报》1996 年第 1、2、3 期。

　　吴泽勇的《新民主主义革命根据地的民事诉讼制度》① 认为，新民主主义革命根据地的民事诉讼制度，从大革命时期的调解机制起，至解放区的各种政策、法律、规章的不断建设，其制度和方法是成功的，且未必不可以看做是一种"理性"制度。作者认为，马锡武审判方式是根据地诉讼制度发展到成熟阶段的产物，它集中体现了中国共产党处理根据地纠纷的基本指导思想和主要工作原则。"调解制度的发展一方面与上述联系群众的审判方式存在密切关联；另一方面，也在某种程度上体现了中国传统法律文化的延续。"

　　张芳访的《论马锡武审判方式对抗日根据地司法制度的影响》② 指出，马锡武审判方式对抗日战争时期司法制度的影响很大，它引起边区司法理论和实践工作的重大改变，给摸索多年的新民主主义司法制度带来崭新实际的内容，也为抗日根据地树立了一面旗帜。马锡武审判方式使边区在诉讼立法上进一步明确了群众路线的指导思想，使边区审判作风焕然一新。马锡武审判方式出现以后，调解工作走上了健康发展的道路，并使证据制度中实事求是的原则得到进一步明确。

　　强世功的《权力的组织网络与法律的治理化——马锡武审判方式与中国法律的新传统》③ 认为，从传统帝制向现代民族国家转型的过程中，新型的西方法律制度开始深入到乡村社会，并陷入困境。在这种困境中，以调解为核心的马锡武审判方式出现了。马锡武审判方式作为一种偶然的司法实践之所以取得巨大的成果，就在于这种司法技术与权力的组织网络结合在一起，产生了一种独特的效果，成为一种新的权力组织技术。调解这种独特的权力技术被纳入到新的权力机器或"配置"之中，成为共产党治理社会的重要工具，从而导致了法律的治理化，创设了中国法律的新传统。

　　闫晓静的《人民调解制度的历史作用——以晋西北革命根据地为例分析》④ 认为，人民调解制度自身的完善和发展及中共的彻底执行促进了晋西北革命根据地的巩固与发展，使乡村内部比较稳定，并帮助中国共产党获取

---

　　① 吴泽勇：《新民主主义革命根据地的民事诉讼制度》，《烟台大学学报》（哲社版）2002 年第 4 期。

　　② 张芳访：《论马锡武审判方式对抗日根据地司法制度的影响》，《广东党史》2001 年第 4 期。

　　③ 强世功：《权力的组织网络与法律的治理化——马锡武审判方式与中国法律的新传统》，《北大法律评论》2000 年第 3 卷第 2 辑。

　　④ 闫晓静：《人民调解制度的历史作用—以晋西北革命根据地为例分析》，《沧桑》2006 年第 5 期。

了人民的信任。

二、中华人民共和国法律史研究

近十年来，我国大陆学术界对中华人民共和国法律史的研究逐渐增多，特别是两部通史性质的中华人民共和国法制史的问世，初步奠定了该学科的发展基础。有关专门史的研究也有较大进展，宪法史、刑法史、民法史方面都有专著出版。所发表的论文也比以前有所增加，有些法史学者还专门就新中国法律史的研究和学科建设问题进行了探讨。但是，从整体上看，这一领域的研究成果数量仍然偏少，在中国人民大学书报资料中心编辑的 1997 年第 1 期至 2000 年第 5 期的《法理学、法史学》中，摘载中国法制史学的论文目录及文章共有 500 多条、篇，其中关于新中国法制史的只有 17 条、篇，只占 3.4%。研究范围和研究深度也落后于对其他历史时期法律史的研究。

（一）　中华人民共和国法制史综合研究

目前法史学界对中华人民共和国法制史领域的研究总体上还处于起步阶段，因此专门系统的研究著作数量不是很多。

杨一凡、陈寒枫主编的《中华人民共和国法制史》① 是我国学者撰写的第一部研究当代中国法制史的专著。该书以实事求是的科学态度，认真审视了新中国法制建设的发展进程，正确地总结了我国社会主义法制建设的基本历史经验。此书采取总体史和部门法史相结合的方法，对新中国成立后中国各个时期法制建设的社会背景、指导思想、重大立法、司法和执法状况、法制建设的经验教训等作了全面的论述，并分章对我国的宪法史、行政法史、民法经济法史、婚姻家庭法史、刑法史、诉讼法史、教育和文化法史、科技法史、军事法史、民族法史、地方法史、涉外法史、司法制度等作了较为详细的阐述。该书的出版，对于开展这一领域的研究起了积极的推动作用。

韩延龙主编的《中华人民共和国法制通史》② 采取按照历史顺序分阶段研究的方法，根据新中国成立后法制建设的实际情况，将其分为"社会主义法制建设的开端'、"社会主义法制的曲折发展"、"社会主义法制的全面

① 杨一凡、陈寒枫主编：《中华人民共和国法制史》，黑龙江人民出版社 1996 年版。
② 韩延龙主编：《中华人民共和国法制通史》，中共中央党校出版社 1998 年版。

破坏"、"社会主义法制的恢复与发展"四个时期,其中第三编"社会主义
法制的全面破坏",第一次从学术的角度对"文化大革命"时期的法制进行
了系统探讨,填补了以往研究中的空白。本书在分段研究的基础上,较为系
统地再现了从中华人民共和国成立到 1995 年法制发展变化的全貌。作者不
仅将法律法规及立法、司法等制度作为研究对象,还根据新中国成立后曾出
现过"政策代替法律"的现象,将实际上被赋予法律地位的政策等也纳入
研究范围;不仅考察了各时期法律、法规、政策等的制定过程、主要内容及
发展变化,还对各时期法律、法规、政策等实施情况也进行了考察。同时,
对新中国成立后各时期法制变化的来龙去脉及法制诸因素间的相互关系也作
了有一定深度的分析,特别是通过对各时期背景情况的考察,阐明了法制现
象背后的深层原因,为人们完整了解这段历史提供了一个很好的文本。

　　蔡定剑的《历史与变革——新中国法制建设的历程》①,以考察和记述
重大事件为主的方式,对中华人民共和国法制建设的历史进行了系统研究,
并在此基础上对若干重大问题进行了历史反思,对我国现行法制存在的危机
和正在出现的变革进行了深入分析。全书共分五篇:摧毁与创建 (1949—
1957),停滞与毁灭 (1957—1976),重建与发展 (1976—1997),回顾与反
思,危机与变革。是一部思想性和理论较强的法史著作。

　　郭成伟主编的《新中国法制建设 50 年》②,对中国当代法制史作了比较
详细的介绍。该书将中国当代法史分为 1949—1956、1956—1966、1966—
1976、1977—1999 四个大的阶段,对各个阶段的部门法的立法状况作了比
较详细的考察。此书收集的资料比较全面,对于进一步研究这段历史有重要
参考价值。

　　蓝全普的《七十年法律要览》③ 一书,对新民主主义革命时期和社会主
义革命和建设时期中国法制的发展历程进行了系统的梳理归纳。该书的下
编,即社会主义革命和建设时期的法律要览,对新中国成立后的法律发展状
况作了比较全面的介绍。

　　张培田编的《新中国法制史料通鉴》④ 汇集了目前能查到的大量资料,
为学术界进一开展中华人民共和国法制史的研究提供了便利。

————————

　　① 　蔡定剑:《历史与变革——新中国法制建设的历程》,中国政法大学出版社 1999 年版。
　　② 　郭成伟主编:《新中国法制建设 50 年》,江苏人民出版社 1999 年版。
　　③ 　蓝全普:《七十年法律要览》,法律出版社 1996 年版。
　　④ 　张培田编《新中国法制史料通鉴》,中国政法大学出版社 2003 年版。

何勤华、李秀清的《外国法与中国法——20 世纪中国移植外国法反思》① 一书中，对中华人民共和国时期移植苏联宪法、民法、刑法、国际法及司法制度的情况进行了较为系统的考察，阐明了苏联法律制度对中华人民共和国法制的深刻影响。

孙光妍、于逸生的《苏联法影响中国法制发展进程之回顾》② 也考察了苏联法对中国法制的影响。该文将苏联法影响中国法制的历史分为三个阶段，指出孙中山领导民主主义革命时期，就曾主张"以俄为师"并进行法制改革；中国共产党领导下的人民民主政权的法制建设也是以苏联为标尺；新中国成立的初期更是将苏联法全方位地移植到了中国。作者认为，苏联法的基本特征在于它是一种革命法制，苏联法为中国所接受与它的这种性质和中国革命的需要有密切的关系。

张晋藩的《新中国法制建设回眸与前瞻》③，郝铁川的《中国近代法学留学生与新中国初期的法治建设》④，徐永康、杨成炬的《新中国五十年法制建设》⑤，何峻的《新中国社会主义法治进程回眸》⑥ 等文章，也从不同角度考察和介绍了中华人民共和国法制建设的历史状况。

（二）宪法及相关问题研究

韩大元的《1954 年宪法与新中国宪政》⑦ 以历史事实为基础，对 1954 年宪法的制定过程进行了详细的介绍，并在此基础上对新中国制宪思想和制宪理论等作了分析研究。同一作者主编的《新中国宪法发展史》⑧，对中华人民共和国成立后宪法的发展作了较为系统的介绍。

张庆福、韩大元主编的《1954 年宪法研究》⑨ 是中国法学会 2004 年"1954 年宪法研究"课题的最终成果。该书收录了在法学会召开的两次学术讨论会上提交的涉及 1954 年宪法的论文、部分在刊物上发表的有关 1954 年

---

① 何勤华、李秀清：《外国法与中国法——20 世纪中国移植外国法反思》，中国政法大学出版社 2003 年版。

② 孙光妍、于逸生：《苏联法影响中国法制发展进程之回顾》，《法学研究》2003 年第 1 期。

③ 张晋藩：《新中国法制建设回眸与前瞻》，《国家行政学院学报》2000 年第 1 期。

④ 郝铁川：《中国近代法学留学生与新中国初期的法治建设》，《法学研究》2000 年第 2 期。

⑤ 徐永康、杨成炬：《新中国五十年法制建设》，《上海党史研究》1999 年第 4 期。

⑥ 何峻：《新中国社会主义法治进程回眸》，《党的文献》1999 年第 5 期。

⑦ 韩大元：《1954 年宪法与新中国宪政》，湖南人民出版社 2004 年版。

⑧ 韩大元主编：《新中国宪法发展史》，河北人民出版社 2000 年版。

⑨ 张庆福、韩大元主编：《1954 年宪法研究》，中国人民公安大学出版社 2005 年版。

宪法的论文及部分应约撰写的论文。这些文章从各个角度对 1954 年宪法进行了探讨。

张晋藩著《中国宪法史》①　从近代宪法史的角度论述了新民主主义性质的宪法和社会主义性质的宪法。作者认为，中国近代出现的三种宪法，反映了三种不同的社会势力围绕建立什么样的国家而展开的激烈斗争。中国宪政运动的历史表明：民主宪政的历史潮流是任何反动派阻挡不了的；在半殖民地半封建的中国，改良主义的道路是走不通的，要建立资产阶级共和国，实现资本主义的民主宪政，也是不可能的；只有工人阶级领导新民主主义革命，才能制定反映人民意志的宪法，才能实现真正的民主政治。

周叶中著《宪政中国研究》②，徐祥民等的《中国宪政史》③　等书中，都对新中国宪法发展的历程进行了考察与介绍。

殷啸虎的《试论 1954 年宪法的过渡性及其影响》④、《过渡时期理论与1954 年宪法》⑤　等文章，从中共过渡时期的理论和过渡时期总路线的角度对 1954 年宪法进行了探讨，认为 1954 年宪法是过渡时期总路线的宪法化，体现了过渡时期的特点和要求，这部宪法之所以后来没有得到贯彻实施，与对过渡时期理论的认识发生偏差有很大关系。

郭绍敏的《历史中的五四宪法：文本与现实之间》⑥　对 1954 年公布的中华人民共和国宪法从制定到文本、再到现实成效都进行了分析评论，指出该宪法制定过程中缺乏多元利益基础；其文本在保护公民权利方面虽有诸多可肯定之处，但充满了政治宣言式的描述性语言，大大冲淡了其规范性色彩；该宪法公布后并未产生应有的效果，"没有真正被加之于中华民族身上"。

付家东的《新中国宪法发展与国际影响研究》⑦，考察了新中国宪法受域外因素影响的情况，认为 1954 年宪法受苏联影响，1975、1978 年宪法在相对封闭的环境产生，1982 年宪法以 1954 年宪法为基础，也间接受苏联影

————————

①　张晋藩：《中国宪法史》，吉林人民出版社 2004 版。

②　周叶中：《宪政中国研究》，武汉大学出版社 2006 年版。

③　徐祥民等：《中国宪政史》，青岛海洋大学出版社 2002 年版。

④　殷啸虎：《试论 1954 年宪法的过渡性及其影响》，《上海市政法管理干部学院学报》2000 年第 2 期。

⑤　殷啸虎：《过渡时期理论与 1954 年宪法》，《政法论坛》2004 年第 6 期。

⑥　郭绍敏：《历史中的五四宪法：文本与现实之间》，载《中国文化与法治》，社会科学文献出版社 2007 年版。

⑦　付家东：《新中国宪法发展与国际影响研究》，《邵阳学院学报》（社科版）2005 年第 3 期。

响，而 1982 年宪法的四个修正案则更多的是受欧美国家影响。作者在历史考察的基础上进而提出，宪法有最低限度基本价值的通约性，宪法发展应无分中国与外国，以最低限度的价值共识为基础，寻求具体制度和宪政途径的多元性。

徐立志的《"文化大革命"时期的结社政策》①，对与宪法有关的结社问题进行了探讨。该文分为"文化大革命"的特性及对结社政策的影响、关于原有社团的政策、关于成立新结社组织的政策、关于结社组织活动的政策、"文革"时期结社政策的特点及实行的结果等五部分，对"文革"时期结社政策的内容变化及特点等作了较为系统的梳理考察。作者认为，"文革"时期当局为了开展运动，曾改变原来的规定，在一定范围内有条件地放宽了对群众结社和结社组织活动的限制，但这并不意味着公民有了结社自由。"文革"时期结社政策的基本特点，是其产生和变化主要源于运动的需要，而不是基于相关的信念、理论或原则，因而宽松政策并未持久实行，很快就随着运动的变化而消失。

翁有为的《从专员区公署制到地区行署制的法制考察》②，对 1949—1966 年的专员区公署制的相关法律规定进行了探讨。

（三）刑事法研究

张希坡的《中华人民共和国刑法史》③ 对新中国成立以来中国刑法的发展有比较详细的论述。高铭暄、赵秉志撰写的《中国刑法立法之演进》④ 第三章至第五章系统全面地介绍了新中国的刑法立法，其中包括新中国两部刑法典即 1979 年和 1997 年刑法典的立法过程及修改补充情况，及立法机关为进一步明确有关的刑法规范所作的立法解释等。该书作者所编《中国刑法立法文献资料精选》是有关我国刑法立法的重要文献资料汇编，与《中国刑法立法之演进》有相辅相成的关系。

在论文方面，比较重要的文章有高铭暄的《20 年来我国刑事立法的回顾与展望》⑤，该文对中共十一届三中全会以来我国刑事立法的发展进行了

---

① 徐立志：《"文化大革命"时期的结社政策》，载《社会团体的法律问题》，社会科学文献出版社 2004 年版。
② 翁有为：《从专员区公署制到地区行署制的法制考察》，中国政法大学博士论文，2006 年。
③ 张希坡：《中华人民共和国刑法史》，中国公安大学出版社 1998 年版。
④ 高铭暄、赵秉志：《中国刑法立法之演进》，法律出版社 2007 年版。
⑤ 高铭暄：《20 年来我国刑事立法的回顾与展望》，《中国法学》1998 年第 6 期。

简要的回顾，并就未来完善刑法典的方法提出了自己的建议。李淳的《略论新中国刑法 50 年的发展与完善》① 对近 50 年来中国刑事法律的发展进行了考察。杨庆文的《当代中国刑法史研究》② 对中国当代刑法的发展进行了深入的分析论述。李秀清的《新中国刑事立法移植苏联模式考》③ 对 1949 年后中国刑法移植苏联法的问题进行了专门研究。

袁小平的《近五十年来我国刑事犯罪的特征与规律》④ 通过对 1949 年至 2000 年刑事犯罪状况的研究，揭示出不同历史时期犯罪的特点与规律，认为 50 年的犯罪动态可归纳为"两个历史阶段，六次犯罪高峰"。文中对各历史阶段各次犯罪高峰的特点进行了分析，并在此基础上从犯罪数量的起伏、犯罪因素的消长、犯罪状态的辐射等方面阐述了我国刑事犯罪的变化规律。

谢文钧的《论新中国职务过失犯罪的立法发展》⑤ 对新民主主义革命时期、社会主义建设时期、改革开放后职务过失犯罪的立法发展作了简要介绍。

刘丽的《论我国刑法典中死刑立法的演变与控制》⑥ 分析了 1949 年以后为贯彻"不废除死刑，但要少杀"的政策，我国刑法典中有关死刑立法的演变及存在的问题，提出为顺应世界轻刑化的潮流，我国应减少死刑的适用。张正新的《我国死缓制度的产生、发展及思考》⑦ 对我国死刑缓期执行制度的产生发展进行了探讨。

（四）民事法研究

何勤华等主编的《中华人民共和国民法史》⑧ 是系统研究中华人民共和国民法发展历史的第一部专著。作者以新中国民法初创时期、社会主义改造时期、社会主义建设时期、改革开放时期以及新的社会转型时期为基本历史线索，系统阐述了自 1949 年中华人民共和国成立至 1999 年中国土地与房地

---

① 李淳：《略论新中国刑法 50 年的发展与完善》，《法学家》2000 年第 2 期。
② 杨庆文：《当代中国刑法史研究》，浙江大学博士论文，2005 年。
③ 李秀清：《新中国刑事立法移植苏联模式考》，《法学评论》2002 年第 6 期。
④ 袁小平：《近五十年来我国刑事犯罪的特征与规律》，《浙江学刊》2003 年第 3 期。
⑤ 谢文钧：《论新中国职务过失犯罪的立法发展》，《当代法学》2000 年第 6 期。
⑥ 刘丽：《论我国刑法典中死刑立法的演变与控制》，《政法学刊》1999 年第 3 期。
⑦ 张正新：《我国死缓制度的产生、发展及思考》，《中国刑事法杂志》2003 年第 5 期。
⑧ 何勤华等主编：《中华人民共和国民法史》，复旦大学出版社 1999 年版。

产法、债权关系、婚姻制度与婚姻法、继承制度与继承法、人身权法、知识
产权法等民事法律制度的发展变化，以及我国台湾、香港、澳门地区民法方
面的情况。

　　张希坡的《中国婚姻立法史》① 重点考察了 1950 年《中华人民共和国
婚姻法》的制定及其基本内容、1980 年《中华人民共和国婚姻法》的发展
变化和 2001 年《中华人民共和国婚姻法》修改情况，对新中国成立后有关
婚姻的各种法律规范的历史演变都有详细介绍，是一部内容丰富的著作。

　　在论文方面，乔素玲的《观念与制度的落差：新中国成立初期的性别
意识与婚姻法执行》② 一文，对于 1950 年婚姻法颁布实施后，由于新法与
传统观念的冲突而引发的种种问题进行了较为独特的考察分析，认为民间根
深蒂固的传统观念并未随着新婚姻法的实施而消失，新婚姻法在许多方面都
遇到了传统观念的抵抗，并由此造成了一些妇女夹在新法与旧观念之间的两
难处境。作者在对历史问题进行研究的基础上，进一步得出了"相对于制
度而言，观念文化的变迁比较迟缓。时至今日，我国婚姻家庭关系在很多方
面仍然是传统的延续"这一有现实意义的看法。

　　冉昊撰写的《新中国法治历程：民法 56 年》③ 一文，以 1978 年中共十
一届三中全会和 1992 年中共"十四大"为界，将中华人民共和国民法的发
展分为三个时期：1949—1978 年是破而未立的萌芽时期；1978—1992 年是
抗争僵化的理论教条、重新探求法学自身正当存在权利和发展规律的过渡时
期，出现了《民法通则》这一基本立法；"十四大"后至今民法得以重建，
从《民法通则》走向起草中的民法典，民事立法空前繁荣。作者认为，从
民法基本理论和立法实证的变迁中可清晰地读出新中国经历"人治"转向
"法治"的基本历程。

　　章正璋的《民法典修订的百年历程与当前中国民法典的制定》④ 回顾了
新中国成立前的几次民法典的制定，对新中国成立后三次起草民法典的背景
及其成效进行了比较系统的介绍，并对当前民法典制定的若干问题进行了分
析。文章着重对每次民法典修订的内容和修订的历史背景进行考察，具有一

---

　　① 张希坡：《中国婚姻立法史》，人民出版社 2004 年版。
　　② 乔素玲：《观念与制度的落差：新中国成立初期的性别意识与婚姻法执行》，《法史学刊》
第 1 卷，社会科学文献出版社 2007 年版。
　　③ 冉昊：《新中国法治历程：民法 56 年》，《南京大学学报》2005 年第 4 期。
　　④ 章正璋：《民法典修订的百年历程与当前中国民法典的制定》，《江苏社会科学》2004 年第
2 期。

定的理论深度。

此外，梁慧星等民法专家在有关论著中对新中国民法史也有零散但很精辟的论述，值得关注。李秀清的《新中国婚姻法的成长与苏联模式的影响》①、秦燕的《20 世纪 80 年代的婚姻法律与婚姻家庭变迁》② 从不同角度对新中国的婚姻法律制度进行了考察。

（五）司法制度研究

张晋藩主编的《中国司法制度史》③ 以一章的篇幅，对中华人民共和国时期的司法制度作了较为系统的梳理，比较清晰地勾勒出了从中华人民共和国成立到改革开放后我国司法制度发展变化的概貌，为进一步开展这一领域的研究打下了良好的基础。

张培田的《新中国审判制度曲折发展史实考论》④ 一文，对从"反右"到"文化大革命"时期审判制度的扭曲变形以及所造成的危害进行了考察。文中采取事实研究与分析评论相结合的方法，通过一些有确切记载的事件和事例，阐明了在所研究的时段内司法制度严重扭曲破坏并造成危害的事实，并在此基础上对造成这种状况的原因进行了深入分析，得出了"新中国审判制度之所以经历了如此曲折的发展，表面上与执政党'左'的错误直接相关，然而从实质上分析，在否定和批判资产阶级法权理论的指导下，自觉或不自觉地受封建专制统治的文化传统支配，堕入极端的专制统治惯性怪圈而不能自拔，在国家法制建设和审判制度建设上拒绝科学和真理，应当是新中国审判制度扭曲发展的根本原因"这一颇有见地的结论。

巴能强、徐香花的《新中国律师制度建设及律师业的发展》⑤ 对 1949年后中国律师制度的发展情况作了简要的回顾，并就近年律师业迅猛发展中存在的问题进行了归纳分析。

（六）重大事件研究

在对 1949 年后出现的重大事件研究方面，最值得关注的是学术界关于

---

①　李秀清：《新中国婚姻法的成长与苏联模式的影响》，《法律科学》2002 年第 4 期。

②　秦燕：《20 世纪 80 年代的婚姻法律与婚姻家庭变迁》，《当代中国史研究》2003 年第 3 期。

③　张晋藩主编：《中国司法制度史》，人民法院出版社 2004 年版。

④　张培田：《新中国审判制度曲折发展史实考论》，载《法史思辨》，法律出版社 2004 年版。

⑤　巴能强、徐香花：《新中国律师制度建设及律师业的发展》，《北京社会科学》2002 年第 1期。

新中国成立前夕废除旧法及新中国成立初的司法改革所进行的探讨。

蔡定剑的《对新中国摧毁旧法制的历史反思》① 一文认为，摧毁旧法制是新中国法制史建设上的重大事件，对中国的法制建设产生了巨大影响。共产党人摧毁旧法制的直接原因与其夺取政权所采取的暴力革命手段有关，而更深刻的原因则来自共产党人对法律的理解，此外与中国古代法律文化传统的影响也有一定的关系。摧毁旧法制在历史上有其必然性，其直接后果是使中国从零开始法制发展的漫长过程，使法律成为政治的附属物，长期依赖于政策。同时还导致了对苏联法制和法学理论的全盘照搬，客观上造成了中国法律文化的中断。

范进学的《废除南京国民政府"六法全书"之思考》② 也提出了类似的观点，认为废除"六法全书"在当时是必然的，这是由共产党人的法律观、马克思主义的国家观以及中国传统法律文化等方面的原因决定的。"六法全书"的废除对新中国法制建设产生了长远的影响，既有正面的经验，也有反面的教训。其最大的危害就是中断了中国法制现代化的历史进程，强化了中国社会蔑视法律的民族传统心理，为新中国政策治国、以党代政、以党治国开了方便之门。李龙、刘连春的《废除"六法全书"的回顾与反思》③ 也对这个问题进行了探讨。

1952 年 6 月至 1953 年 2 月开展的司法改革运动是中华人民共和法制史上的一件大事，对当时和以后司法体制的确立和发展有很大影响。董节英的《1952 年北京市的司法改革运动》④ 一文，以北京市为例，对这次改革运动的指导思想和北京市的改革经过进行了简要的考察，认为站在当时的角度来看，这次运动无疑取得了巨大成功，但运动中对旧法观念的批判和旧司法人员的清理带有很大的盲目性、片面性和绝对化，给国家的法制建设带来了损失。

周骁男的《对建国初批判"旧法观点"的历史反思》⑤ 对新中国成立初司法改革运动中对"旧法思想"的批判进行了回顾与思考，认为这场批

① 蔡定剑：《对新中国摧毁旧法制的历史反思》，《法学》1997 年第 10 期。

② 范进学：《废除南京国民政府"六法全书"之思考》，《法律科学》2003 年第 4 期。

③ 李龙、刘连春：《废除"六法全书"的回顾与反思》，《河南省政法管理干部学院学报》2003 年第 5 期。

④ 董节英：《1952 年北京市的司法改革运动》，《北京党史》2007 年第 2 期。

⑤ 周骁男：《对建国初批判"旧法观点"的历史反思》，《东北师范大学学报》（哲社版）2002 年第 5 期。

判运动是民主革命时期两个法律体系斗争的继续，在当时有其必要性，但其中也折射出了轻视法律体系建设的意识和人治思想，使当时占主导地位的法律观念蒙上了"左"的阴影。

此外，法律界还有人对改革开放初期出现的一些争论进行了回顾。《法学》杂志曾于 1999 年刊登了一批文章，以笔谈的形式简要地介绍了关于法的阶级性与社会性问题的争论、关于"法权"与"权利"概念的争论以及关于"道德法庭"问题的争论，对于研究者了解当时的情况有很大帮助。① 还有学者对"文化大革命"结束后平反冤假错案的活动进行了考察。②

（七）法律思想研究

陈景良主编的《当代中国法律思想史》③ 是一部系统阐述新中国成立后法律思想变迁的重要著作。该书由概论和 5 章组成。第 1 章阐述了 1949 年至 1957 年国家恢复时期，中共及民主党派关于建立人民民主法制的思想的形成与发展；第 2 章阐述了 1957 年至 1966 年社会主义建设时期中共对法制的探索与失误及社会主义法制思想的曲折发展；第 3 章考察了"文化大革命"时期由于极"左"思潮的影响，法律虚无主义、个人崇拜下的群众专政思想和刑治思想的盛行及其所造成的危害；第 4 章阐述了 1976 年至 1990 年法制观念的转型及新时期社会主义法制思想的形成；第 5 章以"世纪末的思考"为题，对社会主义法制思想的新发展进行了探讨。本书是在研究的基础上写成，作者不仅比较全面地考察了中华人民共和国成立后各时期执政党主流法律思想的变迁，而且将民主党派的一些有代表性的思想也纳入到自己的研究中，从而全方位地揭示了 1949 年后中国法律思想发展变化的历史脉络及其演变趋势，为进一步开展这一领域的研究奠定了扎实的基础。

俞荣根的《艰难的开拓：毛泽东的法思想与法实践》④ 一书对毛泽东的法律思想进行了较为系统的研究。这是作者主持的"马克思主义法学在中国的传播与发展"课题研究的一部分。本书定位在毛泽东个人的法思想与法实践，而不是"毛泽东思想中的法思想"。全书分为八章。第二至第七章叙述毛泽东从青少年时代到成为中华人民共和国领导人的一生中各个阶段的

---

① 《法学》1999 年第 2、6、8 期。
② 贺海仁：《平反冤假错案与权利救济：1978—1982》，《法学》2003 年第 11 期。
③ 陈景良主编：《当代中国法律思想史》，河南大学出版社 1999 年版。
④ 俞荣根：《艰难的开拓：毛泽东的法思想与法实践》，广西师范大学出版社 1997 年版。

法思想与法实践。第三章指出，毛泽东确立阶级论法律观的时间在 1920 年底至 1921 年初。第六章写抗日战争时期毛泽东的法思想与法实践，认为这是毛泽东个人马克思主义法思想的成熟时期，属于毛泽东思想体系中的法思想与法实践。第七章论述了毛泽东在新中国新民主主义法制和社会主义法制建设中的思想和实践，认为 20 世纪 50 年代后期以后，与毛泽东在治党治国中的失误相一致，他的法律虚无主义倾向逐渐滋长，但在国际关系和国际法上仍有力挽狂澜的贡献。第八章选取了六个专题对毛泽东在法思想、法实践上既创造辉煌也铸成大错作了理论阐析。这六个专题是：实事求是与法随时变、群众路线与"四大民主"、党的领导与民主法制、阶级斗争与"造反有理"、民主政治与人民本位、"人治""法治"与圣贤精神。书中认为，阶级斗争工具论法律观、人民本位的民主权利论、崇尚圣贤精神而忽视民主的制度化和法律化等，是毛泽东晚年在法实践上造成重大失误的深层的思想原因。

关于中华人民共和国时期的法律思想，还有很多文章发表。特别是关于中共主要领导者毛泽东、刘少奇、周恩来、邓小平、陈云、董必武、谢觉哉、彭真等人的法律主张和法律思想，散见于各种报刊的文章达数百篇，但其中多数为一般宣传介绍性的文章，学术性的成果主要集中在对董必武法律思想和新中国成立后出现的法律思潮的研究上。

2001 年人民法院出版社出版的《董必武法学思想研究文集》汇集了多年来法学界关于董必武法律思想的研究成果。文集所收刘海年撰写的《依法治国　典范永存》一文，对董必武法律思想进行了深刻的总结，认为董必武提出的革命法律和社会主义法制原则，既符合中国实际情况，也适应现代国家建设需要，只是它的许多方面还未被认识和接受，以至于我国在法制建设上走了不少弯路。苏亦工所写的《开国前后的民主法治构想及其中辍》，探讨了董必武在新中国成立前后提出的构筑新中国民主法治框架的若干构想，并对这些构想未能实现的原因进行了深入分析。该文集中的其他文章也从不同角度对董必武法律思想进行了回顾与探讨。

此外各种学术性刊物上还发表了许多关于董必武法律思想的论文。范忠信所撰《董必武与新中国法制观念的局限性》[①] 一文，以独特的视角对董必武的法制思想进行了分析评价。作者认为，董必武是中国共产党领导人中唯一受过正规法学教育并从事过律师职业的人，但他所献身的事业与他的法律

---

① 范忠信：《董必武与新中国法制观念的局限性》，《法学家》2003 年第 4 期。

学养之间存在着无法克服的矛盾，因而他的法制思想存在着明显的局限性。其具体表现为：强调依法办事，但未上升到强调党在法律范围内活动；强调国法与党纪同等重要，但未能真正说明两者的正确关系；强调党领导政权的正确途径及党与政权的分工，但未能析及"以党代政"体制的根本弊端，未能阐清党的政策与法律的正确关系。作者进而指出，分析董必武法制思想的局限性，是要认识苏维埃式民主法制思想体系的某种固有局限性，为当前的法制现代化建设服务。

汪习根、王东的《论法治理念在当代中国的奠基——董必武法治思想探讨》① 认为，董必武关于社会主义法制的论述，奠定了社会主义法制理论的基础，在依法治国、建设社会主义法治国家的新历史条件下，认真梳理和挖掘这笔遗产，是进一步推动我国法治化进程的需要。

萧伯符在《"信法"与"守法"——董必武有关法律思想及其现实指导意义》② 一文中提出，董必武法律思想的精髓，是其法治思想，即他自己所表述的"依法办事"思想。从这一思想出发，董必武提出了"信法"与"守法"的命题，并针对当时社会上存在着不信法、不守法的现象，就这一命题进行了专门论述。董必武关于"信法"、"守法"的论述，对于当前建设社会主义法治国家仍有重要的指导意义。

李卫东的《董必武"人民司法"思想与依法治国》③ 认为，董必武在长期革命和负责新中国法制建设中逐渐形成了"人民司法"的思想。他的这种思想建立在"政权属于人民"的立法指导原则之上，其基本精神是群众观点，与群众联系，为人民服务，保障社会秩序，维护人民的正当权益。这种思想对于当前按依法治国的原则加强法制建设有重要意义。

夏雨的《董必武法律思想与中国法治》④ 通过对董必武法律思想的知识来源、知识形态及历史命运的分析，探讨了董必武法律思想与中国法治在法学上的意义。柯新凡的《董必武法制思想形成历史过程初探》⑤ 则主要探讨

---

① 汪习根、王东：《论法治理念在当代中国的奠基——董必武法治思想探讨》，《中南民族大学学报》（人文社科版）2002 年第 3 期。

② 萧伯符：《"信法"与"守法"——董必武有关法律思想及其现实指导意义》，《法学》2002 年第 12 期。

③ 李卫东：《董必武"人民司法"思想与依法治国》，《理论月刊》2002 年第 9 期。

④ 夏雨：《董必武法律思想与中国法治》，《河北法学》2002 年第 5 期。

⑤ 柯新凡：《董必武法制思想形成历史过程初探》，《河南大学学报》（社科版）2004 年第 6 期。

了董必武法制思想的形成过程。庄汉的《董必武法学教育思想初探》①，樊凤林的《论董必武的刑法思想》②，周国钧的《董必武的诉讼法学思想》③，黄进、邹国勇的《董必武国际法思想初探》④，戴小明、张泽忠的《董必武民族法制思想述论》⑤ 等文章，从不同角度分别探讨了董必武关于法学教育及刑法、诉讼法、国际法、民族法制等方面的思想。

　　关于对新中国成立后法律思潮的研究，丁以升、孙丽娟撰写的《中国五十年代法律思潮研究——法文化视角的剖析与思考》（上、下）⑥ 值得关注。该文从法文化的视角，对中国 20 年代出现的主要法律思潮进行了独特的考察分析。文中将 20 世纪 50 年代的法律思想概括为四个方面，即蔑视旧法——旧法体系被彻底摧毁；党法不分——法的权威性终告阙如；民主非法制化——重视民主却又践踏民主；司法非程序化——司法活动习惯于搞运动。作者在考察了这些思潮在实践中的表现及其危害后指出，这些思潮的出现与经久不退，固然与当时的社会历史条件有关，但同时也需从文化传统的角度进行剖析和思考。为此，作者采取将中国的相关传统与上述思潮一一对照的方法，分析了产生这些思潮的文化根源，从而得出了这些思潮是中国的法文化传统在 50 年代特殊社会历史条件下的具体展现的结论性看法。

　　孙丽娟的另一篇文章《中国 1957 年法学思潮析论》⑦，对 1957 年上半年整风中出现的关于法制问题的讨论及"反右"中对各种不同意见的打击进行了回顾和分析。作者认为，当时所讨论的社会主义法制问题、党法关系问题、法的继承性问题都是我国社会主义法制建设中必须正确解决的大问题，但这场讨论被"反右"运动所扼杀。从这段历史中我们可以得到三点启示：一是破除苏联法学理论模式是中国法学走向繁荣的关键；二是扼杀学术争鸣是法学研究的大忌；三是直面社会现实是法学研究的生命。

---

① 庄汉：《董必武法学教育思想初探》，《郧阳师范高等专科学校学报》2002 年第 5 期。

② 樊凤林：《论董必武的刑法思想》，《中国刑事法》2001 年第 3 期。

③ 周国钧：《董必武诉讼法学思想》，《政法论坛》2001 年第 3 期。

④ 黄进、邹国勇：《董必武国际法思想初探》，《武汉大学学报》2003 年第 1 期。

⑤ 戴小明、张泽忠：《董必武民族法制思想述论》，《贵州民族研究》2003 年第 3 期。

⑥ 丁以升、孙丽娟：《中国五十年代法律思潮研究——法文化视角的剖析与思考》（上、下），《法学》1998 年第 11、12 期。

⑦ 孙丽娟：《中国 1957 年法学思潮析论》，《法学》1997 年第 4 期。